徽州上下两千年

HUIZHOU SHANGXIA LIANGQIANNIAN

舒甘来　余敏辉◎著

全国百佳图书出版单位
时代出版传媒股份有限公司
黄山书社

图书在版编目(CIP)数据

徽州上下两千年 / 舒甘来，余敏辉著. —合肥：
黄山书社,2021.6

ISBN 978 -7 -5461 -9683 -1

Ⅰ.①徽… Ⅱ.①舒… ②余… Ⅲ.①徽州地区－地方史
Ⅳ.①K295.42

中国版本图书馆 CIP 数据核字(2021)第 130218 号

徽州上下两千年(修订本)　　舒甘来　余敏辉　著

出品人　贾兴权
责任编辑　向　焱
装帧设计　熙宇文化
出版发行　时代出版传媒股份有限公司(http://www.press-mart.com)
　　　　　黄山书社(http://www.hspress.cn)
地址邮编　安徽省合肥市蜀山区翡翠路 1118 号出版传媒广场 7 层 230071
经　　销　新华书店
印　　制　合肥华苑印刷包装有限公司
开　　本　710mm×1000mm　1/16
印　　张　23.25
字　　数　380 千
版　　次　2013 年 11 月第 1 版,2021 年 7 月第 2 版
印　　次　2021 年 7 月第 1 次印刷
书　　号　978 -7 -5461 -9683 -1
定　　价　68.00 元

服务热线　0551 -63533706

销售热线　0551 -63533761

官方直营书店(https://hsss.tmall.com)

再版前言

时光荏苒，岁月如梭。自《徽州上下两千年》2013 年问世，已过去七个年头。这七年来，徽州文化热方兴未艾，不断向纵深发展。拙作从徽州历史沿革作为切入点，条分缕析，释疑解惑，满足了读者了解徽州、阅读徽州的愿望，引起了大家的好评和重视。北京一些学者把这本书作为了解徽州必读的十本书之一予以推介。许多读者纷纷要求再版，以满足人们了解徽州尤其是徽州历史沿革的需要。

此书受到如此欢迎，作为作者的我们是始料未及的。究其原因，除了徽文化本身的魅力之外，正如安徽省历史学会原会长、安徽省徽学会原会长王世华先生在第一版序言中所说："学术研究要走出象牙塔，拥抱广大民众，就必须脱去令人敬畏的外衣，改掉一本正经的腔调……其实我们许多历史著作要是都能像这样写作，那就再不会令人敬而远之了。"当初写作此书的目的，就是力求让徽州历史走出书斋，走出象牙塔，走出故纸堆，走出小圈子，以亲民通俗的身段，去热情拥抱广大民众。所以，本书创作时，就努力尝试用散文和随笔的手法，摒除繁琐引证、枯燥论述、语言严肃的论文式写作方法，力求雅俗共赏，以引起读者尤其是中青年读者的阅读兴趣。实践证明，这是推广历史知识、推广徽州文化的有效途径。

本书第一版王世华先生所作的序言，对于这次修订再版仍然具有指导意义。再版保持了原来的风格和体例，对部分内容做了删减、修改和增补，对少数文字作了修订，力求在丰富内容的基础上更加准确完善。文末附录《以史为鉴读徽州》一文的删节稿，2013 年曾刊登于《江淮时报》，尽管有些内容现在看来不尽完善，但为了保持原貌，未作大的修改，供读者分析参考。作者之一舒甘来，第一版因种种原因，使用笔名屯安东，此次再版使用实名。尽管离第一版出版时间间隔较长，好在有第一版打下的基础，毕竟比重造炉灶省事得多。

需要说明的是，本次再版修订，是安徽高校协同创新项目“明清徽商与长三角大运河关系及其当代启示研究”（项目编号：GXXT—2020—032）阶段性研究成果。

牛年再版此书，倍感欣慰。在再版修订过程中，得到了黄山书社和责任编辑向焱女士的大力支持，封面也重新设计和完善。另外，对于本书的修订，一些读者也提出了很好的建议，在此一并表示衷心的感谢！这本书将以崭新的面貌和大家见面，希望继续得到大家的支持，提出宝贵的意见。

舒甘来　余敏辉

2021 年 3 月

序

王世华

历史上的徽州真是一个无比神奇的地方,在这1.2万平方公里的弹丸之地,不仅出现过富甲一方、称雄商界数百年的徽州商帮,而且创造了灿烂辉煌、博大精深的徽州文化。这一切都是人创造的,若以人才而论,徽州可谓灿若星辰,各领风骚。他们当中既有造诣精深的名儒耆宿、政声卓著的干吏名臣、享誉四方的艺苑名流、学富五车的文坛才俊,也有卓有建树的科技俊彦、身怀绝技的能工巧匠、炙手可热的商界巨贾,还有才华横溢的名媛闺秀、识见超凡的隐士名僧等等,可谓接芬错芳,数不胜数。一隅之地能够涌现如此众多的人才,这在中国历史上甚至在世界历史上也可谓绝无仅有!若以文化成果而论,无论是理学、医学、文学、绘画、戏剧、收藏、建筑、出版、雕刻、科技等等,哪一方面都有可圈可点、杰出辉煌的成果!

正是在徽州这种独特魅力的强烈吸引下,众多的国内外学者纷纷开始研究徽州,乃至诞生了一门新的学科——徽学。几十年来,徽学研究队伍不断扩大,徽学研究成果层出不穷。随着徽文化研究的深入,人们很自然地要追问:徽州文化是怎么产生的?这就必然引起对徽州历史研究的兴趣。任何一种文化的产生都离不开它赖以生存的历史环境。徽州文化的产生当然也离不开中国的历史和徽州的历史。可是迄今为止,尚无一部全面系统地介绍徽州历史沿革的著作,这不能不说是一个缺憾。

令人欣慰的是,今天舒甘来和余敏辉两位先生弥补了这个缺憾。他俩合著的《徽州上下两千年》即将付梓。敏辉以书稿见示,我饶有兴趣地通读了全书,深感这是一部熔科学性与可读性于一炉的好书,读后受益匪浅。

这本书不是通常意义上的徽州史著作,如果是那样,读者面就会大大缩小。本书有意避开"徽州史"的名称,而以"徽州上下两千年"冠名。作者将两千多年徽州发展的各个时期中最重要的人和事分别加以专题介绍,实际上是以"史话"的形式呈现给读者,这恰恰是作者的高明之处。学术研究要走出象牙塔，拥抱广大民众，就必须脱去令人敬畏的外衣，改掉一本正经的腔调。本书从结构的安排、章节的命名、文字的表述都反映出作者的匠心。很多十分复杂的问题，作者却能该详则详，该略则略，不紧不慢，娓娓道来，就像听作者讲故事一样，牢记在心。我们的历史著作要是都能像这样写作，那就再不会令人敬而远之了。

中国历史的发展，正如《三国演义》开篇所说：天下大势，分久必合，合久必分。这虽不是规律，倒也符合中国历史的真相。当然认真算起来，还是合多分少。尽管如此，由于政权更替、战争兵燹、农民起义、自然灾害等各种因素，历史上行政区划的分分合合极其频繁。就拿徽州来说，正如书中所指出的："先后经历了会稽郡、鄣郡、丹阳郡、新都郡、新安郡、新宁郡、歙州、徽州、徽州路、兴安府、徽州府、行政督察区等行政更替，新中国成立后又有徽州专区、徽州地区、黄山市等称谓，其中县级行政区划也多次变动，时常令人一头雾水，摸不着头脑。"为了帮助读者搞清徽州这种复杂的沿革关系，作者从一大堆纷繁复杂的史料中，拣出最重要的材料，条分缕析，剥茧抽丝，将徽州每一次区划的调整，都讲得清清楚楚，令人一目了然。

历史写得生动，并不等于戏说历史。本书文字清新活泼，朗朗上口，却是很严肃的著作。作者对徽州历史上的每个问题特别是学术界有争议的问题，如关于鄣郡之谜，歙县、黝县建县之谜，广陵国之谜，桃花源之谜，隋代歙、黟两县隶婺州之谜，花山石窟之谜，淋沥之谜，析婺源县之谜，等等，这些在历史上尚未形成定论的重要问题，都能旁征博引，进行认真细致的考证辨析，得出明确的结论，或则认同学界的某一观点，或则提出自己的新说，摆事实，讲道理，一些重要的史实虽用白话写出，但又标出原始资料，表明决非无根之谈，充分反映了作者严谨的治学态度和科学精神。比如"汤诗新解"一节，就颇有新意。明朝戏曲家、诗人汤显祖曾留下这样一首诗："欲识金银气，多从黄白游。一生痴绝处，无梦到徽州。"关于这首诗的意境，学界有两种截然相反的解释，看起来各有道理。本书虽然赞同其一，但不是简单重复前人的旧说，而是另辟蹊径，多方论证，使人读后觉得持之有故，言之成理，自圆其说，令人信服。

真理越辩越明。尽管我们不敢说本书关于上述很多问题的探讨都已经真理在握，但起码把这些问题的讨论大大向前推进了一步。我相信，读了全书，会更加深我们对徽州的了解，也更加热爱徽州了。

本书的两位作者都是徽州人，深厚的故乡情结使他们对徽州的研究倾注了满腔的热情。舒先生我虽不认识,但久仰大名。敏辉先生我知道是一位训练有素、成果卓著的学者。去年,他们俩曾共同推出了《一座山和一座城市》,受到广大读者的好评。今年他们又贡献了《徽州上下两千年》,堪称双璧。徽州钟灵毓秀,人才辈出,在他们身上又一次得到了生动的体现。我们期望他们再接再厉,写出更多更好的作品。聊为序。

2013年7月9日

(王世华,曾任安徽师范大学副校长,安徽师范大学皖江学院党委书记、院长,教授、博士生导师,安徽省政府参事、中国明史学会副会长、中国商业史学会副会长、安徽省历史学会会长、安徽省徽学会会长)

目 录

引　子

一位学者说:历史是口老井,关于老井的故事,一代又一代总演绎不尽它的奥秘。

徽州既是一口深不可测的老井,也是一座浩如烟海的知识宝库。这口老井,还有许多奥秘期待我们去破解;这座宝库,更有许多宝藏等待我们来挖掘。

“蜿蜒入杳渺,蹊径从何寻?”随着“徽州热”的逐年升温,徽州文化在国内外影响日趋扩大,传播和弘扬于大江南北、五湖四海。众多徽文化的拥趸们,包括学习者、研究者、崇拜者、追寻者,都渴望尽快破解这口老井的奥秘,获取这座宝库的财富。不少学者皓首穷经,潜心钻研,毕一生之力研究徽州;不少徽文化的入门者,更希望从普及基础常识入手,进一步了解徽州,解读徽州,感受徽州,品味徽州,以逐步增加对中华优秀文化的兴趣和知识。

徽州历史悠久,沿革复杂。春秋时属吴,吴亡属越,越亡属楚,秦属鄣郡,汉属丹阳,晋为新安,梁改新宁,隋改歙州,宋改徽州,先后经历了会稽郡、鄣郡、丹阳郡、新都郡、新安郡、新宁郡、歙州、徽州、徽州路、兴安府、徽州府、行政督察区等行政更替,新中国成立后又有徽州专区、徽州地区、黄山市等称谓,其中县级行政区划也多次变动,时常令人一头雾水,摸不着头脑。且不说普通徽州百姓,就是徽学专家和学者有些也难以完全说得清楚,道得明白。

本书的主线就是沿着中国历史的脉络,纵向进行考察,即:以时间为经,以人事为纬,抓住行政区划和行政管理体制演进轨迹这个重点,把徽州置于中国历史的长河中,全程追踪她的足迹,全景展示她的变迁,看她如何一步步地走来,并把两千多年的来沿途风光——那些值得追忆的人和事载入其中。它不仅仅拘泥于徽州本身,而且立足全国看徽州,从中国的历史动荡中看徽州的变化,这样更有时代感和全局感。可见,观时空之演变,探发展之真谛,可以使我们站得更高,看得更远,悟得更深。

本书中的历史事件和人物,基本都有史料来源,主要来自《史记》《汉书》《三国志》《晋书》《隋书》等有关正史和《新安志》《徽州府志》《黄山志》等府志、县志、山志,绝无戏说;也采用少量野史中的传说和逸闻,但均说明只供参考;特别注意对别人不大关注但确有价值内涵的史料进行重点挖掘,以增加本书的新鲜感和可读性。

徽州在两千多年的发展史中,留下许多历史谜团。如鄣郡设置年代之谜,黟县、歙县命名之谜,三天子鄣(都)之谜,黄山命名之谜,广德王国之谜,广陵国之谜,歙州设置年代之谜,花山谜窟之谜,隶属婺州之谜,大鄣山之谜,浙江代管之谜,等等,不仅史料记载不一,有些至今还存有较大的争议。

对于这些千古徽州之谜,本书力求博取众家之长,对比分析多种史料,考索故典,撷英各家,介绍旧说,力推新论,释疑解惑,去伪存真,经过细致甄别后形成自己的观点,并试图予以一一破解。当然,只能算是一家之言,还请广大读者明鉴。

本书不是学术文体,而是通俗历史知识读本,这本书参考了古今大量的资料,吸收了前贤和近现代学者的一些研究成果,经过独立的分析判断,运用自己的语言归纳和叙述。为了行文的连贯性,不能像学术文章那样搞引经据典的注释,但所采用的重要史料,大多注明原始出处;文中也采用一些文学描写手法和表现方式,力求文字生动活泼,耐人品读,通俗易懂,平易近人。只要读者喜欢看,能轻松愉快地阅读,我们就很满足了。

弘扬徽文化,徽人当有责。我们撰写的目的,就是希望大家看了这部书后,能大体了解徽州在历史变迁中的履痕,以及在变迁中发生的那些值得回味的人和事。

好吧,我们就从秦始皇建县开始。

第一章 会稽析鄣辖歙黟

南宋罗愿《新安志》卷一《州郡·沿革》开门见山就说:

徽州,新安郡……扬州之南境,春秋时属吴,吴亡属越,越灭属楚。秦并天下,置黟、歙二县,属鄣郡。

扬州的名称最早见于《尚书·禹贡》:“淮海惟扬州。”这个“惟”,用来限定地域范围,可解释为北至淮河、东南至海的扬州地域。淮,指今淮河。(《尚书·禹贡》:“导淮自桐柏,东会于沂泗,东入于海。”)古语“惟”又通“维”,《新安志》即写为“淮海维扬州”,“维”又可解释为联结、维系的意思。于是,这句话也可解释为淮河、东海和扬州联结在一起,意思都是指这个地域范围。

除了《禹贡》对扬州的说法,还有《尔雅·释地》的“江南曰扬州”,东晋郭璞的《尔雅注》中“扬州”的范围是“自江南至海”;《周礼·夏官司马篇第四·职方氏》则有“东南曰扬州”的说法。不管如何定位扬州的大范围,当时的会稽郡、鄣郡和歙、黟两县属大扬州区域是毋庸置疑的。

真正的行政区划,即郡县制,从秦始皇统一中国开始才完全确立。中国历史“五千年文明,两千年大一统”,虽然分分合合,但分时短,合时长,分中还有融合的过程,多民族统一的国家政权是主流,是中国社会的发展规律。所以,我们这本书就讲两千多年来的徽州社会演进史,不再追溯到秦朝以前的漫长岁月。

徽州是北宋宣和三年(1121年)才命名的,本书在此之前提到的“徽州”,系指这块地盘,而并非区划地名本身,这是首先需要加以说明的,以免引起年代的混乱。

这里,我们就从秦朝中的“徽州”说起。

徽州之母

自从有了秦始皇，中国古代王朝最高统治者就有了皇帝这个称号。

秦始皇生于公元前259年，嬴姓秦氏，名政，因生于赵都邯郸（今属河北），故又称赵政（先秦姓氏并未统一，男子称氏，女子称姓，故秦始皇可叫秦政、嬴政或赵政）。前247年，秦政的老子秦庄襄王驾崩后，13岁的秦政子袭父业，即位为秦王。

秦始皇长得“蜂准，长目，挚鸟膺，豺声”（《史记·秦始皇本纪》），意思是高鼻梁，大眼睛，老鹰的胸脯，豺狼的声音，给人一种威严奇特的感觉。

秦始皇亲政后，听取了当时任廷尉的李斯进献的灭六国的建议，着手规划统一六国的大业。当时，秦始皇还有一个重要的对手，就是百越。

我们徽州这块地盘，自古属百越之地。越族是我国东南部各部族人的统称。《汉书·地理志》颜师古注引臣瓒曰：

> 自交趾（汉在今越南北部设交趾郡）至会稽七八千里，百越杂处，各有种姓。

因这一地区为《禹贡》扬州之域，故对越人称“扬越”。因“各有种姓”，各部杂居共处，互不统属，故又称为“百越”或“百粤”。根据一些传世史料以及历史学家的分类，百越主要分为如下几部分：

和我们有关系的是以先秦时的会稽（今浙江绍兴）为中心，主要分布在今浙江北部、皖南一带的叫于越；其民“剪发文身，无皮弁搢笏之服”（《淮南子·齐俗训》）。皮弁是以皮革制成、缀有珠玉宝石的礼服，搢笏就是腰带上插着的用玉、象牙或竹片制成的手板。当时越人还是很不开化的“蛮族”，当然没有这样讲究的贵族装饰。春秋战国时期的越国就是于越建立的。

其余几支是：以今温州一带为中心，主要分布在浙江南部的瓯江流域的东瓯（亦称东越、瓯越）；以今福州一带为中心，主要分布在福建闽江流域及其沿海岛屿上的闽越，这两支均为于越之分支，也都有“剪发文身”的习俗；还有分布在岭南的广东、广西一带的南越、西瓯（亦泛称扬越、外越，又曰陆梁）以及分布在今广东西部、广西南部、越南北部一带的雒越（亦称骆越）。

当然，百越不仅仅只是上述几支。中国古代东南沿海，以至五岭以南和瓯江、闽江流域，都是百越分布地区。

徽州地盘春秋时属吴，吴亡属越，越灭属楚。秦灭楚前，当时这大片土地属楚国楚南领域，"一直为百越族所盘踞"。这是个不遵王制的族群，他们有自己的领袖和武装，藏匿山林，好勇擅武，与外人不相往来，凭借山区有利地势，时不时给王朝制造点麻烦，一直是统治者的一块心病。

注：1. 本图系战国秦王政二十五年（前222年）会稽郡图；
2. 本图仅供参考。

秦王政二十四年（前223年），秦将王翦、蒙武率兵灭楚。次年（前222年），王翦又进一步平定楚国广大的江南地区，并进攻臣服于楚国的于越，长江流域全部纳入秦的版图，设置会稽郡，郡治吴（今苏州）。

请注意，前222年是战国和秦朝的分水岭，再过一年，到前221年，才真正进入秦帝国时期。

《越绝书·越绝外传记地传第十》载：

> 禹始也，忧民救水，到大越，上茅山，大会计，爵有德，封有功，更名茅山曰会稽。

会稽郡以会稽山而名。会稽山资格很老，相传夏禹时即有会稽山之名，“会稽山在大楚南”（《山海经·海内东经》，据周明初校注，大楚当为大越之误），则大越国的南边，位于今绍兴市区东南部。《史记·夏本纪》记载了汉时流行的说法：

> 或言禹会诸侯江南，计功而崩，因葬焉，命曰会稽。会稽者，会计也。

这句话的意思是：禹会集诸侯于江南，计算汇总考核各诸侯的功业（包括上交贡赋的经济业绩）后，不久就死去了，其所葬之地即命名为会稽，会稽的意思，就是会计啊！

“稽，犹计也”，在汉代，稽与计则有通意。这会稽，是由大禹搞经济考核延伸而来，后来竟成了一个专用的财政名词——会计。

会稽郡是中国实行郡县制体制后的徽州之母，和我们以后的徽州有密切关系。

二十六年（前221年），秦始皇消灭了最后一个政敌——齐国，走完了削平群雄、统一六国的最后一程。

秦统一以后，丞相王绾首先提出全国地方太大，难以管理，要求像周代那样，封秦始皇诸子为王。

这是春秋战国时期的老路子，秦始皇拿不定主意，召开群臣会议讨论，群臣都赞同王绾的意见。只有廷尉李斯站出来提出不同的意见。

他说：“周文王、周武王分封子弟和同姓亲属很多，可是他们的后代逐渐疏远了，互相攻击，就像仇人一样，诸侯之间彼此征战，周天子也无法阻止。现在天下靠您的神威获得统一，都划分成了郡县，对于皇子功臣，用公家的赋税重重赏赐，这样就很容易控制了。要让天下人没有邪异之心，这才是使天下安宁

的好办法啊。设置诸侯没有好处。”(《史记·秦始皇本纪》)

改春秋以来的分封制为郡县制,这确是一个关系国家长治久安的大胆的行政体制改革方案!

有雄才大略的秦始皇也认为,天下已经统一了,再立许多国,不利于统一,安宁也没有保障,所以他支持李斯的意见(“廷尉议是”)。

于是,他把全国分为三十六郡,每郡都设置守(一郡的长官)、尉(帮助守管理一郡的军事长官)、监(中央政府派去的御史),把百姓称为“黔首”(“更其民曰黔首”)。

黔,是黑色的意思;黔首,就是以黑色头巾作为出门的行头。因为秦皇自认为是水德,水德尚黑(这个问题,后文还要继续阐述)。

郡的设立,本是军事上的一个控扼之点。郡以下为县,万户以上的县置县令,不满万户的置县长,令、长掌治其县,主要是征发赋役,“理讼平贼”。县下设乡,乡又由亭、里组成,里之下还有以十户编成的什和以五户编成的伍。郡、县主要官吏由中央任免。

这种中央集权制对国家实现统一管理颇有好处。由郡、县、乡、亭、里组成的像蛛网一样掌控全国的郡县制,是春秋战国以来逐渐发展起来的一种行政管理体制。

当年,会稽郡以及毗邻的九江郡都是秦朝首批确定的36郡之一,徽州这块土地就隶属于会稽郡。当时的郡、县范围很大,地域广袤,人烟稀少,大多尚未开发,交通极不方便。

鄣郡之谜

秦朝徽州地盘最早建立的县是歙县和黟县,徽州以后所有的县均从两大古县析分。《新安志》载“秦并天下,置黟、歙二县,属鄣郡”,言明鄣郡是秦郡之一。

秦郡到底有多少个,是史学界颇有争议的课题。著名历史地理学家、中国科学院地学部委员(后为院士)、复旦大学教授谭其骧曾在《秦郡新考》中说:

> 在三百年来学者言秦郡者无虑数十家,聚讼纷如,莫衷一是。

这种关于秦郡设置争议最激烈的是在清朝,一直延续至今。其中争议较大的课题之一，就是鄣郡到底何时建立？属不属秦置郡？

如果搞不清鄣郡，那么，歙县、黟县的设立和归属似乎也无从说起。因此，有必要解开它的谜团。

据国内一些著名学者从史料和出土文物进行考证，秦有 36 郡、40 郡、46 郡、48 郡、54 郡之说，可考县 700 多个。从汉以来对秦郡的考辨和争议，历经两千多年，至今尚未完全有定论。与我们徽州有关的几个观点倒应当关注。

一种意见是，鄣郡在秦始皇设 36 郡时就有，当时叫鄣郡或故鄣郡。

南北朝时刘宋裴骃的《史记集解》明确记述36 郡的名称，其后，唐、宋、元、明等许多史书，包括明末清初的地理学家顾祖禹的《读史方舆纪要》均采用这一说法。这些史料中，鄣郡和会稽郡均包括在 36 郡之中。

质疑这一说法，是从清代乾嘉年间考据学兴盛之后。当时，一些热衷于考据的学者开始否定裴骃的说法，至今争议了几百年。质疑者除了古人，还介入了不少今人。

谭其骧等学者所得出的结论，得到学术界普遍的认同。他们认为，秦始皇实行郡县制后设的 36 郡中，九江、会稽、黔中等 33 个郡是大多数古今学者认同的，且是秦始皇二十六年（前 221 年）或之前设置。

而对所缺的 3 个郡，则有不同的看法。这 3 个郡中，大多数学者认为应当包括鄣郡，但也有一些学者持否定态度，主要原因是鄣郡未在班固的《汉书·地理志》胪列的 36 郡之中。而班固的百卷《汉书》一直被认为是权威性的正史。

第二种意见是，鄣郡是楚汉之际所设，因为鄣郡记载始见于汉初。

《汉书·高帝记》载汉高祖六年（前 201 年），“以故东阳郡、鄣郡、吴郡五十三县，立刘贾为荆王”，这似乎是最早的在文字记载中有鄣郡的名号。因此，自元以来，有些学者就认为鄣郡为楚汉之际所设。这种观点甚至影响到歙县的县志记载。清乾隆《歙县志》这样说：

> 歙，汉旧县也，在禹贡扬州之域。秦始皇二十五年，初定荆江南地置会稽郡，明年遂并天下，罢侯置分为三十六郡，于是县歙以否未可知也。自汉以来，乃颇得而征实也。

困惑与无奈，使县志的编撰者自我将秦县降格为汉县。

第三种意见是，秦始皇二十六年（前 221 年），设 36 郡，但当时 36 郡中有会稽郡而没有鄣郡。鄣郡是后来因战争和管理的需要，从会稽郡分出，但具体哪一年分出,尚无史书明确记载。大约时间是三十七年(前210年)秦始皇东巡到会稽之时或之前。

秦郡之谜,至今尚未完全破解。既然中国古今如此众多顶尖级历史学家尚无统一认识,足见这一问题的复杂性。秦朝的文字记载史料确实有限,我们今天也不可能把秦始皇请出来询问。鄣郡之惑如此纠结,县志叙述的无奈和无力就可以理解了。

清乾隆《歙县志》认为歙县是汉置县,鄣郡是汉郡。但清嘉庆《黟县志》却坚持鄣郡仍为秦郡的观点:

> 秦分三十六郡无鄣郡,鄣郡之置又不知何帝?按《史记索隐》及《括地志》诸书皆有之。《文献通考》古扬州秦郡五,鄣郡其一。

《史记》卷六《秦始皇本纪【正义】》引唐李泰《括地志》,谓汉丹阳郡地,其初乃"秦兼并天下,以为鄣郡也",以为鄣郡设立于秦并天下之后,则应为二十六年(前221年)这次划定秦郡时所分置。

问题纠结在:《史记·秦始皇本纪》正文仅记秦灭楚时,在吴越故地置有会稽郡,对鄣郡设于秦王政何年,《史记》并没有验证和记载,否则就不会留下这样一个千古悬念。

虽然史学界对鄣郡始建于何年至今尚无定论,但了解一下当时的时代背景,对破译鄣郡之谜或许有所帮助。

《史记·越王勾践世家》载:

> 楚威王兴兵而伐之,大败越,杀王无彊,尽取故吴地至浙江,北破齐于徐州。而越以此散,诸族子争立,或为王,或为君,滨于江南海上,服朝于楚。

据《史记·秦始皇本纪》载:二十五年(前222年),"王翦遂定荆江南地,降越君,置会稽郡"。

会稽郡面积很大,地广人稀,领有原吴、越两国之地20多个县,大致相当于今江苏长江以南、安徽东南、上海西部以及浙江北部。郡治初设在吴县(今苏州),东汉时才移至山阴(今绍兴)。

从这里可以看出,当时楚灭越后,原越地仍为越王无彊诸族子控制,仅"服朝于楚"，可谓百足之虫，死而不僵。越国王族分散于会稽一带，自立为君长，臣服于楚，时时在做复辟的美梦。

二十四年（前223年），王翦俘楚王负刍，楚亡。王翦继续进军江南，占领原越国土地。

二十五年（前222年），王翦"降越君，置会稽郡"后，原越国地盘，包括今江苏长江以南、安徽东南、上海西部以及浙江北部大片土地，当然也包括歙县和黟县，均已纳入秦国之范围。翌年，秦始皇已实现统一六国的目标。

一般来说，占领一个地方后，首要之务是建立政权。所以，在秦始皇实行郡县制的第一年，在会稽郡这块大地盘上建立县级政权就是顺理成章之事。

在平定了大越（于越）势力之后，二十九年（前218年），秦皇派兵南征岭南百越，除了政治安定的原因外，还有经济掠夺的因素。

《淮南子》当中有如下一段记载，涉及秦廷出兵岭南史事："（秦始皇）利越之犀角、象齿、翡翠、珠玑，乃使尉屠雎发卒五十万，为五军"；《史记·平津侯主父列传》中也提及"使尉佗、屠雎将楼船之士南攻百越"，这五路大军，均是南下往岭南即进入今广东、广西方向。不过这次进攻，"旷日持久，粮食绝乏"，之后，遭越人击之，方始大败，屠雎被杀。

屠雎南下征战失败之后，秦军"三年不解甲弛弩"（《淮南子·人间训》），经过残酷而持久的拉锯战，至三十三年（前214年），强大的秦军终于攻取岭南，灭南越、雒越、西瓯等，并设置"桂林（今广西桂平西南）、象郡（今广西崇左市）、南海（今广东广州）"三郡。史书记载，百越的君长低着头，系上脖颈，把性命交付给秦国官吏。秦始皇终于完成了统一百越的大业。

秦始皇在征服岭南的第二年（前213年），还应攻占岭南的赵佗的请求，征集15000名未婚妇女来到岭南，实际上是给这些将士当老婆，让他们安心在岭南扎根（《史记·淮南衡山列传第五十八》："尉佗……使人上书，求女无夫家者三万人，以为士卒衣补。秦皇帝可其万五千人。"）还从内地迁徙大批刑徒和民众到岭南屯垦戍边，这些内迁的民众与当地越人融成一片，对岭南的开发和民族的交往无疑有着十分积极的意义。

三十七年（前210年），为了消灾避难，寻找长生不老药，秦始皇进行了第五次巡游。当时交通工具只有马车，秦始皇南到浙江钱塘，在会稽祭奠了大禹，刻石颂德，将原越地大越更名为山阴。

《越绝书》是记载我国早期吴越历史的重要典籍，在成书年代、作者、卷数、书名、篇名等问题上，至今仍存在许多不同的看法，现在流传的版本系东汉袁康、吴平整理编定，其史料价值，历来被史学界所重视。

《越绝书·越绝外传记吴地传第三》载：

> 乌程、余杭、黝(注：黝则黟，宜后解释)、歙、芜湖、石城县以南，皆故大越徙民也。秦始皇刻石徙之。

据俞纪东《越绝书全译》，这句话的意思是说，乌程、余杭、黟、歙、芜湖、石城县以南地区，都是从前大越移民迁徙的区域，这是秦始皇刻石命令迁徙的。

乌程县在今浙江湖州市；余杭县在今杭州市区；石城县，按谭其骧《中国历史地图集》中的西汉政区图，在今马鞍山东南，“此县东汉末曾并废，吴又复置”(《元和郡县志》)，复置地在今池州。

秦始皇是在三十七年(前210年)，东巡到会稽(今浙江绍兴一带)，为加强对东南地区的统治，将原越国核心区大越的部分百姓分散迁徙到包括歙县、黟县在内的皖南山区，并刻石纪念这件事。有资料说，湖州地区迁入者约占移民的三分之一。

“大越徙民”，应当是指原越国核心地大越的移民，迁徙的目的是彻底摧毁越人对抗秦朝的基础。

《水经注·浙江水》载：

> 大越之国，秦改为山阴县。会稽郡治也。

可见这大越徙民，是会稽一带原越民，而不是三十三年(前214年)秦灭南越、雒越、西瓯后的岭南越民。

秦始皇东巡后，北上到达琅琊(今山东临沂)。一路车马劳顿，颇为艰辛，到平原津(今山东平原附近)就病倒了，死在沙丘行宫(今河北邢台市广宗附近)，终年50岁。

如果鄣郡的成立是从会稽郡分出，那这种辖界的调整，应与当时的征讨越人有关。秦始皇平定楚越旧地，征服了皖南一带的古越族后，为便于对越人的管理，遂分会稽郡置鄣郡，时间应当在二十九年(前218年)派兵南征岭南百越之后至三十七年(前210年)，秦始皇东巡到会稽这8年之内。

鄣郡具体在哪一年从会稽郡析出，史书没有详载，但大致时间已确定，并不妨碍我们研究鄣郡这段历史。有一种说法值得重视，就是鄣郡在秦皇东巡中设置，时间是三十七年（前210年）。

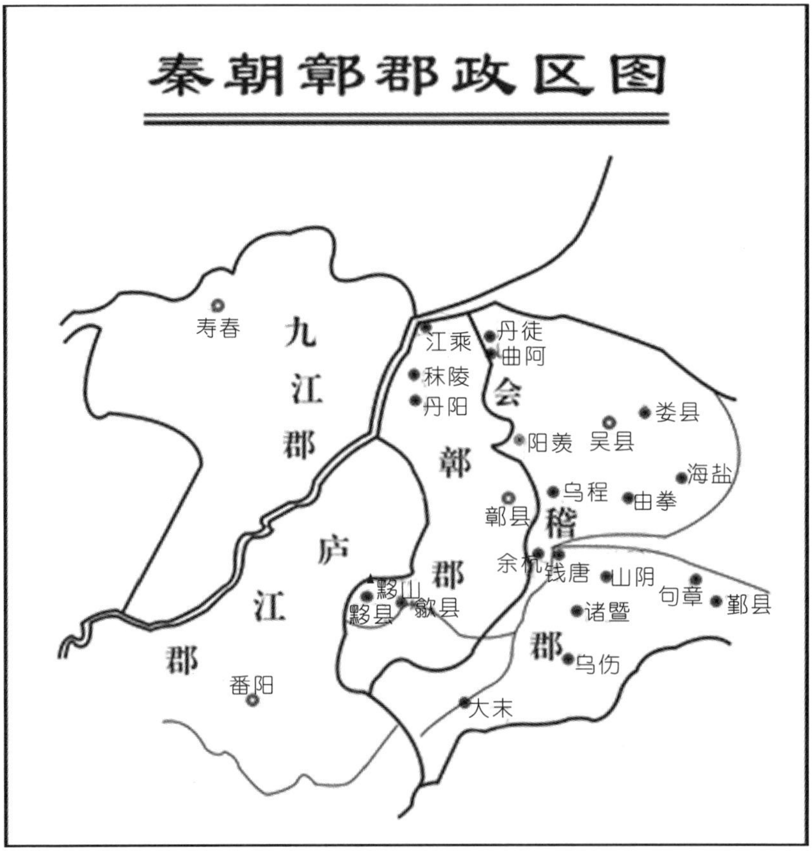

注：1. 本图系秦始皇三十七年（前210年）鄣郡政区图，辖鄣县、歙县、黟县、江乘、秣陵、丹阳6县；

2. 本图仅供参考。

鄣郡的范围很广，控扼长江渡口，背靠崇山峻岭。分置此郡，应当有助于强化对这里的控制，防止闽越残余势力进入中原，更好地保障秦朝疆土的安全。

鄣郡辖境大致相当于今南京市、浙江西北一隅及安徽东南之地。据明嘉靖《徽州府志》、清嘉庆《黟县志》等载，当时鄣郡领5县：故鄣（今浙江长兴、安吉，安徽广德一带）、歙县、黟县、秣陵（今南京）、溧阳（今江苏苏南），郡治设在故鄣县（即鄣县，今浙江安吉县）。

据史料载，公元前210年，秦始皇东巡到金陵（今南京），听术士说，这里是原楚国金陵邑，有天子之气。对楚国恨之入骨的秦始皇很生气，遂改金陵为"秣陵"以贬斥之。秣是喂牲口的草料，秦始皇的用意是，这地方只能作为牧马场。

秣陵县是秦始皇在东巡中所建，且属鄣郡，由此可见，鄣郡建立应与秣陵建县时间吻合。但对鄣郡所领五县，乾隆《黟县志》认为：

按，始皇二十六年始定郡县，今《史记》注止有三十六郡名，而所领县数及县名均未致详，姑存疑以俟考。

清嘉庆《黟县志》中也对鄣郡所领五县存疑：

按，秦始皇二十六年始定郡县，今《史记》注止有三十六郡名，所领县数及县名未详。兹据明嘉靖《府志》：云考《新安志》亦止云秦并天下，置黝、歙二县，属鄣郡，并未言鄣郡五县也。今国朝赵《府志》因之，故载之以俟考。

此外，鄣郡所领5县和谭其骧主编的《中国历史地图集》所载的县名也有所差别。基于谭其骧主编的地图的公认权威性，我们认为可以此为准，鄣郡当时所领的6县为：江乘（今南京一部分）、秣陵（今南京市一部分）、丹阳（今安徽当涂）、鄣（今浙江安吉）、歙、黟6县。

好了，鄣郡有了，轮到说歙、黟两个秦县了。

建县之谜

秦分天下为三十六郡，但《史记·秦始皇本纪》只有郡名，无县名。因此，歙县、黟县到底何时建立，又有多种说法。

黟县的黟，东汉以前，一直写为"黝"字。《汉书》载："韦昭《音义》，黟音'伊'，或从幼，二字相似，盖写而误焉。"颜师古也在《前汉书》注曰："黝，音'伊'，字本作'黟'，其音同。"《元和郡县志》载："《说文》，黟字从'黑'，旁'多'，后传误，遂写黝字。"但基于东汉前历史文献上黟字有黝字之误，所以引文中仍尊重原文，实际上是同一个县名。

歙县和黟县的建立年份，一说是秦王政二十五年（前222年），这种说法出自唐司马贞的《史记索隐》：“二十五年定荆南地为鄣郡，治在今浙江湖州府长兴县地（今安吉地）。领县五：故鄣、歙、黝、秣陵、溧阳。”（《黟县志》同治刊本）

一说是二十六年（前221年），秦置36郡时，歙县和黟县就已设立，时属会稽郡，后会稽郡析分时，属秦鄣郡。

还有认为是三十一年（前216年）或三十七年（前210年），分置鄣郡，歙、黟两县也同时成立，且属鄣郡。

搞清这个问题，不妨从有关史料的分析中寻找答案。

从《史记·秦始皇本纪》中可知，二十五年（前222年），王翦“降越君，置会稽郡”，并无置鄣郡的记载；就是裴骃的《史记集解》，也只认为鄣郡在二十六年（前221年）亦即始皇元年所设的36郡之中。显然，把鄣郡和歙县、黟县提前到战国年代秦王设的郡是不成立的。

歙县、黟县的建立应当在二十五年（前222年）王翦“降越君，置会稽郡”、原越国地盘纳入秦国范围之后建立，只有这样，秦王朝才能腾出手来，于二十九年（前218年）派兵南征岭南（广东、广西）百越，因此，在二十六年（前221年）建立两县是顺理成章的事，不可能推迟到之后。

这一点可以从谭其骧主编的《中国历史地图集》秦朝时期的政区图得到验证。会稽郡共22县：丹徒、曲阿、娄、吴、阳羡、乌程、由拳、海盐、钱唐、余杭、山阴、句章、诸暨、鄞、乌伤、太末、江乘、秣陵、丹阳、鄣、歙、黟。其中后6县为从会稽郡析出的鄣郡领地。

会稽郡建郡于二十五年（前222年），秦全国实行郡县制在二十六年（前221年），按谭其骧主编的《中国历史地图集》，歙县和黟县在前221年会稽郡时就应当存在，是先属会稽郡，再析出鄣郡时改属鄣郡。

除上述以外，还可以从另一方面得到解释。《越绝书》卷二所载大越徙民地的“乌程、余杭、黝、歙、芜湖、石城县”，据考，后两县是汉置县，前两县是秦置县，秦始皇迁徙大越移民到这些地方时，芜湖（时名为鸠兹）、石城两县并未正式建县。而乌程、余杭县皆为秦平定江南建立第一批郡县时就已设立。如果说黟、歙推迟到秦皇此次东巡时（前210年）才建县，那么，同样作为徙民地的芜湖、石城应同时于此年建县。

由此可以推论，歙、黟两县非秦始皇此次东巡途中所建，而是早于之前就已建县，应当是秦始皇划36郡时（前221年），和乌程、余杭一样就已建县。

《新安志》只记载歙、黟两县是秦置县，属鄣郡，没有说清是何年建县。

清朝诸年代刊本《黟县志》估计是受《新安志》的影响，也只认定黟县系秦置县，属鄣郡，而对建置的年代刻意回避。

而明嘉靖《徽州府志》建置沿革中明确认为，歙县与黟县建在二十六年(前221年)。

民国《歙县志》在沿革表中载，歙县"秦属会稽郡"，但认为"楚汉属鄣郡"。前面所说似确，但说"楚汉属鄣郡"则不严谨，应是秦末和楚汉，歙县均属鄣郡。

从以上分析中，笔者倾向于以下观点：歙、黟两县系二十六年(前221年)建县，时属会稽郡；三十七年(前210年)，鄣郡从会稽郡分出，歙、黟两县改属鄣郡。

由于史料的欠缺，对这个问题的不同认识实属正常。笔者的看法并不否定其他学者的不同意见。

理清两县建立的时间表，再来看两县的县名由来，也有多种说法。

歙县的县名：

一说是"本秦旧县，县有水口名歙，因浦以名"(《太平寰宇记》)。"县南有歙浦，因以为名。"(《元和郡县志》《旧唐书·地理志》)

一说是"或曰歙者翕也，谓山水翕聚也"(《新安志·歙县沿革》)。

歙县百岁老学者程齐夔(省文史研究馆馆员，现已去世)曾长期研究黄山与歙县、黟县的关系及县名的来历。他按周易八卦五行方位、后天八卦五帝方位的分析，得出了"黄山与黟、歙属于一个统体的血缘关系"的结论。

他认为，歙，有赤色的含义，歙赩，赤色盛貌。"丹柱歙赩而电烻。"(王延寿《鲁灵光殿赋》)"歙赩，赤色也。"用夏、商、周、春秋时代兴行的"八卦五行"进行分析解剖，赤为南方火星，帝名"赤熛怒"。

黄山山脉，秦前就称三天子都，先秦古籍《山海经》亦有"三天子都"山记载(关于三天子都，将在后面专文介绍)，秦始皇的大臣们当然知道三天子都的来历。三天子都的位置是坐正北朝正南；朝正南面，向歙县的八卦方位，用周易卦爻演变这"二十四卦"中的"既济卦"，为赤色(南方火星)，属赤帝方位。

"三天子都"正南方为"南方赤帝"方位，而"歙"字为赤色的含义，那就把这个地方叫歙县吧！秦皇对赤帝的尊崇天地可鉴呀！

程齐夔对歙县县名的解析，貌似有点费解，只能算是一家之言，但应当受到尊重。现在对歙县的县名，大多采用《新安志》的说法。

黟县，这个黟字，词典解释是黑色的意思。黟县名称的由来，历来有多种说法。

一种说法出自《太平寰宇记》:"黟本秦旧县,置在黟川,因名之"。

一种说法出自《旧唐书·地理志》:"县南石墨岭出石墨故也"。

一种说法出自《新安图经》:"新安贡柿心黑木(一种黑色心材的柿树),故以名县"。

一种说法出自《水经注》等。北魏郦道元《水经注》有此说法:"浙江(即今新安江)又北历黝山。县居山之阳,故县氏之。"《清史稿·地理志》载:"县以黟山名,即今黄山也。"《江南通志》载:"考《新安志》,黄山旧名黟山,秦置黟县,取义于此。《南畿志》从之。"《读史方舆纪要》也说,黟县县名是"以黟山而名"。《新安志》载:"黄山旧名黟山,秦置黟县,取义于此。"

对黟县县名的前三种说法,均有望文生义之嫌,不会如此简单。嘉庆《黟县志》就不同意物产命名说,指出所谓"石墨"和"柿心黑木"名县"二说皆穿凿字义,似乎近谶"。认为应以黟山为名的说法为正。

后世学者趋向一致的,是最后一种说法。

这里还透露出一个重要信息:即黟山早于黟县命名,黄山是后来从黟山改名而来。

读了《史记·秦始皇本纪》,我们认为,关于黟山、黟县县名的由来,另一种说法更值得重视:

> 始皇推终始五德之传,以为周得火德,秦代周德,从所不胜。方今水德之始,改年始,朝贺皆自十月朔,衣服旄旌节旗皆上黑。

这句话的意思是:秦始皇按照水、火、木、金、土五行"相生相克、终始循环"的原理进行推求,认为周朝占有火德的属性,秦朝要取代周朝,就必须取周朝的火德所抵不过的水德。现在是水德开始之年,为顺天意,要更改一年的开始。群臣朝见拜贺都在十月初一这一天。衣服、符节和旗帜的装饰,都崇尚黑色。

这种对黑色的崇拜,到了登峰造极的地步,连百姓都称为黔首,要求他们用黑色头巾包头。

这里有两点值得注意:一是秦始皇是个很迷信的皇帝,先迷信战国末期齐人邹衍创立的"终始五德说",后迷信长生不老药;二是崇尚黑色,"衣服旄旌节旗皆上黑",因为五行说以黑色象征水德。这套有利于神化皇权的五行学说,秦始皇自然乐于接受。那么,黟山、黟县的命名就不难解释了:黟山、黟县的“黟”字，应是彰显秦始皇崇尚黑色，以黑色象征水德。江南这“野蛮”的古越族聚居的大片山岳地带是秦始皇心中的一片阴影，《尔雅·释器》篇云“黑谓之黝”，“黝”、“黟”古代同音，均有黑色之义，崇尚黑色的秦皇就以“黟”命名这座大山（黟山，即今黄山），又以“黟”命名这个县（黟县），山、县同为黟色（黑色）命名，应是弘扬水德吧！

这只是笔者根据《史记》的记载，比较认可的一种推论，我们认为非常符合秦皇信卦和崇尚黑色的心理。

对两县的县名的由来，后人有多种说法，但因为没有原始记载，谁也搞不清中国第一个皇帝的真实想法。解读历史，由于看问题的角度不同，允许有不同的观点，诸多说法都应当得到尊重，但每个人都有权力倾向于某种说法，认为这种说法更接近历史的真相。

当时的歙县范围很大。据史书记载，以后的始新和新定（今淳安）、黎阳（今屯溪部分）和休阳（今休宁部分）的一部分、绩溪县均从歙县析出，而婺源又从休宁一部分析出，故当时歙县的地域范围大致包括今歙县、徽州区、屯溪区、绩溪县和浙江省淳安县全境，及黄山风景区一带，休宁县、婺源县一部分地区。

黟县的范围也很大，史书载以后的祁门县和黎阳县的一部分从黟县析出，黟县的范围大致包括今黟县全境（除个别地区）、祁门县的大部分地区，休宁县、婺源县的一部分地区。

黎阳县，治所在当今屯溪黎阳镇一带，后并入海宁县（今休宁县前身）。梁承圣二年（553 年）黎阳县从黟、海宁、歙各析一部重置，亦即说明休宁一部分从黟县析出，从地图可以分析，今黎阳以西包括休宁的一部分属黟县应当可信。至于婺源是否从黟县析出休宁的部分再析出，容后文分析。

自此以后，歙县和黟县就成了以后徽州这块地盘的主角，起着承上启下的重要作用，除东汉之后文献中“黝”字正为“黟”字，两县县名没有变动。

不管后人对秦始皇如何评价，我们除了感谢秦始皇的书同文、车同轨、度同制以外，还得感谢这个中国第一个皇帝建立了给徽州打基础的两个古县。

鄣郡的历史将如何演绎，两个古县的命运如何？请看第二章：英雄辈出梅封侯。

第二章　英雄辈出梅封侯

秦始皇当皇帝当上了瘾，为了江山永固，规定自己死后皇位传给子孙时，后继者沿称二世皇帝、三世皇帝，以至万世。秦始皇梦想皇位永远由他老秦家继承下去，“传之无穷”（《史记·秦始皇本纪》）。

可是，历史的发展不会以统治者的意愿而转移。秦朝的焚书坑儒等暴政使这个帝国迅速走上衰败灭亡之路。举起灭秦大旗的刘邦和项羽，一个在秦朝当个小小的亭长，一个出身行伍，都没有什么文化人背景，却成了秦王朝的掘墓人，这使秦始皇的焚书坑儒成了历史上的黑色笑话。

秦始皇二十九年（前218年），秦始皇东巡时遭人行刺，随后，又发现了刻有“始皇帝死而地分”的陨石和预言“今年祖龙死”的“仙人”。其实，这种种的“天意”都是有人故意为之。但秦始皇很迷信，这些现象使他惶惶不安，十分恐惧。三十七年（前210年），为了消灾避难，寻找长生不老药，他决心进行第五次巡游，但在途中驾崩。

秦二世元年（前209年），秦二世胡亥粉墨登场。同年七月，陈胜、吴广高举义旗，刘邦和项羽也加入了反秦队伍。自此，中国进入楚汉之争的动荡年代，也是英雄辈出的年代。

英雄梅锠

曾经有人认为，在古徽州，祁门县的著名历史人物和遗存不多，其实是个很大的误会。我们下面介绍的这个人物，就是一个传奇性的英雄，他的名字叫梅锠。

翻开同治《祁门县志·舆地志·坛庙》，其中有元至正乡贡进士汪克宽

梅　锔

（祁门人）撰写的《梅烈侯祠记》：

梅侯名锔，世居新安之祁门。汉初，鄱君吴芮以侯为将军，俾率百粤之兵，从高祖伐秦，入函谷关。暨天下既定，以公封列侯，食邑十万户。侯故城在邑西十里，所居在邑城之东，今为洞元观；墓在城南二里，今为万安寺。旧有梅祠在寺之左，至正壬辰毁于兵。明年，大梁赵君来宰是邑，亟命重建，民欢趋之。为屋四楹，貌侯其中，丹青黝垩，照耀炳焕，邑民仰瞻，乃砻石而征予记其概。（《新安文献志》卷九十六亦载）

《祠记》说得有板有眼，并和诸多史书记载相符，应当可信。

据《越绝书》等史料记载：越王勾践后裔，为躲避楚人的追杀，和族人一起逃到江苏无锡的皋乡，更姓为梅，成为这支梅氏的始祖（李调元《南越笔记》：“锔本越勾践子孙，与其君长避楚走丹阳皋乡，更姓梅，因名皋乡曰梅里。”）梅锔的先祖就是越王的后裔。到战国末年，这部分人之中一支形成梅蛮（梅山蛮），活动在黟县（今属祁门县）一带的皖赣地区。

“蛮”，是古代封建官府对南方土著居民的贬称，有不讲道理、不开化、野蛮之意。后来，梅锔的父亲从黟县（现祁门地）迁居到后来的江西鄱阳一带。

史载梅锔“威武其表”，是个虎背熊腰、魁梧英俊的大帅哥。乱世出英雄，楚灭越战争使越人陷入绝境，他们逃离故地，跟随当时的越人首领在今赣粤交界处的台岭地区（今广东南雄市梅岭一带）落脚。《浈凌人物传》载：

秦初，楚灭越，越王勾践子孙南迁，自立为王，更姓梅。梅锔随越王至台岭（即今梅岭），筑城浈水之上（即今南雄市梅岭中站村，古称梅锔城），奉王居之。因而人文荟萃，农耕、陶瓷、织布等得传岭南。

从上面这段叙述看来，当时的梅岭以南，即雒越、南越之地，比吴越之地更为落后。台岭今又称大庾岭，深山峻岭，人迹罕至。台岭山下有一条河名叫浈水，南流经广东的南雄，再经韶关汇入北江，然后曲折奔流，再后汇入珠江，直泻大海。

梅锅察看了地形之后，决定筑城浈水上，“奉王居之”，拥兵据守，当地百姓称“梅锅城”。梅锅在台岭扎下根后，招兵买马，操练队伍，相机而动。

梅锅有点本事，人缘也不错，渐渐在这一带有了点名气。当地有个名叫庾胜的义士，兄弟俩聚集数千人据山为王，他们仰慕梅锅之名，带领大家投奔梅锅。梅锅拜庾胜兄弟为副将，分别据守台岭的两座山岭，后人把这两座山岭分别叫做大庾岭（庾胜据守）和小庾岭（庾胜弟据守）。

一时，形成了连锁反应，岭南地区的壮士纷纷来投，梅锅声势日趋壮大，威震一方。梅锅带领这批越人在台岭艰苦创业，屯粮练兵，养精蓄锐，建立反秦革命根据地。他们带来的吴越文化、生产技术等，对岭南的开发起到了积极作用。

秦始皇统一中国后，令使尉屠睢统率五十万大军分五路南征“百越”。为了抵抗秦朝的征讨，梅锅受命于危难之中，“百粤（越）叛秦，推雄杰为长，众皆贤锅，乃长之”（清《直隶南雄州志》）。

雄杰者，英雄豪杰也。梅锅受众人推举，做了百粤长之后，下达征兵令，每户出壮士一人，平时为民，战时则编为伍（相当于现在的民兵），“将士受命，整肃均齐”。百越各族依据山区险峻地形和灵活机动的游击战术，顽强抵抗，致使秦军陷入被动，无法抵御越人的反围剿，秦使尉屠睢在百越人的反击中被杀。

恼怒的秦始皇又派任嚣、赵佗等率 20 万军队增援。梅锅率领越民在台岭凭着险要关隘、关卡，利用礌石、滚木、陷阱等给予秦军沉重打击。但毕竟势单力薄，战争一时进入胶着状态。

当时任鄱阳县令的吴芮久居余汗（今江西余干、波阳一带），他虽在秦朝为官，但为人正直，很得民心（《汉书·吴芮传》：“吴芮，秦时番[鄱]阳令也，甚得江湖间民心，号曰番君。”）他熟知越人英勇顽强，对梅锅这个越族首领也久有所闻，吴芮十分敬佩梅锅的军事才能，想将他收归麾下，于是派人与梅锅联络。

秦二世元年（前 209 年）七月，陈胜、吴广揭竿起义，刘邦和项羽乘势起兵，反秦烽火烧遍全国。这个吴芮虽为秦官，但并不死心塌地忠于秦朝，对老百姓也很好。梅锅和吴芮惺惺相惜，于是，梅锅令副将庾胜兄弟留守台岭根据地，自己则带兵投奔吴芮。

梅锅劝吴芮审时度势，加入反秦队伍，得到吴芮同意（《百越先贤志》：“行见芮，劝从沛公伐秦。”）从此，项家军的反秦队伍又增加了两个名留青史的名字：

吴芮、梅销!

吴芮称赞梅销“威武其表,韬略其内”,任命他为大将军,在督军湖(今鄱阳湖东)练兵,军队军事素质和战斗力大有提高。时机成熟,他派遣梅销带领大军浩浩荡荡出发,越过长江进入中原策应各路诸侯(“芮遣销将百越兵应诸侯”)。

吴 芮

梅销到了南阳,正好遇上了刘邦,两军并肩战斗,一举攻下析、郦(今河南内乡县)二城,随即乘胜大举西进,终于攻破武关,进入咸阳,在位仅几十天的秦王子婴主动求降。

汉高帝元年(前206年),项羽入咸阳后自封为西楚霸王(《史记·项羽本纪》:“王九郡,都彭城”),并仗分天下,册封十八路诸侯。司马迁评价道:

> 大政皆由羽出,号称西楚霸王,权同皇帝。

他把并肩战斗过的战友刘邦封为汉王,打发到偏远蛮荒的南郑(今陕西汉中)建立汉国,为汉中王,管辖汉中郡、蜀郡与巴郡一带;封吴芮为衡山王,建都邾(今湖北黄冈);梅销破秦功多,封十万户,为列侯,封地在台岭以南诸邑(现广东南部)(《汉书·韩彭英卢吴传第四》:“沛公攻南阳,乃遇芮之将梅销,与偕攻析、郦,降之。及项王相王,以芮率百越佐诸侯从入关,故立芮为衡山王,都邾。其将梅销功多,封十万户,为列侯。”)

列侯是个什么职位?《汉书·卷十九上·百官公卿表第七上》称爵位制“皆秦制,以赏功劳”。为奖赏军功,共分二十级,彻侯(也称列侯)为最高等级,不仅可得封地里的税赋,还可以自己任命官吏;其他的小侯,只能吃点租税,没有行政管理权。秦朝、汉朝沿用此制。

列侯爵位,虽为二十等爵之最高一级,但列侯中大者封户以万计,小者只以百计,梅销封以10万户,应是列侯中最大者,仅仅次于封王。当然,据《史记·高祖功臣侯者年表》载,当时“大侯不过万家,小者五六百户”,“十万户侯”其实水分很大。

请看当时一个县的人口：如《汉书·地理志》载：

长沙国，户43470，口235825，属县13。

这个诸侯国13个县只4万多户、23万多人，平均每县只3000多户，不到2万人。十万户侯的食邑，一个县是不够的。况且，当时台岭以南大部已为南越王赵佗所据，梅侯的十万户有名无分，挂了个空头衔。

打个比方，计划经济时，干部按职务分房子，县处级可享受75平方米，地市级90平方米，标准是有了，但机关房子不够分，有的县处级干部实际只能拿到60多平方米的房子，这就叫有名无分。什么时候房子多了，再补给你。但有的干部一直到退休也没分到符合标准的房子。梅铜的十万户封侯估计也是这种状况。故唐代罗隐《吴门晚泊寄句曲道友》诗云：

十万梅铜空寸土，三分孙策竟荒丘。

在分封以后，项羽下令各诸侯结束军事行动，撤回到所封领地。这样，梅铜率部属又回到了阔别数年的台岭（现江西大余县与广东南雄县接壤处）。

不久，"楚汉战争"爆发，梅铜奉吴芮令率军队重返中原。这次吴芮审时度势，不再跟着楚霸王卖命了，而是加入了刘邦行列，援助刘邦歼灭项羽，屡建奇功。汉高帝五年（前202年），刘邦即位，吴芮被刘邦改封为长沙王。对于梅铜是否被刘邦再封侯，有两种不同说法：

一是屈大均（明末清初著名学者）《广东新语》说，刘邦"复封铜广德十万户"。清仇巨川《羊城古钞·人物》也记载，"其后沛公复封铜广德十万户"。广德则今祁门，容后解释。

二是《汉书·韩彭英卢吴传第四》只是提到刘邦改封吴芮为长沙王，"项籍死，上以梅铜有功从入武关，故德芮，徙为长沙王，都临湘。"没有提到梅铜封侯之事。

有学者推论，梅铜的功只在跟随吴芮"从入武关"，而从刘邦入关破秦后，没有在刘邦打项羽的战争中立新功，故未被封。而原梅铜的老部下摇毋馀、傅胡害二将都"从破秦入汉定三秦后，以都尉击项羽有功"，分别封为海阳侯和贯侯。支持这个观点的依据是"查刘邦功臣表无此封"。

在汉初，侯的等级比王低，而且汉初还允许异姓王的存在。王的封地范围多大于郡，多者一百多城，少者三四十县，各王拥有武装，政治地位比郡高得多，既享地方食采（封邑的租赋），又有行政管理权。侯的封地级别则相当于县。侯只享食采，一般的侯并不享有行政管理权。

对梅鋗在汉初是否受复封的两种说法，似乎有冲突，但笔者还是相信有刘邦复封之事，因为刘邦正当用人之际，为了拉拢有功之将，封侯是一种手段，哪怕是荣誉性的虚封，况且梅鋗功劳卓著，并非无功之臣。

对梅鋗复封一事，许多史书都有记载：

一是清道光四年（1824 年）《直隶南雄州志·宦迹》载：

> 项籍死，高帝以鋗有功，从入武关，故德芮，徙为长沙王，都临湘。鋗既封为列侯，食邑台以南诸邑，谓之台侯。以二都尉皆击项籍有功，比台侯，得封胡害为贳侯，毋馀为海阳侯。后芮以忠谨著闻，延赏传世，鋗匡辅之力也。

这里并没有说梅鋗没有封侯，而是既往原封的台侯（“鋗既封为列侯”），没有剥夺他的老封号，也没给新封号。也就是说，承认以前的台侯封号，但没列入新封号的名单，而吴芮是从衡山王改封为长沙王，胡害、毋馀是新封，故必须列入新封名单中。

二是《羊城古钞·人物》中和《广东新语》及《梅烈侯祠记》中记载，都有复封之事，而且复封的地盘还包括广德（今祁门）。

梅岭雄关

三是明欧大任撰《百越先贤志》载：

项籍死，高帝以销有功，从入武关二都尉又皆击项籍有功，比台侯，胡害封貫侯，毋餘海阳侯。（据《史记》《汉书》《越绝书》）

这就清楚地告诉我们，摇毋馀、傅胡害二将比照梅销的台侯而封侯，并不只是他们两人封侯，把梅销抛在一边，梅销的台侯还是保留的。汉高祖六年（前200年），梅销奉命征讨南越国；前196年，因中埋伏战死沙场，享年48岁。

为了纪念梅销，越民在梅岭山下建了"梅将军"祠，并把台岭改称为梅岭。梅销派兵戍守的两个关隘则分别称为"大梅关""小梅关"。梅销的族人仍散居在梅岭一带繁衍生息。而梅销父辈曾居地和封地祁门留下许多遗存，更显示这位英雄与徽州的不解之缘。

封地之谜

关于梅销封地，有诸多说法，一说是：封梅销列侯，口（口系户之误）十万，居今安化梅山。（清成业襄《湖南考古略》）

另一说是：项羽封销为台（岭）侯，食台以南诸邑；其后沛公复封销广德十万户，广德即今祁门也。祁门地接鄱阳，有销祠，与鄱阳番君祠相望。"今台岭亦即建之以为销主祠可也"（清仇巨川《羊城古钞·人物》）。

安化、台岭、广德在史书上均记载为梅销的封地。一种推论是作为十万户侯的梅销，封地不止一处：

一是台岭属梅销的老根据地，名义上的封地，但地盘大部分早被南越王占领，梅销实际上得不到食采权；

二是梅销在台岭没有足够的地盘，故率众西迁到长沙王吴芮长沙郡之安化的梅山（今湖南安化县梅城镇）。（清同治《安化县志》："梅销从吴芮之国长沙，以益阳梅林为家，遂世有其地。"）

三是还有一块封地应当是广德，和史书上记载"其后沛公复封销广德十万户"一致。这广德就是后来的广德王国，并非当今安徽广德县，当时为黟县地（现为祁门县地，祁门时属黟县）。

梅城，（祁门）县西十五里。梅销，吴芮将也。项羽封十万户，盖邑于

此。(《读史方舆纪要》)

祁门这块地就是梅侯的封地,而且应当是从项羽第一次封侯时就有。

梅铜自封侯广德后,遂在封地建城,后人称梅城(在今祁门县西10里,一说15里),简称梅铜城,即在今灯塔乡境内。唐永泰二年(766年)分置祁门县后,梅城即成为祁门县城的别称,沿袭至今。祁门县还有一座山峰命名"侯峰":

侯峰,汉梅列侯封此,因之名。(清同治《祁门县志》)

今祁门县境内,与梅铜有关的遗迹不少,除了梅铜城外,梅铜宅又称梅列侯宅。

梅列侯宅,在祁山,唐大历中,改为龙潭观。(清康熙《徽州府志》)

后来,灭道兴佛,龙潭观改为东岳庙;明朝正德年间,庙又毁,改庙为祠,成为祭祀理学家朱熹的场所。

清代嘉庆年间,祁山的梅铜宅,早已毁废,祁门县城的一批文人儒士,出于对梅铜的怀念,自愿募捐集资另外兴建房屋,命名为"梅侯旧墅"(同治《祁门县志》载:"梅侯旧墅者,即今东山书院新辟之园也。")《县志》中还有不少关于梅铜的遗迹,如梅列侯祠、梅女梅仙姑祠,汪思敬题梅仙姑祠等。

梅铜死后,葬于何处,有多种说法:

一说是归葬于封地祁门。

清同治《祁门县志》载:

列侯梅铜墓在邑南三里悟法寺后。

后墓冢逐渐荒废,悟法寺亦毁。

一说葬于今江西余干县梅港。也有种说法,梅的遗体葬在梅港,墓(也许是衣冠冢)在祁门县城南郊悟法寺("列侯墓在邑南三里悟法寺后,《一统志》云墓在余干梅港或云铜疑冢也未详")。

疑冢,是古代富贵之家所设的假坟,为的是与真坟相混,不让后人认出真坟。到底何处为"疑冢",无法考证。但祁门有梅铜墓却是真的。按古制,侯去世后,应在封地建墓。

同治《祁门县志》把梅铜墓与唐初汪忠烈墓(汪华)、陈初程忠壮墓(程灵洗)列为徽州三大古墓,足见祁门人是把梅铜与汪华、程灵洗一起,列为徽州三大古代英雄人物的。

如果梅铜没有和祁门有这样深的渊源关系,后人以他的名字命名来纪念他的那些城、碑、宅、墓等就说不通,祁门人也没有必要自作多情地纪念一个与他们毫无关系的人。

经过两千多年岁月的冲刷,祁门有关梅铜的古迹已荡然无存,然而,祁门"梅城"的别称算是对他一种永久性的怀念。不仅祁门有梅城之称,以梅命名的梅城(梅铜城)、梅山(梅岭)、梅水(梅港、梅溪)、梅乡(梅村)的名称颇多,遍及安徽、江西、广东和湖南等梅铜生活和活动过的地方,梅铜子孙后来也蕃衍于这些地方。《广东新语·文语》载:

> 广东以文事知名自高固始,谓其能以春秋事君也,武事知名则始梅铜。

这里不仅把梅铜作为越人的英雄代表人物,而且与春秋时的国相、原南越人高固相提并论,可见评价之高。

广德之谜

史书曾载梅铜的一块封地在广德,黟县后来在汉成帝时曾改为广德王国(后文有专述),有些旧志曾认为当时黟县地盘应包括今广德县。在《新安志》和明嘉靖《徽州府志》中均有记载,现宣城市广德县曾属黟县地盘,这也成为一个历史谜案。

《新安志》载:

> 晋武帝太康元年平吴,以黟之广德故国为广德县,隶宣城郡。

这是志书中首次将广德县纳入古黟县的记载。受《新安志》影响,明嘉靖《徽州府志》进一步认定。该志在《建置沿革志》中注:

《新安志》及《大明一统志》止载故鄣、歙、黝、秣陵、溧阳五县为秦鄣郡属邑。疑两汉十二城皆此析邑，则当时五县封域亦云广矣，故广德在秦属黝无疑。

这是一种误读。

现广德县，古称桐汭，属故鄣县地，东汉中平二年（185 年），孙吴析故鄣县置广德县，先后属丹阳郡和宣城郡。之后，广德县隶属历经多次变化，宋太平兴国四年（979 年）置广德军，治广德县。端拱元年（988 年）析广德西北五乡置建平县，隶广德军。元至元十四年（1277 年）改广德军为广德路，路设总管府领广德、建平两县，属江浙行中书省。至正十六年（1356 年）朱元璋占领该地，即改广德路为广兴府，改广德县为广阳县，广兴府辖广阳、建平两县，属江南行中书省。明洪武元年（1368 年）广兴府属京师直隶，不久改称广德府。四年九月改府为州。

明嘉靖《建平县志》建置沿革中载：

秦为鄣郡地，汉因故鄣县属丹阳郡，鸿嘉二年改为广德国，封中山靖王胜之后。

这个把广德国拉到现广德县的说法和《徽州府志》把广德县拉入黝（黟）县地盘一样都是错误的。

西汉广德王国的前因后果，将在后文阐述。这个广德王国，不在现广德县，而在古黟县的范围内，得到诸多史书证实。

无论是梅铜封地广德还是汉鸿嘉二年（前 19 年）的广德王国，都发生在黟县，和现广德县无地域关系。当时并未成立广德县，其地属故鄣县范围。两者不是一个时代，只是同名而已。

广德县地盘不可能在秦、汉属黟县地，因为从地理上看，中间隔着歙县和今宣城、泾县等县之地，黟县的地盘不可能延伸那么远，成为飞地。

明弘治《徽州府志》还提出一个观点：

或者夷王分封本在广德而食采（注：受纳采地的租税）则在黟，故旧志误以广德为黟土耳。若我朝宗室分国在东而之国在西者亦有之。岂可以广德为黟土乎？

这个说法提供了一个解开谜团的思路:则广德王国有可能原封在鄣郡的郡治故鄣县(当时并无广德县,属故鄣县地盘),但郡治之地难以容下身边有这样一个独立王国,于是实际封地落到了黟县。

东汉时,广德县从故鄣县析出,且借用故广德王国的称号"广德"二字做县名,意在标榜"皇恩浩荡,帝德广大"。

广德王国和广德县是两个不同历史阶段、不同地域但同名的行政区,相差一百多年。

现广德县政府网介绍该县的历史沿革也没有支持广德王国在广德县的说法。此广德非彼广德,这种历史地名重复的现象很多。

梅销这段历史只是黟县的一个小插曲,楚汉之争后如何发展,请看第三章:刘姓三王治鄣郡。

第三章　刘姓三王治鄣郡

楚汉之争以刘邦的胜利而结束。前202年，平民出身的刘邦打下了天下，由一个农村基层小干部（亭长，相当于现在大行政村的村长）变成皇帝，建立了汉王朝，历史上称为西汉。

刘邦称帝后，一方面继承了秦朝的郡县制；另一方面，为了巩固自己的统治，又大搞分封制，把刘姓的皇亲国戚纷纷封王。在"非刘不封王，无功不封侯"的政策下，逐步铲除异姓王，培植刘姓王，以巩固自己的地位。分封制是开历史倒车，注定了刘邦的江山埋下了政治危机的祸患。汉朝的封王者，几乎都走上了背叛朝廷的分裂之路，百姓承受了内乱之苦。

从前210年秦会稽郡析出鄣郡，到前121年江都王国废除、鄣郡改为丹阳郡，历史走过了近90年，其中鄣郡被三个诸侯王国分别治理时间长达80年整。

荆王治鄣

高祖六年（前201年），汉高祖刘邦将鄣郡分给刘贾（？—前196年）的荆国，封刘贾为荆王。这荆国辖有东阳、鄣、吴三郡并52城，范围包括今天的江苏、安徽、江西、浙江、福建等部分区域。荆国建都于吴（今苏州）（《史记·汉兴以来诸侯王年表》："都吴"）。

刘贾是刘邦的堂兄，战功赫赫，特别是攻克了项羽的心腹重地九江，给项羽以致命打击。刘贾在汉王消灭项羽的战争中，贡献是很大的。

说起这个刘贾，还真是个值得大书特书的英雄。他是个有功而不争名夺利的人。项羽被灭掉了，汉王成了汉皇，他要论功行赏，大封功臣。刘贾并不是汉高祖的儿子和亲兄弟，只是一个远房堂兄，但这时候，高祖因其儿子年幼，兄弟少，又没有贤才，想封同姓家族的人为王来镇抚天下（《汉书·荆燕吴传第五》："祖子弱，昆弟少，又不贤，欲王同姓以填天下"），刘贾幸运地被封王。

刘　贾

据载，当时刘邦大封功臣时，远在九江的刘贾被汉皇给遗忘了，他没有被封爵。这时，身边大臣给刘邦提醒说，陛下呀，你在九江还有一个兄弟没有被封赏呢，这个时候，汉皇才想起了刘贾来。虽说这个刘贾还真算是汉皇的一个远房亲戚，可是在汉军这许多年，谁也没有说起刘贾是汉王兄弟这件事来。

刘贾从不向别人透露自己是刘邦亲戚，而且不争待遇，这样的将军，拿到现在，也是个好官！而那个跟随在汉皇身边的刘泽，他虽然没有什么功绩，据传是因为他早早地就告诉了刘邦他是刘家亲戚，居然被分封成了一个侯爵，位置还在刘贾之上。可是刘贾毫无叨光懿戚、攀鳞附翼之想，依然在九江默默无闻地做自己的本职工作，没有说半句发牢骚的话。他知道现在的汉朝百废待兴，他们姓刘的人更要为度过目前的困难局面尽自己一份力量才对。

刘贾的功劳和表现终于传到了汉皇的耳朵里。汉皇对这个兄弟更加信任了。

于是，刘邦下诏了："将军刘贾有功，及择子弟可以为王者"，高祖的群臣对刘贾封王都表示支持，建议"立刘贾为荆王，王淮东五十二城"（《史记》卷五十《荆燕世家》）。

一封就是52城，慷慨呀！这其中就包括鄣郡的黟县、歙县。

对刘泽这个善于投机的人，司马迁语含讥讽，而对刘贾封王，则持肯定态度，认为荆王能被封王，是由于汉朝刚建立，天下尚未完全统一，所以刘贾虽是刘氏的远房，但以战功被封为王，威镇江淮之间（"太史公曰：荆王王也，由汉初定，天下未集，故刘贾虽属疏，然以策为王，填江淮之间"）。

但是,有时好人的命运却并不幸运。

在刘贾当荆王的第六个年头,也就是大汉第十一年的时候,那个异姓王英布谋反了。英布被封为淮南王(《史记·黥布列传》:“布遂剖符为淮南王,都六,九江、庐江、衡山、豫章郡皆属布”)。史载吕后在铲除异姓王彭越后,将彭剁成肉馅,做成肉酱,并送给英布一份,以警告英布不要造反。吕后的做法太恶毒,把英布逼上了不反也得反的绝路(“十一年,高后诛淮阴侯,布因心恐。夏,汉诛梁王彭越,醢之,盛其醢遍赐诸侯”)。

英布很能打仗,和韩信、彭越一起被誉为汉初三大名将。在国家危急时刻,刘贾立刻率领自己的本部军马与之对战。可刘贾根本不是英布的对手,在战乱中和家人一起被杀。按照常规,将军在外作战,应留个儿子在京都做人质。但刘邦对这个德才兼备的兄弟非常信任,压根就没有想到让他派个儿子在长安为人质。因此,在英布谋反时候,刘贾竟然连个后人也没有留下,王位的宝座也没有人坐了。

这让刘濞占了个大便宜。

吴王治鄣

刘 濞

高祖十二年(前195年),刘邦立刘濞(前215—前154年)为吴王,把刘贾的荆国封地给了他。这刘濞是刘邦二哥刘仲的儿子,也就是刘邦的亲侄儿。吴国定都于广陵(今江苏扬州)。(《集解》徐广曰:“荆王刘贾都吴,吴王移广陵也。”)

刘邦怎么会赏识刘濞的呢?就还得从英布谋反说起。

英布造反,刘邦知道他很能打仗,如果自己不出马,他的嚣张气焰无人可压得下来,于是,刘邦拖着带病的身体率军亲征英布。当时,血气方刚、年方二十的刘濞是个沛侯,他随军出征,冲锋在前,屡立战功,引起了刘邦重视。平定英布叛乱之后,刘邦怕有人再生事

(《史记·吴王濞列传》:"上患吴、会稽轻悍"),必须派个刘姓人物来支撑局面。但苦于自己几个儿子年幼,加之荆王刘贾没有后代,想来想去,自己的侄子总应当可靠吧!

刘邦改荆国为吴国,封20岁的刘濞为吴王,统治三郡五十三城("王三郡五十三城"),这三郡就包括咱们的鄣郡。刘濞惧怕英布留下的阴影,故而不敢以荆国旧都吴县(今苏州)为其国都,于是以广陵(今扬州)为都。广陵是战国时期楚怀王熊怀在邗城旧址上所建之城,因为这里当时是一片丘陵,就取"广被丘陵"之意而名。扬州别称广陵也始于此时。

刘濞这个人剽悍勇猛且有野心,长得鹰鼻鼠眼,一副奸相,令人看不顺眼。等到封侯拜印的时候,迷信相术的刘邦仔细打量刘濞之后就后悔了:此人有反相!但皇上金口玉言已开,诏书已下,不可反悔。

于是,刘邦拍着他的背部,当着众多臣子面警告刘濞:"汉家五十年以后东南方向必有叛乱,不会是你小子吧?不过,天下都是我们刘家的,你最好还是不要谋反!"

刘濞吓得浑身发抖,慌忙跪拜不敢抬头:"不敢不敢。"(《史记·吴王濞列传》:"高帝召濞相之,谓曰,'若状有反相',心独悔。业已拜,因拊其背,告曰:'汉后五十年东南有乱者,岂若邪?然天下同姓为一家也,慎无反!'濞顿首曰:'不敢。'")

刘濞封王不久,刘邦就驾崩了。刘邦死后,经历了无能的惠帝刘盈和专横的吕后主政的短暂岁月,终于迎来了文帝刘恒和景帝刘启"文景之治"的开明时代。

刘濞虽然有野心,人长得也不咋的,但是个当财政部长的料,治国理财很有一套本事。他铸钱、煮盐、造船、发展渔业,促进了农业的发展,带动了民间漆器、竹器、纺织、建筑等手工业的发展,形成了百业兴旺、举国繁荣的局面。特别是开通了一条连接京杭大运河的扬州古运河,成了对外往来的一个重要港口(《维扬志》:"吴王濞开邗沟,自扬州茱萸湾通海陵仓","此运盐河之始")。应当说,后来徽商以扬州为根据地,以盐业起家,和刘濞打下的基础有很大关系。清初诗人郭士璟有《茱萸湾》诗:

曲曲云烟烧旧塘,长堤千载忆吴王。
但闻坐引渔盐利,赢得茱萸泛水黄。

刘濞治吴40余年,使吴国"国用富饶""能使其众",即财源充沛,获得百姓爱戴。黟县和歙县也在其治下有了发展。应当说,如果他以后不造反,对吴国的发展还是有好处的,老百姓也是欢迎他的。

但是,悲剧还是发生了,起因是晁错的《削藩策》。

前156年,景帝即位,提晁错为内史(皇帝秘书),后迁御史大夫(副丞相),成了景帝的智囊人物,可谓位高权重,一言九鼎。

景帝三年(前154年),晁错提出了一个大胆的改革方案:削藩,限制和收回诸王的权力。

他指出,高祖封同姓王,仅齐、楚、吴三个王的封地就分去了天下的一半。他主张对犯有过错的诸侯王,削去他们的支郡,只保留一个郡的封地,其余郡县都收归朝廷直辖。

吴王刘濞地盘大,权力也大,又不听话,当然要拿他开刀。

刘濞和当今皇帝刘启早有过节。汉文帝的太子刘启(即当今皇上景帝)小时候和刘濞的儿子刘贤下棋时发生争执,刘贤酒后犯上,刘启一生气,失手用棋盘把刘贤砸死。在这个问题的处理上,文帝是有责任的。他没有严责太子,没有厚葬刘贤,还将刘贤遗体送还吴国。刘濞大为光火,说:"天下同宗,死长安即葬长安,何必来葬为?"(《史记·吴王濞列传》)于是,又将刘贤遗体送回京师。

从此,刘濞衔恨在心,称病不朝,从不到长安朝见皇帝,埋下了反叛的种子。

晁错眼看这样对中央集权制不利,就对汉景帝说:"吴王一直不来晋见,按理应当治罪('于古法当诛')。先帝(指汉文帝)在世时,一直对他很宽厚,他却越来越狂妄自大。他还私自开铜矿铸钱,煮海水产盐,招兵买马,这不是准备叛乱吗?必须趁早削减他的封地。"汉景帝还有些犹豫,说:"好是好,只怕削地会激起他造反。"

晁错说:"诸侯存心要反的话,削地要反,不削地以后也要反。现在削地,他急于反,祸害小;如果不削地,等到他们势力大了,再反就难以收拾局面了。"("今削之亦反,不削之亦反。削之,其反亟,祸小;不削,反迟,祸大")汉景帝是个耳根软的皇帝,听了这话,认为有理,就找些理由,先杀鸡给猴看,削了一些诸侯的地盘。

刘濞本来就恨刘启，没等到来削自己的地时，就拍案而起：与其坐以待毙，不如先发制人，反了！

反有反的冠冕堂皇的理由，理由是“请诛晁错，以清君侧”（《汉书·晁错传》），并遍告各诸侯国。消息传来，被削藩弄得很恼火的胶西王刘昂、胶东王刘雄渠、淄川王刘贤、济南王刘辟光、楚王刘戊、赵王刘遂等，纷纷起兵配合。景帝三年（前 154 年）正月，以吴王、楚王为首的“七国之乱”，终于爆发了。

看来，姓刘的当王也不靠谱呀！

面对七国气势汹汹的进攻，刘启束手无策，只好“斩御史大夫晁错以谢七国”（《汉书·景帝纪》），以此妥协来换“和平”。改革失败，晁错当了替罪羊，竟被腰斩。

尽管刘启去掉了七国起兵的借口，但是七国仍不罢兵。好在刘启手下有个会打仗的周亚夫，这周大将军是西汉名将周勃的次子，治军有方，打仗内行，三个月后，七国之乱被镇压了，刘濞兵败被杀。

这个周亚夫后来当了丞相，但被人诬陷造反，在牢中绝食，活活饿死。一代忠臣，竟落得如此下场，令人痛惜。

江都治鄣

刘濞一死，鄣郡又要换主了！

这次的主角是刘非，他是景帝和程妃所生，与汉武帝刘彻为同父异母之兄弟。吴、楚七国反叛时，15 岁的刘非上书天子，愿意领兵攻打刘濞的老窝吴国。景帝赐给他将军印。前 154 年，吴国被击败后，改封刘非为江都王，治理吴国原有的封地，当时辖鄣郡和东阳郡（少了吴郡）27 城。他在位 27 年去世，2011 年在江苏盱眙大云山发现刘非的墓室，出土鎏金龙纹铜编钟一套等许多珍贵陪葬品。

刘非死后，儿子刘建继位为王。这官二代刘建可不是什么善类，和《水浒传》里的高衙内一样是个“花花太岁”。

据《汉书·景十三王传·第二十三》记载，刘建荒淫无耻、胡作非为到了极点。刘建在做江都王太子时，就曾与父王的妃子私通。服丧期间，他竟与已故父王的 10 多个姬妾通奸淫乱。妹妹刘徵臣回家守孝，也被他奸污了。

刘建是一个杰出的“生物学家”。据野史记载，骡子就是刘建折腾出来的杰作。刘建一日无聊至极,喊人牵来一匹马及一头驴子,拴在一起,数月后生出一头“四不像”,就是骡子。据说骡子落地后,这个怪物吓得他魂飞魄散。

刘非墓出土的铜编钟

如果仅仅限于乱伦玩女人,还不至于有死罪。但刘建还妄想做皇帝,平时他佩着父亲的将军印,打着天子旗出游,耀武扬威。他大搞迷信活动,指使女巫用“魔胜”之术诅咒武帝(“与其后成光共使越婢下神,祝诅上”),又私造兵器,私刻皇帝玉玺和百官印信,并和别的诸侯王密约,准备造反。这可是个犯杀头的死罪。事情暴露后,这个官二代畏罪自杀,同党一个个被诛(《汉书·景十三王传·第二十三》:“建失臣子道,积久,辄蒙不忍,遂谋反逆。所行无道,虽桀、纣恶不至于此。天诛所不赦,当以谋反法诛。”)

江都王国建都于广陵(《汉书·地理志》:“广陵,江都易王非、广陵厉王胥皆都此”),武帝元狩二年(前121年),刘建折腾六年后,江都王国被朝廷废除,改为广陵郡(《汉书·景十三王传·第二十三》:“六年国除,地入于汉,为广陵郡”)。而鄣郡,则改名为丹阳郡,与广陵郡一样,从此归属汉廷。

鄣郡的“三国演义”终于落幕。

异姓之王

治理鄣郡的是同姓王刘氏,而之前还分封了异姓王,其中有我们熟悉的徽州老英雄梅鋗的上级吴芮同志。这段历史也必须有个交代。

刘邦黄袍加身后,采取的是分封制与郡县制并存的行政管理体制。

所谓异姓王,是指皇族刘姓之外,因功而受封王爵的人。目的是为了笼络人心,使他们对皇帝死心塌地,尽忠为国。

当时刘邦封的异姓王有8人:即楚王韩信、梁王彭越、淮南王英布,赵王张耳、燕王臧荼(后燕王卢绾)、长沙王吴芮、韩王信(此韩信非彼韩信,为避免混淆,史书多称其为韩王信)。

这8个异姓王大多处境不妙:

楚王韩信功高盖主,被皇帝认为有反叛嫌疑,被贬为淮阴侯,后被吕后处死;

梁王彭越也以反叛罪名被贬,之后被吕后处死;

张耳在封王第二年病死,其子张敖(刘邦女婿)即位,后因部下有反叛罪被牵涉而贬为宣平侯;

淮南王英布后谋反,向东攻打荆国,荆王刘贾死于非命,后刘邦抱病征讨,英布战败逃走,被吴芮长子、长沙王吴臣所杀;

项羽的老旧部燕王臧荼后谋反,被刘邦亲自率兵讨平,砍头示众;臧荼死后,刘邦年轻时的哥们卢绾被封为燕王,这个后燕王卢绾也被逼而叛变,最后逃亡到匈奴,封为东胡庐王;

韩王信因被怀疑背叛汉朝被迫投降匈奴,后来为匈奴作战时被汉军杀死。

8个异姓王得以善终的,只有吴芮一人。这吴芮就是梅锔的老上级,初跟随项羽,在对秦战争中战功卓著,曾被项羽封为衡山王;后跟随刘邦,也立下汗马功劳,被封为长沙王。刘邦下诏:

> 故衡山王吴芮,从百粤之兵,佐诸侯,诛暴秦,有大功;诸侯立以为王,项羽侵夺之地,谓之番君。其以芮为长沙王。(《资治通鉴》卷十一)

吴芮有很高的政治艺术,他审时度势,在历史的关键时刻始终站对了队。他关心百姓疾苦,帮助人民安居乐业,在百姓中有很高威望。他行事低调,对上忠心,唯命是从,刘邦实在找不到他的茬子。且长沙地处王朝与南方越族势力之间的缓冲地带,难以形成对王朝的威胁,故没有对他下手。但是,在吴芮40岁(前201年)时,夫妇却双双无疾而终,英年早逝,成为历史之谜。

《汉书》是这样评价异姓王的:

> 赞曰:昔高祖定天下,功臣异姓而王者八国。张耳、吴芮、彭越、黥布、臧荼、卢绾与两韩信,皆徼一时之权变,以诈力成功,咸得裂土,南面称孤。

见疑强大，怀不自安，事穷势迫，卒谋叛逆，终于灭亡。张耳以智全，至子亦失国。唯吴芮之起，不失正道，故能传号五世，以无嗣绝，庆流支庶。有以矣夫，著于甲令而称忠也！

异姓王的纷纷反叛，使刘邦对异姓封王深恶痛绝，故而定下规矩：异姓不封王，无功不封侯。如前文所说的荆王刘贾、吴王刘濞、江都王刘非父子都是刘姓王。

但刘姓王就可靠吗？那个刘邦的亲侄、吴王刘濞所领头的“七国之乱”的祸首，不都是刘姓吗？问题不在于你姓什么，而是中央集权制与诸侯分封制的权力之争。刘邦死后，吕后不遗余力地迫害刘邦的子孙，连亲生的儿子刘盈也是间接死于吕后之手。目的之一就是夺取他们的封地和权力，用以分封她的娘家人，以壮大吕家势力。这种权力之争充满了刀光剑影和血腥气。

融入华夏

自汉武帝和宣帝之后，有了汉族的称谓，这和当时是汉朝执政当然有关，而汉文化也正是在这个年代后逐步发展起来，成为中华的优秀传统文化的。

徽州（新安）文化作为中华优秀文化的一部分，有个漫长的发展过程。徽文化主要源自于汉族文化，她是融合了中原黄河文化、长江文化、南方文化（百越文化）等，形成了自己的特色，在中华文化中独树一帜的。

黄帝和炎帝是中华民族的始祖，受到全世界华人的尊崇。大约在4000年以前，我国长江、黄河流域一带住着许多氏族和部落，黄帝是最有名的部落首领。夏、商、周之际，在这些朝代统治之内的民族多称华夏族。何谓华夏族？可能与舜的“华”（“舜名重华”）和禹的“夏”有关。后代的人都认为黄帝是华夏族的祖先；炎帝是另一个部落的首领，和黄帝亲密团结，融合在一起，共同形成中华民族的祖先。所以我们又叫炎黄子孙。

当时我们徽州这块地盘是什么状况呢？

上世纪50年代在徽州的岩寺、歙县北郊、祁门县凫峰、屯溪奕棋、黟县碧阳等地先后出土了大量古文化遗址，揭开了这里古越文化之谜。

这些出土的遗址和文物，既有新石器时代几何印纹的陶器和磨制石器，又有西周至春秋战国时期的青铜器、陶器、原始瓷器、玉石件和漆器等，从造型、纹样等工艺看,都达到了很高的水平。这说明,至少在3000多年前,徽州这一带已经闪烁着古越族文明之光。

春秋战国时期,我们南方的大国,主要是楚、吴、越,徽州地盘先后被吴、越、楚统治。经过战争的兼并,秦始皇顺应历史潮流统一了中国,秦帝国成了华夏族的最高统治者。从秦攻占、控制南方越族,到汉朝建立,经过战争的洗礼和不断的磨合,居住在南方的古越族逐渐与中原民族融合。从徽州出土的文物也可看出,不仅有本土的特色,还有中原文化的影响。可见,当时中原文化和古越文化就已经进行融合了。秦始皇征服南越后,往越地迁徙50万华夏族人,其中在徽州这块地盘肯定也迁入不少华夏人民。到汉武帝年间,南方古越族基本与中原民族融合了,接受了中原民族较先进的生产技术和生活方式。但居住在福建、浙江、江苏、安徽等地部分山区,包括我们徽州地盘上,仍有一些“山越”脱离皇朝的统治,一直到三国时期及以后,统治者采取镇抚并举的政策,山越人才真正改变了原来落后的生产和生活方式,与华夏族紧密融合,成为汉族的一部分。到汉武帝、宣帝以后,华夏族的称谓亦被汉族所取代,一直延续至今。

汉朝随着版图的扩大,汉民逐渐向南迁徙,与当时的族群与土著融合在一起,成为中国最大的民族——汉族。汉文化,是“华夏文化”“中华文化”“中国文化”的主要源头,并通过各种交往途径,传播到其他民族以及东亚和东南亚的其他国家。

汉文化在文字上,使用汉字;在服饰上,着汉服;在礼仪上,有以“周礼”为标志的礼仪文化;在语言上,汉语有雅言和方言;此外,汉俗、儒学、汉传佛教、汉唐律令制度,以及汉族的生产技术、工艺等,都构成汉文化的内容。

当然,随着时代的发展,汉文化也在不断变革和发展之中,但文化的精粹始终熠熠生辉,经、史、子、集是汉文化的核心典籍。

汉初,中央在管理上比较松散,无论是政治上还是经济上,各诸侯国权力很大。中央尚未建立起足够的权威。诸侯国的反叛,给封建王朝和社会带来巨大的危害,血的教训使汉武大帝更加推崇儒家的春秋大一统思想、仁义思想和君臣伦理观念。于是,在思想领域,儒家终于取代了道家的统治地位,并在政治上、经济上强化中央集权制度。

“罢黜百家,独尊儒术”,自汉武帝开始,各个朝代的统治者都遵奉这一基本原则,为建立中央集权制奠定了理论基础。两千多年来,我国文化教育事业的发展和各民族共同心理素质的形成,无不受到这一原则的制约和影响。

儒家思想,成了统治者用于治国和治民的正统思想,宋朝的程朱理学作为对后世影响最大的学派之一,成为南宋之后的官学。徽州被誉为“东南邹鲁”和“程(程颢、程颐)朱(朱熹)阙里”,更是传播程朱理学的人文渊薮。

在这块土地上诞生的文化,无论是新安文化还是徽州文化,都是汉文化的重要组成部分,“徽文化”成了中华文化的杰出代表之一。

鄣郡的历史自汉武帝后结束了。这块土地将面临什么局面?请看第四章:丹阳郡大王国小。

第四章　丹阳郡大王国小

徽州这块土地，也和全国一样，经历了秦始皇、秦二世，汉高祖刘邦、惠帝刘盈、高后吕雉、文帝刘恒、景帝刘启，到了武帝时代。

汉武帝元狩二年（前121年），汉武帝将鄣郡改为丹阳郡，有着90年历史的鄣郡宣告终结。

大郡丹阳

汉丹阳郡是个大郡，范围覆盖今浙、皖、苏部分区域，统领17个县。其中：於潜、故鄣2个县在今浙江省境内；江乘、秣陵、句容、胡孰、溧阳5个县在今江苏境内。

在今安徽境内的10个县是：宛陵（今宣城市宣州区）、宣城（今南陵县、宣州区部分地区）、泾县（包括今泾县、青阳县、石台县、旌德县、黄山区等部分地区）、芜湖（包括今芜湖市、县的北部地区，当涂县北部、南部及今马鞍山市）、春谷（今铜陵市、繁昌县和南陵县部分地区）、石城（汉初在今马鞍山东南，三国吴在今池州重建）、丹阳（为今安徽省当涂县和江苏省南京市江宁区）、陵阳（包括今东至县、青阳县、石台县等部分地区）以及歙县、黟县。

据《汉书·地理志》载：

> 丹扬郡，故鄣郡。属江都。武帝元封二年更名丹扬（注：误）。属扬州。户十万七千五百四十一，口四十万五千一百七十一。有铜官。县十七：宛陵，彭泽聚在西南。清水西北至芜胡入江……黝，渐江水出南蛮夷中，东入海。成帝鸿嘉二年为广德王国。莽曰愬虏……歙，都尉治。

丹扬，不同版本又记为丹杨、丹阳。丹阳名字的由来，有个说法似可信，因郡内位于今芜湖市赭山之南，《江南地理志》说，“赭山丹赤，故郡名丹阳”。《晋书・地理志》曾将丹阳记为丹杨（“改鄣曰丹杨”），据说是为避讳晋成帝皇后杜陵阳而改。

丹阳郡的治所设在宛陵（今安徽宣城市宣州区）。之所以选宛陵为郡治，原因是宛陵地处郡之中部，“阻以重山，缘以大江”（唐陈简甫《宣州开元以来良吏记》）；“扼天下之咽喉，作关东之襟带”（南唐韩熙载《宣州筑新城记》），是一郡之府的最佳选择。

注：1. 本图系汉武帝元狩二年（前 121 年）丹阳郡政区图；辖宛陵、泾县、歙县、黟县等 17 县；

2. 本图仅供参考。

此外,宛陵当时的开发较其他地区为先,且宛陵及其周边地区铜矿的开采和铜业的冶炼已有相当规模,为此,西汉政府在丹阳郡设置了全国唯一的铜官,监管这里的铜矿生产。今安徽铜陵市,丹阳郡时属春谷县、陵阳县,可见,铜陵的冶铜历史至今已有两千多年了。

歙县在丹阳郡是都尉治。这里有必要介绍一下都尉的来历。都尉原名郡尉,为秦代郡的军事长官名。《汉书·百官公卿表上》载:"郡尉,秦官,掌佐守典武职甲卒,秩比二千石。有丞(注:辅佐主要官员做事的官吏),秩皆六百石。景帝中二年更名都尉。"秩比即俸禄,当时以粮食代替。都尉的治所是驻军的重地,说明歙县当时的地位十分重要。

从丹阳郡设置来看,基本囊括了明清时徽州府、宁国府(治宣州)、池州府的属县,徽、宁、池同根生,本为一家亲,可追溯自汉开始的丹阳郡,明清时期徽宁共建会馆共兴商业,也留下了一段历史佳话。

这里需要指出的是,史书对鄣郡改丹阳郡的说法有多种,《汉书·地理志》载:

> 丹扬郡,故鄣郡。属江都。武帝元封二年(前109年)更名丹扬。属扬州。

这就是说,元封二年鄣郡始改丹扬郡,而不是元狩二年(前121年)。钱坫(清代学者)在补注中说:

> 江都王建,以元狩二年自杀,国除,非元封也,当依《宋史》改正。

复旦大学中国历史地理研究所教授、博士生导师周振鹤教授经过考证,认为《汉书·地理志》作元封二年有误。周教授的《汉书地理志汇释》在《丹阳郡》条目下指出:

> 元狩元、二年之间接连废除衡山、淮南、江都三国,武帝于是对故淮南、江都别郡进行一番调整,鄣郡于此时增县四(春谷、宣城、泾县、陵阳),才更名丹扬。

由此可知,江都王国是元狩二年(前121年)被废,鄣郡才改为丹阳郡。

广陵之谜

汉武帝元狩六年(前117年)四月,汉武帝封第四子刘胥为广陵王,建都广陵(今扬州市)。

建广陵国时,汉武帝实行推恩政策。所谓推恩令,是变相剥夺诸王权力的一种政治手段。汉初原本诸侯王的爵位、封地都是由嫡长子独家继承的,其他庶出的子孙是没有资格继承的,从老子那儿分不到一杯羹。

但实行推恩令后,诸侯王所有的儿子都有权在原有的王国中分到一份土地。当时的皇帝和诸王嫔妃众多,都很能生儿子,一般都有几个至十几个儿子,多的甚至百个。这一政策表面上貌似"关怀"诸侯王的庶子们,实质上却是通过一分几,再分几至十几,大大削弱了诸侯王的实力。一个诸侯王国运用这种办法,要不了几代,就瓜分完毕,子子孙孙都有地,但谁也做不了大,当不了头,"藩国自析",谁也构不成对朝廷的威胁(《汉书·诸侯王表第二》:"武帝施主父之册,下推恩之令,使诸侯王得分户邑以封子弟,不行黜陟,而藩国自析。自此以来,齐分为七,赵分为六,梁分为五,淮南分为三。皇子始立者,大国不过十余城。")

这样一来,不用搞什么伤筋动骨、剑拔弩张的削藩,推恩令一颁布,诸侯王势力土崩瓦解。诸侯地盘比以前小,大诸侯封地不超过十几座城池,小诸侯封地也就几十里地,这些封地的收入,多的能够给手下的人发工资,少的也够供养家人进行祭祀活动的开支(《史记·汉兴以来诸侯王年表第五》:"诸侯稍微,大国不过十余城,小侯不过数十里,上足以奉供职,下足以供养祭祀。")这叫饿不死,胀不死,诸侯们没有势力再和朝廷分庭抗礼,皇帝再也不用担心地方势力造反。这是政治上很妙的一招。看似仁慈,实则阴狠。汉武帝政治权谋的高超,可见一斑。

刘胥乃一介武夫,据说力能扛鼎,徒手能搏猛兽,但最大的毛病是不遵法制,我行我素,粗鲁无理,这样的坑爹子弟当然得不到汉武帝宠爱,也无缘继承皇位。

尽管昭帝、宣帝都看在武帝面上,对他礼待厚赏,但刘胥仍不满意。汉宣帝少年即位后，刘胥认为皇帝年少无知，便觊觎皇位。宣帝五凤四年（前 54 年），“坐祝诅上”，就是请当地巫婆诅咒宣帝早死。

这种“坐祝”故事，似乎历代皇宫都有表演，实则愚蠢至极。事情败露，刘胥畏罪以绶带上吊自杀，谥为广陵厉王（太厉害了）。刘胥在位 64 年，他死后广陵王国被废除（参见《汉书 · 武五子传》）。

刘胥死后，墓葬倒是高规格的。刘胥夫妇的合葬墓在今江苏高邮天山镇神居山，其墓在上世纪 70 年代开山采石时被发现。这座规模宏大的“黄肠题凑”（西汉帝王陵寝椁室四周用柏木堆垒成的框形结构）式木椁墓，其用料之大，结构之严，堪称世界罕见。后迁至扬州瘦西湖蜀岗风景区，开发成汉广陵王墓博物馆（汉陵苑），成为融文物与园林为一体的陵园式博物馆。离开原地迁移，失去原地的文化生态基础，使这一稀世遗产失真，令许多史学家颇为惋惜。

7 年后，也即公元前 47 年，汉元帝复封刘胥太子刘霸为广陵孝王，后来还传了四代。王莽篡汉后，汉最后一代广陵王刘宏被废为庶民，广陵王国也被取消改江平郡。

有一种说法，西汉广陵王国建立后，歙县、黟县属刘胥的广陵国。民国《歙县志》沿革表就把元狩六年（前 117 年）至五凤四年（前 54 年）的歙县归属广陵国。但笔者查阅《新安志》、明嘉靖及清嘉庆《徽州府志》、清嘉庆《黟县志》等，均没有见到歙、黟两县属广陵国的记载。

据《汉书 · 地理志》记载，当时的广陵国领地仅广陵、江都（城在今扬州西南 23 公里，东汉末圮于长江）、高邮、平安（今江苏宝应县和安徽天长县间）4 个县。而昭帝时两次益封广陵王胥共 24000 户，亦因班固的行文简省而不知原属何邑。对此，周振鹤也无奈地说：

> 由于史料不足，厉王（刘胥）与孝王之广陵国境已无法勾勒出来。（《西汉政区地理》）

《汉书 · 地理志》虽然指出广陵国仅有“县四：广陵、江都、高邮、平安”，但在广陵国广陵县下所作的本注却颇引歧义：

> 江都易王非、广陵厉王胥皆都此，并得鄣郡而不得吴。

也许就是这句话，使后来一些学者认为广陵国包括原鄣郡所在的县，民国《歙县志》将歙县纳入广陵国也是引用这种注解。对此，周振鹤考辨后指出：

上引之《汉志》广陵县本注有误，基于江都易王是正确的，于广陵厉王则是错的。

他还针对清朝学者全祖望对丹阳郡所注的“武帝元狩二年为郡（指时为鄣郡），六年属广陵国；元封二年更郡名（指更名为丹扬），仍属广陵国”的说法，指出：

武帝元狩二年鄣郡更名丹扬，属汉，其后未再属诸侯王国。全说误。（《汉书地理志汇释》）

可见，全祖望不仅把鄣郡更名为丹扬郡的时间由元狩二年（前121年）推迟至元封二年（前109年），而且将鄣郡和丹扬郡一段时间纳入广陵国治下，这两种说法都是错误的。

扬州博物馆副研究馆员王冰根据后来在广陵故地出土文物中发现的有关实物和文字资料，经过考证，认为广陵国始封仅为4县。

汉武帝之所以这样“薄”待广陵王，恐怕与吴越故地民风轻悍，吴王濞、江都王建在此日久皆萌生异心、以致反叛朝廷有关（《西汉广陵厉王的封域与昭帝益封之邑考略》）。为平江都王建的逆乱之谋，汉武帝甚至派兵前往以治其狱。血的历史教训不能忘，故此在册封广陵王时仅以4县食邑，并在册书中告诫说，作为臣子，不凭借职位，滥用权力，就不会有后辱。呜呼！保护国家，养护人民，能不敬慎吗？广陵王你一定要戒慎（《史记·三王世家》：《书》云：“臣不作威，不作福，靡有后羞。于戏，保国艾民，可不敬与！王其戒之”）。

根据《汉书·地理志》记载，西汉广陵国领地仅为广陵、江都、高邮、平安4个县，与荆、吴、江都三代诸侯王国相比，确是“地益小”。

昭帝年间，曾两次恩赐，合计“益封”24000户，相当于两个县，益封地点一说在今江苏宝应、射阳一带。

而王冰根据出土文物考证，认为此益封的两县，一是全椒，一是寻阳。这两个县一处于九江郡，一处于庐江郡，其目的是让广陵厉王可以多食租税，但却无法直接调动远离属国地盘的诸县,显示了汉昭帝继承乃父武帝帝王权术的深谋远略。

从以上论证基本可以认定,广陵国应当不包括丹阳郡宛陵(今宣城)以南的歙、黟两县。

隶属扬州

秦始皇统一中国后,行政管理实行郡县制,废除周朝的分封制。西汉初年,全国约有60郡,但因兼行分封制,汉天子直接统治的郡只有15个,很多诸侯国都有数郡之地。

汉景帝(前156—前143年)时,限制诸侯权力,一个封国便只占一郡之地,郡与国规模相当。汉武帝(前140—前88年)时,又推行“王子封侯别属郡”的政策,封国面积日渐缩小,而中央直辖郡的面积则不断增大,郡的规模普遍大于封国。元封三年(前108年),全国共有110个郡(国),是郡县两级制下郡级行政区数量最多的时候。

这一时期郡的大小分布有一个共同特征,江北郡多但每个郡面积小,江南郡少但每个郡面积大。其原因是古代划分郡县的一个重要量化指标就是户数和人口数。黄河流域开发较早,土地利用率高,经济发展较快,自然人口众多。相反,秦汉时期,江南土地属“蛮荒之地”,尚未充分开发,加之南方山区山越土著人口居住分散,交通不便,不服从政府管理,因此也纳入不了政府统计的户籍之内,所以人口相对稀疏,形成地广人稀的局面。

汉初实行分封与郡县并举,中央直辖仅15郡,故省去秦制郡监,吏治由中央直接派丞相视察。元封五年(前106年),当时全国已有100多个郡,老丞相就是跑断腿也管不过来了。为了加强中央对地方的控制,除京师附近7个郡外,把全国分为十三个监察区域。每区由朝廷派遣刺史一人,专门负责巡察该区境内的吏政,检举不法的郡国官吏和土豪劣绅,其管区称为刺史部。刺,古文中有检举、揭发、核查、问责之意,相当于现在的纪检、监察官员。

13个刺史部中,其中11个部采用了《尚书·禹贡》和《周礼·职方》中的传说州名,如扬州、荆州、豫州等(设想变成现实),简称“13部”,一称“十三州”。

到了东汉建武十一年(35年)后,刺史部又有所变动。但最重要的变化是，灵帝中平五年（188 年）后，改部分刺史为州牧，职权大大扩张，直接掌握一州的军事、行政、民政等大权，位于郡守之上，州遂成为郡以上的一级行政区划，从此中国行政体制由“中央—郡—县”三级变成“中央—州—郡—县”四级，相当于现在的中央—省—地（市）—县四级。当然，这是后话。

西汉时的扬州刺史部是个监察区，没有成为一级行政区，也没有固定的治所（“居无常治”）。扬州刺史部辖五郡一国（九江、庐江、丹阳、会稽、豫章郡，六安国），约为今安徽淮河和江苏长江以南，江西、浙江、福建三省，广东北部及湖北东部部分地盘。此扬州和今天的扬州市，两者不是一个概念。

丹阳郡隶属扬州。东汉后刺史从此“治有定处”，扬州治所分别有历阳（今安徽和县）、寿春（今安徽寿县）、合肥、建业（今南京）等。

小国广德

丹阳郡曾割出一个小小的王国，叫广德王国。这个历史上昙花一现的王国，从公元前 19 年至公元 9 年的 28 年间，前后三立三废，历经三世四王，断断续续只存续了短短的 14 年。

事情从汉鸿嘉二年（前 19 年）说起，汉成帝刘骜心血来潮，立中山宪王弟孙、利乡侯之子刘云客为广德王，并将黟县改为广德王国。

这是继汉初将属黟县地封给梅锟为侯地后，第二次将黟县地分为诸侯王国地。

广德王国的记载见于汉朝一些史书，宋《新安志》和清《黟县志》均有记载。

《汉书·地理志》载：

> 丹阳郡，故鄣郡……成帝鸿嘉二年分丹阳之黝县为广德国，其郡如故。四年复属于郡，平帝元始二年，复为国，其郡如故。

《汉书·景十三王传》中山靖王刘胜章节下记载：

> 成帝鸿嘉二年复立宪王弟孙、利乡侯子云客，是为广德夷王。三年薨，无子，绝十四岁。哀帝复立云客弟广汉为广平王（应为广德王）。薨，无后。平

帝元始二年复立广川惠王曾孙伦为广德王,奉靖王后。王莽时绝。

据《汉书·景十三王传》广川惠王刘越下记载:

> 后十五年,平帝元始二年,复立戴王弟襄堤侯子愈为广德王,奉惠王后,二年薨。子赤嗣。王莽时绝。

这是黟县历史上的一个戏剧性的插曲。事情经过是这样的:

西汉景帝刘启的第八个儿子叫刘胜,汉景帝三年(前 154 年)受封为中山王(死后谥号中山靖王),国都卢奴(今河北省定州市)。这刘胜没什么本事,认为"王者当日听音乐,御声色",而不应干预地方政事。他好色贪淫,嫔妃无数,生了 120 多个儿子,堪称"英雄父亲"("胜为人乐酒好内,有子百余人")。

相当搞笑的是,三国时的刘备逢人便说"在下刘备,中山靖王刘胜之后"。中山王刘胜子嗣众多,仅儿子一代就有 120 多个,到了刘备所处时代,差不多三百余年了,后世繁衍更是数不胜数。这个贩履织席为业的刘备头顶刘皇叔的光环,别人就是要去深究验明真伪,恐怕也是无能为力了。对刘备的身世,古代的史学家就产生过怀疑,如给《资治通鉴》作注的元人胡三省就说过,刘备"自祖父以上,世系不可考"。

刘胜死后,长子刘昌继位,一直传到第六代中山王刘循,中山王国共传 6 代 6 王 100 年,但刘循死后因无子继承中山国王位,至此绝封。

不知是出于什么原因,汉成帝刘骜在登基后的第十五个年头,即汉成帝鸿嘉二年(前 19 年)八月十九下诏,把自己的叔高祖父中山靖王刘胜大大吹捧了一番,说他"励相汉室,历有勤劳(生儿子也很勤劳)",立他的第七世嫡系孙(第五代中山宪王刘福的弟弟、利乡侯刘安之孙)刘云客为广德王,奉祀第一代中山靖王刘胜的香火,改丹阳郡辖县黟县为广德王国,都城位于今黟县宏村镇古城村(原龙江乡古城村,后并入宏村镇),意取广施恩德。

这个广德王国,不是今日的广德县,而是包括今祁门县部分地盘的黟县,也是《羊城古钞·人物》中记载梅销"其后沛公复封销广德十万户"的广德。

奇怪的是,为什么汉成帝把个交通不方便的山区黟县封给一直在河北的刘云客当王国?

这事可能要和黟县曾为梅销封地联系起来看。汉朝热衷搞分封,几乎把地都瓜分光了,原刘胜的中山国因长子刘昌绝代也分给了其他皇亲;而黟县曾为楚汉时的梅铜封侯之县,现在又无人继承,故旧封地重新启用,皇恩永泽,是为一大原因。

另一个原因是,为汲取汉初“七国之乱”的教训,防范诸侯国坐大犯上,将封地立于远离国都长安(今陕西省西安市西北)的江南之地较为保险。

此外,黟县境内主要为山越人居住地,将此地改封王国,可防范山越人与朝廷对抗。

于是,这个老家河北的南下干部刘云客风尘仆仆地来到了黟县上任,为第一任广德王。

年幼的刘云客并不情愿离开自己的家乡,但出于无奈,只能千里迢迢、远离故土来到南方山林茂密、气候潮湿的黟县上任。

黟县本古越族之地,野性不开化的越族后代被北方人称为“蛮人”、“割发文身之民”,而且语如鸟音,风俗怪异。刘云客登基后,所做的第一件事,就是想重建广德王行宫。但水土不服和思乡痛苦,使这个官后代在登基不足 3 年(前 16 年)就客死他乡(应了云客的名),死时才 14 岁。死后谥号彝王,因为没有子嗣继位(年龄太小,来不及生儿子),广德王国废除,复为黟县。

汉成帝绥和二年(前 7 年),汉成帝刘骜死后,汉哀帝刘欣继位。这时,汉朝已中道衰落,国运不振。刘欣很想有一番作为,首要的是稳住和平衡诸侯国各方势力。建平三年(前 4 年)正月,刘欣效仿汉成帝刘骜,再立中山靖王刘胜第七世嫡系孙、第一任广德王刘云客的弟弟刘广汉为广德王,奉祀中山靖王刘胜香火。

第二任广德王刘广汉也不愿意去这个山沟里当“山大王”。但是圣命难违,不得不从。其命运和他哥哥刘云客一样,在愁苦思乡和水土不服的生活环境中苦熬 4 年后死去。同样因为没有子嗣(原因和一代广德王一样)继位,广德王国再次废除,复为黟县。

看来,这北方人南下当干部也不容易呀!

汉哀帝元寿二年(前 1 年)六月,仅当了 6 年皇帝的西汉哀帝刘欣病死。公元 1 年,新都侯、大司马、录尚书事王莽拥立年仅 9 岁的中山王刘箕子登基继位,改名刘衎(kàn),帝号平帝,由王莽代理政务,大权独揽。

汉平帝元始二年(2 年),刘衎为巩固自己的统治地位,重用汉室后裔并大肆封赏西汉开国有功之臣的后裔。由于第一任和第二任广德王均无嫡系后裔,刘衎只好于汉元始二年(2 年)七月十日下诏复立广川惠王刘越的曾孙刘伦为广德王,以奉靖王后。这应是第三任广德王。

《汉书·景十三王传》曾载“平帝元始二年复立广川惠王曾孙伦为广德王,奉靖王后”,又有“平帝元始二年,复立戴王弟襄堤侯子愈为广德王,奉惠王后”,都是平帝元始二年,一个名伦,一个名愈,一个奉靖王后,一个奉惠王后,似乎有些矛盾,但年代却吻合。经查《汉书·王子侯表》记载,广德王不是刘愈,而是襄堤侯圣之子刘伦,清代钱大昕、王先谦等有过考证。

刘伦当了两年广德王后死去,元始四年(4 年),其子刘赤继承广德王之位,为第四任广德王。

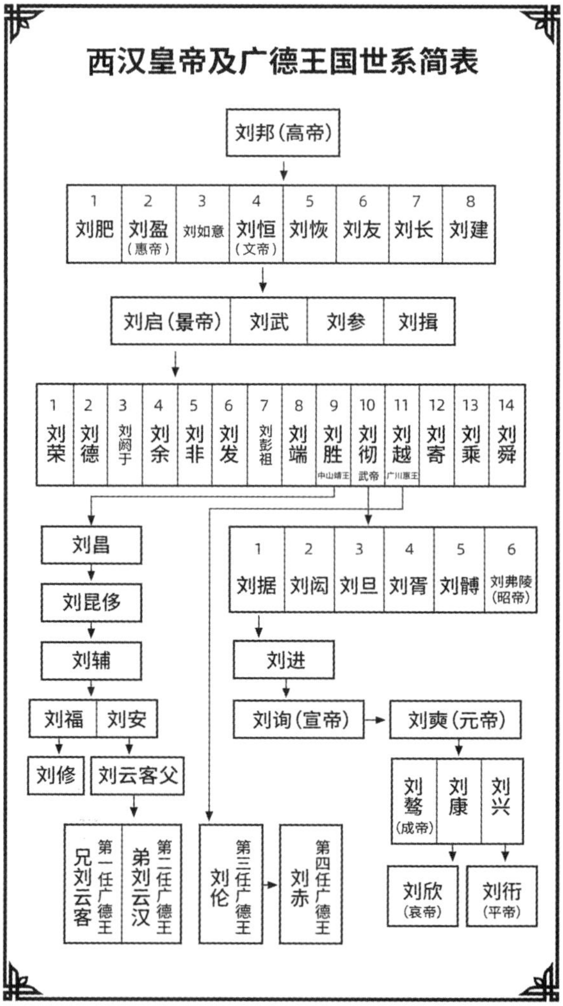

西汉皇帝及广德王国世系简表

9年，王莽篡国，即皇帝位，定国号为“新”，西汉灭亡。为了推行新制，他将原本臣服于汉朝的匈奴、高句丽、西域诸国和西南夷等属国统治者由原本的“王”降格为“侯”。广德王国也降为广德公国，刘赤被贬为广德公，第四任广德王（公）在位五年。

第二年，王莽废广德公国，改为愬虏县（明嘉靖《徽州府志》：“［王莽］篡位贬赤为公，国废，改黟为愬虏，东汉初复改愬虏为黟。”）

历史上，多灾多难的广德王国前后存续14年，四位广德王分属汉景帝八子中山靖王刘胜和十一子广川惠王刘越的后裔，昙花一现的广德王国不再复现。黟县重归丹阳郡。

广德王国都城景区汉殿

2000多年前的黝（黟）县，用淮南王刘安的话说，“越，方外之地，剪发文身之民也，不可以冠带之国法度理也。”在这样一个崇山峻岭、原始封闭的蛮荒封地建国立业，必然要带来大量钱财和能工巧匠，带来中原先进的文化、生产技术和法度，这对推动当地的历史进步，是千载难逢的机遇和变革，对徽文化的起源、发展，有着深远的影响和作用。

为了再现广德王国的历史风采，黟县企业家余小牛用五年时间，搜集有关历史资料，邀请专家进行规划论证，在广德王国原址兴建了西汉广德王国都城景区。整个园区以雄伟壮观的汉代宫殿式古建筑为主，大气恢弘，汉风盎然。园内也增加了一些明清风格的徽派建筑，体现了广德王国文化的延伸和徽文化从源头发展的历史脉络。2020年，景区已经正式对外开放，成为广大游客领略汉朝文化、追踪历史印迹、了解社会发展、传承徽州文化的好去处。

屈辱愬虏

说起王莽，人们都把他称为窃国大盗袁世凯一样的奸臣，但也有学者认为他是大政治家，“他的魄力和手腕远在王安石之上”，可怜这样一个勤勤恳恳，生性“不能无为”，要“均众庶，抑并兼”的人，到末了死在斩台上。

对王莽的功过是非,见仁见智,这里不作评价。但他乱改黟县的县名,却令人气愤。

王莽上台后有个爱好,就是改地名。在全国,他不知改了多少地名,甚至将匈奴单于改为“降奴服于”,高句丽改名“下句丽”;黟县所属的丹阳郡领县17,王莽改了5个县:宛陵改为无宛,江乘改为相武,秣陵改为宣亭,故鄣改为候望,黟县改为愬虏(虏,古语中同卤,也有称愬卤)。

愬虏这个怪名字是什么意思呢?

“愬者,惊貌”,是恐惧的样子;虏,(《说文》:“虏,获也”),是指被俘获的人,是统治者对叛逆者的蔑称。

王莽意识到,勇猛剽悍的越人,向来不遵皇规,在这山高皇帝远的地方繁衍生息,结寨自卫,是一股不可低估的力量。将黟县改名愬虏,就是要皇朝时刻警惕这容易反叛的山越人,要施展皇威,让他们恐惧。

当时县名改为虏的,有10多个县:如诸暨改为疏虏(疏是分开、分散的意思,寓意将这个古越人的大本营分而治之)、武都县(今甘肃武都西和县一带)改为循虏(循是遵循的意思,就是要百姓“循规蹈矩”)。

这改为虏的县,基本是少数民族和不守皇制、易生事的地方,把黟县改为愬虏,就是不放心这块土地,取个这样的名字,意思是显而易见的,对皇族起警示作用,对头有反骨的人(虏)更是一种震慑。

这是黟县历史上的一个奇耻大辱!

新莽天凤年间,天灾人祸、民不聊生,赤眉、绿林等农民起义队伍纷纷揭竿而起,顿时,海内分崩,天下大乱。

身为一介布衣却有皇族血统(汉高祖九世孙)的刘秀在家乡乘势起兵。25年,刘秀与绿林起义军公开决裂,于河北登基称帝,为表刘氏重兴之意,仍以“汉”为其国号,史称“东汉”。

刘秀登基后,偃武修文,励精图治,拨乱反正,采取了许多可圈可点的措施,其中一个是大力裁撤官吏,合并郡县。汉光武帝建武六年(30年),终于摘掉了“愬虏”的“黑五类”帽子,复改愬虏为黟县,仍属丹阳郡。

东汉时期,这块地盘将由谁来主宰,请看第五章:镇抚山越建新都。

第五章 镇抚山越建新都

从25年刘秀登基到220年汉献帝刘协被迫传位于曹丕,东汉延续了近200年。

东汉末年,政治黑暗,统治腐朽,阶级矛盾日益尖锐。汉灵帝和宦官们为搜刮钱财,竟想出个卖官鬻爵的点子,还公开张贴榜文,明码标价。花钱买官的人上任后,变本加厉地搜刮民脂民膏,老百姓更加陷入水深火热之中。

官逼民反,各地纷纷掀起反抗腐败浪潮。丹阳郡近邻吴郡(郡治吴县,今江苏省苏州市)一带农民攻打县城,会稽人许生在句章(今浙江慈溪)起义,很快聚集了一万多人。汉灵帝命扬州刺史和丹阳太守发兵围剿,却被起义农民打败。174年,吴郡当政者招兵买马,联合州郡官兵打败了许生,吴郡的起义军才被镇压下去。

184年,大规模的黄巾军农民起义爆发。为镇压黄巾起义,东汉政府与豪强地主沆瀣一气,联手镇压起义队伍。豪强地主也乘机扩充私家武装力量,形成割据势力,相互混战,争夺地盘,老百姓饱受战争之害,生活十分困苦。

中国的农民起义,最先由农民发起,但摘到胜利果实的往往不是农民,而是豪强势力。地方军阀拥兵自重,乱世群雄逐鹿天下,魏王曹操、吴王孙权、蜀王刘备拉开了三国时代的序幕。

孙权治下

我们看《三国演义》,大多数人都同情蜀国,倾向于刘备、诸葛亮一方,其实,按地盘看,我们徽州当时却是孙权的治下。

当时,孙权控制的地盘很大,包括今浙江、福建、江西、湖南、广东五省和广西的大部,贵州的东部,江苏、安徽、湖北的南部,及越南的东北部。

孙权据说是中国兵法家孙武二十二世后裔,但易中天在《品三国》中说他的父亲孙坚是孙武之后“恐怕靠不住”,“但《吴书》说他们世代仕吴,则大约是真”。《三国演义》说他生得“紫髯碧眼,目有精光,方颐大口,形貌奇伟,异于常人”。

《三国演义》是小说,形容孙权奇伟只是赞美之词。但正史中记载孙权确有本事,自幼就随父兄征战天下,善骑射,年轻时常常骑马射虎,胆略超群。连一代枭雄曹操也称赞道:“生子当如孙仲谋。”(裴注《三国志·吴书·吴主传》)

孙权的哥哥叫孙策,也是一个人才。孙权的位子就是他哥哥传给他的。孙策的父亲孙坚原是长沙太守,是大军阀袁术的部下。在军阀混战中,兵败而死。

孙坚死后,孙策带兵投靠袁术,但袁术度量不大,对孙策并不重用。孙策寄人篱下,只得晓以大义,恳求袁术借兵,终于得到父亲旧部的一支兵马(《三国志·吴书一》注引《江表传》:“术以坚余兵千余人还策”),去攻打扬州刺史刘繇。

孙策为什么要打刘繇?原来孙策有个舅父吴景在丹阳(今宣城)当太守,被他的上司刘繇借口逼走(“吴景尚在丹杨,策从兄贲又为丹杨都尉,繇至,皆迫逐之”),孙策借兵马,表面是报仇,实际上还有更大的野心,就是以此起家,实现称王称霸的宏图大业。

孙策领着这支队伍,路上网罗了不少人才,扩充队伍,渡江打败了刘繇(《三国志·吴书一》:“刘繇弃军遁逃”。《江表传》:“攻破繇别将于海陵,转攻湖孰、江乘,皆下之”),孙策乘胜扩大战果,先后攻下了吴郡和会稽郡,江东六郡土地,大部分落入孙策之手。

东汉建安五年(200 年),26 岁的孙策被仇人刺伤而死,19 岁的孙权继承了哥哥的位子。曹操为了笼络孙权，就以朝廷的名义，封孙权为征虏将军，兼会稽太守（《三国志·吴书二》："曹公表权为讨虏将军，领会稽太守，屯吴，使丞之郡行文书事。"）

从此，孙权割据江东，势力渐渐强大，后来成了三国鼎立的一方重要力量。

这个时代，这里还出了几个山越领袖人物——歙县的金奇、毛甘和黟县的陈仆、祖山。

剽悍山越

东汉末年，我们皖南这一带是古越族的活动区域，往上可追溯到距今5000多年前。

从歙县、祁门、屯溪等地出土的文物表明，徽州一带早在旧石器时期就已有先民生活。而在新石器时代，这里的先民们已创造了原始的土著文化。几千年来，先民们就在这片土地上繁衍生息，他们渔猎、耕种和生殖，创造了灿烂的文化。

在3000多年前，生活在长江下游及其以南广大地区的古越族，在我国南方是一个有着重要影响的族群，同时又是一个内部社会发展很不平衡的支系繁多的民族共同体，故历史上有"百越"之称。

春秋战国时期，在古徽州即今天黄山市及其周边地盘，官方统治势力似还没有有效控制，当时仍属于相对独立的古越土著的势力范围。山越即是汉末三国时期分布于今江苏、浙江、安徽、江西、福建等省部分山区民众的通称，是以古越族等土著后裔为核心，逐步融入汉族移民而形成的族群混合体。其融入的族群主要是躲避战争和官家税赋而避难进入山区的汉人，也有一些是犯了王法而躲进深山逃避追捕的人。

陶渊明《桃花源记》曾记载东晋一个捕鱼人奇遇桃花源中人的情况，他们"自云先世避秦时乱，率妻子邑人来此绝境，不复出焉，遂与外人间隔。问今是何世，乃不知有汉，无论魏晋"。意思是说，他们前代祖先为了躲避秦朝时候的战乱，带领妻子儿女和同乡人来到这个与人世隔绝的地方，没有再出去过，于是和桃花源以外的世人隔绝了。他们问现在是什么朝代，竟不知道有过汉朝，更不必说魏朝和晋朝了。

桃花源是作者理想的仙境，但这种因避难而逃进南方山区的百姓却确实存在，而且和当地越人逐渐融为一体。

山越是百越的一支，依其字面意思，最初是指居于山区的古越族。山越有几个特征：

一是以土著后裔为核心，逐步融入汉族移民而形成的族群混合体，山越并不是一个民族；

二是山越多是贫苦山民，以农业为主，刀耕火种，生产方式落后；

三是山越以山险为依托，又因"山出铜铁，自铸兵甲"，"好为叛乱，难安易动"（《三国志·吴书十九》），"依阻山险，不纳王租"（《资治通鉴》胡三省注），剽悍难制，并结成武装集团，十分勇猛且善于山地作战，对于中央封建政权处于半独立的状态，被统治者称为"山贼"。

包括歙县和黟县的丹阳郡绵亘数千里，万重深山，其中居住僻远深山老林里的人，从未进过城镇，没有见过官长，他们都身带兵器在山野活动，生活在深山之中一直到白头至死……其地习俗热衷打斗练习武艺，崇尚武力勇气（《三国志·吴书·诸葛恪传》："周旋数千里，山谷万重，其幽邃民人未尝入城邑，对长吏，皆仗兵野逸，白首于林莽……俗好战习武，高尚气力。"）好战习武，便是山民的共同习俗。

山越历来是统治者心中的阴影，皖南的山越对孙吴政权也造成很大威胁。一些为了逃避赋税或是"犯上作乱"不成而逃进深山老林的汉人和原土著古越人依山阻险割据，甚至北联曹魏，反对孙吴的统治。

汉献帝刘协兴平元年（194 年），孙策依靠在丹阳当太守的舅舅的帮助，招募数百人马，被泾县山越大帅祖郎打得大败，差点丢了命（《三国志·吴书一》裴注引《江表传》："策遂诣丹杨依舅，得数百人，而为泾县大帅祖郎所袭，几至危殆。"）

孙权继任吴主之位后，为了巩固自己的统治，决心"分部诸将，镇抚山越，讨不从命"（《三国志·吴书·吴主传》）。

当时的丹阳郡内有哪些"贼"呢？翻阅《三国志》等史书，就可以找到他们的痕迹：

《孙策传》裴注引《江表传》有"丹阳、宣城、泾、陵阳、始安、黟、歙诸险县大帅祖郎、焦已及吴郡乌程严白虎等"；

《陆逊传》中有"丹阳贼帅费栈""会稽山贼大帅潘临"；

《程普传》中有"宣城、泾、安吴、陵阳、春谷诸贼"；

《凌统传》中有“永平山贼”；

《徐盛传》中有“临城、南阿山贼”；

《贺齐传》中有“歙贼帅金奇、毛甘”“黟帅陈仆、祖山”……

山越分布既然这么广，“贼帅”又这么多，问题很严重，孙权很头痛。

《三国志·吴书·吴主传》载，“扬越蛮夷多未平集，内难未弭”，因此“攘外必先安内”，具体政策是《陆逊传》所说“强者为兵，羸者补户”，手段是“擒尽”。

所谓“为兵”，就是讨伐山越，将身强力壮的抓来当兵（类似国民党抓壮丁）；所谓“补户”，就是将不够当兵条件的赏赐给官吏，当免除赋役的田客，为官吏种田。

在“擒尽山越，为兵、补户”的方针下，孙吴对山越展开了全面扫荡。孙吴派抚越将军、丹阳太守诸葛恪大举攻打丹阳山区。

诸葛恪有个阴招：就是把平民集中起来“屯居”，隔断他们与山民的联系，毁掉山越人所种庄稼，迫使山民出山觅食，出来投降，然后把他们一个不剩地捉到（“候其谷稼将熟，辄纵兵芟刈，使无遗种。旧谷既尽，新谷不收，平民屯居，略无所入。于是山民饥穷，渐出降首”）。这一招果然很灵，总共抓到山越和百姓达 10 万人之多，孙权称赞他“献戎十万”。

威武中郎将贺齐在建安等地攻打洪明、洪进等部山越人民，在杀了 6000 多人，擒尽山越名帅后，又气势汹汹地到歙、黟等县攻打山越。

讨伐歙黟

贺齐，生年不详，卒于 227 年，字公苗，会稽山阴（今浙江绍兴）人，年轻时任会稽郡吏，汉献帝建安元年（196 年），东吴王孙策巡视会稽，经考察推举贺齐为孝廉，任永宁长，后任南部都尉和平东校尉。因征讨山越有功，建安十三年（208 年），贺齐任威武中郎将，受孙权派遣讨伐丹阳郡黟、歙等地。

当时歙县的山越首领是金奇、毛甘，手下各有万户，分别屯兵于安勒山和乌聊山，黟县是陈仆、祖山，聚二万户，屯兵于淋沥山。

乌聊山（今称长青山，歙县城附近），毛甘在此建城，屯万户，后人谓毛甘故城。《元和郡县志》《太平寰宇记》等唐宋以来多部地理志书均有记载，史书称“其山磅礴，治城雄挟阛阓，上有数石，圆白特异，号落星石”。

安勒山（一说今屯溪华山）离乌聊山数十里，两山东西互相呼应。淋沥山（又称林历山，今黟县南屏村附近）离县城20余里，《读史方舆纪要》载：

林历山，县西南十里。高三百仞，周三十里，四面壁立，径路危狭。汉末，山越陈仆、祖山屯此，恃险为害。建安十二年，孙权遣贺齐讨之。

这几处是当时山越首领的根据地，也是贺齐这次打击的重点对象。

贺齐是吴国名将，深受孙权器重。《三国志·吴书·贺齐传》载：

十三年，迁威武中郎将，讨丹阳黟、歙。时武强、叶乡、东阳、丰浦四乡先降，齐表言以叶乡为始新县。而歙贼帅金奇万户屯安勒山，毛甘万户屯乌聊山，黟帅陈仆、祖山等二万户屯林历山。

这段记载很有意思：大兵压境，还未开战，这四个乡的武装就率先投降了，而且向贺齐打报告要从歙县分割出来，成立一个始新县（今浙江淳安），以和"歙贼"划清界限。

但歙县和黟县的两支山越武装就是不投降，那只有来硬的。

战斗先在黟县淋沥山打响。淋沥山四面悬崖绝壁，高数十丈，易守难攻。吴军徘徊月余，无法攻取。贺齐亲自勘察地形后，秘密募选矫健的勇士（类似现代的特战队），携带铁橛，拓山为道，趁夜攀登上山，然后再用布带把山下百余精锐士兵拉上去，隐蔽各处，擂鼓吹角。山越兵惊慌失措，放弃扼守的山道，逃归大营。吴军攻势猛烈，没有正规训练的山越怎是贺齐的对手？吴大军随即登上山顶向敌营寨猛攻，一举歼灭盘踞淋沥山中的陈仆、祖山所部，斩首7000级。淋沥山尸横遍野，血流成河，多少年后，"山上寨塞墙壁尚存，锄山或得箭镞"。

黟县"山贼"平息后，金奇、毛甘更无险可据，只有率部众降。山越民众被镇压下去了，但山越人那种不畏强暴、勇于反抗、保卫家园的斗争精神，却永载史册。

歙县古代有许多汪王庙，纪念唐朝越国公汪华。其中有的社屋的汪华画像边，还有二位武士，其中一位据考是毛甘。三国时的毛甘给唐朝的汪越公当配角，有点不伦不类。清吴度写了篇《歙故城考》，里面有段话与此有关：

孙吴之初，贺齐讨丹阳山越时，歙毛甘以万户屯乌聊山，齐讨平之。夫乌聊，今郡城倚为屏蔽。厥壤爽垲，三面临水，利建都邑。且当时以万户之众，屯聚此中。既就款服，悉为编氓。版筑之兴，不烦征召远方，揆日鸠工，设险以守。吾知必不逾此时也。

抑又有说焉，毛甘以匹夫之微，崛起乡闾，统万户而为之渠帅，众皆帖然服从，其智力亦必有大过人者，宜立庙兹山，春秋飨祀。今仅配食汪越公之旁，殊为不称，且世次前后失伦，惜未有议正之者。

这前一段是说毛甘等人在乌聊山修筑工事、据险以守的情况，不多解释。

后一段是作者的评价。意思是说：有种说法，毛甘以一个平民百姓，在乡下崛起，成为统领万户的首领，大家都顺从服气，其本事肯定有过人之处。应当在此山立庙，春秋享受祭祀。今仅仅是在汪越公（汪华）画像旁边作配角，这是不合适的，而且按世系相承的先后看，也失去应有的条理次序，可惜没有人来纠正这个事。

这个论述，对毛甘当然也包括金奇、陈仆、祖山等山越首领没有受到应有的重视抱不平，还算公正。山越人这段历史将铭记在史册。

平定歙、黟两县的山越以后，为了这块土地的长治久安，贺齐上书孙权，将原歙地一分为五，即：歙、休阳（划原歙以西、黟之南地新立，治所今休宁城西凤凰山下）、黎阳（划原歙以西另一地新立）、新定（划原歙以南之地新立，即今浙江遂安，后并入淳安）和始新（划原歙以东一地新立，今浙江淳安）、黟县，以上共六县一并从丹阳郡分出，建立新都郡，治始新（今浙江淳安）。

休阳县是今休宁县的前身，以县治位于今休宁县城西 1 公里的休山之阳（南）为名。休山，又名灵乌山，今名凤凰山。休山的名字来源有两种解释：一是“万世无疆之休”（《尚书·大甲》），一是“休，庆也”（《尔雅·释言》），含吉庆安宁之义。三国吴永安元年（258 年），休阳县因讳吴主孙休改为海阳县。

黎阳县治在今屯溪区黎阳镇，位于三江汇集之处。黎阳则黎明之阳光，屯溪的别称为“昱”，与屯溪的前身黎阳县名有关。昱，是阳光照耀的意思（《康熙字典【广韵】》：昱，日光也）。

新都郡郡名乃“新立之郡”，又因新都故地有“三天子都”之说，故而得名。贺齐讨伐山越时，曾屯兵于安勒山（今屯溪华山）一带江边。屯溪的地名，一种说法是与贺齐屯兵于溪边有关。

用山越人鲜血染红顶子的贺齐被任命为新都郡第一任太守。

贺齐因讨“贼”有功，建安十六年（211年），在平定吴地山越，班师回朝时，孙权在关头亲自迎接。《贺齐传》和《新安志》都记载了这一盛况：

权出祖道，作乐舞象。赐齐軿车骏马，罢坐住驾，使齐就车。齐辞不敢，权使左右扶齐上车，令导吏卒兵骑，如在郡仪。权望之笑曰：“人当努力，非积行累勤，此不可得。”去百余步乃旋。

以如此阵势欢迎讨“贼”英雄归来，可见贺齐在孙权心中的地位之高。

新都郡治设在始新县治新定里。次年，贺齐另筑郡城（即后人所称之“贺城”），将郡治由新定里迁入贺城。

虽说歙、黟人民对贺齐没有好感，但在淳安贺齐却被当做神一样供奉。明嘉靖《淳安县志·秩官条》首篇记载：

历代职官，善政善教卓著者，惟贺齐太守，立功斯土，实淳之有淳所由始，邦人至今戴其德异于他守，故特书于名宦之首。

2008年，为庆祝淳安建县1800年，新建贺庙落成，前殿供“名宦之首”贺齐神像，左右两侧壁为旧时贺城纪念贺老爷大型活动场景（贺老爷出巡及归安）的彩塑。后殿供贺齐人像，左右两侧壁分别为孙权赞贺齐及贺齐立僵（直立）安民的大幅画像。

毛甘和贺齐，到底谁值得纪念和赞颂，可能不会有统一的答案。

山越被镇压了，但山越人民并未停止反抗。直到吴末，还有山越聚众起义，正如《三国志·周鲂传》所载：

今虽降首，盘结未解，山栖草藏，乱心犹存。

三国吴新都郡政区图

注:1. 本图系三国吴永安元年(258 年)新都郡政区图,领始新、歙、黟、新定、黎阳、海阳 6 县。

2. 本图仅供参考。

历史是胜利者书写的,但东吴政权对山越的政策,在当时并不是所有人都赞同。会稽太守淳于式曾经上表,说陆逊镇压山越是“枉取民人”,就是从大族的利益出发,所以带来隐患。而淳于式的观点是“思欲养民”(《陆逊传》),就是从山越人民的利益出发。一个是“取”,一个是“养”,而孙吴政权采取了前者,虽然胜利了,但却是以几十万计的山越人民付出鲜血、生命和财产为代价的。

同饮一江

徽州的建置一般都认为以隋开皇年间设歙州为始，当时的歙州辖黟县、歙县、海宁。但追根溯源，其实新都郡就囊括了以上三县，并基本奠定了徽州的雏形。

自建安十三年（208 年）后 1700 多年的漫长时间里，徽州建置的名称世易时移，辖区范围也分分合合，但始终有一个基本稳定的主体，那就是安徽新安江流域的今休宁、祁门、黟县、绩溪、歙县 5 县和婺源，有数百条溪河沿途注入，仅贯穿发源主地休宁的大小河溪就有 201 条。

新都郡所辖的歙县、休阳、黎阳、新定、始新、黟县，其中休阳、黎阳为歙县、黟县所析，新定、始新皆为原歙县所析，后来的绩溪亦为歙县所析，休宁为歙县与黟县各一部分所析，而婺源又是休宁所析，祁门是黟县所析，所以歙县与黟县是构成以后的歙州和徽州的基础。

后新定县改遂安县，遂安县又并入新安县（即原始新县），新安县即当今的淳安，与徽州有割不断的关系。

淳安，就是千岛湖所在地，而千岛湖原称新安江水库，其发源地在徽州，淳安在下游，徽州在上游，“我住江之头，君住江之尾……共饮一江水”。

新都郡则基本上包括了今安徽省新安江全流域的县。

新安江，发源于休宁县六股尖，六股尖古称鄣公山、大鄣山、率山，地处同属古徽州的休宁与婺源交界处的五龙山脉。休宁籍明代诗人汪循《登大鄣山》诗云：“清风岭上豁双眸，擂鼓峰前数九州，蟠踞徽饶三百里，平分吴楚两源头。”这里也是“吴楚分源”的屋脊，是鄱阳湖水系乐安江与钱塘江水系新安江的分水岭。

六股尖就是大鄣山脉的擂鼓峰，离大鄣山之巅振衣峰二十里左右，由清风岭起，擂鼓尖分六支，“擂鼓尖者，六股尖也”（清道光《婺源县志》）。新安江的源头有两大支流：

一是南支率水，为新安江正源，发源于休宁县五龙山脉的六股尖。

率水，从源头起流经休宁的鹤城、流口、茗洲至祁门的凫峰镇，途中有大源河、小源河、琅溪等诸河溪注入，在凫峰掉头向南，经冰潭、江潭、溪口、陈霞、月潭、龙湾至屯溪，途中有磅溪、沂源、回溪、颜公溪、汊水等注入。

注:本书基础数据资料系参阅徽州一府六县图

二是北支横江,发源于黟县章岭之上的白顶山。

横江的源头漳水,上段称枧溪河,水出枧溪庙,流经碧山村,在柏山村与镜源河汇合,由北向南横穿县城至横岗村汇同龙川河,至石山汇同丰溪河,枧溪、龙川、丰溪、吉阳水等合成漳水,经20里黟渔峡谷,往南至渔亭,再折向东进入休宁县境。漳水流经休宁,与休宁溪水汇成横江,经万安、潜阜再到屯溪。率水和横江在屯溪合为渐江,称为三江口,过去,从屯溪到歙县浦口一段叫渐江,现在统称新安江。

新安江经屯溪、歙县,至徽、浙界街口,注入今千岛湖(新安江水库),出湖后汇入钱塘江,徽州境干流长242公里,10公里以上支流57条,总长1778公里;10公里以下河流606条,总长2033.8公里,河网密度为全省之最。两岸支流众多,左岸有富资水、布射水、丰乐河(黄山桃花峰、云门峰西南诸溪流经该河)和从绩溪而来的登源河、扬之河、大源河等汇成练江以及棉溪、昌源等;右岸有珮琅溪、濂溪、小洲源、桂溪、贤源河、街源河等。

新安江经浙江淳安县,流至建德市;江水再往东流,经桐庐,流入富阳市境，这段叫富春江；再往东，到了萧山区的闻家堰，这段叫钱塘江，然后从这里注入东海。

新安江是连接徽州和浙江的生命之水，是徽杭沿岸人民的母亲河，也是徽商外出经商的黄金水道。徽州的茶、竹、木及其他农副产品通过这条水路源源不断运到杭州，而山区百姓所需的食盐、百货、布匹等也多从这条水路运入。人们依河而居，逐步形成了众多小集镇，促进了徽州山区经济的发展。

一头通山，一头连海，向全国、全世界诵读了博大精深的山海经。新都郡以江为媒，把郡内几个县连接在一起，揭开了文化昌盛的新安时代的序幕。

三国群雄割据终一统，请看第六章：三朝新安文风兴。

第六章　三朝新安文风兴

三国群雄割据局面终于以司马炎灭吴而一统，于280年建立了晋朝，定都洛阳。

晋朝承袭了东汉末年奠定的州、郡、县三级制。西晋各州的长官仍称刺史，郡的长官仍称太守，而各诸侯王国的长官则称内史。县的长官仍然是县令或县长。

新朝一般都有新气象。从司马炎当政的太康元年到太康十年（289年），西晋政府重视农业生产，粮食富足，出现了四海升平、天下安宁的景象，史称"太康繁荣"或"太康盛世"。史家如此描述："是时，天下无事，赋税平均，人咸安其业而乐其事。"（《晋书·食货志》）

一代新安

晋太康元年（280年），晋灭吴后，新都郡更名为新安郡，新安江并由此得名。所属新定县改为遂安县，海阳县改为海宁县，加上原属之始新、黎阳、歙、黟，仍领六县。新安郡仍属扬州。

海阳县改名海宁县，"宁"字据《易·乾卦》是"万国咸宁"，含吉庆安宁的意思。

新安之名由来，清康熙《徽州府志》中提到两种说法：

> 旧云取今祁门之新安山为名；或云：新，去故也；安，不危也。

笔者觉得后者应是改名的本意。因为新都郡改新安郡是在晋灭吴的太康元年(280年),而新都郡是吴所设,所以新朝改其为新安郡有去故立新、祈求平安之意,新安两字含有永新安定之意,又蕴藏“心安”之内涵,故而得名。

这个第一代新安郡历经西晋、东晋、南北朝三大历史朝代,文人治郡居多,新安文风初兴自西晋开始,为以后的新安文化的发展打下了基础。晋太康中(约285年),来新安郡任太守的是牵秀,史书如此记载:

> 牵秀,字成叔,武邑观津人也。祖招,魏雁门太守。秀博辩有文才,性豪侠,弱冠得美名……太康中,调补新安令。(《晋书·列传第三十》)

注:1. 本图系晋武帝太康三年(282年)新安郡政区图,领始新、黎阳、歙、黟、遂安、海宁6县;
2. 本图仅供参考。

牵秀出身名门,其祖父牵招很有名气,当过 12 年的太守,资格不可谓不老。(《三国志·牵招传》:“招在郡十二年,威风远振。”)牵秀出身于这样的家庭,自然少年成才,颇有名声。至晋惠帝时,牵秀为尚书,当时文坛活跃着许多知名人士,组成文学社团“金谷二十四友”,如左思、潘岳、刘琨、陆机等,牵秀为其中之一,经常聚在征虏将军石崇的金谷园中集会赋诗,牵秀有多部诗作传于世。

新都郡第一任太守贺齐是武将,新安郡太守牵秀文武双全,但骨子里还算是个文人,新安郡开尚文之风,之后的新安太守任昉、徐摛等都是知名的文人。牵秀体恤百姓,重视民生,他上任后,督劝开荒,兴修水利,加之朝廷推行占田法和课田法,农民生产获取的粮食除缴纳田租外,都归他们自己所有。这一制度的推行,极大地提高了农民的生产积极性。

文人治郡,加之当时经济较前朝发展,因此新安文化出现繁荣局面。

永嘉迁徙

中国历代皇朝,一开始大多采取休养生息、发展经济的措施,但后来均走上内乱和衰败之路,晋朝也难脱这一魔咒。晋武帝后期,逐渐怠惰政事,荒淫无度。他为了巩固皇权而大封宗室(这种分封制是内乱的根源)。然而诸王统率兵马各据一方,晋武帝死后,诸王为争夺中央权力,内讧不已,形成 16 年的内战,史称“八王之乱”。

晋武帝死后,先后继位的惠帝、怀帝、愍帝,一代不如一代,西晋终于走到了末路。

晋惠帝时期的“八王之乱”后,北方匈奴、鲜卑、羯、羌、氐五个胡人的游牧部落联盟,乘晋室内讧,起兵侵扰中原,黄河流域惨遭蹂躏,北方百姓大批迁徙南方,形成了历史上有名的大移民高潮。

据史载:

> 永嘉之乱,天下崩离,长安城中户不盈百,墙宇颓毁,蒿棘成林。(《晋书·帝纪第五》)
>
> 晋永嘉二年,中州版荡,衣冠始入闽者八族,所谓林、黄、陈、郑、詹、丘、何、胡是也。(何乔远《闽书》)

自中原丧乱，民离本域，江左造创，豪族并兼，或客寓流离，民籍不立。（《世说新语·政事篇》注引《续晋阳秋》）

时百姓遭难，流离此境，流民多庇大姓以为客。（《南齐书·州郡志》）

中原，广义指黄河中下游一带广大平原地区，狭义的中原即指天地之中、中州（豫州）河南。江左，指今南京、芜湖一带长江下游地区，包括皖南。造创，就是开创的意思。中原之乱，移民内迁，倒开创了江南的新时代，促进了江南的发展。仅据官方统计，公元313—450年之间，北方南渡的人口即达90万人，占北方原有人口的七分之一。

这次移民，许多中原望族把眼光转向山水阻隔、少有战乱、相对安定的新安。饱受战争之乱的今河北、山东、山西、河南以及江苏、安徽二省淮北部分的流民相继渡淮河，越长江南迁。这些南迁的氏族，多为仕宦之家、名门望族，还有不少文化人和技术人才，他们的到来，使得徽州一带逐步儒士林立，学派汇聚，对新安文化的发展产生了很大的影响。中原士族举家南迁，聚族而居，带来了中原的文化、教育、宗族传统和较为先进的生产方式和技术。中原之乱，在北方是个灾难，但对开发较迟的南方，却是个促进发展的机遇。据有关资料，两晋时迁入徽州的有程、鲍、俞、余、黄、谢、詹、胡、郑等姓氏。

这次人口迁徙，仅仅是徽州三次大迁徙的第一步，是新安文化的发端。直到后两次中原人口大迁徙后，新安文化得到更进一步发展，为徽州文化的辉煌打下了坚实的基础。

西晋的末代皇帝是愍帝司马邺，晋武帝孙。313年，司马邺即位时才13岁。小皇帝由琅琊王司马睿、南阳王司马保辅政（《晋书·帝纪第五》："以镇东大将军、琅琊王睿为侍中、左丞相、大都督陕东诸军事，大司马、南阳王保为右丞相、大都督陕西诸军事。"）316年，匈奴族刘曜进攻长安，愍帝无奈投降，可怜的小皇帝，像猴子一样被耍，最后被杀。

西晋灭亡前后，匈奴、鲜卑、羯、氐、羌五个民族的统治者，在中国北方的黄河流域一带先后建立许多割据政权，连同汉族所建立的政权，较重要的有十六个国家，历史上称为"五胡十六国"。

西晋灭亡后，汉族在江东建立东晋政权。317年，镇守建康（今江苏省南京市）的晋宗室琅琊王司马睿凭着长江天险，偏安江南，重建晋室，史称东晋。

北方乱就乱吧，有什么办法呢？而我们新安郡在南方，黄河水犯不了长江水。新安郡的百姓日子照样得过下去。

东晋统治者偏安江南，不想也没有能力恢复中原，名门大族只顾自己经营自己的安乐窝。北方大族及大量汉族人口迁徙江南，使得江南的名士与渡江的中原人士有了更多的融合交流，促进了社会文化的发展。

这一时期，东晋出了不少有名的诗人，如浙江会稽（今绍兴）山水诗人谢灵运、田园诗人陶渊明等人，他们对旧体诗作出改革，为将来隋、唐的诗文盛世创造了前提条件。

落难新安

东晋的开国皇帝司马睿，是司马懿曾孙，琅邪恭王司马觐之子。司马睿有六个儿子，第四子是司马晞，第六子是后来简文帝司马昱。大兴元年（318年），司马晞受封为武陵王，永和八年（352年）迁任太宰。

咸安年间（371—372年），司马晞的弟弟简文帝司马昱当政。弟弟当皇帝，哥哥并没有沾光。相反，一场灾难却悄悄降临到司马晞的身上。

史书（《资治通鉴·晋记二十五》）载：

> 太宰武陵王晞，好习武事，为温所忌，欲废之。

这司马晞武艺高强，为桓温所妒忌，想把他废了。桓温是谁，有什么本事想废了当今的皇兄？原来这桓温时任大司马之职，独揽朝政，雄心勃勃，司马昱则一切听命于桓温，形同傀儡皇帝。桓温在历史上是个颇具争议的人物，要说功劳，他力主恢复国家的统一，曾带兵西伐巴蜀，击垮李氏成汉伪政权，使东晋不致分裂，并数次带兵北伐中原，以图收复旧土。他对只知保住既得利益的司马皇族是不满的，有过得陇望蜀的非分之想（《晋书·桓温传》：“雄武专朝，窥觎非望。”）桓温当时急于把司马家族及对手扳倒，以扫清他篡位的障碍。

桓温于是告司马晞涉嫌谋反，要求皇帝“请免晞官，以王归籓”，就是罢他的官，剥夺他的王位。软骨头的司马昱见桓温如此凶猛，无奈同意废除司马晞。司马晞虽然废了王位，但桓温还不甘心，还想把他整死。于是逼新蔡王司马晃自诬，说与司马晞及子司马综、著作郎殷涓、太宰长史庾倩、散骑常侍庾柔等谋反。谋反是摊上大事了，司马晞于是被收监，交廷尉审查。

在桓温的淫威下，皇上只得免新蔡王司马晃为庶人，流放到衡阳；以谋反罪名杀害了太宰长史庾倩及其弟庾柔等人，庾柔之兄、北中郎将庾希被迫逃亡，在广州刺史任上的庾蕴（庾希之弟）得知惨案发生，服毒自杀，后代因此得以保全。其他被诬陷的涉案人员均祸及全族（参见《资治通鉴 · 晋记二十五》）。

但皇帝司马昱还是没有同意杀司马晞（《晋书 · 帝纪第九》："奏诛武陵王晞，帝不许。"）

他深知"多米诺骨牌"效应，如果杀了他亲哥，其他的司马氏都会一个个被整倒。但他又不敢得罪桓温，于是和桓温敷衍：等调查清楚了再说。

皇帝的暧昧态度使桓温很恼火，迫不及待地上奏，执意要杀司马晞，"词甚酷切"。司马昱见此，也只得斗胆来了点硬的，亲自写信对桓温说："如果晋朝帝气还在，你就按照前面的诏书执行；如果司马氏帝气已尽，干脆你来当皇帝！"（"若晋祚灵长，公便宜奉行前诏；如其大运去矣，请避贤路"）

这话把桓温的野心说透点明了。司马昱毕竟是当今皇上，他一强硬，桓温倒慌了神，不敢再坚持（"流汗变色，不复敢言"），只好上奏皇上，不再要求杀司马晞，皇上也顺水推舟，将司马晞革职，和家人一起流放到新安郡。

司马晞似乎与新安郡有缘。《歙事闲谭》卷二十六《知新录》云：

> 徽郡好离家，动经数十年不归。读晋《司马晞传》有云：晞未败时，燕会，娼妓作新安人歌舞离别之词，其声甚悲。后晞果徙新安。则知此风自晋已然。盖新安居万山之中，土少人稠，非经营四方，绝无治生之策矣。

这段话披露一个重要事实，徽州外出经商的风俗，自晋就有。新安人歌舞离别之词，其声甚悲，道出了新安商人离妻别子时的悲凄心境。司马晞从欣赏新安歌舞到流放新安，可谓天意冥冥。

司马晞流放到新安郡后，水土不服加上心灵痛苦，终于病倒，于太元六年（381 年）逝世，享年六十六岁，没被砍头，算是万幸。

司马晞死后，其墓在郡城（即今淳安贺城）西二里。清光绪《淳安县志 · 方舆志 · 冢墓》，辟有"太宰司马晞墓"条目：

太宰司马晞墓，在县西二里。据《新安志》云，太宰坟即司马晞徙居于此而薨，遂葬兹地。所立三坟高二丈。后迁柩，余空冢。

晋孝武帝司马曜上台后，为司马晞平反昭雪，奉迎其灵柩并召回司马晞被流放的家属，又追封司马晞为新宁郡王，邑千户，谥号威，并由其子司马遵继嗣。太元十二年（387 年），孝武帝又恢复司马晞武陵王爵位。

耄耋太守

近些年来，不少地方程氏黄山祭祖代表团纷至沓来，向程氏渊源地新安篁墩进发，在这里进行新安篁墩祭祖活动。他们所祭拜的是被尊为新安程氏始祖、曾任新安太守的程元谭。

程元谭

关于程元谭，也许是年代久远，史书记载不多，作为东晋第一任新安太守，在《新安志》上竟未列入《牧守》录，倒是《程氏宗谱（建昌谱）》，记有较为详细的资料。而他的十三世后裔程灵洗，曾被梁元帝任命为谯州刺史兼领新安郡太守，史料倒有不少记载。

清康熙二十二年（1683 年），两江总督于成龙与江苏巡抚余国柱、安徽巡抚徐国相等，奉部檄创修《通志》；雍正七年（1729 年），署两江总督尹继善等奉诏重修，至乾隆元年书成，书名《江南通志》。其中提到原《通志》中“黄积、程元谭俱东晋时新安守，而误入西晋。其他遗漏重复者甚多，皆之隽（即原纂修《江南通志》的总裁黄之隽，后被革职）离局以后为他人所窜改者也”（《四库全书总目提要》）。这说明，关于程元谭，清前史书确实记载不多且有误。

元谭原籍洛阳上程聚，东汉延熙乙丑年（约 245 年）前后生。东晋大兴初年（318 年），程元谭跟随东晋元帝司马睿渡江来到江南做官，初为江阳守，不久迁襄州刺史。当时的官员似乎没有年龄限制，也没有退居二线之说。大兴三年（320 年），75 岁高龄的程元谭以镇东军谋、襄州刺史的身份来到新安，担任代理新安太守。

程元谭担任新安太守期间，是个关心百姓、扶贫济困的好官。他设立了“收容站”，安抚救济灾民流民，并发动百姓疏河道，修水利，垦荒地，兴农事，这些举措，使新安民众在当时世道混乱的情势下，能过上相对安定的日子，所以得到了百姓的尊敬和爱戴。

永昌元年(322 年)，在他任满离职准备离开时，老百姓自发地挤满了大道，前来挽留他，竟然使他无法离开。于是皇帝下诏褒奖程元谭，让他继续留任。325 年，程以 81 岁高龄卒于任上，真可谓鞠躬尽瘁，死而后已！

永昌帝司马绍听到了程元谭去世的消息，甚为悲痛，下诏将海宁县黄墩的宅第赐给程元谭的子孙及其属下。自此，程元谭的子孙就在新安篁墩安家(《新安名族志》：“[元谭]当永嘉之乱，佐琅琊王起建业，有善政，民请留之。赐第于郡西黄墩[即篁墩]，遂世居焉。”)

程元谭去世后，朝廷赐葬在新安郡城西(据考在歙县郑村镇向皋村冷水铺)。新安程氏从程元谭肇始，并被尊为新安程氏一世祖或新安程氏始祖。宋朝时，追封程元谭为忠祐公。

一个百姓挽留的好太守，在徽州的历史上应当铭记！

黟邑桃源

因一篇《桃花源记》而出名的陶渊明(约 352—427 年)是东晋末期、南朝宋初著名的诗人、文学家、辞赋家、散文家。他和他的后裔与黟县曾结下不解之缘。

陶渊明是浔阳柴桑(今江西省九江市)人，做过祭酒(古代官名)、参军之类的小官，均干不了多久就辞职。

最有意思的是，义熙元年(405 年)秋，叔父陶逵介绍他任彭泽县令，到任八十一天时，因不愿意着官服去见那个浔阳郡督邮，索性把印绶解下来交给小吏，辞职不干了(《晋书・陶潜传》：“我岂能为五斗米折腰向乡里小儿”，“遂授印去职”)。陶渊明这种清高的性格注定他在官场上混不下去。

陶辞官归里后，过着“躬耕自资”的生活。因其居住地门前栽种有五棵柳树，故被人称为五柳先生。夫人翟氏，与他志同道合，安贫乐贱，“夫耕于前，妻锄于后”，夫唱妇随，你挑水来我浇园，靠劳动维持生计，过着贫困的田园生活，固穷守节，老而弥坚。晚年穷困病死，谥号“靖节先生”，意在褒奖他的节操和品格。

古人对谥号颇为看重，因为关系到故者的声誉。古代的谥号有三种情况：一种是由礼官为皇帝评定的，一种是朝廷赐予臣子的，还有一种是民间的私谥。像陶渊明这样无职无权的文人，没有资格由朝廷赐予谥号，“靖节先生”即属于亲友们的私谥。

陶渊明在《桃花源记》中虚构了一个渔人偶入桃花源的故事，借以描绘了一个没有剥削和压迫、人人和谐相处、自由安乐的世外桃源的生活图景，和当时黑暗的社会现实形成了鲜明的对比，是诗人对现实社会的一种否定。他的《桃花源》诗描述了一个心中的理想社会：“春蚕收长丝，秋熟靡王税”，“重孺纵行歌，斑白欢游诣”，人人都“怡然自乐”，寄托了他的社会理想。

关于历史上的“桃花源”究竟在何处，一直争论不休，而且，似乎地点越争越多，全国大约有30多处，但《桃花源记》原型地至今并无定论。

笔者认为，桃花源到底有没有原型，原型在哪里？众多的推论可能都不会有最终结果，谁也说服不了谁。但古黟县却和陶公笔下的世外桃源有惊人的相似之处。《桃花源记》中描述的意境有几个特征：

一是从地形地貌、山水风物和情境特征看，溪河相连，捕鱼为业，有青山绿水，芳草遍野，桃花夹津；安全隐秘且与世隔绝，山有小口，舍船可以穿行，穿洞而过，“豁然开朗，土地平旷，屋舍俨然，有良田、美池、桑竹之属，阡陌交通，鸡犬相闻……”，这个风景和黟县桃源洞一带十分相似。由黟县桃源洞北行约一公里，景色幽邃，黛峰峻秀，山回水复，柳暗花明。漳水逶迤流至石墨岭下潭中，潭深如镜，时有赤眼鱼浮游水面。潭旁一巨石，即浔阳台，又称太白钓台。相传李白访新安高士许宣平来黟过此。宋祝穆撰《方舆胜览》载：

> 钓台在徽州黟县南十八里，名浔阳台，相传李白尝钓于此，并留有诗云：“磨尽石岭墨，浔阳钓赤鱼。霭峰尖似笔，堪画不堪书。”

有洞可入，有鱼可捕，房屋整齐漂亮，良田、美池、桑竹，这些在古黟县桃源洞到世界文化遗产地的西递村一带都不缺乏。1986年，黟县宣传部门编著了一部宣传黟县的书《古黟》，其中就有爱新觉罗·溥杰（末代皇帝溥仪之弟）手书的李白的这首诗。

二是从桃花源中人的衣着特征和热情待客的纯朴民风看，和古黟也极为相似。宋太宗太平兴国年间，南唐江左名士许坚，曾隐于黟县城南二十里的桃源洞，清嘉庆版《黟县志·艺文志》载流传至今的那首五律《入黟吟》：

黟邑小桃源，烟霞百里宽。地多灵草木，人尚古衣冠。
市向哺时散，山经夜后寒。吏闲民讼简，秋菊露溥溥。

这“烟霞百里”“灵草木”“古衣冠”，体现的是“小桃源”的古朴、清幽，和《桃花源记》描述的“中无杂树，芳草鲜美，落英缤纷”的情景和“男女衣着，悉如外人。黄发垂髫，并怡然自乐”的人物极其相似。黟县先民的民风纯朴也和陶文中的情况相符。

1986 年，安徽著名作家陈登科先生曾经为《古黟》作序，据这本书的编者谈起这篇序言，说陈登科曾经专门为此转赴湖南武陵考察，最后得出还是黟县的桃花源是形神兼备，于是才欣然作序。陈登科在文中说：

西递等地的古村，不仅有所谓桃花源境界，而且以她所呈现的古老的中国民间风貌，赢得了游人的低回流连，赞赏不绝。

三是从黟县发现的陶氏宗谱看，陶公来过黟县并非臆断之言。上世纪 80 年代，黟县发现《黟县赤岭陶氏宗谱》，这是古黟名村望族的宗谱中的一种。该宗谱系清同治三年（1864 年）重修，为手抄本，计有 48 页，由陶氏族人陶学仁倡导重新进行整理，至今保存于今碧阳镇赤岭村陶族后裔处。

《宗谱》称，这次续谱参考了皖江之谱，“上溯其源，而源有本，下穷其流，而流不紊”，用以示后世子孙。此宗谱内容主要有《黟县陶氏源流序》、《列位再序》、陶氏世家、阖族班辈及陶氏宗祠联文等，对研究陶氏家世及其中一支迁黟情况，以及陶渊明及其《桃花源记》对古黟的影响，是不可多得的实物资料，具有一定历史价值。时任全国政协主席李瑞环听说后，颇感兴趣，在当时安徽省委书记的陪同下，亲自观看过这本《陶氏宗谱》。

《陶氏宗谱》详记了陶氏家族一支、陶渊明的后人 35 世祖庚四公来黟“迁徽之黟南淋沥山下”，后“迁赤岭之上土名柏墩”的经过。在《源流序》中言：

（陶庚）读书好道，时因元季兵乱，出游于外……至黟南淋沥，见山川奇胜，风俗淳美，爰因之家焉。

并作《五律》以明志：

卜宅南山下，依然气象新。地钟淋沥秀，俗爱古风淳。
怀德多君子，论交有善人。故乡今不问，从此结芳邻。

陶渊明任过彭泽令，离古黟不远，慕新安大好山水，也可能来过黟县，并以此为原型写出脍炙人口的《桃花源记》，且影响其后人接踵而至。

四是黟县与桃花源有关的地名很多，彰显黟县与陶渊明和他的名篇有密切的联系。

如黟县入口处的洞，叫“桃源洞”，清道光年间，洞两边曾刻有“白云芳草疑无路，流水桃花别有天”的对联；此洞解放初尚存，可惜上个世纪50年代开凿公路时，将进入黟县的桃源洞炸开，令人遗憾。

桃源洞附近的漳水河边的崖壁上嵌有用黟县青刻的“浔阳台”三字，相传是明代书画家董其昌所书，至今仍存；黟县历史上又非属浔阳郡，山溪系漳水非浔阳河，何来浔阳台？应是纪念陶渊明而立（陶的家乡是浔阳郡）。

还有陶的后裔聚居的西武乡陶岭下的村落，还被称为“五柳社”（陶号称五柳先生）“靖节里”。黟县古民居，如西递的不少建筑的门额、楼额上仍留有“桃花源里人家”的石刻、木刻等等。

五是黟县历史上确有“先世避秦时乱”而隐居的记载。

清嘉庆《黟县志（卷二）· 地理山川》描述的一个景致竟与陶公笔下的桃花源非常相似：

《寰宇记》引《舆地志》言，樵贵谷在黟北，昔土人入山七日至一穴，豁然尽开，周三十里中有十余家，云是秦人入此避地。今黟北二都言有樵贵谷。墨岭下实在县东南，山峻谷深，林樾秀朗，实胜境也。《寰宇记》又言，按邑图有潜村，入石洞口，悉为松萝所翳（翳，遮蔽），每求盐米，晨出潜处。宋时见有数十家同为一村。《新安志 · 姓氏》云，号为潜氏，迄宋，潜姓数十家，今无此姓矣。

黟县桃源洞

《新安志·姓氏》载：

潜氏，黟有潜氏村，昔有人避地，家石洞中，门径悉为松萝所翳，每求盐米，晨出夕还，人无知者。时人号为潜氏，迄今潜姓者数十家同为一村。

据史籍《姓氏寻源》记载：

古潜国在楚地，以地为氏。为秦国所并，后国人以故国名为姓氏，称潜氏。

种种迹象表明，黟县还真有古人避秦乱隐居于此，住在石洞中，门口树木遮蔽，有时偷偷出来买点盐米，早出晚归，与外界隔绝。看来，陶公笔下的桃花源以黟县为背景，确是有据可考。《桃花源记》给黟县留下太多的悬念，黟县的山水和民风民俗恰像按《桃花源记》打造的仙境。

在现实生活中，陶渊明笔下的那个没有战争、没有王税、没有压迫剥削、百姓和谐相处的乌托邦式的理想王国是不存在的。但《桃花源记》中的"绝境""与外人间隔"这样与世隔绝的深山中乱世避地还是有的，而且不止一处，这也就成为陶渊明塑造艺术典型的生活原型和社会基础。比较徐霞客的《游黄山日记》和陶渊明的《桃花源记》，同样的"记"，前者是作者的实地考察的纪实，后者是从诸多原型中经艺术加工的文学佳作。

黟县小桃源

黟县古代偏于一隅的自然环境和社会状况在形神方面与《桃花源记》所写极其接近。她就是我们徽州人心目中的“桃花源”，寄托了我们徽州人对这种与世无争、安定祥和的生活的美好憧憬。

陶渊明死于南朝宋元嘉四年(427 年)，离东晋的灭亡仅 8 年。把东晋送进历史坟墓的是南朝宋武帝刘裕。刘裕是汉高祖刘邦的弟弟楚王刘交的后裔，一个从普通的军人成长为名垂青史的军事统帅，最终消灭异己，420 年，废东晋恭帝司马德文，自立为帝，国号宋，都建康，南朝开始。

清官任昉

中国的南北朝时期的南朝自刘裕 420 年废东晋建宋朝开始，到 589 年隋灭陈朝结束，经历了漫长的 169 年，是中国历史上一段分裂时期。南朝包含宋、齐、梁、陈四朝。

北朝(386—534 年)包含北魏、东魏、西魏、北齐和北周五朝。北朝与我们这块地盘关系不大，还是说说南朝吧。

在南方，虽然先后有宋、齐、梁和陈四个政权的更迭，但这中间除梁元帝以

任　昉

江陵(今湖北荆州)作都3年外,其余的时间,南方各朝的京城始终建在建康(今江苏南京)。

这四个皇朝都有一个共同特点:初期开创盛事,励精图治,后期腐败衰退,军阀混战,最后一位强人篡位,创立新朝,历史就这样在重复中更新。

这段时期,应该说,生产力有了一定发展,江南开发不断深入,土著汉人在政治上地位逐渐上升,步入官僚行列,为皇帝所倚重。据明嘉靖《徽州府志》载:"刘宋新安郡户12058,口36651。"而晋初新安郡成立时,仅户5000。

这段时期,有几个新安历史上出名的人物值得一提,先说任昉。

任昉(460—508年)是南朝梁文学家,山东人,父任遥,南朝齐国做过中散大夫。

大凡伟人出生,史书或野史都要记载一些怪异现象,如满天红光,或雷鸣电闪,或母亲做个奇怪的梦等等。任昉也是如此:

> 遥妻河东裴氏,高明有德行,尝昼卧,梦有五色采旗盖四角悬铃,自天而坠,其一铃落入怀中,心悸因而有娠。占者曰:"必生才子。"及生昉,身长七尺五寸,幼而聪敏,早称神悟。(《南史·任昉传》)

任昉小时候是个神童,四岁时能背诵几十篇诗歌,八岁时就能写出辞义非常美的《月仪》。而我们现在的八岁小学生,除了会玩电脑上网打游戏,肯定写不出这样的好文章。任昉不仅文章写得好,还是个大孝子。

任昉当官是靠本事,一步一个台阶上来的,从秀才到丹阳县的主簿(掌管文书的佐吏,相当于秘书长之类),连县太爷的文章也请他修改润笔。后来当了参军、尚书殿中郎、太子步兵校尉等,主管东宫书记。齐明帝在位期间,任昉先后任侍中、中书监、骠骑大将军,出任扬州刺史。东昏侯在位时,任昉官拜尚书仆射,位列宰相,和帝时仍为宰相。梁建立后,任昉先后任黄门侍郎、御史中丞、秘书监,义兴(今宜兴、溧阳等地)、新安郡太守等职。在新安郡当太守是梁武帝天监六年(507 年)。

任昉是个好太守,《新安志》记载他:

> 不事边幅,率然曳杖徒行郭邑,民通词讼者就路决焉,尤以清絜著名。百姓年八十以上者,遣户曹掾(相当于管民政的官)访其寒温。

真是清廉呀!不讲究穿着,也不坐轿,拄杖步行城乡,路上遇到有喊冤叫屈的就现场办公,对 80 岁以上的老人,派"民政局长"去嘘寒问暖,解决困难。这样关心民生的清官拿到现在也是百姓称赞的好干部、好领导。

看到这段史料,不禁想到,当今一些地方政府对年满七八十以上的老人,每年都有额外优惠待遇,或年终发给补贴,或免公交车费,逢年过节,干部还上门慰问,解决困难。想不到在 1500 年前的徽州(新安)干部,早已这样做了。尊老爱幼,的确是中华民族的优良传统。

据史载,任昉当新安太守期间,钟情歙县富资里(今之许村)山水,"厌世腥膻,避地于此"。厌世腥膻,就是厌恶人间丑恶污浊的现象,包括无聊的对上应酬。因公务在身,责不可卸,说他隐居起来似不可能,但空闲时住上一段时间倒是可以的。当地为了纪念这位清官,把许多地名、建筑以他名字命名,如他住过的村子叫"昉源"(即许村),东边的前溪叫"昉溪",西边的溪叫"升溪"(其表字彦升),通往邻村有条山路叫"昉岭",岭头之亭叫"彦升亭"(今昉岭亭),社屋称为"富升大社",寺院名"任公寺"等等。后人为避讳,改昉源为任公村,昉溪改任公溪(《新安名族志》:"唐太宗九年,又改其村为任公村,溪为任公溪。")

任昉死于 508 年(只当了两年太守)任内,享年 49 岁(英年早逝)。《新安志》载:

> 卒于官舍,唯有桃花米二十石,无以为殓,遗言不许以新安一物还都,杂木为棺,浣衣为殓,阖境痛惜,百姓共立祠堂于城南,岁时祠之。武帝闻问,方食西苑绿沈瓜,投之于盘,悲不自胜。

这样一个清官,死于任内,只剩下桃花米二十石(当时约只值几两银子),连殡葬的钱也不够呀!他遗言不许拿新安一物,用杂木(用不起柏木)做棺材，把衣被洗干净就当殓衾吧，百姓痛惜呀，为他建立祠堂于新安城南，岁终每年祭祀。梁武帝萧衍知道这消息时正在吃瓜，连瓜也不吃了，投在盘里，“悲不自胜”，“即日举哀，哭之甚恸”。

不要以为当官都是富差，其实就是到了明清时代，官员正规收入也不多，而且官员请的师爷，也就相当于现在的办公室主任或秘书长之类吧，不算国家公务人员，不拿财政工资，薪水得要官员自掏腰包支付。如果不贪污受贿，日子过得相当拮据。像明朝的清官海瑞死后还欠户部的柴火钱，办丧事时连棺材也买不起，出殡的钱还是大家凑的。任昉和海瑞一样，也是万民拥戴的清官。后世有所谓“三年清知府，十万雪花银”之说，其实当官的不搞歪门邪道，十万雪花银，那是没有的事。

梁大通三年(529 年)，另一位文人太守上任，他就是徐摛。

山水徐摛

徐　摛

徐摛(474—551 年)字士秀，一字士绩，东海郯(今山东苍山二庙乡)人，比任昉小 14 岁，但和任昉一样，幼而好学，长大以后，饱览经史。他写文章有个特点，就是不拘旧体，好为新变。

当时的皇帝还是梁武帝萧衍。这梁武帝也是个大文豪，写文章是一把好手(《梁书·本纪第三》：“天情睿敏，下笔成章，千赋百诗，直疏便就。”)这位秀才天子在当皇帝之前与当时的文学大家沈约、谢朓、任昉等 8 人关系密切，世称“竟陵八友”(《梁书·武帝纪上》：“竟陵王子良开西邸，招文学，高祖与沈约、谢朓、王融、萧琛、范云、任昉、陆倕等并游焉，号曰八友。”)

史书记载徐摛到新安郡任职的经过，很有意思：

萧衍当了皇帝后，一天对手下的官员周舍(尚书祠部郎)说：“给我物色一个人，文学要有特长，还要有品行，跟在晋安王(后为太子)身边。”(《南史》：“武帝谓周舍曰：‘为我求一人，文学俱长，兼有行者，欲令与晋安游处。’”)周舍推荐徐摛为晋安王萧纲侍读。后晋安王入为太子,则转任家令兼掌管记。

同是文人的武帝很器重徐摛,徐摛在皇帝面前很是得宠(“帝甚加欢异,更被亲狎,宠遇日隆”)。但领军朱异见他得宠,很看不顺眼,怕徐摛夺宠,想找个地方把他打发走。于是假装关心似的在武帝面前说,徐摛年龄大了又爱泉石,想找个山水好的地方养老(“领军朱异不悦,谓所亲曰:‘徐叟出入两宫,渐来见逼,我须早为之所。’遂承闲白帝曰:‘摛年老,又爱泉石,意在一郡自养’。”)武帝以为是徐摛自己的意愿,于是把他找来,对他说,新安大好山水,任昉等在那里任过职,你去那里当太守吧(“帝谓摛欲之,乃召摛曰:‘新安大好山水,任昉等并经为之,卿为我临此郡’。”)

这件事,《梁纪十一》也有记载:

> 南朝梁东海郯人徐摛富有才学,为武帝爱重。武帝知徐摛泉石膏肓、烟霞痼疾,乃召徐摛曰:“新安大好山水,俾卿卧治此郡。”徐摛遂出任新安太守。

“泉石膏肓,烟霞痼疾”,形容爱好山水林泉,烟雾云霞,已经成为难以改变的癖好。梁武帝知徐摛寄情山水,对他说:“新安大好山水,你到那里去当太守吧!”南宋朱熹书“新安大好山水”,曾镌于歙南长陔南源寺后燕石岩。

其实,徐摛到新安郡任职,是被人排挤外派的。

《新安志》记载,中大通三年(529 年),55 岁的徐摛没有退居二线,反而从皇帝身边下基层出任新安太守。他为政清廉,教民礼义,劝课农桑,使当地农闲变农忙,百姓对他颇为赞赏。任期满后,任中庶子加戎昭将军(“为政清静,教人礼义,劝课农桑,期月风俗便改。秩满,为中庶子”)。

太清三年(549 年),侯景叛乱起兵进攻南梁,攻陷台城(今南京玄武湖南岸、鸡鸣寺之后),贼众奔入,举兵上殿。侍卫竞吓得四处奔散,只有徐摛一人巍然侍立不动,大声对侯景说:“侯公当以礼见,何得如此?”侯景气焰被打了下去,只得对皇帝跪拜。

“侯景之乱”最终以失败告终,但梁朝也一蹶不振,王朝的兴废、政局的动荡让曾经富庶的江南生灵涂炭。通过平定“侯景之乱”,功高一世的陈霸先渐渐控制了梁朝的政权,并于太平二年(557 年)禅梁称帝,建立陈朝。后因陈后主不图进取,腐败无能,江山最后让给了隋朝。

乡土将军

程灵洗

与曾任新安太守徐摛在不同战线反抗“侯景之乱”的还有位新安英雄，他就是新安海宁人（今属屯溪区）程灵洗。

在介绍程灵洗之前，必须简要说说“侯景之乱”的背景。

侯景是少数民族将领，是一个狡诈多变、残忍酷虐、头有反骨的危险人物。侯原是北魏镇功曹史，后北魏分裂成东魏和西魏，侯景先投东魏后叛归西魏，继而投梁，梁武帝封景为河南王、大将军、大行台。548年，侯景勾结京城守将萧正德，举兵谋反。太清三年（549年）三月，侯景攻陷台城，竟将梁武帝软禁。又东掠三吴，使富庶的长江下游地区“千里绝烟，人迹罕见，白骨成聚，如丘陇焉”（《南史·侯景传》）。552年，梁将王僧辩、陈霸先大败侯景军，攻下建康。侯景乘船出逃，被部下杀死。

在这场战乱中，一方面是侯景叛乱祸及新安，一方面是盗贼乘机横行乡里，无能的地方政府不得不依靠以尚武著称的程灵洗。

程灵洗（513—568年），系东晋第一任新安太守程元谭第十三世孙，字玄涤。《陈书·程灵洗传》曾详细记载了这位传奇的英雄人物。

程灵洗小时候就以勇猛而闻名，步行可日行200里（堪称马拉松赛冠军），骑马游泳都在行（“少以勇力闻，步行日二百余里，便骑善游”）。梁末年，海宁、黟县、歙县一带多盗贼横行，老百姓深受其苦。程灵洗的乡邻素来敬畏佩服程的勇猛，地方上的官吏就让他去招募年轻勇士，追捕强盗。

“侯景之乱”时，他聚集一批勇士守卫黟县和歙县，抗拒侯景进攻新安。时侯景部将占领新安郡始新县，新安太守萧隐也来投靠他，灵洗把萧隐推为抗击景军的主盟。

梁元帝萧绎登基荆州，程灵洗遣使抄小路奉表效忠。后率部收复始新，与占据东阳、建义等县的梁将刘神茂相应。因功授持节通直散骑常侍，都督新安诸军事、云麾将军，加授谯州刺史，资领新安太守，封巴丘县侯，食邑500户。侯景主将赵桑乾击败刘神茂，进攻新安。程灵洗退保黟县、歙县，后进军建德，生擒赵桑乾。因功授持节散骑常侍，都督青州、冀州诸军事、青州刺史，增食邑500户。

后程灵洗审时度势，跟随陈武帝陈霸先，屡建大功，陈废帝时，改封为重安县公，食邑两千户，复加司空兼丹阳尹。

程灵洗一生战功赫赫，死后葬在家乡篁墩黄牢山，赠镇西将军、开府仪同三司，谥号忠壮公。陈太建四年（572年），诏配享高祖庙庭；宋嘉定敕建世忠庙，追封广烈侯；元泰定三年（1326年）加封忠烈显惠灵顺善应公。

程灵洗虽以武扬名，但他的后裔，“人文接踵，至为昌炽”。曾在南宋为相的程元凤在《淳祐己酉谒祖梁将军忠壮公庙》云：

有美英姿七尺长，桓桓威武孰能当。
保州萧史来依德，拒逆侯生竟败亡。
爵受重安持督节，谥书忠壮配高皇。
堂堂庙宇黄牢下，暮鼓晨钟不暂忘。

《陈书·程灵洗传》记载程灵洗有个特点：

性好播植，躬勤耕稼，至于水陆所宜，刈获早晚，虽老农不能及也。

意思是他喜好种庄稼，对于什么地适宜种旱粮、种水稻，收获时间的早晚，就是老农也不如他熟悉。看来真是个不忘本色的农民将军。

良安之谜

南北朝期间，新安郡的版图有了几个变化：

宋孝武帝大明八年（464年），黎阳县并入海宁县，新安郡辖歙、黟、海宁、遂安、治新5县，治所治新，隶属扬州。

梁武帝普通三年（522年），吴郡寿昌县（今浙江建德市）划入新安郡，新安郡辖歙、黟、海宁、遂安、治新、寿昌6县，治所治新，仍隶属扬州。

新安郡又多了个兄弟！这对建德的影响也很深远，直至今日，建德仍属徽语区。

梁大同元年（535 年），析歙县华阳镇置良安县。大宝元年（550 年）废入歙县。

梁元帝承圣二年（553 年），析海宁、黟、歙各一部分，又置黎阳县（《新安志》：“梁元帝承圣中，分海宁、黟、歙三县更置黎阳。”）与歙县、黟县、海宁 4 县置新宁郡，治所海宁；遂安、始新、寿昌 3 县属原新安郡，治所始新。

陈文帝天嘉三年（562 年），建立仅 9 年的新宁郡又并入新安郡，并黎阳县于海宁县。新安郡领歙县、黟县、海宁、遂安、始新、寿昌 6 县。隶属东扬州。

这个东扬州，是从扬州分出来的一部分，撤撤并并多次。天嘉三年（562 年），以会稽、东阳、临海、永嘉、新安、新宁、晋安、建安八郡置东扬州。东扬州的治所在山阴县（今绍兴市越城区）。

歙县与绩溪，在历史上曾和一个县有关，这就是良安县。良安县不仅史料有限，而且诸多史料说法不一，形成一个谜团。

翻开民国《歙县志》，对良安县有段叙述：

> 是年（梁大同元年）析歙县地置良安县。按《寰宇记》引《方舆志》，良安县本歙之华阳镇，梁大同元年置。《新安志》同。《元和郡县志》：“梁安县大通元年置，武德中废。”大同作大通，良安作梁安，与诸书异。又检《新安志》，梁承圣中分立新宁郡，四县无良安，或尚属新安郡。而《隋志》新安、新宁两郡俱无良安县。则非武德时始废可知。且以后不见省更疑不能明也。又按，良安县在今县治东南一里梓潼山下，梁置，寻废，唐大历初建绩溪县，盖仍其故址而改筑之，旧治今治皆歙华阳镇地也。

之所以不厌其烦摘录这段史料，是因为它交代了几个史志对良安县的不同记载，而且留下疑点。尽管史料不足，但可以大致归纳出几点：

其一，县名历史上有梁安、良安之称，两者实为一县，叫法不同。今按《绩溪县志》（1998 版）为良安。

其二，良安县系大同元年（535 年）置，不纳《元和郡县志》大通元年（527 年）置的说法。

其三，良安县在新安郡分立新宁郡后归于何郡？经查阅《新安志》《隋书》

及清朝《徽州府志》的新宁郡或新安郡下均无记载，留下一个不解之谜（《安徽省志》将良安县归于新安郡）。

其四，良安县一度归属未明，但却有废县记载：

《元和郡县志》载："武德中废。"

清乾隆《绩溪县志》载：

> 唐武德七年(624年)废良安县，仍归歙县。(黄山书社1998年版《绩溪县志》)

《大清一统志》载：

> 梁大通元年于歙之华阳镇置梁安县，陈废，仍为歙县地。

该志附有按语称：

> 《元和志》云："梁安县，唐武德中废。"今考《隋书·地理志》无梁安县，则废当在陈时。

《安徽省志·建置沿革·歙县》有一段与众多史书不同的叙述：

> 梁大同元年析歙县北部地区在今绩溪县城华阳镇东1公里大屏山下后岸村，置良(梁)安县……大宝元年(550年)侯景乱废，并入歙县，隋末复置，唐武德七年(624年)撤销，并入歙县。(方志出版社1998年10月版)

此处记载良安县曾有废后再立的历史。如果说良安县隋末复置，但《隋书·地理志》却没有记载。而另一说是陈永定二年(558年)撤良安县，并入歙县(黄山书社2010年版《黄山市志》)，也有相当的道理。

良安县从歙县分置后一度像个没娘的孩子，不仅《隋书》没有新安郡、新宁郡两郡曾纳入良安县的记载，经查阅《新唐书》和《旧唐书》，也未有唐朝废良安县之记载。而《大清一统志》认为良安县"废当在陈时"，故留下存疑。现暂按方志出版社1999年版《安徽省志·建置沿革志》和清乾隆《绩溪县志》所载“武德七年废”来认定。

我们和今宣城、芜湖、池州的一些兄弟在丹阳郡分手后，和浙江兄弟遂安、始新（今淳安）从208年开始到589年止（共381年），先在新都郡后在新安郡（寿昌后加入），历经西晋、东晋、南北朝，度过了漫长的岁月，马上又要分家了！

分家以后徽州将如何发展，请看第七章：纬武经文富歙州。

第七章　纬武经文富歙州

中国南北朝的北朝最后一个皇帝是北周静帝宇文阐。581 年 2 月，北周的隋国公杨坚受北周静帝禅让建立隋朝，定国号为“隋”，北周亡。然后，隋文帝先后废除后梁，灭南朝陈，至此，天下一统，隋朝结束了中国自魏晋南北朝以来的分裂局面，重新成为统一的多民族国家。

隋朝的建立，使北方民族大融合，南方经济发展，一举改变魏晋南北朝的乱局，获得了“国计之富者莫如隋”(《文献通考》)的赞誉，出现了“朝野欢娱，区内晏如”(《隋书·高祖纪》史臣赞语)的太平盛世，为中国封建社会出现隋唐盛世奠定了基础。

隋唐期间，歙州应运而生，在皇朝前期的盛世和后期衰落的风云开阖中，歙州人纬武经文，风生水起，使歙州获得“歙，大州也……歙为富州”之美誉(《韩昌黎集》卷 19《送陆歙州诗序》)。

置州之谜

隋初，南北相加，全国有 253 州、698 郡、1562 县(《中国行政区划通史·隋代卷》)。当时，头脑清醒的兵部尚书杨尚新看到了问题的严重性，他上表给隋高祖说：

> 窃见当今郡县，倍多于古。或地无百里，数县并置；或户不满千，两郡分领。具僚以众，资费日多；吏卒人倍，租调岁减。(《隋书·杨尚新传》)

如此众多的州、郡、县，“官多民少，十羊九牧”，国家怎么能养得起这么多闲员，工作效率怎么能提高？

隋开皇初年，隋文帝接受兵部尚书杨尚新的建议，罢天下诸郡，改地方行政区划州、郡、县三级制为州、县二级制，并撤并了许多州、县。

州、县制有点类似现在的省直管县。在精简行政机构的同时，隋文帝还严格实行定编定岗，大州官吏的编制为300多人，小州递减为160多人；大县官吏编制为百人左右，小县递减为50人左右。这不但大大节省了国家开支，减轻了百姓负担，而且提高了行政效率，加强了中央对地方的控制（值得现在学习借鉴）。

隋朝于开皇九年（589年）平定割据长江以南的陈朝，实现了全国统一。之后，开始对全国行政区划进行改革，大动手术。这开始第一刀砍得很厉害，不仅砍掉了新安郡（后设歙州），而且砍掉了秦置古县歙县、黟县，并入海宁县（因为海宁县地理位置居中），有点矫枉过正。

对隋初新安郡地盘区划变更历史，不仅《隋书》《元和郡县志》《太平寰宇记》等说法不一，而且府、县志也表述不同，这就需要认真鉴别。

《隋书·地理志》载："平陈（注：南朝陈国），置歙州。"没说明具体年份。

《元和郡县志》载："隋开皇十二年置歙州。"

《太平寰宇记》载："隋平陈置歙州，炀帝州复废，为新安郡。"也没说清具体年份。

《新安志》是这样记载的：

> 隋开皇九年（589年）改郡为歙州，改始新县曰新安县，又并遂安及梁所割吴郡寿昌，未（未应为来）属者皆入新安县，以隶婺州；于是县之存者黟、歙、海宁三县，而州治黟；仁寿三年（603年）取婺州之新安并复立遂安，以隶睦州（以新安故城置睦州，治新安县即今淳安县）。于是二县故地迄今不复……大业初（607年），复以歙州为新安郡，治休宁，义宁中治歙。

这段记载漏掉了歙县、黟县曾并入海宁的历史，因此不足为证。

对《新安志》记载的隋开皇九年新安郡改为歙州一说，清嘉庆《黟县志》并不认可：

按《隋书·地理志》，则平陈后已废黟、歙二县并入海宁，且遂安、寿昌亦皆并入新安县以隶婺州，不应递改新安郡为歙州，止（只）统属海宁一县也。《隋书》及《新安志》就一朝之兴废合并书之，致滋后人之疑……

《黟县志》认为，当时黟、歙两县已并入海宁，歙州并没有马上建立。如果当时建歙州，则歙州只辖海宁一县，不大可能，从而否定了《新安志》在开皇九年改新安郡为歙州的说法。

歙县、黟县何年复置？《隋书·地理志·志二十六》载：

歙，平陈废，十一年复。黟，平陈废，十一年复。

《读史方舆纪要》载：

黟县，秦县，属鄣郡，以黟山而名……隋初废。开皇十一年复置。

《元和郡县志·江南道四·歙州》载：

歙县，本秦旧县也……隋初省，开皇十一年又置歙州及县。

如果联系到歙县和黟县并海宁后再复置隶歙州的年份，可以认定新安郡改歙州应在开皇十一年（591 年）。

新安郡的老兄弟们自始分道扬镳，各奔东西。隋开皇九年（589 年），始新县改为新安县，遂安县并入新安县，隶婺州（治今浙江金华）；这几个县从此与我们徽州兄弟分家，以后归睦州、严州。虽说和我们分开了，但这段历史还是存在的，把他们归入泛徽州地区也是有道理的。

歙州在隋朝机构改革中诞生，她经历了从隋朝到北宋的漫长岁月，在区划名称上三起三落，一直到徽州建立前才稳定下来，成为徽州的基础。隋建歙州后，随着经济的发展，加上移民的大量涌入，人口也逐步大幅增加，歙州在徽州历史上也写下了许多灿烂的篇章。

隶婺之谜

隋初行政体制改革，撤郡设州，还有一个重要内容就是并县，全国共减少328个县。

在并县的改革中，歙、黟两县并入海宁，隶属婺州，这在史书上也有不同说法，不妨摘录如下，以供读者鉴别。

《隋书·地理志》载：

> 歙，平陈废，十一年复。黟，平陈废，十一年复。

《元和郡县志》载：

> (歙县)隋初省，开皇十一年又置歙州及县。
>
> (黟县)隋平陈，省入休宁县。十一年复置，隶宣州，十二年改隶歙州。

而明弘治、嘉靖《徽州府志》载：

> 隋开皇九年，废郡，省黟、歙并入海宁。复置歙州，治于黟。改治新县曰新安，又并遂安及梁所割吴郡寿昌，来属者皆入新安县，以隶婺州，仁寿三年取婺州之新安并复立遂安，以隶睦州，今严州府之淳安、遂安是也。

《读史方舆纪要》载：

> 黟县，秦县，属鄣郡，以黟山而名……隋初废。开皇十一年复置。
>
> 歙县，秦置，属鄣郡……隋平陈，县废，未几复置，属歙州。

以考据见长的清代考据家俞正燮编撰的《黟县志》并不是简单照搬现存史料，而是有自己独特的观点。县志引用《新安文献志》之史料，显然有价值。

清嘉庆《黟县志》载：

唐仲实蔺将军庙碑云：隋开皇九年，并黟、歙入海宁以隶婺州，遂废县置新安镇。

唐仲实即歙籍元末明初著名学者、文学家唐桂芳。经查阅明程敏政撰《新安文献志》卷九十六上所收录唐桂芳《歙浦口重建蔺将军(亮)庙碑》，确有一段记载：

蔺将军……讳亮，歙人，隋开皇九年，并黟、歙入海宁以隶婺州，遂废歙置新安镇。文帝爱将军之勇，命将兵守之。

新编《歙县志》亦载：

隋开皇九年……歙县并入海宁县；十一年(591年)，复置歙县，置歙州，辖新安郡属县。大业三年(607年)歙州改新安郡。

上述对歙县、黟县在隋初的去向，不仅全国性的地理志说法不一，而且地方的史志说法也不一：《新安志》是记载隋开皇九年(589年)改新安郡为歙州，统"黟、歙、海宁三县，而州治黟"；明弘治《徽州府志》指明"隋开皇九年，废郡，省黟、歙并入海宁(没说属哪管辖)。复置歙州，治于黟"。《黟县志》则是"隋开皇九年，并黟、歙入海宁以隶婺州"。

从乱麻中理出头绪，合理的解释是，隋开皇九年(589年)，歙县与黟县并入海宁县，当时隶婺州管辖，两年后，也就是开皇十一年(591年)，又复置黟、歙两县，同时置歙州，黟县、歙县、海宁才正式隶属歙州，并把州治设在黟县。

现在的问题是，隋开皇九年是否有婺州建制？《元和郡县志》卷二十六在婺州条下载：

隋开皇九年平陈置婺州。

但清光绪《金华县志》却说：

《太平寰宇记》,开皇十三年又于此郡旧处置婺州……首尾相差五年(注:指九年和十三年首尾相差五年)。似《寰宇记》较密,今从之。

如果按此说法,婺州在开皇十三年才置,那歙、黟并入海宁,隶属婺州的论断就不能成立。如果按《元和郡县志》的说法,婺州在隋开皇九年设置,那么,歙、黟并入海宁隶属婺州就说得通。《元和郡县志》的清学者校勘记认为"《寰宇记》同此误"。周振鹤主编的《中国行政区划通史·隋代卷》在"婺州东阳郡政区沿革"一节中也认为:"开皇九年前此地未设州……开皇九年始置婺州。"因此,《黟县志》认为隋开皇九年"省黟、歙并入海宁","以隶婺州"的说法是可信的。

而对于《元和郡县志》所载,开皇十一年黟县是属宣州,到开皇十二年才属歙州的说法,嘉庆《黟县志》记载:

旧志皆云十一年徙州治于黟,而《元和郡县志》云,十一年黟复置隶宣州,十二年改隶歙州。

《太平寰宇记》还认为:

隋平陈并省黟、歙二县,百姓总属海阳,改隶东阳郡。

这两种说法都不准确。据考,589年,隋"平陈郡废","罢天下郡",东阳郡也不可能存在。《隋书·地理志》载:

大业三年,置东阳郡,统县四:金华、永康、乌伤、信安。

东阳郡的前身是金华郡,平陈,置婺州,金华郡、新安郡均不存。大业三年(607年)才复置东阳郡,和新安郡复置在同一年,所以,认为当时新安郡并入东阳郡,海宁县改隶东阳郡之说也不成立。

隋文帝开皇十一年(591年),以歙县、黟县、海宁三县地盘建的歙州,州治今黟县。属海宁县的篁墩划属歙县。这个歙州的地盘,仅有原新安郡的一半,就是后来徽州的基本地域。这是歙州称谓的一起！

淳安、遂安、建德，这个时候正式和歙州分开了，从此由一家变为邻居，一直延续至今。

说声再见，淳安，遂安，建德，总算兄弟一场，打断骨头还连着筋！

《新安志·户口》载：

> 吴新都郡不载户口之数。晋新安郡统县六、户五千；宋(指南朝宋)统县五、户一万二千五十八、口三万六千六百五十一；隋歙州统县三、户六千一百五十四；唐旧领县三、户六千二十一、口二万六千六百一十七；天宝领县五、户三万八千三百二十、口二十六万九千一百九。

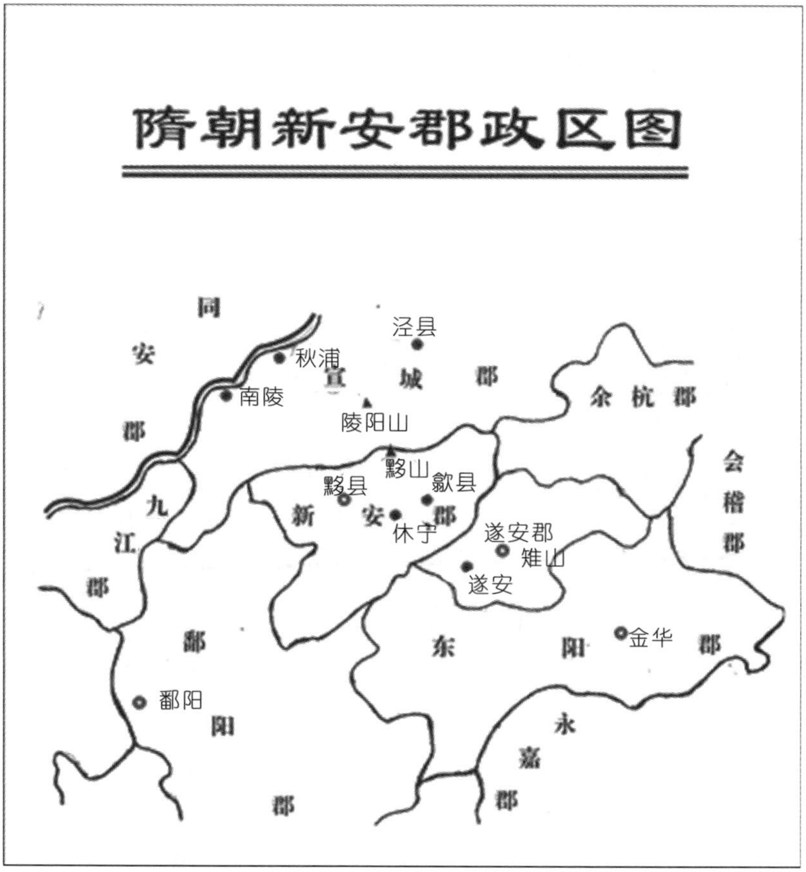

注：1. 本图系隋炀帝大业三年(607年)新安郡政区图，领歙、黟、休宁三县；

2. 本图仅供参考。

从晋新安郡到隋改歙州,只有 6000 多户,2 万多人。隋朝一个州,只相当于现在一个大镇人口,可见当时生产力水平之低。

隋文帝开皇十八年(598 年),改海宁县为休宁县,取休阳(东汉时建县,后改海阳)、海宁各一字命名。《隋书·地理志》在休宁县条下载:

旧曰海宁,开皇十八年改名焉。

而《元和郡县志》载"(海宁)隋开皇九年改为休宁县"则是错的。

到了隋炀帝大业三年(607 年),好大喜功、一心想效仿秦汉时代二级郡县制的炀帝又下令将天下之州改为郡(《隋书·炀帝记》:"狭殷周之制度,尚秦汉之规摹")。在这种情况下,歙州又改为新安郡,领歙、黟、休三县,这个第二代的隋新安郡,比第一代晋新安郡,地盘大为缩小。

这是歙州称谓的一落!

伟人汪华

隋炀帝大业十二年(616 年),新安大地出了个惊天动地的人物,这就是汪华。

汪　华

汪华本名汪世华,因避讳唐太宗李世民改名为汪华,歙县登源人(现属绩溪)。生于隋开皇六年(586 年),唐贞观二十三年(649 年)逝于长安,享年 64 岁。

汪华的身世,至今还没有定论。主要有两种说法:

一是三岁丧父,八岁丧母,后寄养母舅家,唐贞观二十三年己酉三月初三日,薨于京师,享年六十有四(清汪斌《越国公年谱》)。

二是根据汪华修的家谱介绍,祖父"四十二世勋明,字智叔,南陈武帝时为会稽令,后历仕两朝,陈文帝以功封戴国公,六十一岁卒,生有二子"。父"僧莹字伯玉,陈文帝天嘉元年袭封戴国公授海宁令,后又为稷州长史,74 岁卒。生有三子:世华(即汪华)、世英、世荣"(清乾隆《汪氏通宗年谱》)。

对汪华身世,多见于宋国子监司业胡伸撰的《越国公行状》。但汪氏家族注重修家谱,自晋以来就坚持修谱不断,汪华修的家谱曾上奏唐太宗。明万历年间,徽州汪同文主持修编了"汪氏统宗世谱",清乾隆年间再次增补重印为"汪氏通宗世谱"。有学者通过研究汪华族谱《汪氏通宗世谱》,认为汪华出身名门,并非贫寒之家(汪道显:《汪氏的起源与发展及历史上的汪华》)。

由汪华族谱知,其父 74 岁去世,如果汪华 3 岁丧父,其父 72 岁才生汪华,后来竟还生下两个弟弟世英、世荣,似乎不大可能。但汪华童年好玩而不羁倒是真的,母亲常带其到郑村舅父家居住。(《汪氏通宗世谱》:"母常挈归舅家居住。")

在舅父家,他喜欢帮舅父家放牛,并常踞坐磐石,如将帅样指挥其他牧童,有不听指挥者就用拳头教训他们。稍大后好武事,听说睦州演公教习武事,就跑去学武,以勇猛侠义闻名乡里。

隋大业年间,汪华应郡守张某招募,应募成为护郡兵丁,参与平定休宁县回玉乡(今属婺源县)针对隋朝的暴动。他智勇过人,在郡兵中崭露头角,得到大家拥戴。

隋末天下大乱,当时群雄割据,生灵涂炭,民不聊生。汪华慨然叹曰:

> 世变如此,吾死兵革无憾,如百姓何?(《越国公行状》)

各地农民纷纷举兵反抗,形成了声势浩大的全国性的战争,隋朝统治摇摇欲坠。此时许多地方官吏豪强也乘势起兵反隋,纷纷割据一方。

这时,隋末农民起义首领杜伏威(后附唐)占据江淮,时任郡守张公欲与相应,归附于他。他对武艺高强的汪华既怕又很忌妒,令他去开歙北箬岭通往宣城的山道,以便找借口把他杀掉。汪华领兵开拓,按时圆满完成任务。回来后,张公不但不以礼相待,反而诬其差役不均。汪华大怒,率部下冲入府门,张公吓得逃跑。众人推举汪华摄郡事,以镇一方。(《歙县志》载:"杜伏威占据江淮,张某欲与相应,独忌汪华,乃遣其开歙北箬岭山道,以便因事诛杀。汪华领兵开拓,不日而毕。及还,张某不但不以礼相待,反而诬其差役不均。汪华大怒,率部下冲入府门,张某惧而逃遁。")

汪华一举占据新安郡，并相继攻占宣城郡、余杭郡、遂安郡、东阳郡、鄱阳郡等，拥兵十万，建号吴王，但仍奉隋为正朔。以汪天瑶、汪铁佛分别为右相、左相（参见《歙县志》）。

汪华为政严肃，赏罚分明，得到大家拥戴。大业十二年（616年）起兵后，郡治由黟县迁至休宁万岁山（今休宁万安）；义宁元年（617年），郡治迁歙县乌聊山，并筑城池。

汪华所筑之城，有郡王宫殿、东西宫廨、正门楼（二十四根柱）等，宛然王城建制。

而汪华所治之地，多年不见兵戈，百姓得以安生，一派平和景象。汪华自称吴王，割据一方，史称"镇静地方，保境安民"。他颁布一系列使民休养生息的政策，使皖、浙、赣三省交界的百姓得以在乱世中安居乐业。

隋朝垮台后，618年，唐朝建立，高祖李渊派次子李世民征讨四方，剿灭各方群雄。唐武德四年（621年）9月，汪华审时度势，对部下说：

> 日月已出，义声昭布，烽火可熄矣，版图宜有所归。

于是派宣城长史汪铁佛（汪华堂弟）奉表归顺唐朝。同月22日，唐高祖诏见铁佛，高兴地说："此数州我复无忧矣！（《汪氏通宗世谱》）"并下诏：

> （汪华）往因离乱，保据州乡，镇静一隅，以待宁晏，识机慕化，远送款诚，宜从褒宠，授以方牧，可使持节总管歙宣杭睦婺饶等六州诸军事，歙州刺史，上柱国，封越国公，食邑三千户（相当于从一品爵位）（《全唐书》卷一《封汪华越国公制》）。

唐朝建立后，把隋郡县制又改为州县制（容后介绍）。所谓六州，即歙州、宣州、杭州、睦州（治所今淳安）、婺州（治所今金华）、饶州（治所今波阳），汪华实际上成了六州的最高统帅，还兼任歙州刺史；他封汪铁佛为宣城郡开国公、金紫光禄大夫、六州总管府长史，汪天瑶为金光紫禄大夫、歙州总管府长史、淮安郡开国公。

七年（624年），汪华奉诏进京当了京官。一开始，唐帝对这个曾自立为王的汪华并不完全放心，冷落了六七年。但汪华并未计较，仍忠心耿耿，终于得到皇上信任。贞观二年(628年),唐太宗李世民授汪华左卫白渠府统军,掌禁兵。十七年,改忠武将军,行右卫积福府折冲都尉。太宗远征辽东,诏为九宫留守,这对汪华算是极大信任了。汪华尽职尽责,“夙夜尽瘁,事无所乏。太宗凯旋,尤称其勤”(《歙县志》)。

二十三年(649年),汪华死于长安,太宗赐杂彩十床、黄金百两及东园秘器,恩礼如功臣。永徽三年(652年),诸子护丧归里。四年十月(653年),葬于歙县城北云岚山。

汪华是徽州的传奇英雄。他死后,歙州、杭州立汪王庙,春秋致祭。越国公在后来徽州一带名望极高,加上后裔人丁兴旺,徽州一带祭祀汪公的行祠多得不计其数,久而久之,汪华被渐渐神化,成为当地的地方神,人称汪公大帝。汪生九子,均有赐封,故各地又陆续建有“太子庙”一同祭祀。

据传,在休宁的万安古镇上曾造有一座“吴王宫”,宫中有一对联,评述了汪华的功勋业绩,联曰:

乱世据六州,保境安民,煌煌功绩重千古;
治平朝帝阙,忠君爱国,赫赫英名满神州。

汪华这个传奇式的人物,被徽学大师叶显恩教授称为“古徽州第一伟人”。

汪华的“伟”,符合历代统治者的正统观念。

一是忠君爱国。起兵后建号吴王,并没有逐鹿中原、问鼎天下,继而称帝的图谋和野心,仍奉隋为正朔。它占有六州之地以后,也无明显的领土扩张。唐朝建立后,有感于唐朝的强盛和德政,识时务、顺潮流,奏表归唐,使一方百姓省去了战乱之苦。这种忠君爱国之举,历来被统治者所赞赏。所以汪华此后被宋、元、明等历代皇帝诏封,让百姓效仿汪华的忠君。

二是保境安民。汪华打出的口号是“保境安民”,这一政策可以说是从传统儒学思想派生出来的一种以人为本的政治主张,很受历代统治者青睐,也为一般民众所接受。汪华所辖之地,在抗外患的口号下,内部族群矛盾得到化解,客观上促进了土著文化和外来文化的大融合。

汪华归唐之举,使歙州等地免遭生灵涂炭,百姓得以休养生息,中原移民也得到了本土民众的尊重与认可,文化教育也随之得到发展。当地土著民众,

“礼仪趋于文雅”,化野为文,化蛮为礼,为歙州成为富州打下了基础。

正由于如此,历代统治者对汪华敬重有加,汪华也成为百姓心中的神。

谜窟之谜

上个世纪末,浙江龙游、淳安,安徽屯溪、歙县、休宁等地先后发现人工石窟,尤其是“花山谜窟”等石窟群的发现,给史学家们展现了一个千古之谜。

花山谜窟

位于北纬30°线的花山谜窟是一个充满神秘的古代人工石窟群,现已探明的石窟36处,规模恢弘,气势壮观,堪称中华一绝。在当时没有机械作业的情况下,如此采石整齐切割,石柱耸立,殿堂开阔,深不可测,令人叹为观止。这些洞窟源于何时?如何形成?数以百万方石料去了何处?如何开采和运输?竟在史料上没有任何记载,至今仍是一个不解之谜。

前国家主席江泽民曾在2001年5月视察黄山,当时行程并没有安排参观这个洞窟群,时任黄山市委书记临时安排江主席参观,不料竟引起江主席极大兴趣,连称这个行程安排得好,并亲自命名其为花山谜窟。

这个史无记载的谜窟,正因为是谜,所以留给人们极大的想象空间。这是一个和同处于北纬30°的古埃及金字塔、百慕大三角、雅鲁藏布江峡谷等一样充满神秘的千古谜团,它的价值远没有被人们所充分认识。

关于石窟群的成因,已经有了采石场说、山丘说、筑路说、环保巢居说、汉洞说、盐商仓库说、贺齐屯兵洞说、方腊洞说、花石纲说、临安造殿说、徽州府鱼梁坝说、越王勾践秘密战备基地说、外星人工程说等许多种说法。

采用排除法可能更容易接近真相:

越王勾践伐吴的秘密战备基地说似不可能,因为距今已有2500多年,年代太久远,而且当时这一带山区交通不便,并非军事要冲。如果用水路,从钱塘江到浙江,大船过不来,小船又装不了多少人,而且这里山区也并非越王军事重地。

贺齐屯兵不可能,因为历经时间太短。从208年贺齐发兵到打败山越,历时不到一年,并非打持久战,何必去费时开辟石窟屯兵?而且当时歙县的山越首领是金奇、毛甘,分别屯兵于安勒山和乌聊山,离谜窟距离很近,山越岂有不知之理?早就把这些修战备工程的人处理了。

徽商屯盐说也不可能,因为年代太近。徽商鼎盛是明清年代,离现在才几百年,开这么大的石窟来屯盐,史书早要吹破天了。在明以前,徽商还处于发端状态,还没有那么大的势力,也不需要这么大的石窟来屯盐。

环保巢居说更不可信。山民搞个住宅,草棚、木屋、石屋均可,何必费时费力,开那么大的石窟来住人?夏凉倒可信,冬日不见阳光,冬暖却非事实。而且这么大的工程,聚居几万人都可以,当时整个歙州人口不过二三万人,山民分散而居,不可能过聚居生活。

笔者认为有两种说法值得重视:

采石场说有些道理,而且石窟位于新安江畔,便于用船运输。但存疑之处是到底是哪一朝代采石?如果是明清徽商时代采石,用于建民居祠堂,修桥补路,那么,几百年前的事,史书至少是徽州志书应当有记载,哪怕提上几句话,没必要秘密进行。而且,露天采石好像操作更容易,有必要在洞窟采石吗?何况,石窟的形成有千年以上历史,明清采石,年代似太近。

清华大学李宾可的"汪华说"提出了一种新的假设,我认为不无道理。

从年代上看,地质人员根据在35号洞发现的、洞成以后形成的石钟乳的厚度判断,成洞的时间离现在大约1500—2000年之间。关于浙江淳安石窟群的报道说,石窟群有1000年以上的历史了。这个时间范围,大概在东汉至隋唐这一段时间内。

从地域看,浙江龙游、淳安,安徽屯溪等地的石窟群均在吴王汪华统治的古六州这个范围内。

从私密性看,这些石窟群均史无记载,肯定不是官方盛世时组织的,而是在皇朝控制力薄弱、群雄割据的"乱世",由集团势力"私自"进行的。南北朝和隋唐之交的时期可能性最大。

从历经时间看，工程浩大，非短期所能完成，至少要几年时间。据《旧唐书》："歙州首领汪华，隋末据本郡，称王十余年"。隋末应当是大业末年(616年)起兵称王，奉表归唐在武德四年(621年)，前后实际上只5年。这段时间，是汪华据有六州、自立为吴王的时期，作为一项"深挖洞"的"国策"来执行，广泛动员军队和民众，在几年时间里，进行备战和备荒。而归唐后，汪华肯定要避嫌，就没有必要再"深挖洞"了。

从组织看，只有汪华才有权威，动员人力物力，在古六州范围内秘密开凿这么多的石窟群，而且史无记载。

从结构看，洞窟独立成体，每个石窟中都有大池，并非天然，有人工开凿痕迹，估计是为了储备生活用水而建。根据专家测算，一满池水大概够千人用20天左右。

从保密程度看，偌大的工程，竟未见于文献记载。足见石洞的开凿是秘密进行的战备工程。只有相当有权威的领导者，才能下令工程信息不得外泄。否则，早已被好事者披露于世。

虽然史书对石窟无详细记载，但从有关史料的蛛丝马迹中可以看到这个石窟群的影子。

新旧《唐书》都曾记载汪华与王雄诞(隋末农民起义军将领杜伏威部将，后归唐)的洞口之战：

> 歙州首领汪华，隋末据本郡称王十余年(实际只有五年左右)，雄诞回军击之。华出新安洞口以拒雄诞，甲兵甚锐。(《旧唐书》列传第六)

对于这次战争，尽管有不同看法，但至少披露一个事实，战斗是在能藏兵的"新安洞口"进行。这个所谓的"新安洞口"，应当有一定的屯兵规模，是不是石窟群的一部分，值得考证。

当然，这只是众多假设中的一种，正因为没有现成准确的答案，才使得花山谜窟之谜显得更加扑朔迷离，给古老的徽州(新安)增添一种神秘感。

歙州再起

前已说过，在隋文帝时期，"平陈罢天下郡，以州统县"，炀帝大业三年

(607 年)炀帝又下令将天下之州改为郡。在这种情况下,歙州又改为新安郡,领歙、黟、休三县,这个第二代的隋新安郡,比第一代晋新安郡,地盘大为缩小。

唐高祖武德四年(621 年),把隋朝的郡县制又改为州县制,复改新安郡为歙州,是为歙州称谓的二起。

根据高祖诏命,以歙州为总管府,汪华使持节总管歙、宣、杭、睦、婺、饶六州诸军事。

此时的六州包含后来从婺州分出的衢州和从饶州分出的信州及从宣州分出的池州等等,其地域为今安徽省长江以南,浙江杭州、衢州、金华及江西的景德镇市、上饶市、鹰潭市等地。

武德七年(624 年),改歙州总管府为歙州都督府。

到了唐太宗贞观元年(627 年),李世民依山川形便将全国疆域划分为十道,即关内、河南、河东、河北、山南、陇右、淮南、江南、剑南、岭南十道。不定期派遣使臣巡行各道,观风察治,基本又恢复到了西汉中期设置刺史部时的状况。然而,这一制度并未持久,8 世纪中叶后,逐渐因节度使职权的膨胀而被迫中止。

当时,我们歙州属江南道,治所今苏州,包括长江以南的今江苏、浙江、安徽、福建、江西、湖南等地。道下面有州,州下面有县。

唐高宗永徽五年(654 年),划歙县一部分地建北野县,歙州领歙、黟、休宁、北野 4 县。《新安志》载:

> 唐永徽五年析歙置北野……北野至大历中废。

《唐会要·州县改置下·江南道》只记载了废北野县,却没有说明北野县是如何来的:

> 北野县,太历四年二月废入歙县。

那北野县到底是在什么背景下设立的?这件事和一个女人有关,她的名字叫陈硕真。

“女皇”硕真

徽州历史上农民起义发生多起，但女人当首领且自称“皇帝”的只有一人，她就是陈硕真。

陈硕真，又名陈硕贞，唐代睦州雉山县梓桐源田庄里（今浙江淳安外桐乡，后划入梓桐镇）人。自幼父母双亡，和一个妹妹相依为命，且早年丧夫，沦为给富人打短工的女帮工。

唐永徽四年（653 年），陈的家乡青溪发生了百年不遇的洪灾，朝廷不但不开仓赈粮，还照样征收各种赋税，老百姓受饥挨饿，大批灾民活活饿死。

值得一提的是，就在这一年，唐高宗李治将其兄李泰次子李徽封为“新安郡王”（《旧唐书》卷七十六：“徽封新安郡王。”）据湖北郧县唐王家族墓出土的墓志铭载，李徽曾于“贞观廿一年封顺阳县开国侯，食邑七百户”；“永徽四年，改封新安郡王，食邑三千户”。《新安志》也记载了“唐新安郡王徽太宗皇帝之孙濮恭王泰之子”的封建之事。

郡王的封号以古郡县名多见。新安郡王显然是以新安郡名封号。须知，当时新安郡总户数不过 6000 余户，这种食邑 3000 户是不是全由原新安郡负担，史书没有记载，但极有可能增加原新安郡的赋税，无疑使贫困的当地百姓雪上加霜。

农民造反都是被逼出来的。陈硕贞以道教为掩护，发展信众（历代农民起义似乎都和某教有所联系），当年 10 月，正式宣布起义，与官府进行对抗。很短的时间里，义军就发展到几千人，后发展到数万人。她仿照唐朝官制建立了政权，任命其妹夫章叔胤为仆射，总管各项事宜，童文宝为大将，而她自己则称为“文佳皇帝”。

在中国历史上，参加农民起义的妇女不计其数，但做领袖且又称皇帝的陈硕贞，确非一般女中豪杰，中国历史学家翦伯赞称她为“中国历史上第一个称帝的农民起义女领袖”，可谓前无古人，后无来者。从这一点上讲，无疑可以在中国农民起义史上写上重重的一笔。

陈硕真造反，新旧《唐书》、《资治通鉴》等均有记载。《新唐书·列传第三十四》载：

自称文佳皇帝，以叔胤为仆射，破睦州，攻歙，残之，分遣其党围婺州。义玄（注：婺州刺史崔义玄）发兵拒之……

“陈皇”攻占睦州治所（其时州治在贺城，即淳安古城）及於潜（今属浙江临安市）以后，一路攻歙州，一路攻婺州。但婺州刺史崔义玄很能打战，陈硕真放弃攻打歙州，率主力支援婺州。当时唐朝毕竟势力强大，陈的队伍终遭惨败，起义仅一个多月，参战的数万义军，除一万多被俘外，其余大部战死。“文佳皇帝”陈硕贞及仆射章叔胤在战斗中被俘，最后英勇就义（《资治通鉴·唐记十五》：“斩首数千级。听其余众归首；进至睦州境，降者万计。十一月，庚戌，房仁裕[扬州刺史]军合，获硕真、叔胤，斩之，余党悉平。义玄以功拜御史大夫。”）当陈硕真攻打歙州时，歙县人蒋宝起兵响应，当然等待他们的命运和陈硕真一样。

陈硕真起义失败了，历史也不会把她列为中国正宗的第一女皇，但陈的起义对朝廷震撼很大。他们感到这一带的山民具有山越反抗王朝统治的传统，为了长治久安，必须划小管辖范围，于是，划歙县北乡一地设立北野县，县治在今歙县竦口。《太平寰宇记·江南西道二·歙州·歙县》载：

废北野县在县北三十五里，永徽五年睦州清溪县女子陈硕真作乱，而县人蒋宝举兵应之。事平，遂置县于五合山上以镇之。至大历五年废。

为什么叫北野？《太平寰宇记》是这样解释的：

废北野县，《周礼》郊外曰野，其地处州之北，故曰北野县。

北野县在唐朝史料中又有迒野县之称（迒，音荡），清乾隆《歙县志》又将北字写作“圵”字，所以北野县又有圵野县的称呼。经查日本国宫内厅书陵部所藏宋本《太平寰宇志》全书缩微胶卷本（中华书局 2000 年版），证实宋史料中称北野县。明嘉靖《徽州府志》也记载“永徽五年析歙置北野”。

野，又意为不驯服，不受拘束，如“狼子野心”一词就出自《左传·宣公四年》，取名北野，亦有统治者贬称这里为粗野、野蛮、不文雅之地的意思。

唐代北野县城遗址，位于今歙县桂林镇竦口村。今尚可略窥北野县城遗址。城郭略呈方形，前临扬之水，后靠花园岭，左依竦水，右居平畈。城内有三条基本平行的街道。现竦口小学（程氏祠堂）为县衙所在，附近有“牢间室”“钱粮柜”“浴马池”等遗址。该村在前街南北两端有砦门，上刻有“圵野古邑”四字（乾隆《歙县志》将“北”字刻为“圵”字）。

唐代历经唐太宗“贞观之治”、唐高宗“永徽之治”等，国力强盛，在唐玄宗开元年间达至鼎盛状态，堪称盛世。都城长安成为当时世界上最大的城市，也是世界上第一个人口达到百万的城市。但此后，唐玄宗重用奸臣，腐败昏庸，导致安史之乱，唐朝逐渐走向衰败，从此一蹶不振，难以再现盛世风光。

歙州二落

唐代对地方官吏的监察，以十道巡按的方式进行分区监察。唐太宗贞观元年（627 年），依“山河形便”，将全国分为十道监察区。

唐玄宗开元二十一年（733 年），将江南道分为江南东道和江南西道，又增设几个新道，这样，全国从十道扩充为十五道。每道置采访处置使，负责对辖区内官员的督察。

当时，我们歙州辖歙、黟、休宁、北野 4 县，隶江南东道（治今苏州）采访处置使。

这段时期，是徽州地盘的诸县正式形成的时期。

《新安志》载：

> 开元二十八年正月九日，析休宁置婺源县。

唐玄宗开元二十八年（740 年），析休宁县回玉乡及江西乐平县怀金乡置婺源县，歙州辖歙县、黟县、休宁、婺源、北野 5 县。

婺源县是在什么背景下成立的呢？答案又是和农民起义有关。据清光绪《婺源乡土志 · 婺源置县之缘起》载：

> 唐开元时剧贼洪真谋叛，据休宁鸡笼山为巢穴，三年讨平之。朝议县地岗峦联接易聚伏，莽乃割休宁回玉乡、鄱阳（应为乐平县，原属鄱阳县）怀金乡立为县，寻又割乐平丹阳乡以益之，纵横二百余里。

剧贼，古代用以贬称势力大的反叛者；莽，古语可解释为粗疏、鲁莽的意思，这里可形容为急忙的意思。

事情经过是这样的：唐开元二十四年(736 年)，休宁有个势力很大的反叛者洪真起事反抗官府，以休宁县回玉乡鸡笼山为营寨，聚众活动于歙、衢、睦边境之遂安、开化、休宁等县山区。朝廷发兵镇压，因山区地势复杂，加之起义军灵活机动的战术，历经三年才终于平定。朝廷认为这里“县地岗峦联接易聚伏”，为便于统治，皇朝急匆匆地割休宁县的回玉乡和乐平县的怀金乡设置婺源县，后来又继续将乐平县丹阳乡划给婺源。建县时，婺源隶歙州。

注：1. 本图系唐玄宗开元二十八年(740 年)歙州政区图，领歙、黟、婺源、北野、休宁 5 县；

2. 图中祁门、归德、绩溪 3 县系 766 年置，太平 745 年、旌德 763 年置，也在图中以另一图标示出。

3. 本图仅供参考。

婺源的县名,清道光《婺源县志》列如下三解:

其曰婺者,旧以婺本休宁地,曾属婺州;

取上应婺女之说(昔有婺女庙及古迹,吴山里亦名婺女里);

按《寰宇志》及《祥符经》,皆言有婺水绕城三面,故以为名(注:以婺水绕城三面为优)。

唐玄宗天宝元年(742年),又改歙州为新安郡。

这是歙州称谓的二落。

歙州三起

唐朝实行的是州县制,何以又在此时废州建郡,令人不思其解。《新安志》也没有记载这州改郡之事。

查看有关史料,当时唐朝的行政管理体制以州、县为主,也有少量的郡、县并存。唐开元二十一年(733年),唐朝地方行政区划实行道、府(州)、县三级管理;天宝元年(742年),改二级府(州)为郡,实行道、郡、县三级管理,歙州于此年改为新安郡。

一直到唐肃宗至德二年(757年)十二月,又废郡为府(州),实行道、府(州)、县三级管理,乾元元年(758年),新安郡又改为歙州。

歙州从742年改新安郡到758年再回到歙州称谓,历经16年。

此为歙州称谓的三起,和当时的政治状况有关。

开元之治晚期,唐玄宗丧失了向上求治的精神,贪图享乐,以致奸臣当道、朝政腐败,让安禄山有机可乘,导致安史之乱。安史之乱自唐玄宗天宝十四年(755年)至唐代宗宝应元年(762年)结束,前后达八年之久。

唐肃宗乾元元年(758年),安禄山已被杀,残部尚存,安史之乱进入尾声。唐肃宗为了消除安禄山的影响,在全国进行行政区划调整,新安郡就是在这种情况下再改为歙州,并析江南东道为浙江西道、浙江东道。

浙江西道(治今南京)领长江以南至新安江流域的原江南东道地,包括今天的苏南、上海、浙北和徽州,即润、常、苏、湖、杭、歙六州。当时歙州隶属浙江西道节度使(唐代地方最高军政长官),未几设置宣歙道,歙州隶宣歙观察使

（地方军政长官，全称为观察处置使，地位低于节度使）。

此后，歙州稳定了360多年，一直到宋宣和三年（1121年）改为徽州。

避地歙州

震撼全国的“安史之乱”爆发，黄河流域再次陷入战火之中，生灵涂炭，血流成河，百姓流离失所，苦不堪言，触发了又一次人口南迁的大潮。

据史载：

> 天宝末，安禄山反，天子去蜀，多士南奔，吴为人海。（《全唐文》颐况《送宣歙李八郎使东都序》）
>
> 天下衣冠士庶，避地东吴，永嘉南迁，未盛于此。（李白《为宋中丞请都金陵表》）

李白《永王东巡歌》诗云：

> 三川北虏乱如麻，四海南奔似永嘉。

从安史之乱始引发的人口南迁大潮，超过了晋朝永嘉年间南迁，一直持续到唐末和五代十国时期，至此，中国南方的人口规模第一次达到了同北方平分秋色的地步。

在南迁的几支队伍中，有一支是自华北平原进入淮南、江南，尔后主要留在皖南、浙西金衢盆地和江西。

唐天宝初，安禄山身兼三镇节度使，十分得宠。《资治通鉴》载：

> 禄山体之肥，腹重过膝，尝自称腹重三百斤。

唐玄宗好奇地问安禄山，肚子为何这样大？装的何物？安禄山答曰：“更无余物，只有忠心耳！”一句话说得唐玄宗乐开了花！但就是这样一个自诩忠心的奸贼，却制造了一场大动乱。

安史之乱虽然最后被平息，但给社会和百姓带来了严重的恶果。《旧唐书

·郭子仪传》有这样的描述：

宫室焚烧，十不存一，百曹荒废，曾无尺椽。中间畿内，不满千户，井邑榛荆，豺狼所号。既乏军储，又鲜人力……

几乎整个黄河中下游，“人烟断绝，千里萧条”，一片荒凉。

杜甫在《无家别》诗中悲愤地说，“寂寞天宝后，园庐但蒿藜，我里百余家，世乱各东西”。说的是唐天宝后，田园村舍长满荒草，我住的地方百余户人家，在世乱之年各奔东西。

安史之乱，拦腰斩断了大唐的黄金盛世，使唐朝从此走到了下坡路，元气再难以恢复。

安史之乱后，唐朝的统治者并不接受教训，尤其是唐懿宗以来，皇室奢侈过度，赋税沉重，加上连年发生水、旱灾害，遂致民不聊生，盗匪群起。唐僖宗乾符年间，王仙芝、黄巢顺应农民呼声，领头举行起义。

黄巢起兵和官方的镇压，使中原大地再次陷入战火之中。北方大部分地区民户离散，屋舍焚毁，纵横千里，全无人烟，白骨遍野，一片萧条，数百万人的生命终于战火，中原经济已完全崩溃。

中国的动乱，往往是北方先开始，南方相对稳定。安史之乱、黄巢之乱对北方生产造成了极大的破坏，大量北方人士南渡避祸。北方经济的基础被摧毁，遂使经济重心向南方转移。北方人口的南迁，也带来了大量的劳动力和先进的生产技术，促进了江南经济的发展，南方经济日益超过北方。

从安史之乱到黄巢之乱延续的大规模移民，有相当一部分来到现在的徽州地域，这个偏隅山区的桃花源，成了北方动乱中达官贵人和平民百姓的避难所。

《新安志·歙县·水源》载：

黄墩地广衍，黄巢之乱，中原衣冠避地者，相与保于此，及事定，留居新安或稍散之傍郡。

黄墩即时属歙县（今属屯溪区）的篁墩，也是这次移民的重要落脚地。

据明人程尚宽《新安名族志》记载，歙州有明确迁入时间、地点的56个姓中,26 姓系唐后期五代迁人,其中唐末迁入的又占三分之二以上。

北方的动乱,给歙州带来发展的机遇。中原的名门望族、富户巨商纷纷南迁,大批知识分子和技术人才也南下避难。歙州的人口有了很大的增长,山区农业开发水平和手工业的技术有了一定的提高。歙州墨业的发展正是这一时期开始兴起。

唐安史之乱和以后的晚唐黄巢起义后,迁居徽州的有陆、程、叶、孙、洪、罗、舒、姚、赵、戴、康、施、冯、夏、李、朱、潘、刘、曹、毕、王、江、许、廖等 20 多姓。

由于北方战乱,大量北方墨工纷纷南迁,导致制墨中心南移。易州(今河北易县)墨工奚超父子奚超、奚廷珪一家避难至歙州。奚氏父子本是"易水法"的制墨能手,此时得当地的古松为原料,又改进了捣松、和胶等技术,终于创制出"丰肌腻理,光泽如漆"、经久不褪、香味浓郁的佳墨。

后来到北宋时期,又从易水来了一位名墨工张遇。张遇利用徽州的优质松烟、(桐)油烟制墨,将徽墨由单纯的松烟墨,推向了与油烟墨并举发展的新时期。全国制墨中心也南移到了歙州。制墨高手纷纷涌现,如耿氏、张遇、潘谷、吴滋、戴彦衡等,徽州成立后,新安墨就称为徽墨。

值得一提的是这个张遇,其父其祖均是北宋制墨名家。元陆友《墨经》载,"世以歙州李廷珪(即奚廷珪,由南唐后主李煜赐'国姓'李)为第一,易水张遇为第二"。张遇来徽州后,得李氏妙法且有所创新,其子张谷、其孙张处厚皆致力于制墨业,"在黄山起灶作煤制墨,为世业",合肥出土的张处厚所制墨上注有"歙州黄山张谷男处厚"字样,足见徽州制墨业的历史辉煌。

方清起义

历史上,新安、徽州这块土地,发生过多次农民起义,都和官府强征恶敛有关。

唐代宗宝应元年(762 年),太平县(唐玄宗天宝四年即 745 年析泾县西南地置)上泾乡(今旌德碧云乡境)乡民王万敌聚众占据蛟山后如洞(今碧云乡船山厚儒洞),起兵造反,抗租抗税,威震宣、歙二州。

起义被镇压后,朝廷搞起老一套把戏,析地置县,划小统治半径。宝应二年(763 年)二月,析太平县东北境麻城等 9 乡地域置旌德县。

宋乐史撰《太平寰宇记》在旌德条目下载:

> 本汉泾县地，唐初为太平县地……此土征赋或有不供者因聚而为盗，以其山谷深邃，舟车莫通，不立城邑无以镇抚，遂割太平县九乡以置焉。冀其邑人从此被化，故以旌德为名。

“聚而为盗”是因“征赋不供”，道出了沉重税赋，是贫困农民起义的根本原因所在。

宝应元年，另一支农民军揭竿而起，这就是名气更大的方清为首的起义队伍。

在歙州和宣州这块土地上，虽然有山水之美，文风初兴，但自山越被镇后，汪华起兵，陈硕真、王万敌、方清以至宋朝的方腊起义，都和税赋重、灾荒导致百姓生活困苦有关。

安史之乱后，北方成为战场，藩镇乘机割据，“贡赋不入”国库，江淮各地尤其是江南成了中央财政的主要来源。“财赋所产，江淮居多”，“兵食所资，独江南两道耳”。

从肃宗乾元元年(758 年)开始，江南连遭灾害，百姓流亡，“人相食”，尤其是到宝应元年(762 年)，浙江东西大灾后大疫，“死仓十七八，城郭邑居为之空虚”，“道路积骨相支撑枕藉者弥二千里”(独孤及《毘陵集》)。

在这种情况下，唐朝为维持自己的统治，依然对百姓加剧盘剥。《资治通鉴》载：

> 租庸使(主持赋税官名)元载以江淮虽经兵荒，其民比诸道犹有赀产，乃按籍举八年租调之违负及逋逃者，计其大数而征之，择豪吏为县令而督之。不问负之有无，赀之高下，察民有粟帛者发徒围之，籍其所有而中分之，甚者什取八九，谓之“白著”。有不服者，严刑以威之。民有蓄谷十斛者，则重足以待命，或相聚山林为群盗，州县不能制。

这段话翻成白话就是说：租庸使元载认为江淮地区虽然经历战事与饥荒，但是那里的百姓仍比其他各道百姓资产多，于是按照户籍查出八年来拒交和欠交租调和逃户欠额，然后估计一个大概数字进行征收。并选择凶恶官吏担任县令，让他们督办此事。无论是否拖欠，资产多少，只要查到百姓有粮食和布帛，就派人将他们围起来，登记粮食、布帛的数量后对半分，甚至取走十分之八九，称之为“白著”（“受者非惠，与者如弃，谓之白著”，就是枉取于民的意思）。如果有不服的，就施以严刑来威胁他们。有的百姓积蓄了十斛粮食，就非常恐惧，等待官府的命令来收缴。有的百姓相聚在深山老林，成为强盗，州县都无法制止。

这种强征恶敛逼得农民没有活路，只有起来造反。

这个恶官元载，后来因为贪贿，于大历十二年被杀抄家（《新唐书·本纪第六》：“元载有罪伏诛。”）

从唐肃宗至德年起，大大小小农民起义不断。特别是从宝应元年到大历元年（762—766 年）的江南农民起义队伍十多支，人数几十万。但对这些农民起义，史书记载较简，“通鉴所书，数语而已”。

规模较大的是歙州毗邻的浙东一带被称为“海寇”的袁晁起义和宣、歙一带被称为“山贼”“洞寇”的方清、陈庄起义。

袁晁起义在上元二年（761 年）之后，开始在明州翁山县（今舟山）起事，得到广大农民响应（“民疲于赋敛者多归之”），先后攻下越州、衢州、信州、温州、江阴等地，人数多时有 20 多万。朝廷派行军司马袁傪镇压，宝应二年（763 年）三月，“丁未，袁傪破袁晁之众于浙东”。

广德二年（764 年），“癸丑，袁晁伏诛”。统治者为收买人心而向民众示好，“免越州今岁田租之半，给复温、台、明三州一年”（《新唐书·本纪第六》）。

再一支较大的、史书有载的就是方清起义。

方清，生年不详，死于 766 年。唐宝应元年（762 年）至次年五月，江南疫灾，方清和陈庄率饥民起义。《新唐书·列传第七十一》载：

> 方清因岁凶，诱流殍为盗，积数万，依黟、歙间，阻山自防，东南厌苦。

方清依托黟县、歙县及毗邻地区群山险要地势，进行反唐斗争。并以此为基地，向西扩展，屯兵于石埭城。

陈庄和陈五奢领导的义军，则利用广德县山区地势进行反唐武装活动。两支武装进而联合，切断长江航路，抢劫往来官私行旅，使朝廷的长江航运受到严重影响（“永泰初，宣饶剧贼方清、陈庄西绝江，劫商旅为乱，支党槃结”）。

永泰元年（765 年）正月，方清率领义军攻打歙州，一些民众杀刺史庞浚响应义军。而黟县赤山镇土豪吴仁欢则组织地主武装，凭借休宁等地山区与义军为敌。方清屯兵歙州、黟县，攻占黟县赤山镇，设置阊门县，部署防守。

当时，上邽主簿李芃建议，“请以秋浦置州，扼守衿要，使不得合从”（《新唐书·列传七十二》），以便各个击破。唐代宗李豫采纳此议，以宣州的秋浦（今安徽贵池）、青阳与饶州的至德县（今安徽东至县境），合并设置池州（“永泰元年，江西观察使李勉以秋浦去洪州九百里，请复置池州，仍请割青阳、至德二县隶之，又析置石埭县，并从之”）。命李芃暂时代理州事；又命原天下兵马副元帅李光弼（708—764 年，镇压方清时已薨）的行军司马袁傪、左武卫中郎将柏良器和江西观察使李勉、歙州刺史长孙全绪等相继发兵出兵讨伐方清、陈庄。

永泰二年（766 年），袁傪率军前往攻打起义军，柏良器等其他诸道官军助战。吴仁欢也暗聚武装数千人偷袭义军。方清据险扼守，但寡不敌众，战败牺牲。陈庄率 25000 多人投降官军。

起义平息后，朝廷又在区划上做文章，力图加强对事发地的控制：

一是析歙、休宁地置归德县。

《新唐书·地理五》载：

> 永泰元年，盗方清陷州，州民拒贼，保于山险。二年，贼平，因析置归德县。大历四年省。

德，是一种思想和行为规范，《易·乾卦》曰：“君子进德修业。”唐孔颖达注：“德，谓德行；业，谓功业。”归德的意义和旌德一样，皇朝希望治下的百姓服服帖帖地归附于“德政”。

二是析黟县赤山镇和饶州浮梁地置祁门县。

《续文献通考》载：“唐永泰初，方清伪置阊门县，后因其垒置县。”

《新唐书·地理五》载：“永泰二年平方清，因其垒析黟及饶州之浮梁置。”

就是说祁门是从黟县和浮梁县析出地盘，利用方清建筑的垒城而设。

祁门的县名由来，据《元和郡县志》载：

> 永泰元年，草贼方清于此伪置阊门县，以为守备。刺史长孙全绪讨平之。因其旧城置县，耻其旧号，以县东北一里有祁山，因改为祁门县。

康熙《徽州府志》、同治《祁门县志》载：

县东北一峰若旗，号祁山；西南对峙若门，号阊门山，合二山而名祁门。

这种说法是可信的。

三是划歙县华阳镇置绩溪县。
《太平寰宇记》载：

绩溪县，县则歙之华阳古镇，梁大同元年置为梁安县，唐武德中废。至永泰二年……置县。

《新安志》载：

永泰元年，盗方清陷州，州民拒贼，保休宁之山险。二年……析歙之古华阳镇置绩溪县。

绩溪的县名，“绩”，有搓麻线的含义；“溪”，为山涧流水。
《元和郡县志》载：

县北有乳溪，与徽（亦作翚）溪（今翚溪河）相去一里，并流离而复合，有如绩焉。因以为名。

《读史方舆纪要》也说：“以界内溪水交流如绩而名。”
还有一种说法见于《方舆志》：

临溪石，在县北三里（今高迁乡浣纱溪）溪岸上，其方二丈，其平如砥，溪水甚宜浣纱。数里妇女悉来浣纱，去家既远，遂绩其旁以守之。春时多丽服，群绩于此，虽不浣纱者亦会绩焉。县名亦兼此义。

前两种说法为确。

从这几个县的诞生可看出一个规律,一旦地方出乱,事平后,朝廷都要在区划上大做文章,或划小管理半径,或建立新的政权,强化地方统治。东汉末年,歙县金奇、毛甘起事,贺齐镇压后把歙县一分为五,并成立新都郡;北野县的成立则是在陈硕真起义之后;婺源县的成立是因休宁洪真造反;而旌德、归德、祁门、绩溪等县的成立分别与王万敌、方清起义有关。自始,歙州领歙、黟、休宁、绩溪、婺源、祁门、北野、归德等8县。

大历五年(770年),废北野县,其地属歙县。北野县是永徽五年(654年)陈硕真起义平息后建立,这点几种史志均无异议,但对何时废,有四种说法:

一是《太平寰宇记》载,北野县"大历五年废"(另一处写为"大历四年与隋置归德县地同废入休宁县",误);

二是《唐会要》载,北野县"大历四年(769年)二月废入歙县";

三是《新安志》的"北野、归德二县至大历五年省";

四是新编《歙县志》"大历五年(770年),撤销北野县,其地复属歙县"。

我们采纳《新安志》《歙县志》的说法。

大历五年(770年),同废归德县,其地属休宁。

自始,歙州领歙、黟、休宁、绩溪、婺源、祁门6县,形成了以后徽州的"一府六县"格局。

富州之誉

给唐朝歙州戴上"富州"桂冠的是"唐宋八大家"之一的韩愈。

韩愈(768—824年),是经安史之乱后的中唐著名文学家、散文家、哲学家、思想家、政治家。他在《送陆歙州诗序》中这样说:

> 贞元十八年二月十八日,祠部员外郎陆君出刺歙州,朝廷夙夜之贤,都邑游居之良,赍咨涕洟,咸以为不当去。歙,大州也,刺史,尊官也,由郎官而往者,前后相望也。当今赋出于天下,江南居十九。宣使之所察,歙为富州。宰臣之所荐闻,天子之所选用,其不轻而重也较然矣。

这段话大概意思是，贞元十八年(803年)，有个姓陆的祠部员外郎(掌祠祀的官)到歙县出任刺史，朋友认为他是朝廷离不开的贤才，都邑出仕居住的条件又好，一把眼泪一把鼻涕地哭着送别他，都认为他不应当下派到基层去任职。而韩愈却认为，歙州是大州，刺史是尊贵的官职。由朝廷郎官而往歙州任职的很多。当今天下赋税，十之九出于江南。而且根据宣慰安抚使的考察，歙州为富州。所以才被作为重臣推荐，皇上选用，以示不轻，这是对陆君的重用呀！

把歙州抬得这么高，这是不是韩愈在忽悠朋友呢？经查阅有关资料，感到韩大诗人没有说假话。在两部《唐书》中，为歙州刺史立传的多达14人，在唐代当过歙州刺史的，有7人后来官至宰相(《新安志·叙牧守》："唐世宰相尝为此州者，盖七人，可不谓盛哉")。说明歙州确是朝廷重视和培养人才的地方。

以史为鉴，我们不得不佩服韩愈对歙州的高度评价和对陆刺史前程的深谋远虑。

歙州地处山区，生产自然条件并不优越，在中唐就是富州吗？经过查阅有关资料，我们认为韩诗人说歙为富州、地位重要是有根据的。

当然，这个富只是相对而言，而且不能离开当时特定的历史背景。就像当今改革开放初期，万元户就算是富户了，而现在，百万、千万元户比比皆是。如果把唐朝歙州的富和明清时徽州的富相比，则是小巫见大巫了。

那么，歙州的富主要表现在哪里呢？

首先，歙州以茶叶为主的山区农业开发有了相当的发展。

唐朝时，婺源、祁门两县的茶叶就很有名气。唐朝歙州司马张途这样描述祁门：

> 邑之编籍民五千四百余户，其疆境亦为不小。山多而田少，水清而地沃，山且植茗，高下无遗土，千里之内业于茶者七八矣。由是给衣食，供赋役，悉恃此。祁之茗，色黄而香，贾客咸议，愈于诸方，每岁二、三月，赍银缗缯素求市，将货他郡者，摩肩接迹而至。(《全唐文》卷802《祁门县新修阊门溪记》)

据张途记载，祁门一县有5400余户、十之七八的人口在从事茶叶生产。

就是说大约有4000户左右、2万多人在从事专门的茶叶种植和茶叶加工制作，这在当时是很了不起的数字。

这也许是徽州最早的专业户和专业村。

白居易《琵琶行》诗云"商人重利轻别离，前月浮梁买茶去"。浮梁在今江西景德镇附近，毗邻歙州，是歙州及其附近产茶州、县的重要茶叶集散地之一。

唐懿宗咸通三年(862年)，祁门县令陈甘节修治阊门溪，阊门溪是阊江支流和上游，可达鄱阳湖直达长江。《祁门县新修阊门溪记》载：

县西南一十三里，溪名阊门，有山对耸而近，因以名焉。水自叠嶂积石而下，通于鄱阳，合于大江。其济人利物，不为不至矣。

这条江修治后，"不独贾客巨艘，居民业舟，往复无阻。自春徂秋，亦足以劝六乡之人业于茗者，专勤是谋，衣食之源，不虑不忧"。

可见，当时的祁门县令，为了茶农"衣食之源"和茶叶流通到浮梁等地，确是做了一件好事。

唐朝杨晔《膳夫经手录》载：

歙州……祁门、婺源方茶，制置精好，不杂木叶。自梁、宋、幽、并间，人皆尚之，赋税所入，商贾所赍，数千里不绝于道路。

所谓"数千里不绝于道路"，足见歙州的茶叶已远销中原和华北，成了财政的重要来源。

这段记载不禁使人想到当今祁门赤岭口一带，每到茶季，各地茶商摩肩接踵、茶市交易繁荣的情景。想不到早在一千多年前，祁门、婺源就已出现这种景况了。

除了茶叶以外，歙州在中唐以后山区农业经济的开发，还表现在麻、漆、竹、木材、药材、天然捕捞与水产养殖等迅速发展上。

其二，歙州以砚、墨为代表的手工业十分发达。

现在闻名遐迩的徽墨早在唐朝就已出名。魏晋之时，歙州这一带就有松烟墨的生产。中唐以后，这里的制墨业更是有了一定程度的发展。但大规模的发展却始于唐末黄巢之乱后，北方制墨工匠李超、李廷珪父子迁徙歙州，带来了制墨的先进技术。全国制墨中心遂由河北移到歙州。

有好墨必配好砚。唐开元中，婺源的龙尾砚石被发现，歙州就开始砚业制作，到晚唐已形成规模生产。有墨有砚须有纸。唐后期歙州有造纸的作坊，到南唐，其生产的澄心堂纸为皇家用纸。

歙州当时的酿酒、麻织、采矿、漆器、竹编等手工业都有了一定的发展。歙州生产的苎布列为贡品。《元和郡县图志》就有歙州“开元贡麻布”、“元和贡细苎布”、“土贡竹簟（竹编的席子）”的记载。

其三、歙州的商品流通已初露锋芒。

有生产就有流通，否则生产的产品只能自用，无法产生价值。当茶叶成为歙州人“给衣食，供赋役”的来源时，这种商品的交换显得尤为重要。歙州缺粮，必须用茶叶等土特产品运往外地换粮，换日用消费品。于是，歙州商人顺时而生，这是后来声名赫赫的徽商的先行者。

贞元十八年（802）年，张友正撰文称歙州“市嚣在耳，村烟在目”（《全唐文》卷五张友正《歙州披云亭记》），可见当时集市已经兴起。一些集镇如婺源的弦高、五福镇等是在唐朝咸通年间所置。

正因为歙州在世人眼里被视为富州，所以也成了官府眼中的香饽饽。《全唐文》载刘津《婺源诸县都制置新城记》称：

> 太和中，以婺源、浮梁、祁门、德兴四县，茶货实多，兵甲且众，甚殷户口，素是奥区；其次乐平千越，悉出厥利，总而管榷，少助时用，于时辖此一方，隶彼四邑，乃升婺源为都制置，兵刑课税，属而理之。

这里把歙州的祁门、婺源县和浮梁县相提并论为“茶货实多”“甚殷户口”“素是奥区”。而据《元和郡县图志》载，浮梁是税收先进模范县，“每岁出茶七百万驮，税十五万贯”，而当时的矿冶税“举天下不过七万余缗（古代计量单位），不能当一县之茶税”（《新唐书》卷五四《食货四》）。这足见唐后期歙州属县和浮梁一样是茶税大县，是皇朝重点征收对象。

新安的大好山水，黄山白岳的美景，加之“歙为富州”的评价，极大地提高了歙州的美誉度。唐朝不少文人雅士包括诗仙李白纷纷来歙州、黄山游玩，留下不少绚丽诗篇。晚唐和南唐时，歙州更成为躲避战乱的世外桃源，“黄巢之乱，中原衣冠，避地保于此，后或去或留，俗益向文雅”（《新安志》）。

多变之“道”

在安史之乱结束后，唐肃宗乾元元年(758年)十一月“置浙江西道节度使，领苏、润等十州”(《新唐书·江南道》)。这个浙江西道与我们歙州有割不断的关系，与宣歙道分分合合，共同演化了江南的政治进程。浙江东道、浙江西道、宣歙道都是唐朝从强盛逐渐走向衰弱的多变之“道”，其角色转换之快，令人眼花缭乱。

唐朝的“道”，原是中央的监察区域，贞观十年(629年)始于山河形便，分为十道；开元二十一年(733年)，增为十五道，江南道析分为东、西两道，歙州时属江南东道，按察使也改为采访处置使。

安史之乱后，乾元元年(758年)，采访处置使改为观察处置使，有了固定治所，并由监察职能转为“总领一道之民政”；之所以要分江南道为东、西两道，主要是为了控制江南这个财赋重地，支撑唐朝因连年战乱而濒临崩溃的中央财政。

唐初于军事要地设置总管，总领一州或数州军事；武德七年(624年)，改总管为都督。永徽五年(650年)遂有节度使之名。节是中央在任命节度使时颁赐的象征权力的信物，“使持节”即“建节以重权”。汪华就当过歙州总管府使持节总管六州诸军事，后总管府改为都督府。

唐肃宗乾元元年(758年)，在全国进行行政区划调整中，新安郡改为歙州，还析江南东道为浙江西道、浙江东道，浙江西道(治升州，今南京)所领的长江以南至新安江以北的原江南东道地，包括今天的苏南、上海、浙北和徽州，即润、常、苏、湖、杭、歙六州。此后，歙州在浙江西道和宣歙道之间反复变化：大历十四年(779年)，废宣歙池观察使，合浙江东道、西道、宣歙道于一道，歙州属浙江东西道观察处置使。

建中元年(780年)，复分浙江东西道为二道，歙州隶浙江西道观察使。建中二年(781年)，复合浙江东、西二道为一道，设节度使，赐号“镇海军节度使”，首开江南藩镇赐军号的先例，这是朝廷与地方割据势力斗争的产物。歙州时属镇海军节度使。唐德宗贞元三年(787年)，形势缓和，撤节分道，撤销镇海军节度使，分为浙西、浙东、宣歙3道，现安徽江南地区全在宣歙道(治宣州)，统领宣州、歙州、池州。

贞元十二年(796年)，宣歙道改名宣歙池都团练观察使(仍驻宣州)。

唐昭宗大顺元年(890 年),升宣歙池都团练观察使为宁国军,歙州改属宁国军节度(仍治宣州)。

天复三年(903 年),废宁国军节度使,改为宣歙池都团练观察使。

天祐二年(905 年),置歙、婺、衢、睦四州都团练观察处置使,治歙州,刺史陶雅为观察史(《新唐书》)。

唐朝自安史之乱后,元气大伤。唐僖宗乾符元年(874 年)至中和四年(884 年),又发生王仙芝、黄巢农民起义,社会混乱,民不聊生,战火漫延,几十万无辜百姓死于非命。

年轻的皇帝唐僖宗李儇,“十五年来无一治,虚名天子老奔波”,在国内重重内乱中病死,只活到二十七岁。其弟唐昭宗李晔即位后,被宣武节度使、诸道兵马副元帅朱全忠(朱温)挟持,最后被杀。朱温借皇后之命立 13 岁的李柷为帝,是为唐朝最后一个悲情皇帝昭宣帝(死后谥号哀皇帝,确实悲哀)。

开平元年(907 年),朱温废唐哀帝,自行称帝,改名为晃,建都开封,国号“大梁”,史称“后梁”,后人称为梁太祖。朱温还杀人灭口,毒死李柷,并四处追杀皇族子孙。

在世界文化遗产地黟县西递,就有朱温之乱的唐朝南迁移民。据史料记载,西递胡姓始祖为唐昭宗李晔之子,因遭变乱,逃匿民间,改为胡姓,繁衍生息,形成聚居村落。《新安名族志》载:“(胡姓)其先出陇西李唐室之后,朱温篡位,诸王播迁,曰昌翼者逃于婺源,就考水胡氏以居,遂从其姓……黟县西递……胡姓均出此派。”

偏安一隅

唐朝自黄巢之乱后,进入衰世。藩镇割据,群雄争锋,借着朝廷利用他们镇压农民起义的机会,招兵买马,扩大实力,在乱世中崛起。

自朱温篡唐称帝后,将近三百年的唐朝结束了,代之而起的是史称五代十国的时代。

中国继春秋战国、三国、南北朝之后,再一次进入大分裂时期。

五代指的是:在中原相继递承建立的后梁、后唐、后晋、后汉、后周五个朝代;

十国指的是:在南方先后存在的吴、南唐、前蜀、后蜀、南汉、楚、吴越、闽、荆南及北方的北汉十个国度。

和我们歙州有关系的是吴和南唐。

分裂国土下偏安一隅的歙州，它的命运如何？这必须先介绍一个与歙州有关系的重要人物——杨行密。

杨行密（852—905 年），字化源，原名行愍，庐州合肥（今安徽长丰）人。原为庐州牙将，中和三年（883 年）靠军事实力拜庐州刺史，归淮南节度使领导。杨行密在军阀混战中崭露头角，唐昭宗龙纪元年（889 年）攻克宣州，自任宣歙观察使。大顺元年（890 年），升宣歙观察使为宁国军，杨行密为宁国军节度使，成了歙州的上级。

景福元年（892 年），杨行密攻敌掠地，进入淮南节度使的驻地扬州，受军阀节制的唐昭宗任命杨行密为淮南节度使。

景福二年（893 年），杨行密遣将攻占歙州，立自己的心腹兄弟、号称“江淮三十六英雄”之一的池州将领陶雅为歙州刺史。自此，杨行密完全取得了淮南各地的控制权。

杨行密对稳定淮河以南的局面是有贡献的。乾宁四年（897 年）九月，杨行密与北方军阀朱温在清口（今江苏淮阴地）展开决战，取得了关键性的胜利，使朱温再也不敢用兵淮南，杨行密和朱温以淮河为界，也保住了他称霸江淮的局面，统治区域扩大到 20 多州。

天复二年（902 年），杨行密受封为吴王，成为唐朝的藩王。杨行密统治的区域，为后来的吴国和南唐奠定了基础。

杨行密死后，其四子杨溥于顺义七年（927 年）正式建立吴国称帝（睿帝），国号吴，定都扬州。

937 年，掌握实际权力的太尉兼侍中徐知诰废吴睿帝杨溥自立为帝，建立南唐，并下诏宣布：他原本是李唐皇室的后裔，从今起，“复”姓为“李”，改名昪，易国号为“唐”，因地处南方，史称南唐。

南唐共历三主，有先主李昪、中主李璟和后主李煜三位帝王，历时仅短短的 39 年。南唐一朝，最盛时幅员 35 州，大约地跨今江西全省及安徽、江苏、福建和湖北、湖南等省的一部分，人口约 500 万。

我们歙州就在吴国和南唐度过了这段分裂年代。

庆幸的是，歙州在国土分裂时期，以其得天独厚的地理和自然条件，成了北方难民的避难所，人口增加，人才涌入，经济和文化都得到了发展，为以后的徽州振兴打下了坚实的基础。

注:1. 本图系南唐升元元年(937 年)政区图;

2. 本图仅供参考。

杨吴和南唐的政权虽然只存在了 70 年,但仍然有许多可圈可点之处。

一是重视发展农业。杨吴自杨行密执政起,就实行“轻徭薄赋,招抚流移”“劝课农桑”的政策;杨死后,当政者继续实行“劝农之策”,“自是不十年间,野无闲田,桑无隙地”。

南唐建立后,李昪力促劝农,并采取“民三年艺桑及三千本者,赐帛五十匹,每丁垦田及八十亩者,赐钱二万,皆五年勿以租税”“诏罢营造力役,毋妨农事”(清吴任臣《十国春秋》)等鼓励措施。这些休养生息的利农之策对歙州的农业经济发展也起到了很好的作用。

二是重视人才的引进和选拔。吴国“起延宾亭以待四方之士……士有羁旅于吴者，皆齿用之”（欧阳修《新五代史》）。徐知浩当政后，“求贤才，纳规谏，除奸猾，杜请托，于是士民翕然归心，虽宿将悍夫无不悦服”。徐知诰还利用中原动乱之机，虚心求贤，网罗四方人才，“是时中原多故，名贤耆旧皆拔身南来，知诰豫使人于淮上资以厚币，既至，縻之爵禄，故北土士人闻风沓至者无虚日”（吴任臣《十国春秋》）。

值得提出的是，南唐重视科举，给知识分子以发展的空间。据资料显示，南唐近40年政权，先后开考19次（《南唐贡举考略》）。每年来金陵参加春试，“是岁同试数百人”。

祖籍歙县后迁居旌德的舒雅就是南唐保大间举进士第一人，也是徽州的第一状元。尽管有学者对舒雅的状元身份进行质疑，但从他入宋后担任“将作监丞”这个只有进士出身才能担任的职务，从他的家乡歙县游山乡改名中鹄乡（《新安志》：“中鹄乡在县西，旧曰游山，南唐时以舒雅为进士第一，故改之”），从他的第二故乡旌德曾立状元坊等史料看，舒雅的状元身份应当可信。

三是南唐的纺织、制茶、制盐、造纸、造船、制砚、制墨等手工业十分发达，带动了商品经济的繁荣，特别是歙砚、徽墨在南唐兴盛，享尽美誉。

唐开元年间，歙州就开始利用婺源的龙尾石制砚。南唐朝廷委派专人进驻龙尾山，组织开采龙尾石雕琢为砚，作为朝廷、官府的专用之品。“至南唐元宗，精意翰墨，歙守又献砚，并荐砚工李少微，国主嘉之，擢为砚官，令石工周全师之，尔后匠者增益颇多”（《歙州砚谱》）。南唐后主李煜称龙尾砚为“天下之冠”，并在歙州设立制砚作坊，由砚官专门负责生产，从此歙砚名闻遐迩，誉满天下。

歙州墨业在南唐更大显风采。南唐后主李煜，酷爱书法绘画，得到歙州献上的北方南迁到歙州的名墨工奚廷珪制作的奚墨，十分喜爱，召他担任墨务官，并赐给“国姓”李姓的奖励，于是，改姓后的李廷珪成为古今墨家的宗师（陆友《墨史》：“超与其子廷珪，唐末自易水渡江，至歙州，地多美松，因而留居，遂以墨名家。本姓奚，江南赐姓李氏。”）

宋宣和年间，出现了“黄金易得，李墨难求”的局面，故罗愿在《新安志·物产》中称“墨出于歙之黄山，肇于唐末李超、廷珪父子，自南唐以来贵之”。歙砚徽墨之名声，在南唐始兴，其辉煌一直延续至今。

五代十国是个封建割据政权，成不了大气候。分久必合，宋朝的建立，使中国重新走向统一。请看第八章：风雨飘摇徽州生。

第八章　风雨飘摇徽州生

公元960年，掌握了北方后周兵权的赵匡胤发动陈桥兵变，废去后周皇帝柴宗训，黄袍加身，自己当了皇帝，建立了历史上有名的宋朝，定都开封。这一年，称建隆元年。

宋开宝七年（974年），宋太祖召南唐后主李煜前去开封，李煜以病为由加以拒绝。次年，宋军进围金陵，城破，李煜被俘，南唐灭亡。赵匡胤先后消灭了各个地方割据政权，统一了中国。

从建隆元年（960年）到靖康二年（1127年），历史上把这段时期称北宋。

宋朝接受历朝诸侯政治致政令不通、军将擅权致内乱不止、官员贪赃致政权腐败的教训，对地方行政管理制度进行了以分权和制衡为中心的一系列改革，削弱地方政府行政长官权力，在路级行政机构实行分权管理；加强对州、县官的监管；改革科举制度，地方政府官员大多通过科举考试进入仕途，选贤任能，杜绝卖官买官、走后门之风。

这些改革措施彻底结束了中国历史上长期以来所形成的诸侯政治格局，对于巩固政权和促进经济文化的发展起到了重要作用。

歙州入宋

要了解宋代的行政管理体制改革，必须粗线条地再回顾一下自秦以来的行政管理演变：

秦朝实行郡县制，郡的最高长官称郡守，权力很大，除了县令（县长）、监御史、郡尉外，郡的其他官员均由郡守自行任免。

汉朝初期实行郡县制与分封制并存，诸侯王实际上是个独立王国。景帝开始实行削藩策略，至汉武帝时期推行推恩令等措施，使汉代王国领地大为缩小。至此汉又回归至郡、县二级制。

郡设太守，郡太守也领有兵权，加将军称号。刺史权力后来逐步扩大，由监察官变为拥有实权的地方行政长官，掌握一州的军政大权，位于郡守之上，刺史部也由监察区变成地方行政区。魏晋南北朝沿袭不改。

魏晋时期虽然实行州、郡、县三级制，但又建立了都督制。晋武帝后期，为了巩固皇权而大封宗室，允许都督兼领刺史，集地方军政大权于一身，成为地方的最高行政机构。这些都督权力欲膨胀，极力想摆脱中央对自己的控制，成了与中央分庭抗礼的割据者，直接导致了后来的“八王之乱”。

唐朝行政上以州、县制为主，有时郡、县并存。唐初虽然有道的设置，但主要是实行分道巡察制，监察地方官员。但后来军事上设立相当于大军区的军事长官节度使，这种节度使逐渐发展成集军、民、财三政于一身的地方最高长官，统领一州或数州，使一些地方成了水泼不进、针插不入的独立王国，安史之乱就与节度使制度有关。

鉴于历史教训，宋太祖和宋太宗采取各种政策，削弱节度使的军、政、财权，以加强中央集权。此后，节度使一般不赴本州、府治理政事，而成为一种荣誉性的虚衔。同时，各地府、州皆直属中央，并在其上设立路级行政区划。至北宋至道三年(997 年)，全国共分 15 路，此后数次析分，至崇宁四年(1105 年)达 24 路。路级行政单位主要设立三司：转运使(漕司)、提点刑狱使(宪司)和安抚使(帅司)，分权而治，以转运使为首。转运使专理一路财赋和民政，提点刑狱使总揽一路司法和监察，安抚使则主持一路军事。后增设提举常平使(仓司)，主管本路常平(调节米价)、义仓、免役、市易、坊场、河渡、水利之事，漕、仓、宪等司总称监司，具有监察职能，权任颇重。

宋朝的官员从太祖乾德元年(963 年)起，在官员任用上采取重大改革，即由中央委派文职官员任州、县官，彻底改变了过去武夫犯上作乱的局面。州的行政长官叫知州，县叫知县，任期三年，实行避亲避籍制度，规定不得用当地人在当地做官。这种干部回避制度，至今仍有现实意义。

北宋开国之初，统治者就极为重视改革科举取士的问题，并采取了一系列措施对科举制度进行了全面的整顿与改革。宋太祖时始将天子亲临殿试立为定制。这种改革，有利于公平选拔人才，提高官员的整体素质。如历史上著名的清官包拯，就是在宋仁宗天圣年间经科举考试而入仕，他为官清廉，公正不阿，深受后人好评。

通过上面简单回顾，可见宋代所进行的地方行政管理制度的改革，对维护国家统一，防止地方动乱，维护社会安定，确实意义深远。

歙州入宋后，其隶属关系发生了哪些变化呢？

注：1. 本图系北宋天禧四年（1020 年）歙州政区图，辖歙、黟、休宁、祁门、绩溪、婺源6县；

2. 本图仅供参考。

宋初沿袭唐制，自宋太祖赵匡胤乾德元年（963 年）以后，分全国为十三道，设置诸道转运使，以总财赋。宋太宗太平兴国二年（977 年）以后，“边防、盗贼、刑讼、金谷、按廉之任，皆委于转运使”（《文献通考》）。

宋太宗至道三年（997 年），改道为路，当时设立京东、京西、河北、河东、陕西、淮南、江南等十五路。歙州隶江南路转运使。

宋天禧四年(1020 年),又分江南路为东、西二路,今江苏省、安徽省长江以南大多数土地属于江南东路,江南东路置 1 府(江宁府)、7 州(宣、歙、池等)、2 军、48 县。歙州隶江南东路转运使。

主户客户

我们翻开罗愿《新安志 · 户口》篇,里面有徽州有关年代的户口数,其中有主户与客户的称谓。

要搞清这个问题,首先要关注一下北宋时的“三农”(农业、农村和农民)问题。

北宋的社会经济尤其是农业有了很大的发展,甚至超过了盛唐的发展水平。

北宋的农业发展与实行土地私有制有关。北宋虽然有官田,但只占百分之几,而百分之九十是私田。

什么是官田、私田(民田)?明末清初大儒顾炎武说:

> 官田,官之田也,国家之所有,而耕者犹官家之佃户。民田,民自有之田也,各为一册而征之。(《日知录》)

宋朝将全国农村居民分为主户和客户两大类。乡村主、客户的差别,主要是以土地资产的有无来划分。自从北魏到唐代中期实行的计口授田的制度(均田制)推行以来,占有土地的农民日益增多。

主户是土地和资产占有者。依照占有数额的差别,分为五等。第一等户是大地主,大致占有土地百亩到千亩;第二、三等户是土地较少的中、小地主,占几十亩;这一、二、三等户习惯上称为上户。上户中还包括官户,官户可以免除差役和杂税等。第四、五等户,习惯上称为“下户”。第四等户仅有少量田产(约二三十亩),是自耕农;第五等户田地更少(约几亩至十亩),很多是半自耕农。第四、五等户占主户的大多数。

乡村客户主要是佃农,他们基本无田地或有极少量菜地,主要依靠租种地主的田地为生。宋朝的客户一般不是地主的“私属”,也被编入户籍,成为国家的正式编户，交纳身丁钱和负担夫役，部分客户直接负担有关税赋。宋朝逐步明确规定了客户的迁移手续和社会地位。客户在户口统计中，约占总户数的35%左右。

那么，歙州的主客户情况是怎样的呢？《新安志》卷一《户口》载：

> 天禧中（约1019年）主户十二万一千一百五，口十八万三千五百二十八；客户六千九十八，口八千七百六十四……元丰中（约1082年）主户十万三千一百一十六，客户二千八百六十八……乾道八年（1172年）诸县主户十一万二千五百九十五，客户七千四百八十八，合以城内外户一千九百三十一，总为十二万二千一十四。

以上数字可以看出，当时歙州占有土地的地主和自耕农的户数是佃农的户数的15至36倍。这种情况和新中国成立后划成分的情况接近。徽州一些大的村镇，划为地主、富农和小土地出租者及中农、下中农的很多，他们都或多或少占有私人土地，贫农也占有少量土地，而真正划为基本无地的雇农则多是外地移民（包括后来大批涌入的棚民），本土人雇农的极少。

拿休宁来说，据1950年统计，土改前，全县各阶层占有土地总户数39523户，占有土地总数298326亩。其中地主（包括半地主式富农、地主兼工商业、工商业兼地主）1412户，占总户数3.57%；占地96319亩，占土地总数32.3%，户均68.2亩；中农10347户，占总户数26.2%；占地70624亩，占土地总数23.7%，户均6.83亩；贫农21508户，占总户数54.4%；占地53203亩，占土地总数17.8%，户均2.47亩；雇农1027户，占总户数2.6%；占地700亩，占土地总数0.23%；户均0.68亩（1990年版《休宁县志》）。这种情况说明，自歙州以来，徽州这里占有土地的户数很多，延续近千年，而基本无地的雇农则极少。

当时，北宋全国佃户占总户数40%左右，而歙州的佃户只占总户数的5%左右，这说明歙州的农业经济有了一定的发展，农业的发展又促进了手工业和商业的发达，从而促进歙州开创了整个经济相对繁荣的局面。

周程书院

我们在前面曾说起秦末汉初梅铜的根据地梅岭，这里和先祖在徽州篁墩

（今黄山市屯溪区境）、程朱理学的奠基人程颢、程颐还有一段佳话。

周敦颐

北宋著名的哲学家、文学家和教育家周敦颐（1017—1073 年），号“濂溪”，世称“濂溪先生”，是儒家理学的开山祖和奠基人，从小接受正统儒家思想的教育与熏陶。

景祐三年（1036 年），他到江西分宁县（今修水县）任主簿，继而任南安军（今江西大余县属地）司理参军。

据说，在离开分宁前，周敦颐做了个梦，梦见一位身着道服、鹤发童颜的仙翁飘到他的面前，并对他说：“且往一集宇宙精纯渊粹之气处，去成就你的大业吧！”周敦颐忙问：“在何处能够成就我的大业？”只见那仙翁在一石壁上写道：

梅花常驻于此，岭由将军而名。此处南通水域，教化安民待汝。

梦醒后，他想了很久也没有参透梦中的玄机。

庆历五年（1045 年），28 岁的周敦颐就任南安军司理参军。他到任后，有一天独自来到梅岭，只见满山梅树，似曾相识，赶忙问过往行人仔细打听，得知山名叫大庾岭，才恍然大悟：这不就是在会宁梦见的仙翁所说之处吗？山以梅销的部下庾胜将军命名，驿路连通南北水运，四句话中隐藏的“梅”“岭”“南”“安”四字，不就指这里吗！他顿时醒悟，大业就从这里开始！

所谓托梦当然是野史的传说，不足为信。但周敦颐确在这里潜心研究儒家学说，理论逐渐成熟。

后来，周敦颐结识了在南安军任通判、对儒学颇有研究的程珦。这程珦是新安程氏始祖、东晋永昌年间曾任新安太守的程元谭的后裔，先祖从徽州篁墩迁往外省。程有两子，即程颢、程颐，当时约有十五六岁。程珦和周敦颐一见如故，从此成了研磋儒家学说的忘年交。为了满足南安军一千多子民学儒的愿望，周敦颐在梅岭脚下的东山上建造南安军学学堂，后改为周程书院，周程书院后被宋神宗亲赐“道源书院”匾额（《宋史 · 道学传 · 周敦颐传》：周敦颐“掾南安时，程珦通判军事，视其气貌非常人，与语，知其为学知道，因与为友，使二子颢、颐受业焉。”）

程珦将两个儿子送到周敦颐的门下，拜他为师。在周敦颐的教导下，后“二程”均成为著名理学家，继承和发展了周敦颐的儒家学说，成为程朱理学的鼻祖。以武起家的梅鋗的根据地成了以文起家的“二程”理学大业起步的地方。后南宋理学集大成者朱熹也曾到过大余周程书院讲学。

歙州以后是徽州，徽州将拥抱我们。徽州，不只是一个地名，而是一段历史的文化沉淀，一个地区的生命密码，一个独特的文化代号，一个古代的商业奇迹。

宋徽宗宣和三年（1121 年），改歙州为徽州。从此，徽州登上中国历史舞台。从 1121 年到民国元年（1912 年），徽州这块地盘稳定了 791 年。

尤其到明清期间，徽商的兴起使徽州进入鼎盛时期，创造了辉煌灿烂的徽州文化，在中国封建史上留下了珍贵的一页。但是，此时的徽州和明清时的徽州府还有很大差别，这是一个风雨飘摇的年代，是北宋灭亡、南宋偏安一方，最后被辽、金所取代，汉族失去政权的年代。

那么，徽州是在什么背景下成立，命名“徽”有什么特殊意义呢？这和方腊起义有关。

方腊起义

方腊，生年不详，死于 1121 年。原名朕（当皇帝的料），又名方十三。先世从歙县迁居青溪（治今浙江淳安）万年乡帮源里（又称洞源里）堨头村。方出身贫苦，以种田、箍桶为生。

宋徽宗赵佶就是给我们徽州命名的主。这皇上老爷子搞政治不行，管理更是不给力。昏聩无能，穷奢极欲，任蔡京、童贯把持朝政。但有才能却令人佩服，就是能书会画，特别长于真书和狂草、工花鸟。他的《池塘秋晚》《雪江归棹》等，是艺苑的稀世珍品。宋徽宗喜欢花石竹木，在江南设苏杭应奉局，专门搜括民间奇珍异宝，用大船运到汴京（今开封），每十船组成一纲，时称“花石纲”。青溪多产竹、木、漆，是应奉局重点搜括地区。百姓对官府横征暴敛十分痛恨，遂起反抗之心。

徽宗后期的黑暗统治引起的社会危机已如干柴独缺烈火，而方腊就是那点火的人。

宣和二年(1120 年)十月,方腊在洞源里正方有常家做佣工,他们的秘密聚会被方有常发现,便派二子方世熊向官府告发,并举家逃往歙县七贤村躲避。方腊一不做二不休,杀了方有常全家(三子方世庚越墙逃脱),高举义旗,在方家漆园誓师。方腊发出了"东南之民,苦于剥削久矣"的控诉,号召大家起来造反,提出"画江而守,轻徭薄税,以宽民力"的政治主张。深受贫苦农民的拥护,数日间聚众上万。

方腊起义铜像

十一月初,义军尊称方腊为"圣公",改元"永乐",置将帅分为六等,头扎红巾等各色头巾作为标志,建立农民政权。下旬,在青溪息坑全歼两浙都监蔡遵、颜坦所部 5000 余人。十二月二日,集结兵力两万人攻克睦州(治今浙江建德),占据寿昌、分水、桐庐、遂安等县。十八日至二十日,攻克歙县、休宁县,并以歙县为基地,向四面出击。二十九日,攻占杭州,遂以杭州为起义军指挥中心。仅半年时间,攻占 6 州 52 县,烽火遍及苏南、皖南、两浙、赣东北,威震东南。

面对起义军风起云涌之势,宋徽宗大为惊恐,宣和三年正月,令童贯率兵南下镇压(《宋史·本纪第二十二》:"以谭稹为两浙制置使,以童贯为江、淮、荆、浙宣抚使,讨方腊。")并撤销了运送花石纲的机构和行动,以示好百姓("罢苏、杭州造作局及御前纲运……罢木石彩色等场务")。

在官军的疯狂反扑下,因战略失误及部将洪载等人叛变投敌,方腊义军连连失利,杭州、歙州、睦州、衢州、婺州、青溪相继失陷。方腊带领义军退守帮源洞。四月二十四日,宋军发动总攻。义军腹背受敌,奋起抵抗,七万多人壮烈牺牲。方腊及其妻邵氏、子方亳(二太子)、丞相方肥等 30 多人被俘,解往汴京,八月二十四日英勇就义。(据《续资治通鉴》)

"宋江投降了,就去打方腊",宋江被招安后,主动向皇帝讨了"圣旨",远离东京，去江南镇压方腊起义的余党。宋江是小说《水浒传》的文学形象，但在历史上确有原形。他原是农民起义领袖，后投降朝廷。

宋江到底有没有去打方腊，史学界有不同争论。李焘的《续资治通鉴长编》等史书都记载宋江投降后随官兵前往镇压方腊起义之事。《东都事略》中提到当时的亳州知州侯蒙曾向皇帝上书建议：

> 宋江寇京东，蒙上书陈制贼计曰："宋江三十六人，横行河朔、京东，官军数万无敢抗者，其材必过人。不若赦过招降，使讨方腊以自赎，或足以平东南之乱。"

《宋史·本纪第二十二》记载宣和三年(1121年)招降宋江之事：

> 淮南盗宋江等犯淮阳军，遣将讨捕，又犯京东(今山东)、江北，入楚海州界，命知州张叔夜招降之。

据《宋史》记载，招降宋江是二月，而官军"擒方腊于青溪"是四月，等宋江赶赴南方，方腊可能早已就擒。但义军余众在各地继续坚持战斗，直到宣和四年三月，才完全被宋军镇压下去，如果宋江真的参与打方腊，那宋江打的也是方腊的余部。

休宁县齐云山位于独耸岩上的方腊寨，也是方腊与官兵恶战的古战场之一。宋徽宗派兵围剿方腊，在齐云山也打了一场恶战。岩巅有方腊军当年与官军作战的堡垒遗址，方腊最后坚守的石洞被称为方腊洞。

方腊起义虽然被镇压下去，但从根本上动摇了北宋王朝的统治，北宋王朝从此一蹶不振，不久就覆灭了。

徽州命名

在封建王朝，州名、郡名、县名，都寄托或蕴含特定的意旨或意思。或寓意山水，或寓意教化，或寓意古名，特别是在政治动荡年代，所成立的州、县，取名无不含有特定的警示寓意。

徽州历史上曾发生过多次农民起义。每次镇压农民造反以后，统治者都要在区划上做文章，或改名，或划地，或建县。宋宣和三年(1121 年)，宋徽宗平定方腊起义后，遂将方腊家乡的睦州改为严州，将歙州改为徽州，下辖歙、黟、休宁、祁门、婺源、绩溪 6 县(《宋史・本纪第二十二》:"改睦州、建德军为严州、遂安军，歙州为徽州。")

歙州从隋文帝开皇十一年(591 年)始建到宋徽宗宣和三年(1121 年)改为徽州，尽管其间称谓有三起三落，但歙州历经了 500 多年的历史(中间曾改郡)，和新安郡一样永留史册。现在，它完成了历史使命，以自己的光荣退位成就了名气更大的徽州。

徽州的命名，有多种说法，各有道理。但哪种说法更接近真相，值得探讨。

一说是"徽，善也"，"徽者，美善也。"是美好善良的意思。这个解释出自《康熙字典》所引《尔雅・释诂》《疏》等，说明取名徽是美好的意思。徽为美义，以徽命名，体现了统治者对这块地方的赞美。

二说是因绩溪有徽岭、徽溪、大徽村而得名。徽岭山脉绵亘绩溪县中部，分县境为岭南、岭北两部分。《元和郡县志》:

> 县北有乳溪，与徽溪(今翚溪河)相去一里。

《太平广舆记》载:

> 绩溪大徽村，改州为徽，取此。

《新安志・绩溪》载:

> 徽岭……《太平广记》载，绩溪有大徽村，又宣和中改州为徽，说者以为取此岭为名，则徽字近是。

更有意思的是第三种说法，而且是笔者最认同的一种说法:

《说文》云:"徽，三纠绳也。三纠，谓三合而纠之也。纠，三合绳。"《易・坎》云:"系用徽纆。刘注:'三股曰徽'。"《汉书・扬雄传》云:"免于徽索。注:'绳也'。"

徽，古语中也可解释为绳，如徽索比喻捆绑俘虏、罪人的绳索。

宋徽宗建徽州时，正值平定方腊不久，面对此前刀光剑影、血流成河的景象，皇帝惊魂未定，阴影未散，绝对不会用美好这样的字眼来形容这块多事的土地；徽岭、徽溪说有一定的道理，但歙州著名的山岭溪流太多，何独选徽岭作州名？

那只能是一种解释：对方腊起义怀着刻骨仇恨的宋徽宗改歙州为名徽州，意为把这块闹事的土地用“绳”捆住，不再生事，以求安定。好像用绳索把方腊牢牢捆住解送进京一样，联想到王莽将黝县改名愬虏，可看出皇朝对反叛者及其犯事地的警戒心理，均一脉相承。

《水浒传》第一百一十九回在方腊被镇压后有段描写：

> 御笔改睦州为严州，歙州为徽州，因是方腊造反之地，各带反文字体。

反写的“文”，从“攴”变形而来，篆体像以手持杖或执鞭，大多有击打的含义。严的繁体字为“嚴”，与“徽”各带反文字体，严有警戒之意，严惮有慑服的含义，皇上改睦州为严州，其警示的用心略见一斑；由此类推，将歙州改为徽州，绝不可能是颂扬的褒意，也是皇朝对这块多事之地的一种威慑和警告。

《安徽省志·建置沿革志》认为：取名徽州，其本义是肃清方腊起义的影响，对敢于反抗的人民加以约束。其手段一是镇压，即以“山”压，以绳“系”，二是教化，即以“文”来潜移默化。……当然，作为徽州人是不愿意承认，也不能接受这后一种说法的，当然要从美好的方面去理解。但两种说法都有道理，这却是不可忽略的事实。

随着徽州的发展和徽州文化的兴起，徽州才有了真正的美好、善良的含义。我们今天谈及徽州，完全可以用“徽，美善也”来形容这块土地的神奇。

宣和七年（1126年），金军南下攻宋。徽宗传位赵桓（钦宗），自称太上皇。但太上皇的日子并不好过。宋钦宗靖康元年（1126年）八月，金太宗再次命东、西两路军大举南下，攻占了汴京（今河南开封），宋钦宗求和未允。靖康二年（1127年）二月，金太宗下诏废徽、钦二帝，贬为庶人，北宋灭亡（960—1127年），二帝被俘北上。

也许是冥冥天意的安排，曾用绳索捆绑方腊的徽宗，自己却沦为被徽索捆绑的命运，应了徽宗的名。

《宋俘记》载，临行前俘虏的总数为14000名，分七批押至北方，许多贵族妇女被赐给金国男人，有的沦为娼妇和奴仆，绍兴五年（1135年）四月，徽宗病死于五国城(今黑龙江省依兰县城北旧古城),(《宋史·本纪第二十二》:"绍兴五年四月甲子,崩于五国城,年五十有四。")

给徽州取名的徽宗是个历史悲剧人物,《宋史》评价说:

> 自古人君玩物而丧志,纵欲而败度,鲜不亡者。徽宗甚焉,故特著以为戒。

《宋史》的作者是元朝的丞相脱脱,据说他在写这段历史时,不由掷笔叹曰:"宋徽宗诸事皆能,独不能为君耳!"

以史为鉴,我们可以悟出许多道理。

建炎迁徙

1126年,在宋钦宗靖康年代,爆发了震惊全国的"靖康之耻",金兵攻入中原,烧杀抢掠,俘获徽、钦二帝北上,至此北宋政权宣告灭亡。靖康之难时,宋徽宗第九子康王赵构,被宋钦宗派在外任河北兵马大元帅,侥幸躲过这场劫难而成为皇室唯一幸存的人。

1127年5月,在大臣推举下,康王赵构在南京(应天府,今河南省商丘市,和明朝时的应天府有别)仓促登基,设建康府(今南京)为行都。在金兵的追堵下,赵构东躲西藏如丧家之犬,直至绍兴八年(1138年)才把临安(今杭州)作为临时首都。

虽然偏安临安,但南宋统治者死要面子,一直把开封作为首都,称临安为"行在",恢复宋国号,史称南宋,赵构便是后来的宋高宗。南宋与金国以淮水(今淮河)至大散关(今宝鸡)一线为界。

自靖康之乱开始,在战争中失去家园的中原百姓无家可归,也跟随皇族越过长江,向浙江、江苏、安徽、湖北、湖南、江西等地迁徙,远者至福建、广东等地。这是中国历史上继永嘉之乱、安史之乱和黄巢之乱后第三次大的人口南移,长达10年之久。

临安是徽州的近邻,随着南宋政权的定都,原北宋汴京城内的皇族、贵族、官僚、富商甚至平民也都追随蜂拥至杭州。南宋的许多文臣武将亦多来自北方,如岳飞、韩世忠、张俊等;平民中南下的著名文人也很多,如李清照、辛弃疾等。

《宋会要·食货》载：

临安府自累经兵火之后，户口所存十才二三。而西北人以驻跸之地，辐辏骈集，数倍土著，今之富商大贾，往往而是。

意思是说，西北人在帝王驻足的地方，纷纷聚集，人数数倍于当地土著，当今的富商大贾，往往也是南迁而来的。百姓也“皆渡河南奔，州县皆空”。北方州、县百姓都跑光了。

根据《宋史·地理志》所载崇宁元年（1102年）南方各路的户口数字，以及《宋会要·食货》所载绍兴三十二年（1162年）南方各路户口数字，通过计算二者之差，大致可知这次南迁人口数字超过了200万人，其中有相当部分流入徽州。据资料统计，迁入歙县的约有数千户、数万人之多，迁入姓氏有阮、杨、饶、马、滕、孔、吕、韩、苏等30多个。这真是历史上最大的一次大迁徙。

在这次大迁徙中，中原等地的人才、财富、技术、文化、教育、风俗等被带到南方，汴京人娶妇、育子、过正月、除夕、冬至等礼仪、节日均传至杭州，南方文化普遍承袭北方文化。南宋书坛兴起了学米（北宋书法家米芾）、黄（北宋诗人、书法家黄庭坚）、苏（北宋文学家、书法家苏轼）的热潮，甚至高宗皇帝也以帝王之尊垂青米芾书风。中原文化深刻影响着江南，也给离“首都”很近的徽州带来发展的机遇。

州府军监

路是北宋就开始成立的在州、县之上的行政机构。宋至道三年（997年）改道为路，江南路属当时成立的15路之一。天禧四年（1020年）分为江南东、西路，东路辖江宁府、宣、歙、江、池、饶、信、太平州，南康、广德军等10府、州、军48县，歙州属江南东路。

偏安一方的南宋行政机构，沿袭实行路、府（州、军、监）、县三级地方行政管理制度。

有必要对同级的州、府、军、监机构作一简介。

州是统县政区的主体，州以户口数多少分成等级：辅、雄、望、紧、上、中、中下、下八等。据《元丰九域志》所载，宋宣州为望州，而歙、衢、睦、江、池、饶、信、太平州均为上州。

府，与州同级但地位较高，设府者体制较尊，“州郡之名，莫重于府”（洪迈《容斋四笔》）。

宋朝，在徽州的周边，杭州以后改为临安府，南京为应天府，舒州为安庆府，宣州改为宁国府，说明人口较多，地位较一般的州重要。

军，是为控扼军事、交通等冲要之地而设，地位同下州，大多有属县，少则一二县，多则三四县，军治所在地基本保留县建置。其行政长官是知军事，简称知军。

监，是在矿冶、铸钱、煮盐之地所置的机构。宋代的监分为三等，即同下州之监、隶州之监与隶县之监。其中，同下州之监是中级行政区。

注：1. 本图系乾道二年（1166 年）徽州政区图，领歙、黟、绩溪、休宁、婺源、祁门 6 县；

2. 本图仅供参考。

县，是基本的行政区，它的等级，分赤、畿、望、紧、上、中、中下、下八等，划分的标准每等递增千户。宋太祖建隆四年(963 年)定的标准，除赤、畿外，“升降天下县，以四千户以上为望，三千户以上为紧，二千户以上为上，千户以上为中，不满千户为中下”(《宋史·志第一百十一·选举四[铨法上]》)。

望县、紧县等的划分仅以户口多少为标准，没有人为的好恶标准。当然，随着时代的发展，这个标准是调整的。

翻开《新安志》，从各县介绍中知道，南宋乾道八年(1172 年)，歙、休、祁、婺、绩五县均为望县，而只有黟县为紧县。

从宋天禧中(1019 年)的户口数来看，歙县主客户合计户 16474、口 28491；婺源户 15434，口 31341；休宁户 13871，口 25105；绩溪户 8235，口 16004；黟县户 6649，口 18511；祁门 5921 户，口 8289。

但是到了南宋的乾道八年(1172 年)，徽州各县的户数、人口都有了增长(缺人口数)：其中婺源主客户合计 42864 户，歙县 25945 户，休宁 19579 户，祁门 15536 户，绩溪 8391 户，黟县 7769 户。

从这里可以看出，南宋乾道期间，徽州各县人口有所增长，尤其是婺源、祁门增长更快，但黟县、绩溪增长较慢，是否和人口外流有关，不得而知。而且黟县成了唯一的紧县(当时县的等级标准有所提高)，至今，黟县仍是安徽省最小的县。罗愿在《新安志》中感慨地说：“大抵今黟县、祁门……皆秦汉黟县之故境，而今黟则狭矣。元和六年九月与婺源皆称上县，国朝(指南宋)为紧县。”

宋高宗建炎四年(1130 年)，南宋皇朝合江南东、西路为江南路，又改江宁府为建康府，作为陪都，置建康府路统建康府(今南京)、池、饶、宣、徽、太平州、广德军，徽州隶江南路转运使建康府路安抚使。

宋高宗绍兴元年(1131 年)，江南路复分江南东、西路。江南东路辖建康府、池州、饶州、宣州、徽州、信州、抚州(1134 年隶江南西路)、太平州、广德军、建昌军(今江西南城，1134 年划江南西路)。

为了搞清与我们周边有关的府、州、县情况，不妨把绍兴十二年(1142 年)江南东路各州(府)辖县介绍如下：

建康府(为江南东路治所)，辖上元县(今南京市区)、句容县(今江苏句容市)、溧水县(今同)、江宁县(今同)、溧阳县(今江苏溧阳市)。

宣州(1166 年升宁国府)，辖宣城(今宣城市区)、南陵、宁国(今宁国市)、旌德、太平(今黄山市黄山区)、泾县。

徽州,辖歙、黟、休宁、祁门、绩溪、婺源县。

池州,辖贵池(今池州市区)、青阳、铜陵、建德(今东至县北秋浦)、石埭(今石台)、东流(今东至县西北东流)县,永丰监(监与县平行,《文献通考》载:“凡铸钱有四监,饶州曰永平,池州曰永丰。”)

饶州,辖鄱阳(今江西波阳县)、余干、乐平、浮梁、德兴、安仁(今江西余江县),永平监。

信州,辖上饶、玉山、弋阳、贵溪、铅山、永丰(今江西广丰县)。

太平州,辖当涂、芜湖、繁昌县。

广德军,辖广德县、建平县(今安徽郎溪县)。

南康军,辖星子县、都昌县(今江西)、建昌县(今江西南城县)。

在南宋时期江南东路的徽州,有许多值得关注的和徽州有关的人和事,如原籍徽州婺源县的程朱理学创始人朱熹、在黟县读过书的奸臣秦桧、带兵路过祁门的抗金英雄岳飞、曾参与审理岳飞案的歙县籍主审法官罗汝楫等等。对于有专著介绍过的徽州名人和事,如大名鼎鼎的朱熹,本文不再重复,只是将史书、资料及主流媒体忽略的人与事予以简介。

祁门题壁

南宋绍兴元年(1131 年)二月十四日,29 岁的岳飞奉旨率军从江阴出发,去洪州(今江西南昌)讨伐叛将李成,夜宿祁门县西东松庵。《宋岳鄂王文集》有篇《东松寺题壁记》记载如下:

> 余自江阴军提兵起发,前赴饶郡与张招讨会合。崎岖山路,殆及千里,过祁门西约一舍余,当途有庵一所,问其僧,曰“东松”,遂邀后军王团练并幕属随喜焉。观其基址,乃凿山开地,创立廊庑,三山环耸,势凌碧落,万木森郁,密掩烟甍,胜景潇洒,实为可爱。所恨不能款曲,进程遄速,俟他日殄灭盗贼,凯旋回归,复得至此,即当聊结善缘,以慰庵僧。绍兴改元,仲春十有四日,河朔岳飞题。

李成,是宋雄州(今河北雄县)人,以勇悍闻名,“勇力绝伦,能挽弓三百斤”(《金史·列传第十七》)。后来,他“聚众为盗,钞掠江南”,朝廷派兵去征讨。他辗转南下,在江淮之间活动。虽然两次接受南宋安抚授职,不久贼心复萌,后叛变朝廷投伪齐。绍兴三年(1133 年)进占襄阳等郡,次年被岳飞击溃。伪齐废后,竟投为金将。绍兴十年跟随兀术攻陷洛阳等地,任河南尹,因犯经济问题而解职。正隆年间,被重新起用为真定尹,六十九岁死。(《金史·列传第十七》:“河南平,宗弼奏成为河南尹,都管押本路兵马。尝取官羡粟充公费,坐夺两官,解职。正隆间,起为真定尹,封郡王,例封济国公。卒,年六十九。”)

岳飞在《题壁记》中所说的“余自江阴军提兵起发,前赴饶郡与张招讨会合”,指的是绍兴元年,叛将李成围困洪州(今江西南昌),朝廷以张俊为招讨使,以岳飞为副将,共讨李成。岳飞自江阴提兵起发,前赴饶州(治鄱阳)与张俊会师。

岳飞这次起兵,途经徽州前往饶州,将家属留在徽州,且在祁门留宿于东松庵(《三朝北盟会编》:“飞留老小于徽州,率军马去洪州。”)

在《题壁记》中,岳飞还极力赞美了祁门东松山一带的自然风光,表示凯旋回师之日还要来此“聊结善缘,以慰庵僧”。

明弘治十五年(1502 年)编修的《徽州府志》按曰:“岳飞在东松庵壁的题记”,“今见《忠录》,无可疑者”;清同治年间刊刻的《祁门县志》记载,“岳飞东松庵壁题记,碑尚存”,而且刊有壁题记的全文。诸多史料都进一步证实了这段历史。

据徽州史志载,岳家军夜过祁门时,“居民皆按(门)堵(户)”,热情挽留岳家军住宿。但岳飞不愿扰民,仍然率兵继续行军数十里,来到远离居民区的东松庵驻扎。祁门的老百姓得知此事,都对岳家军“爱之而心倾”。

岳飞兵过祁门的第九年(1139 年),祁门的老百姓在东松庵前建了一座“岳王行祠”,以祀岳飞。绍兴九年(1139 年)九月,祁门县尉黄维撰《岳武穆王生祠记》云:

岳公绍兴改元授职讨贼提兵经此,号令严明,士卒畏服,静肃无哗。行旅,居民初不知有兵也。害除利建,民怀其惠,乃书公名氏官称,祠祀于东松庵。

在这篇记文的末尾，黄维还写道：

山峻魏魏兮，可平而泽也；谷深渊渊兮，可高而陵也。惟（岳）公功烈天长地久兮，盖不可得而泯也！

据同治《祁门县志》等史料介绍，从宋绍兴九年（1139 年）“岳王行祠”第一次创建，到清同治十二年（1873 年）最后一次重修，其间 730 余年，前后共修了 7 次，足见祁门人民对岳飞这位民族英雄的敬仰之情。

历代名人贤士为“岳王祠”题了不少诗赋，其中有南宋祁门籍诗人方岳题岳王祠诗。据《弘治徽州府志》引《祁阊志》（元惠宗元统元年即 1333 年祁人汪元相修）记载，南宋庆元五年（1199 年），岳飞的孙子岳珂为收集岳飞的作品编《家传》，曾来到祁门“东松庵”和“岳王行祠”，他在瞻仰了岳飞的题记遗墨后，慨然为诗：

东松一建几经春，景物清幽匪俗邻。
曾识当年驻金节，尚存遗墨勒坚珉。
晚生不复究前烈，所幸扰来拂壁尘。
市虎欺天畴敢尔，东风回首一沾巾。

后来，在南宋理宗时任过监察御史的吕午（徽州歙县人），和岳珂的诗韵写了一首七律：

当年唯说岳家军，军纪森严孰与邻。
师过村村皆安堵，功成处处可镌珉。
威名千古更无敌，词翰数行俱绝尘。
拟取中原报明主，亦劳余刃到黄巾。

岳飞力主抗金，成了金国和以秦桧为代表的投降派的眼中钉，南宋绍兴十一年（1141 年）以“莫须有”的罪名被迫害致死。

岳飞被害，这笔账当然不能全算在秦桧头上。其实真正要杀岳飞的是宋高宗，一是逼掌握军队的武将交出兵权，二是宋高宗作为主和派，自然容不得岳飞的主战派，用岳飞的人头作筹码和金国谈判，这就是投降者的卑劣嘴脸。

当年岳飞驻军在祁门东松庵的房舍早已杳无踪影，然而岳飞的《东松寺题壁记》永为后人传诵。

淋沥之谜

秦桧（1090—1155 年），是中国历史上著名的奸臣宰相。宋朝江宁府（今江苏南京）人。

清乾隆十七年（1752 年），状元秦大士（字涧泉）曾经书过一副对联："人从宋后少名桧，我到坟前愧姓秦"，以示对秦氏有无良之辈的羞愧。其实大可不必。一个人姓什么是自己无法选择的，名什么也是父母做主的。中国人取名重复的多如牛毛，但自秦桧后，姓秦名桧的恐无来者。

当今为兴旅游，到处争名人祖居地、出生地、游览地等，争论最激烈的莫过于为诸葛亮的躬耕地，河南南阳与湖北襄阳打了上千年的官司。

但很少有地方来争奸臣的出生地、祖居地和活动地。然而，历史总归是历史，刻意贴金和刻意隐瞒都是不合适的。

那么，我们今天告诉你，黟县和祁门的确和这个奸相秦桧有关。然而这段历史却一度被刻意隐藏了。

明朝永乐九年黄汝济编辑的《永乐 · 续祁阊志》载：

> 宋绍圣间，王本作邑，悦汪伯彦（今祁门井亭人）才华藻丽，建英才馆以延之……文学有声，邑宰王本延主宾馆。时宰二甥秦桧、秦棣皆受学。

同治《祁门县志》载：

> 英才馆，在县左，宋知县王本为汪伯彦建。

从前面的叙述中大家已知道，祁门县古属黟县，唐代宗永泰二年（766 年）从黟县析出。按理说，史书对秦桧这样的人物活动应当有记载。但清朝以后的《黟县志》、明朝万历以及清朝康熙、道光、同治等年间修撰的《祁门志》都已经删去了《永乐 · 续祁阊志》所引的说法，刻意回避。

但这段不光彩的历史确实存在。

秦桧的母亲王氏有个哥哥叫王本，在祁门县任知县（一把手），县内有个远近闻名的才子叫汪伯彦，这位老兄很有才气，读书考试每次都拿第一。

王县令为了彰显自己对教育和人才的重视，专门命人修建了一座学堂，取名英才馆，让汪当馆长兼塾师，秦家的两兄弟秦桧、秦棣都来舅舅这儿上学（《宋史・列传第二百三十二・汪伯彦传》："始伯彦之未第也，受馆于王氏，桧尝从之学。"）

淋沥山上古时曾有个书院，名为"道一堂"。宋代祁门的汪伯彦、明朝石埭的桂大琏及黟县的孙元直诸先生均曾讲学精舍。桂、孙曾合著有《心学测翼》传世，影响较大。

汪伯彦在道一堂讲学期间，秦桧兄弟也跟随老师来此读过书。

淋沥山不仅在贺齐剿山越时就显得神秘，而秦桧的介入更使这座奇山充满谜团。

清朝乾隆时，任黟县知县的施源写了《黟山竹枝词》十八首，后收入清嘉庆《黟县志・艺文志》。其中有首《林历山》（即淋沥山）写道：

苍藤古洞络空嵌，林历山头闷妙严。
依旧两峰狮象踞，人传丞相读书岩。

诗后注有"江文节读书处，志载石鼓山，士人又传为林历山"，指出诗中"丞相"是南宋末忠臣"江文节"即江万里。

笔者的中学老师、徽学专家、曾任黟县政协副主席的舒松钰先生，治学严谨，对黟县史志研究颇深。笔者回乡时曾与他谈及淋沥山之秘事，他曾著文详解这首诗的内涵，认为诗中所言的丞相是秦桧而非江万里。

从施源的原诗来看，前三句写的是淋沥山的景，彰显这座曾为古战场的名山之沧桑、古朴与神奇。

问题是第二句"林历山头闷妙严"颇为费解，似乎告诉人们这里隐藏着一个秘密。

"闷"字本义为"闭"，引申义为"隐匿"。"闷妙"的意思是隐藏着奥妙，而且还隐藏得很严。什么奥妙呢？引发全诗最为关键的一句"人传丞相读书岩"。"丞相"到底是谁呢？诗中并未点明。而诗后所注的"江文节读书处"，前面是“史载石鼓山”，接着又是“传为林历山”，更让人感到疑惑。

江万里（1198—1275 年），今江西省都昌县人。一生历南宋理宗和度宗两朝，咸淳五年（1269 年）曾官至左丞相兼枢密使，民族英雄文天祥是他的弟子。他力主抗元，忠君爱国，为国捐躯，悲壮赴死（《宋史·江万里传》：“饶州城破……万里竟赴止水死。左右及子镐相继投沼中，积尸如叠。翼日，万里尸独浮出水上，从者草殓之。”）

淋历山

江万里有没有到过黟县读书呢？嘉庆《黟县志·人物·寓贤》曾有一段记载：

> 江万里，字子远，号古心，都昌人。少神隽，有锋颖，连举于乡，入太学，有文声。黟人江淳万因辑会通谱，适芝城访旧宗，闻万里贤，归筑室于石鼓寺之右，遣弟一鹗、寅简礼请至黟受业焉。其教人率以身为准式，先躬行而次文艺。后，一鹗、寅简俱登第。
>
> 万里以舍选出身，历官至左丞相兼枢密使，予祠。时咸淳九年，万里年七十六矣。明年，元兵渡江，万里闻荆襄失守，凿池芝山后圃匾，其亭曰“止水”。及饶州城破，万里赴“止水”死。今石鼓寺有“相儒堂”，旧志云：“宋丞相江万里读书处也”。

这段记载说明，“江万里读书处”是在石鼓山，不是淋沥山。“史载”总比“传为”值得相信。

而且，一代忠臣，在某处读书，是光明正大的好事，可以为县添光增彩，不必藏匿隐晦，诗中完全可以自豪地点明“人传江相读书处”，不必躲躲闪闪。

问题很清楚，诗中“林历山头”“丞相读书”与秦桧于淋沥山道一堂读书这一史书中记载的说法相符。但碍于秦桧名声太臭，不便也不愿将这一说法明言，只能隐晦地表达。诗的原意，此“丞相”当指秦桧而非江万里。

至于诗后所注“传为”，有欲盖弥彰之嫌，当然是出于无奈。在当时的历史年代,世人的忠奸观念分明。人们对奸臣避之唯恐不及,绝不会把奸相的读书地拿来宣扬的。诗人的诗意隐而不宣,欲说还藏,有此地无银三百两之嫌。

淋沥书院历史上有不少传说,其中有秦桧使坏,使其弟及老师均掉下粪坑之事,但均是民间传闻,难以考究。

秦氏兄弟为人奸猾,性情残忍,媚上欺下,后来兄弟俩果然都混成南宋重臣。尤其是秦桧,为相十九年,屡兴大狱。绍兴十年(1140 年),将岳飞、韩世忠以“莫须有”的罪名陷害,岳飞及岳云、张宪惨遭杀害。

秦的老师汪伯彦,字廷俊,祁门人,也是宋代有名的奸臣。《宋史・汪伯彦传》载:

> 汪伯彦,字廷俊,徽之祁门人。登进士第,积官为虞部郎官。靖康改元,召见,献河北边防十策,直龙图阁、知相州。

他从政较秦桧早。靖康初年,因献河北边防十策,知相州(今河南安阳)。后康王赵构出使金国,他出兵保护,遂受重用,委以元帅府副将。建炎元年(1127 年),高宗即位,提升汪伯彦为同知枢密院事,六月任知枢密院事。建炎二年(1128 年)十二月拜右仆射(宰相)。

汪伯彦是个主和派,极力反对抗金,促请高宗南迁扬州。朝中忠臣对这几个投降派恨之入骨,纷纷弹劾他们(《宋史・列传第二百三十二・汪伯彦传》:“伯彦、潜善逾年在相位,专权自恣,不能有所经画。御史谏官,下至韦布内侍,皆劾奏之。”)大学士陈东先后三次上书请求亲征、帝归汴京等事,并上书乞留遭贬的主战派李纲,而罢主和派黄潜善、汪伯彦。汪伯彦、黄潜善却借机以语言激将高宗赵构,高宗下命将陈东处死(“潜善遽以语激怒高宗,言不亟诛,将复鼓众伏阙……东笑曰:‘我陈东也,畏死即不敢言,已言肯逃死乎?’顷之,东具冠带出,别同邸,乃与澈同斩于市。”)

绍兴十年(1140 年),汪伯彦退休回祁门。绍兴十一年(1141 年)病死家中。他与他的学生秦桧均被后人列为奸臣。《宋史・奸臣传》中,两人均有传。

民众为纪念铁骨忠臣陈东,鞭挞奸臣,也曾在江苏丹阳陈东墓前,塑造了汪伯彦等人的跪像。

“青山有幸埋忠骨,白铁无辜铸佞臣。”汪伯彦和他的学生秦桧双双被钉上历史的耻辱柱，受到世人的唾骂。

但秦桧的后人却有忠臣。南宋嘉定十三年（1221 年），金军南下蕲州。秦矩时任通判，他与知州李诚之一同死守城池。金军听说守城的是秦桧的后人，高兴地派人来劝其投降。秦矩怒斩来使，誓死不降。后来，金军破了城池，秦矩父子毅然自焚殉国。

在秦桧陷害岳飞的冤案中，有一个人物与之有关，他就是《新安志》的编撰者罗愿的父亲罗汝楫。

罗愿之殇

进入罗氏家族网站《罗氏家园》，其中有罗氏后裔写的《安徽罗氏世系概况》，有如下记述：

> 至宋，歙县罗汝辑官拜尚书，惜其追随秦桧迫害岳飞，留下历史骂名，然其子罗愿作为"进步爱国的政治家，南宋第一作家，杰出的史志学家，著名贤人"，又为罗氏争得了很大声誉。特别是宋末元初著名学者、诗人、思想家罗东舒（名荣祖，字仁甫，号东舒，歙县呈坎人），他才学广博，具有安邦治国的能力，元朝皇帝忽必烈多次下旨召他去做高官，而他却不愿去，以处士隐居终身，充分显示了他的崇高民族气节。后人为纪念他，按孔庙规格所建的东舒祠，现为国家级重点文物保护单位。

歙县呈坎曾有座文献祠，是罗颂、罗愿的文庙，后人尊此二人为"双峙名贤"。罗颂、罗愿皆罗汝楫之子，但罗汝楫便无此殊荣，而且，一些人也不知这两位名贤与他的关系。

罗愿后来带着遗憾猝死在他乡，这里面究竟藏着什么秘密呢？这要和他父亲当年与岳案的牵连有关。

罗汝楫（1089—1158 年），歙县呈坎人，21 岁中进士，先在地方任教育长官，随后调往京城，负责监督全国的来访接待工作，是"闻登鼓院"的监督长官，后升任为大理寺丞、刑部员外郎（相当于现在的最高人民法院副院长）；后又升任为监察御史、殿中侍御史、御史中丞（从三品）。最高的职务是吏部尚书。

岳飞一案最初由御史中丞(正三品)何铸(1088—1152年)负责审理。何铸见到岳飞背后刺有"尽忠报国"四字,深为震撼,认为此案有隐情,岳飞有冤(《宋史·岳飞传》:"初命何铸鞫之,飞裂裳以背示铸,有'尽忠报国'四大字,深入肤理。既而阅实无左验,铸明其无辜。")他对秦桧说:"强敌未灭,无故戮一大将,失士卒心,非社稷之长计。"(《宋史·列传第一百三十九·何铸传》)秦桧嘴上没说,但内心不满,便将这位主审官换掉,改由万俟卨、罗汝楫审理。当时,罗汝楫官居殿中侍御史(从六品);万俟卨监察御史(从七品),官职并不高。

何铸被换掉后,受到秦桧的排挤,差点被秦桧陷害充军岭南。后高宗减轻处罚,将他谪至徽州("除资政殿学士,知徽州"),后总算善终。事情的结果大家都知道,岳飞父子终于被以"莫须有"的罪名杀害。

罗汝楫在残害岳飞父子的案件中,充当了不光彩的角色(《宋史·列传第一百二十四·岳飞传》:"桧亦以飞不死,终梗和议,己必及祸,故力谋杀之。以谏议大夫万俟卨与飞有怨,风卨劾飞,又风……侍御史罗汝楫交章弹论。")罗汝辑出于私心,对秦桧言听计从,做了不少亏心事。不久,罗汝楫升任吏部尚书,与秦桧共同把持官员的任命大权,罢免了不少忠臣良将(《宋史·列传第一百三十九·罗汝传》:"刘子羽知镇江,上言:'和好非久远计,宜及闲暇为备。'桧怒,风汝楫论罢之。")

呈坎村

秦桧死后,罗汝楫失势,离开权力中心,被下放到严州成为一名地方官。在外任期满后回到家乡,死时七十岁。

《宋史》用"论曰"来表述作者的观点,对罗汝辑等人"附丽秦桧,斥逐忠良,以饕富贵"加以贬责。但翻开罗愿的

《新安志·先君尚书》篇，对“先君尚书”，却是另一种评价。这个“先君尚书”，就是罗愿之父、担任过吏部尚书的罗汝楫。

在这篇传记中，罗愿刻意回避其父曾参与审问、陷害岳飞之事，而是极力赞扬其父德政，说他升任吏部尚书后：

> 请降，诏不允；请益力，除龙图阁学士。知严州，绍兴十四年也。公时年五十六，秩满，请辞以归，父子白首相娱，自是不复出……二十六年，遭先大父忧，未终丧，薨，年七十。

这段文字将其父描绘出是一再主动要求辞去官职，不图功名富贵的好官，实际上，是当时秦桧已死，他在官场失去靠山，巴不得早日淡出官场，以免在仕途上遭遇风险。

传记中记载其父“入朝七年，虽不至大位，而以全名始终”，将一个对秦桧言听计从的人，说成“以全名始终”，这样为亲者讳，是不符合历史事实的。

罗愿（1136—1184）是罗汝楫的第五个儿子。据《新安志》记载，罗愿在乾道二年（1167 年）登进士第，历任新城县监税（相当于县税务局长）、景德镇监税、台州崇道观当祠禄官、赣州通判（州官的副职），协助知州处理政事。就是在出任赣州通判时，他编修了《新安志》。淳熙十年（1183 年），48 岁的罗愿赴鄂州（今湖北武昌）任知州，所以后世又称他为“罗鄂州”。到鄂州的第二年，罗愿就去世了。

罗愿任鄂州知州时，政绩不错。鄂州是岳飞当年战斗过的地方。岳飞被害后，鄂州人建庙纪念。到鄂州来当官的人，都会拜谒岳飞庙。罗愿来鄂州时，这里的岳飞庙已经建成 13 年了，但因为父亲与岳飞案件的特殊关系，罗愿一直不敢拜谒岳飞庙。

终于，岳王庙迎来了迟到的忏悔者。有一天，罗愿觉得自己政绩还不错，应当勇于面对父辈的过去，真诚地去跪拜这位英雄。没想到，刚刚下拜，便一跪不起，死于庙中。

《宋史》认为是因为不能消除因岳飞之事而带来的遗憾和阴影（《宋史·罗汝楫传》附《罗愿传》：“知鄂州，有治绩，以父故不敢入岳飞庙。一日，自念吾政善，姑往祠之，甫拜，遽卒于像前。人疑飞之憾不释云”）。

合理的解释是，罗愿在当年夏天，为大旱求雨，中暑成疾。病尚未愈，就去拜谒岳飞庙，在岳飞的遗像前，结果受到刺激，精神崩溃，至病情加重，猝死在岳飞像前。清学者刘毓崧说："（罗愿）知其父获罪于岳鄂王而负疚引慝"，有人认为，"罗愿死于自己内心深处的恐惧，死于传统祠祀文化强大的威慑力"。

其实，父辈的问题不应加于后人，在父为子纲的封建年代，罗愿不敢实事求是地记载父亲的问题，可以理解，我们对此不应苛求。

罗愿对徽州最大的贡献，是编撰《新安志》。这是全国现存33种宋代志书之一，也是安徽现存唯一的一部宋代志书，它更是方志史上享有盛誉的名志。南宋理学家朱熹曾写诗赞罗愿的家乡歙县呈坎："呈坎双贤里，江南第一村。"这双贤，是指罗汝楫的儿子罗颂（曾任郢州知府）、罗愿（鄂州知州），均是南宋时期的著名学者。

不管罗汝楫在历史上留下什么污点，但罗愿与罗颂等对中国史志学、文学等方面的贡献是值得赞赏的，称为"双贤"并不为过。

益向文雅

三百多年的宋朝分北宋、南宋两大历史阶段。这一朝代不仅诞生了徽州这个中国历史上的名州，而且是徽州文化发展的一个重要转折点。

南宋罗愿编撰的《新安志》载：

> 其人自昔特多以材力保捍乡土为称，其后寝有文士，黄巢之乱，中原衣冠避地保于此，后或去或留，俗益向文雅，宋兴则名臣辈出。

这段话揭示了一个历史事实，即徽州从武劲之风到文雅之风，宋朝是一个拐点，发生了质的变化。

末代翰林许承尧《歙事闲谭·歙风俗礼教考》对这种变化作了进一步图解：

> 武劲之风，盛于梁、陈、隋间，如程忠壮、汪越国，皆以捍卫乡里显。若文艺则振兴于唐、宋，如吴少微、舒雅诸前哲，悉著望一时，而元、明以来，英贤辈出，则彬彬然称东南邹鲁矣。

宋朝徽州风俗从重武向重文的变化,原因有如下几点:一是三次人口大迁徙,带来了中原的先进文化和人才,深深地影响了一代又一代的徽州人;二是自唐以来歙州经济的发展奠定了文化发展的基础;三是徽州偏于一隅的地理环境,使当地在国家内乱时相对稳定,为经济和文化的发展创造了条件。四是这一时期出现了朱熹等文化上的领军人物。

宋朝徽州文化的发展表现在哪些方面呢?

一、在宋朝重视科举制度的鼓励下,徽州人重视教育,以博取功名为荣事。除了州学之外,六县均设有县学,私立的书院有 19 所。徽州书院的创办始于宋朝,兴盛于明清。北宋景德四年(1007 年),绩溪人胡忠在今上庄镇宅坦村创办的桂枝书院是徽州最早兴办的书院,首开徽州书院之先河。南宋淳祐五年(1245 年),徽州知州韩补(宋宁宗嘉定十六年进士及第。知徽州,为政廉明),在城南门外紫阳山麓创立书院,理宗皇帝御赐“紫阳书院”匾额。重教之风自宋始,激发了徽州学子走科举之路。

自隋唐设科取士以来,徽州人当时在科举上默默无闻,据《新安志》等方志记载,有记录在案的唐代徽州籍登第者只有吴少微、程谏等 4 人;南唐时也只有 6 人登第。而入宋后,徽州科举登第人数猛增。据资料,北宋 167 年间,徽州共考中进士 248 人,平均每年 1.49 人;南宋 153 年间,共考中进士 512 人,平均每年 3.37 人,大大超过了以往。

道光《徽州府志》卷十一《人物志》的“宦业”类中共收录 683 人,其中宋代就有 105 人。说明自宋以后,大批徽州人登上政治舞台,展现了自己的才华和政治抱负。歙县人程元凤,1228 年考中进士,宝祐四年(1256 年),升任右丞相兼枢密使,晚年晋封为吉国公。致仕后归隐于黄山,黄山名景“丞相源”即由此而得名。可见,“宋兴则名臣辈出”并非溢美虚言。

二、程朱理学成为徽州文化的象征。程颢、程颐是北宋的理学家、教育家,朱熹是南宋的理学家。他们虽然出生于外地,但与徽州有割不断的关系。二程与朱熹的祖上都出自徽州篁墩,故后世有“程朱阙里”之称。对徽州文化产生了极大的影响。

如果说二程的“出自灵洗”的徽州籍是明清后确认并受徽人尊崇,那么,朱熹的徽州情结在当世就很明确。他不仅自认“吾家先世居歙州歙县之黄墩(篁墩)”,而且讲清这个家族远祖是唐朝在徽州婺源任“茶院府尹”,“子孙因家焉”,后迁建阳,“遂为建人”,“熹抱孙焉,则居闽五世矣”(《婺源茶院朱氏世谱后序》)。朱熹的生母也是歙县人,外公是歙县的大富商祝确。朱熹对徽州有很深的认同感,不仅在在其序、跋和论著中,多次自称“新安朱熹”,而且手书“新安大好山水”,现仿原体镌刻在新安江畔的石岩上。朱熹中举后,曾三次回徽州省墓、探亲,在徽州多次讲学、授徒,粉丝甚多,弟子云集。

朱熹生前一度被皇朝不容,受到不公正的待遇。但是金子总会发光,在他死后不久,朱熹迎来了迟到的荣光。据资料,嘉定二年(1210年)十月,南宋宁宗认为“朱子忠诚先见”,诏赐谥朱熹遗表恩泽,赐谥号文。南宋理宗宝庆三年(1227年),认为朱子之学“有补于治道”,朱熹被赠太师,追封信国公。理宗绍定三年(1230年),朱熹被改追封为徽国公。淳祐五年(1245年),为纪念朱子,歙县创建紫阳书院,理宗亲书匾额。度宗咸淳五年(1269年),诏赐婺源朱子故居题为“文公阙里”。以后,元、明、清期间,历代皇朝对朱熹顶礼膜拜,尊崇有加。特别是明初,朝廷诏赐朱熹与二程的新安始祖居住地——歙县篁墩兴建“程朱阙里”和程朱三夫子祠,进一步确认了程朱理学在徽州的地位。

此后,南宋朝廷利用理学以巩固统治,朱子之学风行徽州和全国,到元代得到进一步强化。南宋晚期,徽州产生了一大批理学学者,朱子和以武扬名的程灵洗和汪华相媲美,成为徽州文化的象征和徽州的骄傲。

三、宋朝也是徽州文化出成果的时期。据资料介绍,四库系列丛书徽州籍作者就有335人,其中宋代就有36人:除朱熹外,还有著名经师、歙县籍鲍云龙,曾任礼部侍郎、著作佐郎、休宁籍程大昌,著有《苕溪渔隐丛话》的绩溪籍文学家胡仔,编撰《新安志》的歙县籍罗愿,祖籍婺源、任过除龙图阁直学士,当过多地知州的汪藻等等。朱子作为新安理学创始人,其著述入《四库全书》的达30种之多,是《四库全书》收录著述最多的作者。据民国《歙县志·艺文志》统计,歙人著作唐代有4种,到宋代增加到131种。南宋罗愿《新安志》开徽州地方志之先河,在全国也有很大的影响。据《宋诗记事》《全宋诗》等书统计,有118位徽州籍的诗人的作品收录其中,足见宋朝徽州文人辈出,成果斐然。

宋朝徽州风俗的华丽转身,对徽州今后文化的昌盛产生了巨大的影响。一个文明、文雅的,人才辈出、人文荟萃的徽州大大提高了徽州的知名度和美誉度,至今仍在国内外留下宝贵的文化遗产。

南宋这个偏安江南的政权最终被元朝消灭。徽州的命运如何,请看第九章:大哉乾元徽有路。

第九章　大哉乾元徽有路

当灭了北宋的金国与南宋、西夏等政权处于相持共存的局面，北方的蒙古族正励精图治，厉兵秣马，对其他王朝虎视眈眈，以图有朝一日吃掉对手，实现大一统。

金章宗六年(1206 年)，蒙古贵族在斡难河源(今呼伦贝尔大草原北面)奉铁木真为大汗，尊号成吉思汗，蒙古汗国(大蒙古国)建立。

一代天骄成吉思汗建国后，1218 年灭西辽，1227 年 6 月灭西夏(成吉思汗在对西夏的远征中死亡)；之后，又先后灭金国，招降吐蕃，灭大理国，灭南宋，最终统一中国。

至元八年(1271 年)，蒙古大汗忽必烈称帝，公布《建国号诏》法令，取《易经》中“大哉乾元”之意，正式建国号大元，建都于金国中原的大都(今北京市)。

至元十三年(1276 年)，元军攻占南宋都城临安(今杭州)，仅仅 5 岁的南宋皇帝恭宗也当了俘虏。1279 年，南宋残余势力被彻底消灭。

“大哉乾元，万物资始，乃统天。”元朝是中国历史上疆域最广阔的王朝。《元史·地理志》载元朝的疆域是：

自封建变为郡县，有天下者，汉、隋、唐、宋为盛，然幅员之广，咸不逮元。北逾阴山，西极流沙，东尽辽左，南越海表……东、南所至不下汉、唐，而西北则过之。

按地理版图看，东起黄海和东海，西达东欧和西亚，北到北冰洋，南至南海和今越南、泰国北部，超过了汉唐盛世。

每改换一次朝代，行政管理体制也要相应进行改革，但总体上全面推行传统的中央集权管理模式，这一模式不可能再倒退。

徽州入元

元朝最高行政管理机构叫中书省（又称都省），下有六部：吏、户、礼、兵、刑、工。现河北、山东、山西等地盘当时由中书省直接管理，相当于现在的中央直辖市。地方设置行中书省（简称行省或省）。行省原是临时性军事需要设立的，由中央委派官员到各地署事、行使中书省职权的派出机构。后来逐渐演变为常设机构，形成州、县以上的行政区域，以后的省建制即发端于行省。

行省权力极大，它统辖政务、钱粮、兵甲、屯田、漕运、军事等等，其官员配置也与中书省类似，有丞相、平章政事、右丞、左丞、参知政事等职，但为防止外职较重，丞相一职往往空缺。

为加强中央集权，还设立了枢密院为最高军事机关，御史台为最高监察机关；设立宣政院统领宗教事务和西藏地区，对边远少数民族地区设置宣慰司进行管理。

御史台作为全国最高监察机构（相当于现在的监察部），又设江南行御史台和陕西行御史台作为其派出机构。三台共辖22个道提刑按察司（后改为肃政廉访使司），其职掌除监察地方又兼管农事，长官叫廉访使。

行省下有道、路、府（州）、县，是直接管理地方的行政机构。道是行省与路、府（州）之间的机构（有监察道与宣慰道的分别），不构成某级行政区。也就是说，只是在某个行政区划内行使机构职能，但并不是个有级别的行政区。

路统领州、县，府与州平但地位高于州。一般是路领州，州领县，为地方三级管理；而在中央直辖的地区和一些特殊的地区，则路领府，府领州，州领县，为地方四级管理。

路设总管府，长官称达鲁花赤和总管，其中达鲁花赤是监治官，掌官府印信，文献中称“监”，位于总管之上，由蒙古人担任；总管“掌判署”，处理赋役词讼及一切政务，由汉人担任。印把子抓在蒙人手上，其用意显然是对汉人长官还不放心，民族歧视可见一斑。府的长官称知府或府尹，州的长官称州尹或知州，县级的称县尹或县令。和路一样，府、州、县官职均分设达鲁花赤，地位分居知府、知州和县令之上。

徽州入元后，行政管理情况是怎样演变的呢？至元十三年（1276年）平宋后，元朝在原南宋的核心地区置江淮等路行中书省，省会治于原淮南东路首府扬州。徽州属江淮行省。《元史·百官七》载：

至元十三年，初置江淮行省，治扬州。二十一年，以地理民事非便，迁于杭州。二十二年，割江北诸郡隶河南，改曰江浙行省，统有三十路、一府。

注：1. 本图系元贞元年（1295 年）徽州路政区图，领 1 州 5 县（婺源州、歙、黟、休宁、绩溪、祁门县）；

2. 本图仅供参考。

从十三年（1276 年）开始，元朝在南方大规模设路，几乎达到“每州皆为路”的程度。路是比府（州）规格高的行政区（《吴文正公集》：“郡之大者，曰路。其次，曰府若州，其下有属县。”）南方路的总数达到 120 多个。各路根据户数多少，分上、中、下路，并以此设官吏名额。路的总数增多，有些路设得名不副实，只有辖县而无府、州。

十四年(1277年)，在全国大规模搞机构升格(设路)的情况下，徽州升徽州路，为上路，户数157471户(10万户以上属上路)，辖县不变。当时属江淮行省。

二十一年(1284年)，为管理方便，迁省治于杭州。二十二年(1285年)，割江北扬州等地隶河南江北行中书省，剩余部分改为江浙行省。自此至元亡(1368年)，这数十年时间内，原江淮行省江北部分，均属于河南江北等处行中书省。二十三年(1286年)，将福建地从江西等处行中书省划出入江浙行省。江浙行省辖境包括今江苏南部、安徽南部，浙江、福建二省全境及江西部分地区，统有杭州等30路，松江1府，江阴等2州。徽州路属江浙行省。

二十八年(1291年)，改提刑按察司为肃政廉访使司，全国设22道肃政廉访使司，其职官名称，则有廉访使、副使、佥事等。每年巡行基层各地，考察吏治得失、百姓疾苦及冤狱等。徽州路属江浙行省江东建康道肃政廉访使司。

元贞元年(1295年)，升江南43个县为州(又搞机构升格了)，根据户数分上、中、下州，户数4万到5万为下州，5万至10万为中州，43个县中，升为下州15个，中州28个。

据《元史・地理志》，婺源县也升为州(婺源户数在南宋乾道八年就超4万)，属江浙行省徽州路，徽州路辖1州5县(婺源州、歙、黟、休宁、绩溪、祁门县)。像婺源州这样新升为州的，因为管辖地域不大，故下面不再设县。

《新安志》载：

> 五代以来，天下邮传皆役平民，建隆二年(961年)始命以军人代之。六县有三十五铺，每铺十人，歙、休宁、祁门、黟则又有斥堠(注：指古代瞭望敌情的土堡)三十八铺，每铺八人，凡六百五十四人。

元朝以后，驿站制度相对完善，全国设1400多处驿站，水站用船，陆站用马、牛、驴或车，形成了以大都为中心的四通八达的交通网络，各种公文可以很快传递，大大加强中央与行省、行省与行省的联系，与驿站相辅，还有急递铺，传递紧急公文时，昼夜可传四百里。

世界文化遗产地黟县西递镇，原来称为“西川”，因村中周围河水向西流，有“东水西递”之称，故改称为西递；又因元朝后在此设有递送邮件的驿站，而驿站古代称为“递铺”，故又称为“西递铺”。

义士保乡

元朝是中国第一个由少数民族建立并统治全国的封建王朝。但汉人对异族的统治有一个逐步认可的过程。徽州入元后，面对异族的歧视和镇压，出现了不少义士保护乡里同胞的动人事例。《歙县志》记载了不少这样的事例。

歙县潭渡人黄孝则（1235—1295 年）事母尽孝，为人正直，乡里人事无巨细都找他帮忙或拿主意，遇到有官司的事必先由黄孝则去分辨是非，扶弱锄强。1271 年，蒙古建国，国号为元，并于 1276 年攻占南宋都城临安（今杭州）。

不久，元兵围困徽州，徽州府招讨使李铨参与复辟宋帝之事，被元兵追杀，他将幼女托付给黄孝则后潜逃。黄孝则不怕受牵连，悉心抚育该女，等她成人后像嫁自己女儿一样为她操办婚事。

至元二十七年（1290 年）三月，潜口、松源等处“盗贼”并起。所谓“盗贼”，只是一些人利用百姓不满元朝统治而乘机闹事的民众，居民惊慌四处逃跑，黄孝则安抚晓谕，让老百姓安心生活。

监郡马思忽发兵征剿“盗贼”，黄孝则斟酒劳军，力言“玉石俱焚，兵家大忌”，“残寇未悛，当谕之恩信，示之祸福，使其来降，不降诛之未晚”，劝监郡要向闹事民众说清利害关系，劝他们自首，不能随便杀人。监郡感到他说的有道理，就派他去招抚。黄孝则单车入“贼营”招降，晓之道理，“余党 3200 人知其名德，皆罗拜投戈感泣，各携妻儿来降。各乡避乱而远走之民皆复返里”，避免了一场大屠杀，保护了几千人的生命。监郡为了表彰他的功劳，打算授予他巡检之职，黄孝则力辞不受。明万历年间，歙人为纪念他的功德，构祠以祀。

黄孝则的 21 世孙就是近代著名山水画大师黄宾虹（黄质），可称为名门世家。

还有一个歙县郑村人叫郑安的，他的故事也很感人。至元十七年（1280 年），徽州副统制李世达反抗元朝统治，万户孛术鲁敬（蒙古人）破昱岭关，世达战败后逃往福建。万户以徽州属县不安定为由，欲屠歙县、休宁县诸城。郑安策马来到军营，有礼貌地说：

乱者,世达一人耳,既而败走,民争其牛酒以俟将军,民亦何罪恶而欲屠之?且将军杀人以立威,孰若不杀人以得众敬?乱由世达,非百姓罪。

意思是说,造反的是世达一人,而且已经败走,老百姓有什么罪而要杀他们呢?你将军靠杀人来建立威信,不如不杀人得到大家尊敬,老百姓是没有罪的!大义凛然的一番话说动了主帅,全郡百姓免遭杀身之祸。

因保郡有功,郑安后任歙县县尹,就职尚未一年,县境安定如初。三年期满,百姓请求府衙要郑安留任。这事被皇上知道,下旨同意他留任,改赐铜章,授从仕郎、歙县县尹,后死于任上。老百姓感恩他的德政,请立庙祀,取名郑令君庙。

像黄孝则、郑安这样的面对异族镇压,舍命保家卫民的徽州义士还有不少。随着元朝统治者管理上抚民、经济上兴业,并倡导程朱理学,民族矛盾得到缓和,徽州进入新的发展时期。

徽州初兴

元朝是徽州在明清经济文化腾飞的打基础阶段。徽州不仅改成徽州路,而且近百年的元朝,徽州路的经济、文化、教育等诸多方面都得到一定的发展,走出了一条新路。元人唐元说:“徽为郡,因山为城,水自彰(鄣)山来,东走百里而汇于城下……大江之南,号为大州。”(《筠轩集·徽州路重建谯楼记》)

首先,不得不承认,在汉民族人民群起反抗的政治危机下,元朝的统治者明智地举起了程朱理学的大旗,赢得了士心和民心,徽州也成了传播程朱理学的前沿阵地。

元朝初期,实行不得人心的抑儒政策。从至元十三年(1276 年)到延祐元年(1314 年)长达 40 年,中止科举,使众多的徽州学子失去了读书做官的通道。

老路走不通了,于是不少业儒者为了生计,不得不另谋出路,纷纷改作塾馆的师儒,当起了教学先生。在当时的特定历史条件下,大多数南宋遗民与其先辈一样,将书院作为研究与传播程朱理学的重要基地。如休宁理学名儒陈栎,“宋亡,科举废,栎慨然发愤致力于圣人之学。涵濡玩索,贯穿古今……教授于家,不出门户者数十年”(《元史·儒学传》)。延祐元年恢复科举,62 岁的陈栎不顾年迈，赴江浙行省参加乡试并登第。本来想参加会试，但因病未成。在《上许左丞相书》中，陈栎明确向上司表示，希望“任紫阳书院山长，或任徽州路学学正，使得以朱子之学迪后进，以续紫阳之灯”（《定宇集》卷10）。

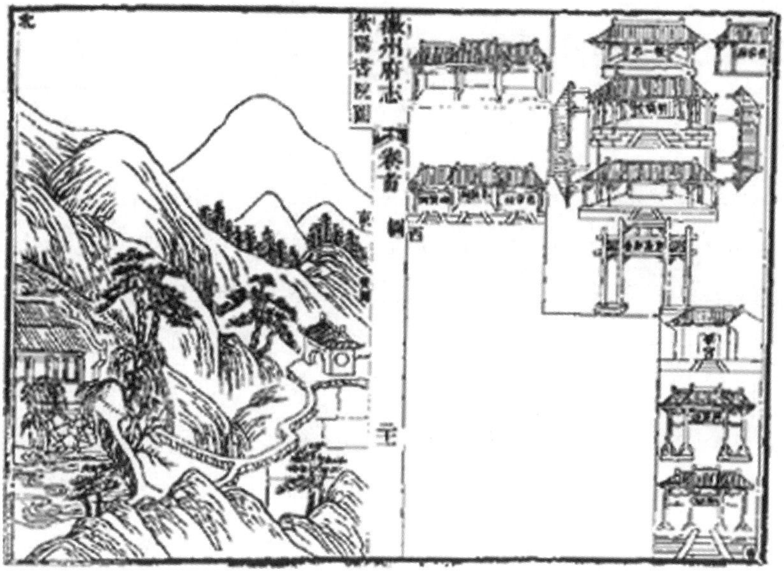

紫阳书院

位于徽州歙县的紫阳书院当时在全国颇有名气，它始建于南宋淳祐六年（1246年），开始建在徽州府南门外紫阳山麓，理宗皇帝御题“紫阳书院”匾额。紫阳书院以祭祀朱熹、宣扬朱熹理学思想为主旨。陈栎虽然没有当成紫阳书院山长，但徽州另一个和紫阳书院齐名的婺源明经书院却十分重视陈栎，常请他去讲学、评卷，而书院山长胡炳文还将自己的族中子弟送到陈栎门下受学。

南宋遗民以书院为依托宣讲程朱理学，不仅扩大了程朱理学在南方地区的影响，也让蒙古统治者认识到，要得民心，须先得士心，因此，必须重视程朱理学。

为了笼络南宋遗民，加强统治，元朝当政者不得不推崇程朱理学，并逐步恢复科举制度，将程朱理学和《四书集注》作为官定科举标准，“其学一以朱子为宗”，对朱熹崇拜得到了加强，程朱理学也得到了广泛的传播。

徽州作为朱子家乡，奉朱子思想为圭臬，对程朱理学更是恪守不移，“是以朱子之学虽行天下，而讲之熟，说之详，守之固，则惟新安之士为然”。“凡六经传注，非经朱子论定者，父兄不以为教，子弟不以为学”（道光《休宁县志》）。

明清以来，程朱理学上升为国家的意识形态，康熙《祁门县志》载：

自宋元以来，理学阐明，道系相传，如世次可缀。

意思是说，理学之道体系的相传，如世系相承的先后，代代紧密连接。“读朱子之书，取朱子之理，秉朱子之礼，以邹鲁之风自待”，成为徽州社会一大特点。

其次，是宗族观念进一步强化，成为凝聚徽州人心的黏合剂。徽州地域相对封闭，自唐宋以来就因北方人口迁徙，聚族而居，宗族观念逐步得到强化。元朝随着程朱理学受到官方肯定，儒家君臣、父子、夫妇的纲常理论被重视，宗族建设也得到进一步拓展。徽人多困居乡土而恪守族规，重视祭祀和整修家谱，慎终追远。

及时编纂族谱是元代徽州宗族的特点，修谱之风盛行使元代徽州宗族社会留下许多宝贵的文化遗产。在元朝中后期，徽州宗族无论是当官的显赫家族还是平民家族，只要有条件，皆热衷于族谱编纂。如陈栎曾编纂郡谱《新安大族志》2 卷，其取材就主要来源于各宗族编纂的族谱及其他宗族文献。曾任歙县县尹的郑安之孙郑玉说：

家有谱书，非止叙尊卑、别贵贱、辨贤愚而已，实所以为同人心、厚风俗之本也。

他亲自整理了自己的家谱。至正十五年(1355 年)，他有感于“世之宗族，服属既尽，尊卑遂紊，贫富不等，利害相凌，不知其初为一人之身也”，于是将自家的世系刻于祖父郑安墓碑的背面，称之为“石谱”(郑玉《师山集》)。

光绪《婺源乡土志 · 婺源风俗》载：

(婺源)皆聚族而居，族必有谱，世系数十代，尊卑秩然。

除了修谱，徽州人还热衷于建宗祠，以利于族人尊祖敬宗，增强宗族的团结和控制。如婺源人程供祖于元明宗至顺四年(1333 年)，“聚宗族子姓，议建其三十四世祖陈镇西将军、开府仪同三司、谥忠壮公、讳灵洗祠于县北龙首山，以永慕思，严祀荐，曰世忠之庙，仍宋歙之黄墩（今屯溪篁墩）故号也”（《新安文献志》）。

嘉庆《黟县志·风俗》载：

> 徽州聚族居，最重宗法。黟地山逼水激，然族姓至繁者不过数千人，少或数百人或百人，各构祠宇，诸礼皆于祠下行之，谓之厅夏……族各有众厅，族繁者又作支厅。

这种从元兴起的建宗祠之风延续明清，据统计，徽州各地有祠堂达6000多幢。

徽州人讲究落叶归根，重风水，重修墓，凭借祖茔寄托孝思，有利于凝聚宗族群体、加强宗族认同感。乾隆《绩溪县志·序》载：

> 深山大谷中人，皆聚族而居，奉先有千年之墓，会祭有万丁之祠，宗祏有百世之谱。

从清乾隆推算千年之墓，可知自唐宋以来至元，建祖茔成为徽州一大风俗，而在元则有了进一步重视。元代不少徽州宗族对族内事务的管理日益规范化和制度化。如订立祖茔及其产业管理的规定，不许族人私自违例典卖祖茔地段，不许族人在祖茔周边盗葬丧柩，不许族人挑掘蹂践、斫伐损坏祖茔砌石及墓地竹木，不许族人于墓地内假立冢堆。对违反上述规定者则施以严厉处罚。这些类似现在的村规民约，对规范族人行为品德确实起到了一定的作用。

其三，是农业和手工工艺诸业兴旺，打下了徽州经济腾飞的基础。

元朝重视农业，采用“以农桑为急务”的政策。县官下基层，一个重要任务是“劝农桑”，具体来说是“下教条，课户丁，劚蓁薄，植桑果，以敦大本”。“下教条”就是下发政策规条；“课户丁”就是向百姓宣传农桑的道理；“劚蓁薄”就是要农民垦荒，挖掘丛生的杂草；“植桑果”就是栽桑植果；“以敦大本”就是崇尚和丰厚农业这个根本。

据资料，元朝时，徽州的蚕丝生产已达到一定规模。桑园和桑树成为家族和族人的重要财产。徽州路设有织染局（《弘治徽州府志》：“织染局：元置在城内北隅旧酒务基,打线场在西南关练溪东岸。")生产有丝、绵、绢等丝织品,作为上供品征收。

在大力提倡垦殖的同时,又普遍推行屯田制度,恢复和发展社会经济。元朝著名的农业科学著作,如王祯编著的《农书》和鲁明善的《农桑衣食撮要》等,它们对元朝全国农业生产技术的提高和推广发挥了极为重要的作用。鲁明善说:"务农桑,则衣食足;衣食足,则民可教以礼义;民可教以礼义,则国家天下可久安长治也。"县里官吏行县检视,奖勤罚惰,并鼓励兴修水利,改进农具,推广农业技术。徽州一些古老水利工程正是在这个年代开始兴建,有的至今发挥作用。

元朝政局稳定后,徽州的手工业有了新的发展。主要是丝织业、矿产冶炼、文房四宝、酿酒、刻书业等等。其中值得一提的是文房四宝和刻书业。歙砚在唐开元年间已有生产,南唐时形成一定规模。砚材以婺源(今属江西)龙尾山下溪涧中的石材所制最优,故歙砚又称龙尾砚。其中罗纹坑(元代称为旧坑)一带所产丝石品质尤佳,被元代人称为砚宝。徽墨的历史悠久,自唐朝就有文字记载。从中原迁徙徽州的李廷珪所制的李墨被誉为"天下第一品"。到南宋时,徽州的制墨业已相当发达,"流派纷呈,名工辈出"。元初,因取消科举,制墨业也受了影响。但传统工艺并未中断,还出现了一些大制墨家。如歙县的陶得和,专制桐油烟墨,著名画家、诗人倪瓒对他极为推崇。

元朝徽州的刻书业在宋代基础上又有新的发展,成为全国刻书业的中心之一,官刻和私刻都很兴盛。已知徽州最早的刻坊是元代歙县的郑氏丛桂堂,刻有陈栎撰《通鉴续编》24 卷。据资料统计,元代徽州路共刻书 33 起 32 种,其中官刻 8 起,刻书 8 种,私刻 25 起,刻书 24 种。

元代的徽州路是在经济、文化、教育、工艺等方面承上启下的时期,正是有了元代的基础,到明清年间,才出现徽州经济、文化全面发展振兴的鼎盛局面。

朱王入徽

元朝末年,政治腐败,民不聊生,加之黄河决堤,官府逼迫农民修河,横征暴敛,百姓生活十分困苦。至正十一年(1351 年),民间秘密团体白莲教领袖韩山童及其门徒刘福通,秘密进行反对元朝的组织活动。韩被俘遇害,刘福通则在颍州(今安徽阜阳)率众起义,这就是历史上有名的红巾军起义(红巾裹头）。一时，群雄竞起，各地响应，发展到10余万人。不少造反英雄称帝的称帝，称王的称王，屁股没坐稳，就迫不及待地享受胜利果实。

十五年（1355年）二月，刘福通将未立寸功的韩山童的儿子韩林儿迎至亳州，建立北方红巾军的政权，国号大宋，年号龙凤。将韩林儿奉为帝，又号小明王，足见刘福通挺讲义气。这个被捧上来的皇帝，以亳州为都城，到处招兵买马，和尚出身的朱元璋也加入了韩林儿的起义队伍，从小兵起步一直到担任义军的右副都统帅。

戏剧性的一幕是，韩林儿过足了皇帝瘾，机构仿元制，设中书省、枢密院、御史台和六部，地方设行省，丞相、平章、知枢密院事，一应俱全。

十六年（1356年）三月，朱元璋攻下集庆（今南京），改集庆为应天府。七月，宋小明王命朱元璋为枢密院同佥，不久升江南等处行中书省平章政事。朱元璋建立了江南等处行中书省，接着设置江南行枢密院等机构。

次年（1357年）朱元璋攻克徽州，将徽州路改为兴安府，领歙、黟、休宁、绩溪、祁门县和婺源州。

二十四年（1364年）正月，37岁的朱元璋羽翼已丰，终于撕开温情脉脉的面纱，不再"缓称王"，而是在应天就吴王位，置百官，以徽州籍的李善长和徐达分为右、左相国；二十七年（1367年），朱元璋又将兴安府改为徽州府。从此，徽州府及所属六县格局历经明清两朝，均未变动，长期稳定，一直延至民国元年。

从兴安府到一代名府徽州府，这两次更名都是在韩林儿的"大宋"期间进行的，具体操作者是朱元璋。

将元朝的"路"改造为"府"，从朱元璋掌握江南政权后就开始了，朱在明朝称帝后更是对元朝的行政管理体制进行了改革。这是后话。

应该说，韩林儿的"大宋"政权为朱元璋建立明朝打下了基础。史家评韩氏君臣"非特有功于中国，其亦大有功于我明也乎"。《明史·韩林儿传》如此评价：

> 元之末季，群雄蜂起……林儿横据中原，纵兵蹂躏，蔽遮江、淮十有余年。太祖（指朱元璋）得以从容缔造者，藉其力焉。帝王之兴，必有先驱者资之以成其业，夫岂偶然哉！

这段话肯定了韩林儿的功绩,也算较为公正。

但元末的诸多造反枭雄,如郭子兴、张士诚、陈友谅、徐寿辉、刘福通、韩林儿等等,都无法和朱元璋相比,转眼间成了过眼烟云,只有胸怀大志、有智有勇的农民出身的朱元璋,笑到最后,也笑得最好!

朱升献策

朱 升

朱元璋在造反期间,和徽州结下不解之缘,网罗了不少徽州人才,其中有祖籍歙县的李善长和休宁的朱升等。

朱升(1299—1370 年),字允升,徽州休宁回溪台子上村(今休宁县陈霞乡回溪村)人,幼年师从新安学派著名学者陈栎。他大器晚成,46 岁始登乡贡进士,50 岁被授为池州路学正,南北学者闻风趋附,他也被誉为"休宁理学九贤"之一,"新安理学名儒"。

朱升在池州任满期后,"弃官避隐石门(今歙县地)",退隐时,他写下了"春深雨足长青草,数亩山田自可耕","两河兵合尽红巾,岂有桃源可避秦"等诗句。和诸葛亮一样,他虽然隐居山中著述(《朱枫林集》卷 9 附录《学士朱升传》:"避兵奔窜,往往闭户著述不辍"),但时刻关注天下大事。对当时局势,了然于胸。

朱升在徽州有一定的影响。当朱元璋的部队打到徽州城下,元帅福童、八尔思不花等,在徽州"练兵完城,坚守拒命"。为徽州免遭战火,他冒着危险,亲自跑到徽州城下说降。"朱升独立城下",说道:"江南行省平章吴国公,智量英武,一代真主也,将军可早为善后之计,全万民之命。福童等素服升有先见,遂开城出降。"(《翼运绩略》)

"素服升有先见",就是向来佩服朱升有先见之明,可见朱升在当地确有威望。徽州官吏开门投降也是基于朱升的感召,避免了生灵涂炭。

朱元璋在称吴王后为尊重朱升,而特地给他下达的《免朝谒手诏》,历数

朱升之功德,其中有一条说:

新安款降,不俟兵刃,四方之士,杖策来从,皆卿齿德俱尊倡之也。

这说明朱升的徽州城下说降,确有其事。

朱元璋手下的征南将军邓愈在进入徽州后,告诉朱元璋,休宁县有一个大学问家名叫朱升,做过池州学正,现在隐居在歙县石门,问是否要召来。元璋求贤若渴,表示要亲自造访。

关于朱元璋与朱升交往有一段佳话:

丁酉(1357 年),天兵下徽,上素闻升名,潜就访之,升因进三策曰:“高筑墙,广积粮,缓称王。”上大悦。命预帷幄密议,所居梅花初月楼,上亲莅宸翰赐焉。(《学士朱升传》)

“潜就访之”,是没有大张旗鼓,悄悄地进村。朱元璋把朱升接来,当他的谋臣,商议军政大事。朱元璋还亲自到他居住的梅花初月楼,赐给朱升墨宝(“宸翰”是帝王的墨迹)。这说明,当时朱元璋确是礼贤下士,给他很高的待遇。

“高筑墙,广积粮,缓称王”,是一个审时度势而制定的正确的战略。

高筑墙就是巩固根据地防守,广积粮就是储备充足的粮草,缓称王,就是不先出头称王,避开群雄的矛头,蓄积力量,为后发制人、争霸天下作准备。这个方针是具有战略眼光的大政方针。尤其是缓称王,避免了当出头的椽子,积蓄了实力。朱元璋正是执行这一战略,才一步步取得胜利,而那些早早称王称帝的张士诚、陈友谅、明玉珍等群雄一个个成了昙花一现的人物。上世纪 70 年代,这“九言策”后来被毛泽东引申为“深挖洞,广积粮,不称霸”,成为当时的新国策。

此后,朱升经常为朱元璋出谋划策(“帷幄密议”),深受朱元璋的器重。至正十八年(1358 年)十一月,婺州(金华)“久拒不下”,朱升建议朱元璋亲自前往指挥,朱元璋“因问兵要”。朱升说:“杀降不祥,惟不嗜杀人者天下无敌,五、七年为政于天下,乃成数也。”朱元璋采纳了他的建议,命令“城破无许妄杀”。朱升的建议，不仅使婺州迅速被攻破，而且使婺州得以保全，保护了百姓的生命和财产。此外，他还极力推荐刘基、叶琛、章溢等贤才加盟，为朱元璋的事业立下丰功伟绩。

朱元璋南征北战十余年，终于在二十八年（1368 年），建都南京，中国历史上诞生了辉煌的大明王朝。

朱升被征召入京，先后被授侍讲学士、知制诰、同修国史、翰林学士，并与诸儒制定了许多皇朝的清规戒律，史书说朱皇“大封功臣，制词多升撰，时称典核”，就是说朱皇颁赐功臣的诰书，大多是朱升起草，成为典雅而确实的皇家表彰范本，为明初政坛的稳定起了重要作用。

在朱元璋称帝之后，朱升发现朱元璋性格猜忌多疑，不可久留在这样的人身边，于是萌生退意。洪武二年（1369 年）二月，朱升已高龄 70 岁，便正式“请老归山”，朱元璋想挽留他，“欲赐以爵位”，朱升“固辞不受”。《翼运绩略》记载了朱升在朱元璋欲加官封爵挽留他的一段对话，非常有意思，不妨用白话翻译如下：

朱升回答说：“我的后人福分很薄，不敢承受这么大的恩宠呀！”朱元璋不解地问：“你有几个孩子呀？你不受爵位，可以让你的儿子来辅佐我呀！”

朱升老泪纵横，哽咽着说：“我只有一个儿子，叫朱同，对皇上忠心有余，但不会明哲保身，我之所以不同意他出来当官，恐怕他以后得不到好的结局呀！”

朱元璋生气了：“你这是什么话？我和你名为君臣，实际情同父子，你怎么有这样的顾虑呢？”

朱升答：“不是我的顾虑太多，事情理应如此。还是希望皇上哀念老臣，臣子是不能免去这个结果的，还是赐以完整的躯体退休就万幸了！”说完，一把眼泪一把鼻涕，十分恳切。

朱元璋见他这样，也感到很难过，于是给朱同免死券以安慰朱升，送他离任。

朱升的先见之明，胜于同是祖籍徽州，为朱元璋打江山立下汗马功劳的李善长等开国功臣，后李善长牵连到胡惟庸案，一门 70 余人惨遭杀害。而朱同的命运，竟被朱升不幸而言中。

朱升离任后到了何处？有资料说，他后来定居于今江苏盐城市，次年十二月病逝，葬于盐城市南龙文曲沟。朱升墓于 2000 年 2 月底开工修建，墓碑用汉白玉石砌成，墓碑正面刻有“明翰林院大学士朱升之墓”字样。墓侧立有

“高筑墙、广积粮、缓称王”的碑石。

朱升病逝，比起李善长等开国功臣，可谓寿终正寝。但他的儿子有了免死牌就能逃脱死亡的命运吗？答案是否定的。他并没有摆脱朱元璋的淫威。洪武十三年（1380 年），已经担任礼部侍郎的朱同，也被莫名其妙地卷入“户部侍郎郭桓贪腐案”，以莫须有的罪名判处死刑。朱元璋“因念允升请，使自缢”，没有砍头，给个完尸，算是对得起曾对朱升的承诺了。

朱升墓

在徽州，清明前后有用艾叶做米馃的习俗。但朱升的家乡休宁县回溪村做的艾叶米馃与其他地方不同，馅子里除了竹笋、肉丁等，还要放进几小段猪肠和猪肚。据村里老年人介绍，这是为了纪念朱升的儿子朱同的冤死，猪肠和猪肚喻义是牵肠挂肚，寄托了家乡人对朱同的怀念之情。这种风俗，流传了几百年至今。

朱升的悲剧是众多明朝开国功臣的悲剧，“狡兔死，走狗烹；飞鸟尽，良弓藏；敌国破，谋臣亡”，这几乎成了历代帝王对待开国功臣的规律。

朱升一生著述不断，有 24 本专著，传世的有《前图》2 卷、《枫林集》10 卷。

朱墓之谜

朱升自元至正十七年（1357）为朱元璋献策，到明朝建都，前后为朱皇尽忠 12 年，写下了浓墨重彩的人生篇章。

为了故事的连贯性,我们把朱升离任和去世后坟墓之谜放到元朝这章叙述。

洪武二年(1369年),七十高龄的朱升在请老归山后,到底去了哪里?始终是个谜。但他的坟墓却落在今江苏省盐城市,这是朱氏后裔集资建的朱升墓。墓碑记载"洪武二年,升以年迈和祭扫祖茔为由,辞官退隐。偕夫人涉江沂淮抵东海,转至西溪胥宇,筑室于南龙港。次年病逝,葬于盐城南龙港文曲沟,享年72岁。"

从朱升的《枫林集》和朱同的《覆瓿集》,梳理出朱升逝世前后的生活轨迹,可以确认,朱升的最后岁月是在他原来的隐居地歙县石门度过的,盐城的记载是有误的。现在有根据的是朱升的七世孙朱从馨墓落在盐城,他卒于明弘治十七年(1504年)十二月(有出土文物为据)。

从朱升去世的1370年到七世孙朱从馨去世的1504年,相隔134年,(平均一代19年,符合徽州世系特征)。

朱升墓到底在哪里?大量资料证明,朱升是先葬在歙县石门附近的汊口自然村,后改葬詹田村(现歙县王村镇横联村的旃田自然村)。

徽州人有个风俗,过了六十,就得准备自己的棺木和坟地了。朱升早就为自己准备了墓地,那就是詹田。

《朱枫林集·卷五》里的有首朱升写的五律《得詹田佳城》:

风水集詹田,藏川夹石川。
留心垂半世,藏体付千年。
海内风尘息,城南灯光偏。
亲朋何用哭,含笑入黄泉。

朱升的墓址肯定是请风水先生勘察选定的,这首诗没有注明时间,因此搞不清墓是何时选定的。从诗中"亲朋何用哭,含笑入黄泉",可以看出,朱升对人的生老病死规律淡然面对。

但是,朱升死后没有立即入土詹田,据弘治《徽州府志》是葬"在汊口,后改葬詹田"。

仔细看《安徽省地图册(2011年版)》,发现休宁县有个汊口乡,距石门有20公里左右;而石门附近也有个汊口,是个自然村。距石门仅2公里左右。

显然，朱升先是葬在离石门附近的汊口村，而不会葬在离石门40里左右的休宁汊口乡。

经查从明嘉靖到民国歙县区划，在民国《歙县志》中，石门、汊口、占田均属二十五都，占田即詹田，据《康熙字典》，詹"又通作瞻""又与占通"。

当时为什么没有归葬朱升选定的风水墓地詹田而先葬汊口？从朱同的文章中可解开此谜。朱同在《卒哭祭先考文》中说：

> 呜呼哀哉！流光迅速，节序变迁，卒哭在临，重增崩溃。按《礼》，三月而葬，今不能遵者，泥乎葬书阴阳拘忌之说，此固先考平生之所留心者，不能破其惑也。

古代汉族的丧礼仪式大致是：孝子自父母始死至殡，哭不绝声；殡后思及父母即哭，不择时间，称"无时之哭"。卒即终止，卒哭祭为终止"无时之哭"的祭礼，自此改为朝夕各一次哭奠，称"有时之哭"。

周代礼制，士三月而葬（大殓后须停柩待葬，为时三月），自葬日开始接连举行三次虞祭，卒哭祭举行在第三次虞祭后的一个刚日（天干纪日法，甲丙戊庚壬日为刚日，乙丁巳辛癸日为柔日）。此时距始死约百日。后世，民间的"百日祭"即源于"卒哭"礼。

朱同这段话的意思大致是：按古礼，应大殓后停柩待葬，为时三月，但现在不能遵守这一规定，因为葬书上有阴阳拘忌的禁忌，必须回避这个日子。而阴阳之说是朱升平时研究最深的学问之一，因此只有按照朱升所信奉的学说，提前急葬（急葬谓家贫或以他故不得待三月，死后即葬者）。既然是急葬，就没有更多的准备时间，所以临时葬在汊口，以后选定吉日，重新安葬在风水宝地詹田。这应当是朱升先葬汊口后改葬詹田的原因。

詹田在哪里？詹田地处休歙交界处，现在地图上没有詹田，只有旃田。詹与旃、占读音均为zhān，是同音字。从詹田到旃田有个地名变迁的过程，嘉靖《徽州府志》记载歙县二十五都有6图8村，其中有就旃田、石门、黄墩等。

到了清顺治《歙县都图全载》中，二十五都一图有石门、詹田等，旃变成了詹；

到了清乾隆，二十五都6图19村仍有石门村，没有了詹田村（可能合并了），新增了汊口村。

到了清道光，二十五都6图44村，又增加了占田村，詹又变成了占；

到了民国，二十五都6图40村，有石门、占田、南溪南、篁墩等，又增加了石坦、乔亭、呈田、汊口等村。

到了2005年，王村镇下有旃田村，石门乡下有石门村，新中国成立前二十五都的旃田、石门两村分属两个乡镇，前者现属王村镇横联村，后者属石门乡石门村，一直维持到现在。而汊口村并到其它村了，但地图上还有。

由此可知，詹田、旃田、占田、石门都是一个明朝二十五都的范围内，就是志书上记载朱升的墓葬地。

问题说到现在，已经基本弄清楚了，朱升墓就是先在汊口后迁到詹田，也就是现在的歙县王村镇横联村的旃田自然村。

朱升去世后，朱同到京都任职，洪武十八年(1385)，受户部侍郎郭桓案牵连，冤死狱中，这一年，他才46岁。

我们原来认为，朱同死后，他的子女会离开石门逃避他乡，有可能逃到盐城。但后来读了范涞的文章，才感到事实不是如此。

范涞(1538—1617年)即范晞阳，休宁人，万历进士，官至浙江右布政使，转福建左布政使。万历四十四年(1616年)，距离朱升去世246年，79岁的范涞"过榆村，乃偕程氏姻友，由深麓逶迤三十里，抵石门"，见到了朱的裔孙朱时新、朱时登、朱庆登(有版本名字不同)，"因获展拜先生遗像，阅所藏谱画图籍，挹芳撷华，师资自幸，而龙飞首顾，扁(匾)御书'梅花初月'大字，千载如新。"

这份资料太珍贵了。按年代算，朱时新等人大约是朱升的十三世孙了，仍在石门生活，虔诚地坚守着祖茔，保存着朱升的遗像遗物，甚至朱元璋题写的"梅花初月"的匾额仍保存如新。

而据盐城挖掘的出土文物，早在明弘治十七年(1504年)，朱升的七世孙朱从馨已葬在盐城。这又说明，朱升的后代有部分早已离开石门外出谋生。

经过梳理，我们可以得出初步的结论：

朱同18岁娶妻，朱升在世时，已有孙子。朱同冤案是受贪污案牵连，不是谋反案，不至于祸及九族，像李善长那样株连子孙。所以，朱同的子孙仍然在石门平安生活。

朱升尽管去世多年，但光辉永存，历代都有来石门祭拜的官员和文人，《朱枫林集》里有不少这样的祭文。如洪武四年(1371年)，镇国上将军驸马都尉王克恭来新安“旌旗朝麾，夕驻石门”，致祭于故翰林大学士朱公之灵；洪武四年，门生黄枢偕弟权等、正德十三年(1518 年)，翰林修撰唐皋(歙县岩镇人，正德间状元)也先后前来祭奠，留下祭文。一直到万历四十四年(1616)，距离朱升去世 246 年，致仕的福建左布政使范涞仍来石门凭吊。说明，人们对朱升的追思之情从未间断。

随着时光流逝，朱同的子孙繁衍，那点薄田茶山难以养活众多的人丁，有部分朱氏子孙离开大山，或读书入仕，或经商求生。曾看到一个资料，安徽歙县詹田上坦的程氏，就在成化年间始迁湖北，后裔后来又到福建经商。朱升的七世孙朱从馨的先祖也许也在成化年间外出谋生，落脚在盐城。

朱从馨的祖上离开石门时，也许带走了朱升的部分遗物，如衣服、官袍等，作为纪念。到了异乡，他们将这些衣冠埋葬，作为朱升的衣冠冢，以示纪念。以便在清明等节日，后辈便于祭奠。

衣冠冢，是古代一个重要的纪念方式，始于黄帝。《汉书·郊祀志上》：“上(汉武帝)曰：‘吾闻黄帝不死，有冢，何也?’或对曰：‘黄帝以仙上天，群臣葬其衣冠’”。《史记》就有衣冠冢的记载。

杨贵妃衣冠冢在长安，史可法衣冠墓位于安徽省六安市三十铺镇，杨敬、袁崇焕、孙中山等许多名人都有衣冠冢。祁门古英雄梅铜一说葬在祁门，一说葬于今江西余干县梅港。两处都记载有墓。有种说法，梅的遗体葬在梅港，墓(也许是衣冠冢)在祁门县城南郊悟法寺。《一统志》说：“墓在余干梅港，或云铜疑冢也。未详。”

不过有一点是肯定的，朱升死在徽州石门，墓在旃田。

至于盐城的墓，如果真有此事，那只能是个衣冠冢，但不能说它是假墓。

衣冠冢也是后人祭奠的神圣之地，我们感谢盐城人民对朱升的纪念。

明朝建立后，随着徽商的兴起和发展，徽州逐步进入发展的新阶段。请看第十章：徽州雄起始大明。

第十章　徽州雄起大明始

从农民当上皇帝的朱元璋建立了历史上赫赫有名的大明王朝。明太祖洪武元年(1368 年),建都于应天府(今南京),永乐十九年(1421 年)迁都到顺天府(今北京),应天府改称南京。

这是中国历史上继汉朝和唐朝之后的又一个黄金时代,史称“治隆唐宋”“远迈汉唐”。

“治隆唐宋”是清朝康熙皇帝南下金陵时,耳闻目睹南京城的盛况后,对明太祖朱元璋建立的明朝由衷的赞叹之词。这四个字意思是说,朱元璋对明朝的治理要比唐朝、宋朝还要好,明朝比唐朝、宋朝还要兴隆。至今,这四字的石碑依然在南京明孝陵景区里。

“远迈汉唐”则出自《明史・本纪第七・成祖三》里的记载:

雄武之略,同符高祖。六师屡出,漠北尘清。至其季年,威德遐被,四方宾服,受朝命而入贡者殆三十国。幅员之广,远迈汉唐。成功骏烈,卓乎盛矣。

这是赞扬明成祖雄才大略。注意“远迈汉唐”四个字,表示在明成祖朱棣年代,大明的疆域空前辽阔,经济社会更为繁荣。

这不是曲意奉承之言,而是历史的事实。明初天下大治,从朱元璋“洪武之治”再到明成祖的“永乐盛世”,仁宗、宣宗的“仁宣之治”等等,盛世景象,可圈可点。

这个时代,也是徽商发展由弱到强一直延续到清朝,称雄于中国商界数百年,达到鼎盛的时期,也是徽州文化全面繁荣昌盛的时期。徽州雄起自大明王朝始,一直延续了五百多年。明清时期的徽商在中国大地上上演了一出辉煌的大剧。

徽州直隶

明朝基本沿用元朝的行政管理体制,但又有所革新和改进。

改革先从地方开始。

洪武元年(1368 年)正月,明朝建立,建都应天府(今南京)。徽州府属江南行省。八月罢江南行省,徽州府直属中书省。

二年(1369 年),改婺源州为婺源县,徽州府领歙、黟、休宁、祁门、绩溪、婺源 6 县。这当然是小动作。即把那些原来拔高的不符合州标准的地方重新改为县。

九年(1376 年),把行省改为承宣布政使司(简称布政使司、布政司、藩司)。布政使司设左、右承宣布政使各一人,为一级行政区最高行政长官。而司法监察、军事则分别由提刑按察使司与都指挥使司管辖。布政司、按察司、都司合称为"三司"。

明代在地方设立三司的目的是加强中央集权,杜绝出现地方割据的可能性。三司分权鼎立,互不统辖,分隶不同的中央机构。遇有大事则三司互相牵掣,既防止地方官员恃权作乱,又达到了集权中央的目的。

明代撤销行省后设置的布政司,总管一省民政,明初共设十二布政司,即:山西、山东、河南、陕西、四川、江西、湖广、浙江、福建、广东、广西及北平和一个直隶区,后来增设云南、贵州两布政司,并将顺天府(今北京)改为北直隶。这 15 个高级行政区,在明朝基本稳定。

这个明初的直隶区(后称南直隶),以应天府、苏州府、徽州府等 14 个府级单位为直隶,相当于今江苏、安徽、上海两省一市。这是当时中国经济最繁荣的地区。

据学者介绍,这个南直隶以朱元璋称帝以前经营了十多年的根据地南京和他的家乡凤阳这两个点为中心,划了周围很大一个区域,凡这个区域内的府、州、县,都直隶于中央政府,就把这个区域称为"直隶"。到了他的儿子成祖朱棣时代,迁都北京,才改称"南直隶",区划不变。

直隶区直接隶属于中央的中书省。徽州府也享受了类似当今中央直辖市的待遇(可惜时间不长),但这种直隶似乎是政治象征意义为多。

需要特别指出的是,南、北直隶是明朝处于南、北方,直隶中央六部的府和直隶州的区域的总称。南、北直隶的府和直隶州与上述十三布政使司一样，都是直接归中央六部管辖的。南直隶是南京及附近府和直隶州的统称；北直隶则是京师及附近府和直隶州的统称。

直隶有如下特点：

其一，南、北直隶本身没有官署，没有机构，没有行政长官。顺天府、应天府虽然是京府，但也还是府级，府尹是不能管其他府、州的。没官署，没机构，没长官自然就不能称之为政区了，只能说是一个范围，就像我们今天说"长三角"地区一样，这个长三角也不能称为政区。

其二，南、北直隶也有巡道（按察使司设）和守道（布政司设），但正因为南、北直隶不是政区，所以各道的参政、参议、副使、佥事们只能挂靠在邻近的两司。《明史·志第五十一·职官四》中载：

> 两京不设布、按二司，故督学以御史，后置守、巡诸员无所属，则寄衔于邻近省布、按司官。
>
> 寄衔浙江、江西、湖广者，苏松道，漕储道，常镇道，庐凤道，徽宁池太道，淮扬道。

寄衔就是挂靠，徽州府隶于徽宁池太道，其负责按察工作的官员就是挂靠在浙江按察司。道也不是一个政区，只是负责专项职能时的巡视和管辖的范围。相当于现在的干部分片包干的地区。

搞清了直隶区的机构职能，再说说省（行省简称为省，明朝撤行省改为布政司后，人们还是习惯叫省）及省以下的机构设置。省一级的地方行政管理，实行布政司、府（含地位同府的州）、县或布政司、府、县（含地位同县的州）三级管理体制。

布政司以下设府或州等行政区划，和以往以人口数来划分府的等级不同，明朝按照年纳粮数额分为上、中、下三等。各府设知府一人，京府的知府称府尹。明朝州分两种，一种直隶于布政司，称"直隶州"，与府同级，但属县比府少；另一种属于府管辖，称为"属州"，地位同县。州设知州。

府及直隶州下设县，主管为知县，县下每纳粮万石设一区，设粮长一人，负责田赋的催征；每110户为一里，设里长一人，10年一轮换；每里分十甲，设甲长一人。

知府、知州、知县,这名称都有一个“知”字。清朝汪辉祖在《学治臆说》中是这样解释的:“名为知县、知州,须周一县一州而知之;有一未知,虽欲尽心,而不能受其治者。”这充分说明,古代就深知知行统一的道理,要当好官,治理好一个地区,必须了解实情,才能作出正确的决策。这话对我们今天仍有现实意义。

明朝这个蛛网一样的地方行政管理,大大加强了中央集权统治,保证了政令畅通无阻。

这时,中央还没有大的动作,朱元璋还在等待时机。

明初中书省负责处理天下政务,长官为丞相,位处一人之下,万人之上。上传下达均须通过中书省,致使丞相权势大得吓人,这种状况自然与朱皇帝强化皇权的欲望相背离,使朱元璋很不舒服。最高层的动作终于出手了。

一直想大权独揽,对丞相分权十分不满的朱元璋,于洪武十三年(1380年),在合适的时机,以宰相胡惟庸谋反为由,杀胡惟庸,并趁机颁发《废丞相、大夫,罢中书诏》,撤销中书省,不置丞相,升六部尚书秩正二品,归皇帝直接领导。

把帮他办事的机构和官员撤的撤、杀的杀、罢的罢,许多事情只得皇帝自己做。朱元璋纵有三头六臂,也忙得晕头转向。据明史专家统计,当时皇帝平均每天要亲自处理200多份文件,400多件事,不把皇帝累垮才怪。后来实在忙不过来,朱元璋又仿宋殿阁制置内阁,设些内阁大学士之类,作为皇帝的顾问和助手,成为最高决策机构。

办事机构设立吏、户、礼、工、刑、兵六部,每部设尚书1人,侍郎2人。监察机构设置都察院,设监察都御史8人。分监察御史为浙江、河南、山东、北平、山西、陕西、湖广、福建、江西、广东、广西、四川十二道,各道置御史3到5名,称为十二道监察御史。监察御史都驻在京师,有事带印现场办公,办完公事将印缴回交差。

中书省撤了之后,徽州府当时隶属于直隶,由中央六部直管。二十九年(1396年),徽州府的司法、监察部门挂靠在浙江,有关事宜由浙江按察使黟婺分司佥事(官名)管辖。成祖永乐初年(1403年),明朝迁都到顺天府(今北京),又设都城地区(今北京、天津两市,河北省大部和河南、山东的小部地区)为北直隶,把南京的直隶称南直隶,应天府改为南京。徽州就改隶南直隶(今南京)。

这里还要说一下按察司这个机构。明初，就复用自唐就始设的按察使之称，主管一省的司法、监察，又设按察分司，分道巡察府、州、县。

洪武九年(1376年)，为了加强中央集权，朱元璋废除地方行省，改设都指挥使司、承宣布政使司(布政司)和原有的提刑按察使司，由三司分掌军政、民政和司法。其中按察使司内设“按察使一人，副使、佥事无定员”。

注：1. 本图系明洪武二年(1369年)徽州府政区图，领歙、黟、休宁、祁门、绩溪、婺源6县；

2. 本图仅供参考。

这按察司管的事可真不少：一是受理上诉，纠正冤假、错案；二是复查州、县文书卷宗，审核下级判决；三是荐举和纠劾地方官吏；四是抑制豪强，安抚流民；五是提督学校，监临乡试。除上述五方面外，明代按察司官还有整饬兵备，兼理屯田、盐课、清军、水利等职能，大多是因事而设，人员职责不固定，属于即设即撤的临时性机构。就像我们现在许多临时性办公室一样,如某县设个打狗办,把疯狗灭掉后,打狗办就自然撤销。按察司的通常工作则由按察副使、佥事负责。

这真是个大杂烩的单位,既管办案、监察,连教育和农业的事也管。

到了明朝中后期,军事斗争逐渐成为明廷的主要任务,正德四年(1509年)之前,按察副使或佥事就参与"整饬兵备",后来,整饬兵备已发展成为一级常设机构,即兵备道。兵备道遂在明朝的军事和政治体系中扮演了重要角色。

明世宗嘉靖三十四年(1555 年),徽州府的司法监察及兵备之事,隶属于浙江按察司徽宁池太道兵备副使管辖,到明穆宗隆庆六年(1572 年),又隶浙江按察司分司徽宁道兵备副使。这就是上面所说的寄衔管辖。在此之外的工作,则由中央六部直管,接受上级派员下来督促检查。

明代后期,实行督抚制度,总督和巡抚权力很大,使包括按察司在内的三司竟降为从属地位,三司长官上面又多了个婆婆。巡按的权势渐集行政、监察、司法、军事诸权于一身,地方官"事皆察命于巡按",以致出现了"按临之日,则百事俱废,多方逢迎"的可悲局面,地位一落千丈,带来了政治隐患。这里不再展开论述。

徽商之谜

"前世不修,生在徽州,十二三岁,往外一丢"。这句流传在徽州的古话,蕴藏着徽商的血汗史、奋斗史和成功史。

迄今为止,研究徽商的文章不知有多少,类似《新安家族》、《大清徽商》的电视剧、电影也风靡全国。随着徽学研究的深入发展,徽商的谜团也逐渐揭开。

如出山之谜:徽商到底是何时形成气候?商成帮起于何时?

创业之谜:原始发展的资本和手段是什么?

经营之谜:是靠诚信、勤劳、义取还是巧取豪夺,弄虚作假?

资本之谜:徽商到底积聚了多少资本,在全国商界占多大比重?

花钱之谜:徽商赚的钱到底花在何处?用于扩大再生产和奢侈性消费各占多大比例?

官儒之谜:徽商的特色到底是官商还是儒商?

衰败之谜:到底是什么外因和内因使徽商没落?等等。

徽商留下的遗产(物质的和非物质的财富),对我们今天仍有现实的借鉴意义和学术价值。因为研究徽商的学术文章举不胜举,所以本书不打算展开叙述。

从新安时代,徽州人经商就稍有名气,但并没有形成大的气候。一直到明朝正德、嘉靖年代才兴盛,到清代乾隆年代达到鼎盛,和晋商一起称雄中国商界数百年。

如果你参观过徽州历史博物馆,就可以看到有一张徽州历代人口表格:北宋元丰三年(1080 年),户 10.6 万,口 54.3 万;元朝至正二十七年(1367 年),户 15.7 万,口 82.4 万;明朝万历六年(1578 年),户 30.5 万,口 145.3 万;清道光年间,户 80 多万,口 180 万(2010 年黄山市人口才 140 多万)。

随着中国历史上三次人口大迁徙,北方人口大量涌入徽州,土地与人口的矛盾十分突出,靠几分薄地根本无法养活这么多人。与其在家苦熬饿死,不如出去闯条活路。明万历《歙县志》载:

> 谚语以贾为生(生计),意不贾则无生,奈何不亟亟也。……人人皆欲有生,人人不可无贾矣。

徽州人大批外出闯荡的时间是明正德末、嘉靖初(1521 年前后),在此之前,还是以农业为主,经商未成大气候。万历《歙县志·风土》载:

> 至正德末、嘉靖初,则稍异矣。出贾既多,土田不重。

徽商的发展经历了艰苦卓绝的长期过程,无数徽州商人用年轻的生命和徽州女人的青春为代价,前赴后继,不畏辛劳,如骆驼般跋涉,如力牛般奋力,终成大业,谱写可歌可泣的壮丽诗篇。

一个交通封闭的山区,几个粮食不能自给的小县,从几万人到一百多万人口,竟创造了“无徽不成镇”的中国商业史上的辉煌,创造了一个徽商时代,这不能不说是一个奇迹。

徽商积累的财富总量令今人也感叹不已。据史料记载和学者分析,天下的有钱人,如果以百万两黄金为基础,5 个人中可以说有 2 人是徽商。明代万历年间,有人做过估计,扬州的盐商资本约为 3000 万两;清代有人做过估计,盐商资本可达七八千万两。这两个数字,分别与当时朝廷的国库存银之数基本等同。

在明代,中贾二三十万者至百万者比比皆是,到了清代,有些巨贾“富以千万计”“百万以下者,皆谓之小商”。徽商财力之多,影响之大,就连乾隆皇帝也因之发出“富哉商乎,朕不及也”的感叹。

但在这种表面光鲜的背后,却隐藏着一个事实:徽州的两极分化现象十分严重,经商与务农的差别,大贾与小贾的差别十分明显,农村的土地兼并,城镇的产业兼并越演越烈,徽商本身的封建商业的历史缺陷也逐渐显示出来,终于在资本主义商业侵入中国的大背景下,无可挽回地走上了衰败之路。

徽商的致富之谜,值得我们深入挖掘,吸取其有益的精华;徽商的衰败之谜,也值得我们客观总结,引为历史的教训。

文风昌盛

随着徽商的兴起,徽州经历了起步——初兴——发展——鼎盛的过程。晋朝商初起,唐宋迈小步,元朝打基础,明清大发展,鼎盛三百载,辉煌耀中华。从新安文化到徽州文化,一脉相传,逐步发扬光大。

新安的名字在历史上很响亮,甚至可以和徽州相媲美。南宋理学家朱熹称“新安大好山水”,而未称徽州或歙州大好山水,可见新安两字的历史分量。

新安文化和新安江有关。新安江发源于休宁六股尖,流至淳安、建德,再流入富春江,钱塘江入海,全长 373 公里。上游安徽境内 242.31 公里(过去屯溪以上叫率水,屯溪至歙县浦口叫渐江,浦口以下才叫新安江,现在全流域统称新安江),安徽境内(从浦口至街口)28 公里。下游建德境内 48 公里,其余 82.69 公里均在淳安。

新安郡有两个概念,一是晋朝时的新安郡,包括今浙江的淳安(含遂安),梁朝时又包括寿昌(今浙江建德市)。二是隋朝的新安郡,隋开皇九年(589年)以后,淳安、遂安、寿昌已与徽州分开,划归浙江婺州管辖了。而我们安徽的这个新安郡,是隋大业三年(607 年)改歙州复置的。它的郡治先后在黟县、休宁,后移歙县,辖境相当于今安徽的新安江流域、祁门及江西婺源一带。后世所说的新安,主要指的也是这个新安。

在晋代及隋唐,并没有新安文化的提法。而在明清以后,新安文化才逐渐叫响。这和“新安画派”和“新安医学派”有关。明末清初歙县籍山水画家渐江(弘仁)和休宁县人查士标、汪之瑞、孙逸并称为“海阳四家”。休宁县在三国吴时曾称海阳县,隋初机构改革,歙县与黟县皆并入海阳县,前“徽州”偌大的地盘,竟只剩海阳一县。“海阳四家”之名始见于清朝康熙年间张庚的《国朝画征录》一书:

> 新安自渐江师以倪云林(注:元代画家)法见长,人多趋之。不失之结,即失之疏,是亦一派也。

这一提法,一是突出了四位画家的新安籍贯,因他们都是休宁或歙县人,这两个县先后又都做过新安郡治,故后人称他们为“新安画派”。二是突出画家共同的画法风格,“以清冷孤傲之笔,写‘峻岭奇松、悬崖峭石’之意,而寓明代遗民风骨节操于其中。”四人的画法成为一派,使“海阳四家”之名不胫而传,这4位名家也成为新安画派的代表。

唐代以后,歙州(徽州)研究医学的也逐渐增多。到明、清时代,名医辈出,出现了百家争鸣的大好形势。据不完全统计,自宋代至清末,共有名医466人,其中197人撰写了355部医学著作。尤其是明嘉靖至清末(1522—1911年),新安医学进入了全面发展的时期。

在医学领域,晋代新安郡守羊欣就是一个医学家,他著有《羊中散方》30卷,此后,越来越多的新安医学人才辈出。明代后人称为“新安医学派”,并有“天下名医出新安”之说。

为什么新安学子热衷于学医,并形成中国的一个医派?这和徽州的历史渊源有密切关系。

徽州文化是吸纳中原文化而逐步形成的,医学的发展也是如此。历史上的三次大迁徙,使黄河流域的文化逐步南移,其中不少人才流到徽州,这些人才中不乏医学人才。元末休宁赵汸云:

> 新安自南迁后,人物之多,文学之盛,称于天下。当其时,自井邑、田野以至于远山深谷、民居之处,莫不有学、有师、有书史之藏……故四方谓

之为“东南邹鲁”。其成德达材之出为当世用者，代有人焉（赵汸《商山书院学田记》）。

据新安医学研究学者项长生等介绍，新安宋代曾受御赐“医博”之额的歙县妇科名家黄孝通，距中原南迁之始已 28 世，其 45 世孙黄予石为清代新安妇科名家，至清已历 52 世，仍代不乏人。又新安歙南项天瑞（有医著《同寿录》传世）之一世祖于唐末五代时由中原辗转南迁至桂溪，至天瑞已历 27 世，人称“新安旺族”。这些先后迁入徽州盆地的中原侨民，带来了文化和技术，这是形成新安文化和各种医学流派的人文基础。

古老的徽州，人文之昌盛，蔚为风气，故众多徽州青年成才分几种途径：

一是走科举路，多是那些富家或望族子弟，“学而优则仕”，如歙县的许国、绩溪的胡宗宪等都是进士出身步入政坛的高官。

二是走经商路，多是那些“家贫，力不能读书”的或读书不力的，“十二三岁，往外一丢”，外出当学徒学经商，叫“学而困则商”，从给师傅倒尿壶的小伙计做成账房先生或老板的比比皆是。明朝著名戏曲家、歙县籍的汪道昆说：“夫贾为厚利，儒为名高。夫人毕事儒不效，则驰儒而张贾。”（《太函集》）意思是说，经商有厚利，习儒当官有名声。如果读书不力，没有成果，则放弃追求功名而转为重视经商。这个一张一弛之道，充分说明徽州人在读书和经商上的价值取向。

黟县西递村有副对联的上句是：“读书好营商好，效好便好”，读书、营商是两条主要的成才路，不管走哪条路，向好的学习就是好的，出成果就是好的。

还有一批人才，遵照父辈“不为良相，则为良医”的教导，抱悬壶济世之宏愿，或跟长辈学医，或当国医学徒，走“学而仁则医”的道路，医者仁心，以医技普济众生。徽州不少“新安名医”的后代，走的就是李时珍的路。如祁门汪机，出身名医之家，他抛弃科举功名之心，随父学医，成为明代新安医学奠基人、一代名医。

徽州人“习儒习贾，各有正务，而游手者寡”（《沙溪集略》卷 2《风俗》）。“贤才间出……在朝在外，多所建树”（光绪《婺源县志》卷 3《风俗》）。

在新安画派、新安医派基础上滋生的新安文化，经过明清徽商的发展壮大，导致“故家名族，比比相望；其人行贾，饶倾四方；其业诗书礼乐，缙绅缝掖之士先后出”，经济发展，各类人才辈出，熔铸成了闻名遐迩的“徽州文化”。

三品知府

"三年清知府，十万雪花银"，这句民谚从反面说明当清官的不易。从宋到明、清，近800年的徽州（府），按三年一任，至少出了200多个知府（州），如果从新都郡算起，担任过太守、知府（州）一级的官吏有近500多个。但真正能在史书上大书特书的清官、好官实属凤毛麟角。清朝洪玉图的《歙问》载：

（徽州）廉惠宽简之吏，有如伏恒、任昉、孙遇、倪祖常、羊欣、江秉之、袁甫、郭师中、孙佑、吕大防也哉！

南朝的任昉，我们在第六章作过介绍。这里介绍的明朝徽州知府孙遇，也是一个百姓拥戴的好官。

知府，一般是正五品或从四品官，而孙遇在徽州当知府，却擢升为正三品。这说明，孙知府有着特殊的功绩。

孙遇（1404—1483年），字际时，今山东烟台市福山县人，是一个明朝朝廷外派到徽州的官员。明嘉靖、弘治《徽州府志》、《福山县志》、《明史》、《赵豫列传》、《中国名人大辞典》等都记载过他的事迹。

和新安太守任昉一样，孙遇"生有异才"，11岁时，见官府告示，就能朗诵如流，声音洪亮，顿挫有节，被下乡的官吏看见，甚为赞赏，推荐到县学读书，以奇文诗才补为庠生（学生员）。中秀才后，诗词字画享誉一时，被誉为"神童"。

宣德十年（1435年），31岁的孙遇参加山东乡试，以优异成绩获乡试第五名举人。次年，正统元年（1436年）入京城参加会试，以二甲第二十五名连捷进士，赐进士出身，授官户部主事，参与掌管全国财赋、户籍、农业等事。

六年（1444年），被英武殿大学士、内阁首辅杨溥推荐，从中央挂职到地方，任徽州知府，官正五品。

和所有的清官一样，孙遇到徽州后，"修学课农，均征雪狱，植善锄强"（嘉靖《徽州府志》），就是办教育，兴农业，均赋税，平冤狱，扬善打黑，革除积弊，创新吏治。最受百姓欢迎的一件事是将县乡多余的一些官田，丈量成册，分给一些无田种的穷苦农民，并合理调节徭役，让农民休养生息。还将上任知府留下的多年积案，一一审清结案。徽州百姓欢欣鼓舞，称他为"青天父母官"。

十四年(1449 年),孙遇父亲病逝。按明朝官吏制度,父母病逝,儿子必须丁忧守制。丁忧是封建王朝提倡孝道的一种制度。就是朝廷官员的父母去世,他必须回到祖籍节孝守制 27 个月(2 年多时间),这叫丁忧。制满后称服阕,到家乡省抚署报到,然后上奏朝廷,由组织部门(吏部)重新安排职务。如果此官员因公务繁忙或朝廷急需任务等特殊原因不能离任怎么办?那就由朝廷强令丁忧的人免去守制,继续工作,这叫做"夺情"。古代官员一丁忧就是两年多不上班,确实时间太长,影响工作。

近三年不能上任,徽州地方官员及百姓不干了,联名上表朝廷恳留"夺情",此举得到朝廷批准。孙遇匆匆回到家乡为其父草草办完丧事,便火速返回徽州继续上班。

据《钦差河南布政使孙公神道碑》等资料记载,景泰五年(1454 年),徽州遭受百年不遇的自然灾害,先旱后涝,各县粮食歉收,百姓挨饿。遭灾严重的休宁、黟县饥民凌辛受等"聚众强取民粟",社会秩序一片混乱。安徽巡抚会同朝廷派来的汪御史亲临徽州,"欲发兵剿之"。孙遇不同意派兵镇压,说:"民迫于饥,宜抚之","遂单车往论之,辛受素信遇,率众来归",凌辛受等民众向来相信孙遇,经过耐心细致做思想教育工作,不动一兵一卒,没有流血,一场突发事件就这样化解了。孙遇对群体突发事件的应急处理能力就是在当今也是值得一些领导学习的。事后,孙遇积极组织抗灾救灾,使徽州平稳地度过了这场历史大灾荒。

孙遇在处理诉讼方面是个能手,他明察秋毫,公正断案,办了不少疑难案子。"民狱有积年弗伸者,公倾城处之",就是说许多陈案积案,在他手上都认真得到查处,"雪仇释冤者甚众"。特别是他查清了婺源县一名叫妙安的女子所谓投毒杀人的冤案,将投毒真凶缉拿归案,而妙安无罪释放。一时四乡送匾给孙遇,称他"青天太守"。

这一年,他的母亲又不幸病逝于老家,徽州人又联名再三恳请,朝廷恩准,再次"夺情"留任。他在徽州已干满两任,政绩卓著,百姓称赞,考核优秀,按惯例应当升迁。但徽州百姓舍不得让他走,为他送万民伞,又联名要求朝廷将他留任,"朝廷重念民意,乃以三品秩仍署郡",就是就地晋职留任,由四品升为三品。明朝的三品官相当于现在的副部(省)级干部了,相当于地(市)级的知府享受副省级的待遇,确属破格提拔。

孙遇前后在徽州十八年,深受徽州百姓的敬重。天顺八年(1464 年),孙遇又擢升为江西右布政使(这是省级干部实职了),这次徽州百姓见是好事,“如今荣满留无计”,怕误其前程,就不再强留,大家作诗颂扬他的恩德,并建生祠纪念他。

据《福山县志稿 · 孙珂等传》载,孙遇4个儿子有3个中进士。长子孙珂后官居广东道监察御史,升任南京大理寺寺丞。孙珂出巡江浙,参与荆襄政务,每遇到徽民时,则说,徽州是我父亲治理过的地方,他对徽人十分礼貌,遇到徽州人有困难的事,大力帮助。一时徽州百姓传为佳话,颂扬孙遇有此贤德儿子(“尝出巡江浙,参赞荆襄,每遇徽民则曰:‘吾父之所治也!’从容礼遇或有颠沛,力为扶持。新安之民感之归,美于遇为有子云”)。

海商之殇

汪　直

在明朝嘉靖年间,徽州出了两位知名人物,一是浙江总督胡宗宪,另一位是被当时皇朝称为大海盗的徽商汪直。

这两人都是徽州人,都是历史争议人物。他们都成名于大海,死也与大海有关,演出了一幕惊心动魄的海殇传奇。

明朝十五世纪中期,当西方国家进入蓝色海洋时代,发展海上贸易时,而古老的中国却实行海禁政策,禁止与沿海诸国贸易。但国内的民间走私活动从未停止,逐步做大,形成很强的势力。

胡宗宪作为明朝剿扫倭寇和海盗的大都督,和作为徽州老乡的汪直等海商进行了激烈的较量。一个因海而发财,一个因海而建功。最后,汪直死在胡宗宪的手下,而胡也功高遭妒,因涉嫌严嵩集团之罪,最后死于非命。

海上贸易的形成是因为当时中国的经济比日本发达,中国的丝绸和瓷器等在日本有很大的市场:

> 大抵日本所须,皆产自中国,如室必布席,杭之长安织也;妇女须脂

粉，扇漆诸工须金银箔，悉武林造也；他如饶之瓷器，湖之丝绵，漳之纱绢，松之棉布，尤为彼国所重。（顾炎武《天下郡国利病书》）

而且巨大的价格差使一些精明的商人铤而走险，结成海上贸易集团，从事海上贩运活动。

海商的做大显然与明朝的海禁政策相背。但是，朝廷越禁，反抗越强，逐渐形成一批武装集团走私队伍，汪直就是当时最强的一支。

汪直（也有记为王直），徽州歙县柘林人，又名汪五峰，号五峰船主。他年轻时做过盐商，后转入海上贸易，经过多年打拼和吞并，逐渐成了亚洲最大的海上贸易集团，拥有兵众20余万人及载重120吨以上巨舰百余艘。因朝廷打压海上贸易，且派兵剿杀，汪直只得在日本建立了贸易基地，"闽光徽浙无赖奸民，潜匿倭国者不下数千，居民巷街名大唐"（《筹海图编》）。汪直甚至还占据了日本的淞浦津，当起了土皇帝，"僭号宋，自称曰'徽王'，布置官署咸有名号。控制要害，而三十六岛之夷地皆其指使"（《借月山房汇抄 · 汪直传》）。可见，不是汪直当了汉奸，而是日本人为他服务。汪直的"徽王"，做到了日本的国土上。

汪直一开始并未和朝廷作对，而且帮助地方政府降服海贼，打击倭寇，发挥了独特的作用。他的要求不过是政府放宽政策，条件是"惟愿进贡互市而已"。但对这样的要求显然朝廷是不会同意的，而且派总兵俞大猷"驱舟师数千围之"，迫使汪直产生报复心理。

据《明史 · 列传第二百十 · 外国三》载：

三十二年三月，汪直勾诸倭大举入寇，连舰数百，蔽海而至。浙东、西，江南、北，滨海数千里，同时告警……纵横来往，若入无人之境……大抵真倭十之三，从倭者十之七。

这股海盗甚至入侵到深山区的徽州：

时贼势蔓延，江浙无不蹂躏。新倭来益众，益肆毒。每自焚其舟，登岸劫掠。自杭州北新关西剽淳安，突徽州歙县，至绩溪、旌德，过泾县，趋南陵，遂达芜湖。

如果事情真的如此，那汪直确实罪不容赦。但有资料证实，这次汪直所部并没有入侵内地，入侵内地的乃是福建海盗和倭寇，而朝廷误以为是汪直部。而次年闰三月进入内地抢掠的则是在嘉靖三十一年已经和汪直反目的旧部——徐海、陈东、麻叶等人。情况如真是如此，汪直即不应和徐海等海盗同罪。

在朝廷对付倭寇和海盗的战事中，与之有关的另一个徽州籍的重要人物是胡宗宪。

胡宗宪（1512—1565 年），字汝贞，号梅林，徽州绩溪县人。嘉靖十三年（1534 年），胡宗宪乡试中举，十七年（1538 年），中进士，从此步入仕途。三十三年（1554 年），出任浙江巡按御史（《明史·胡宗宪传》"出按浙江"），三十四年擢都察院左佥都御史巡抚浙江。

胡宗宪

胡宗宪深知汪直在海盗中的威信和特殊作用，采取剿抚并举之策，想利用他来遏制其他海盗势力，减少百姓的损失和战争的破坏。嘉靖三十四年（1555 年），身为浙江总督的胡宗宪主动释放了在狱中的汪直的老母妻儿，给予丰厚的待遇，同时派使团前往日本宣谕并招抚汪直，汪直知道自己母亲与妻子健在，对归附朝廷有点动心（"宗宪与直同郡，馆直母与其妻孥于杭州，遣蒋洲赍其家书招之。直知家属固无恙，颇心动"）。

胡宗宪先是与汪直养子谈判，汪直对朝廷态度还是半信半疑，为表诚意，胡同意汪直要求，派夏正为人质（"直又邀一贵官为质，即命指挥夏正往"）。

汪直于嘉靖三十六年（1557 年）九月下旬率数千骁勇由日本驾舰回国，并带来了叶宗满、王清溪等重要头目，泊舟山岑港，于十一月份入胡宗宪总督府（"直以为信，遂与宗满、清溪偕来。宗宪大喜，礼接之甚厚"）。胡宗宪对汪直非常优待，并上疏请求赦免。

事情本来应圆满解决，汪直的归附肯定会带来联动效应。但当胡宗宪让汪直等到杭州去看看，却被巡按御史王本固关进牢房。胡宗宪要王放人，王却向朝廷告状，说胡公开放纵罪犯，其中必有隐情。朝中一些重臣也对胡宗宪进行激烈的弹劾，言其受汪直贿赂而徇私，使胡宗宪处于两难境地，陷入危境。胡宗宪被迫同意处死汪直。胡宗宪苦心谋划的安抚策略终告失败。

嘉靖三十八年（1559年）十二月，汪直被斩于杭州官巷口。汪直临死时预言："死吾一人，恐苦两浙百姓。"在处死汪直后，汪直的部下王激（汪直养子）也将夏正处死并肢解，并继续与朝廷对抗（"激等闻，大恨，支解夏正，焚舟登山，据岑港坚守"）。

汪直死后第二年，倭寇又卷土重来，变本加厉地抢掠攻城，百姓生命财产遭受严重损失。幸好胡宗宪的部下俞大猷、戚继光等奋力抗倭，才逐步挽回被动局面。清人谈迁是这样评述这件事的：

> 胡宗宪许王直以不死，其后议论汹汹，遂不敢坚请。假宥王直，便宜治海上，则岑港、柯海之师可无经岁，而闽、广、江北亦不至顿甲苦战也。（《国榷》卷62）

清人朱克敬评说：

> 斩汪（王）直而海寇长，推诚与怀诈相去远矣。（《边事汇钞》）

而一代忠臣胡宗宪，肩负重任，精忠报国，平倭驱盗功劳卓著，且谋略高人一筹。为了驱倭的大局，他不得不与严嵩奸党人物虚与委蛇，却被政敌弹劾为严嵩党，两次被逮入狱，他在狱中愤然上书数千言，发出"宝剑埋冤狱，忠魂绕白云"的感叹，在政敌投井下石、自辩无望后愤而引刃自杀于狱中，一代忠臣，含冤而死。

万历十七年（1589年），经宗宪孙胡灯奏准，胡宗宪才全面恢复名誉，御赐葬故里之天马山，谥号"襄懋"（"宗宪竟瘐死，汝正得释。万历初，复官，谥襄懋"）。

汪直的悲剧是时代的悲剧，在闭关锁国的政策下，中国失去了成为海洋大国的机遇，经济发展受到严重影响。而胡宗宪的悲剧则是封建王朝政治生态的悲剧，他背负贪狡背盟、不讲信用以及被打入严党的骂名，但为平倭立下了不朽的功勋。历史将会给予他公正的评价。

木商悲剧

明朝后期,政治黑暗,制造了不少冤假错案。明熹宗天启年间“吴养春私占黄山木植案”,与“汪文言案”“吴怀贤案”合称“明末徽州三大冤狱”。

上海文史馆程演生博士(1888—1955年)在研究徽州历史、阅读有关方志过程中,发现徽州如此重要的事件,《徽州府志》竟只字不载,“尝览而嗟怪”,因而在民国时期写下《天启黄山大狱记》一书,对案情详加考辨,纠正谬误,深刻揭露魏忠贤为首的宦官集团所一手策划、制造的大案,揭示了徽商当时所处的恶劣的政治生态环境。

所谓吴养春私占黄山木植案,《徽州府志》未载,但《明史》等一些史料有所记载,徽州清朝的《岩镇志草》和民国的《丰南志》等民间史籍都记载了此案(丰南则歙县西溪南,今属徽州区)。而且在明清的一些时事小说中亦有描绘,说明此案有一定的代表性,对了解当时政治现状有一定的意义。

主人公是歙县西溪南的徽商吴养春,是个靠采卖黄山一带木材起家的木商,“黄山多其世业”。他的祖父吴守礼在扬州做盐业生意,算个乐善好施的大富商(《丰南志》:“养春祖守礼以盐起家,至养春父派分五支。养春有黄山地二千四百亩。”)

起因是吴养春与族人吴孔嘉(又称吴文石)的恩怨。在一次吴氏宗族议事时,吴孔嘉的父亲与吴养春意见不一,吴孔嘉之父本来身体有病,加之受气,不久就病死,史书上说“众辱之,文石之父因郁郁死”。吴父之死与吴养春并无直接关系,“其实,孔嘉父以弱病死”(俞正燮《芦城评话叙录》)。但作为族人,吴养春还是对吴孔嘉十分照顾,平时生活甚至读书考试的费用都是他出的。

天启五年(1625年),吴孔嘉题名金榜,举一甲第三名进士,授翰林院编修,并巴结上了宦官魏忠贤,成为他的义子。

仇恨的种子总要发芽,吴孔嘉时刻准备挥起复仇的利剑。

天启六年(1626年),吴孔嘉唆使养春仆人吴荣上告其主,吴荣“诉于东厂,诬其私占黄山,历年获租六十余万两,忠贤遂矫旨逮养春”。魏忠贤正是看中了吴养春的财富,才决心穷治其狱,以便大捞一把。

欲加之罪,何患无辞。魏忠贤在奏疏中列举数罪:“私创崇文书院”“招聚朋党”“用贿朦蔽”等等,和当时魏忠贤剿杀的反对党东林党人挂起钩来,更加重了案情的严重性。

随即，魏忠贤矫旨将“欺君抗旨”“为恶多端”的吴养春父子“扭解来京，一并究问”，“所有卖木赃银数多，并抚按严拿家属经营人等，监候，追赃解进”。于是，“逮养春父子及方中凡等，一村落间钦犯八名立刻就缚”（《丰南志》第10卷）。

熹宗皇帝朱由校，昏庸糊涂，他不理朝政，宠信宦官魏宗贤，一任他独揽大权，胡作非为，朝廷忠良被杀的杀，关的关，弄得民怨沸腾，国将不国。据《明史》载，他“好亲斧锯髹漆之事，积岁不倦”，就是喜欢做木匠和油漆工，而且乐此不疲。魏忠贤很狡猾，往往乘他“引绳削墨”时去奏事。他很不耐烦，一句也不听，冲着说“朕已悉矣，汝辈好为之”。意思是我知道了，你看着办吧。

案件的结果是：吴养春父子三人命归黄泉，养春妻自杀，人死了，还要追缴“赃银”60 万两。魏派工部主事吕下问来徽州追缴“赃银”。魏党一伙胡作非为，大兴株累勒索，“限月酷追，遍毒徽民”，“刑苛网密，凡吴氏亲邻族党无不株连”（《丰南志》第 10 卷），“株连蔓延，吴之族党亲邻无不罹其凶毒者”（《岩镇志草》）。

吕下问的残暴行为激起了徽州民众的反抗，岩寺万余徽民民变，“殴两捕，死，毁其尸……乡城之人，无不切齿部差者，乘机而起，大书‘杀部安民’四字，遍布通衢”。民众冲入吕下问公署，吕吓得“仓皇破后壁宵遁”，愤怒的民众“毁门火其宫”（《丰南志》第 10 册）。最后，还是歙县县令倪元珙“徒步，挥涕慰谕”，才平息了这场风波。由于激起民变，影响恶劣，魏忠贤不得不将吕免职。

戏剧性的情节是，后来派来追赃处理此案的竟是同为歙县人的万历朝的文渊阁大学士许国之孙、大理寺寺正许志吉。许志吉在乡人面前骄横跋扈，趾高气扬，搜刮富户，“残害徽民尤酷”，“荼毒乡里，不遗余力”（程演生《天启黄山大狱记》）。他的儿子许鸣皋、仆人林子章乘机纳贿勒索，鱼肉乡里，弄得天怒人怨。

1627 年，熹宗皇帝死后，其弟朱由检继位（即崇祯皇帝），他打击惩治阉党，治魏忠贤十大罪，魏畏罪自缢而亡，其余党徒亦被彻底肃清。歙县县令倪元珙擢升御史后，“首疏痛陈黄山一案颠末，请尽悬赃，徽祸乃解”（顺治《歙县志》卷四），黄山木植冤案终于得到平反。

虽然吴养春父子三人早已冤死诏狱，妻子汪氏也自缢身亡，但迟来的平反毕竟恢复了正义。其余涉案的 12 人中，只有 3 人劫后余生，得以重返故里。

这起冤狱的责任者则受到了应有的惩处。其中许志吉因“矫旨派赃,附逆流毒”,依律“斩,秋后处决”;吴孔嘉“坐徒三年,纳赎为民”(赵承中《黄山冤案》)。“至是,新安之民,如释水火”。

整个案件跌宕起伏,一波三折,情节复杂,深刻披露了明朝后期的政治腐败。

这个案件说明,商业资本再强大,也是斗不过权力资本的。徽商如果没有政治靠山,随时会成为任权贵宰杀的猎物。这也迫使一些精明的徽商不得不与官方联络感情,逢迎、依附、仰攀封建政治势力,甚至官商一体,以便于在复杂的政治环境下生存和发展。

本书作者之一舒甘来以“吴养春私占黄山木植”冤案为背景,创作了长篇历史小说《徽州布衣》,生动地描绘了这一轰动全国大案的来龙去脉,全面展现了明朝徽州的社会习俗、宗族文化、学子成长和徽商生存的政治生态环境,演绎了一个有血有肉的徽州故事。这部小说也被评为黄山市第三届文学艺术一等奖。

欲知徽州在明朝上演的这场大剧在清朝如何落幕,请看第十一章:前盛后衰花凋谢。

第十一章　前盛后衰花凋谢

万历中期始，政治腐败，官员贪腐，民变迭起，明朝走向衰亡。崇祯十七年（1644 年）春，李自成率农民军攻克北京，明朝政权摇摇欲坠。同年吴三桂引领清军入关，清朝取代明朝统一中国。

清朝是中国最后一个封建王朝，也是中国历史上继元朝后由少数民族建立且统一全国的第二个封建王朝。

"家庭顺治、生活康熙、人品雍正、事业乾隆、万事嘉庆、前途道光、财富咸丰、内外同治、千秋光绪、万众宣统"，大清朝的几个皇帝老爷子年号都取得不错，但年号再好，也挡不住历史发展的潮流，经过康乾盛世后，清朝是一代不如一代。

称雄中国数百载的徽商，在清朝的初、中期，像一出辉煌的徽剧，上演了最精彩的一幕。但是，大戏终有落幕的时候。徽商和徽州，在道光之后不再有前途，在咸丰年间财富大耗，在内外无治的同治年间走向衰落，在动乱的光绪时空节节败退，在宣统退位中宣告大剧落幕。阅尽春色的徽商，像一朵美丽的奇葩，前盛后衰，终于无可奈何地凋谢。

徽州入清

当清兵进入江南时，徽州出现了许多抗清英雄。其中著名的一位是休宁的金声，另一位是歙县的江天一。

金声（1589—1645 年），是徽州休宁瓯山人（今休宁县万安镇徽光乡瓯山）。崇祯元年（1628 年）中进士，官翰林院庶吉士。次年，宫廷召对时，他的《廷试策》深受崇祯帝赏识，升为御史、监军。

清军初犯北京，他上书建议破格用人御敌，因无果，遂托病辞职回归故里。后授山东佥事，未就。回乡后，组织乡勇，在县城西门外凤山之上，习射演武。不久清兵入关，占华北，复陷南京，他带领学生和乡亲起义抗清，应者甚众。

是年，唐王朱聿键在福州称帝，封他为兵部右侍郎兼都察院右都御史。他以"杀虏者昌，降虏者亡"为行动口号，总督诸道军，相继连克宁国、旌德、泾县、宣城等县，威震江南。后清军派兵围剿，从旌德进入，在绩溪激战，金声等终被清军抓获，在南京英勇就义。《清史稿》载：

> 明佥都御史金声，家休宁，受唐王命，纠乡勇十余万据徽州。贝勒博洛遣固山额真叶臣率师击之，天禄及总兵卜从善、李仲兴、刘泽泳并从。师自旌德入，战绩溪，获声及中军吴国祯、副将成有功、守备万全等，送江宁杀之。徽州平。

与金声不同的是，江天一（1602—1645 年）是个平民英雄，他家境贫困（汪琬《江天一传》："家贫屋败，躬畚土筑垣以居"），直到 36 岁才考取秀才（"年三十六，始得补诸生"）。但他的才干为同郡金声所知。那时，徽州一带盗匪很多，江天一便辅助金声，用军队的办法团结组织乡里的年轻人，作好防守的打算，并在维护当地治安中起到很大的作用。

清顺治二年（1645 年）夏五月，江南已被清兵攻破，各州县见势纷纷归附清朝，但徽州人民还是为明王朝坚守抵抗。六月，明宗室唐王朱聿键在福州称帝，听说江天一的名声，便委任他为监纪推官。

徽州地势险要，江天一对佥事金声说："徽州是个地势优越的地方，各县都有险要之处可以依赖，只是绩溪那一面正当交通要道，那里地势特别平坦，因此应该在那里建筑关口，多派兵驻守，以和别的县相互配合，夹制敌人。"于是在绩溪筑起了丛山关（"天一言于佥事公曰：'徽为形胜之地，诸县皆有阻隘可恃，而绩溪一面当孔道，其他独平迤，是宜筑关于此，多用兵据之，以与他县相犄角。'遂筑丛山关"）。

不久，清兵攻打绩溪，江天一顽强迎战，但寡不敌众，绩溪城终于沦陷。清军的主将悬赏捉拿天一，江天一被逮捕。到了南京，他大义凛然，高呼口号，与金声一起英勇就义。

作者汪琬说：正当前朝的末期，新安的士大夫尽忠而死的有汪伟、凌駉与金声三人，而只有江天一是以生员的身份为国殉难的（汪琬曰："方胜国之末，新安士大夫死忠者，有汪公伟、凌公驷与佥事公三人，而天一独以诸生殉国。"）

一个是徽州士大夫，一个是平民，在民族危难时，挺身而出，英勇献身，他们是和史可法一样的民族英雄，其丰功伟绩永记在徽州的历史功劳簿上。

康熙建省

为了了解徽州入清后的社会情况，有必要介绍一下清朝的地方行政管理体制。

清朝基本沿袭明制，大致分省、府（直隶州）、县三级。

总督、巡抚为掌握行政、军事、监察大权的高级地方官员，布政、按察两使为督、抚的属官。与督、抚平行的有驻防将军和提督学政，不过驻防将军只管八旗驻军；提督学政只管学校与科举考试，其权力不能与督、抚相比的。

省以下有道的设置，道为监察区性质，不算正式行政区。道主要有分守道和分巡道两种，兼兵备衔，另有一些不属布政、按察二司的专业道，如海关道、河工道、督粮道、盐法道。

省以下为府（或直隶州），设知府（知州）、同知、通判等官，与府平行的有直隶厅（一般不领县），设同知、通判。

府以下为县，设知县、县丞、主簿等官，与县平行的为散厅，设置同直隶厅。在少数民族地区则设专门机构管理，即土司。

清兵进入南京后，顺治二年改南直隶为江南省，省府驻地江宁（今南京）。江南省所辖范围大致相当于今天的江苏省、上海市和安徽省。我们徽州府隶属江南省。

安徽省是公元1667年才出现的一个概念，是中国建省较晚的一个省。

安徽省的前身就是江南省。江南省延续了明朝南直隶的富庶和文明，是当时全国最富裕的省份之一。即使在今天，江苏、上海仍是全国最富的地方之一，而安徽则因种种原因相形见绌。据资料，清初时，每年仅江南一省上缴的赋税额就占了全国所收赋税总额的近三分之一，而每期科考，江南一省的上榜人数则占了全国的近一半，于是民间便有了"天下英才，半数尽出江南"之说。

顺治十八年（1661年），顺治皇帝把江南省一分为二，即"江南右布政使司"（治所苏州）和"江南左布政使司"（治所江宁）。之所以要把江南省分而治之，一来是加强这一经济地位在全国举足轻重的地域的行政管理，二来以防有心怀叵测的地方势力利用优势做大做强来与朝廷分庭抗礼而危及中央统治。

当时，江南左布政司经济势力和江南右布政司不相上下。江南左布政司领凤阳、淮安、扬州、庐州、安庆、太平、池州、宁国、徽州九府和徐、滁、和、广德四州；康熙五年（1666 年）改领现安徽省全境；六年（1667 年），取“江宁”和“苏州”二府首字的合成，改“江南右布政使司”为“江苏布政使司”，建“江苏省”；取“安庆”和“徽州”二府首字的合成，改“江南左布政使司”为“安徽布政使司”，建“安徽省”，并裁徽宁道。

注：1. 本图系清康熙年元年（1677 年）徽州府政区图，领歙、黟、休宁、祁门、绩溪、婺源 6 县；

2. 本图仅供参考。

顺治和康熙分江南省主要出于政治因素，全然没有考虑经济、文化和地域风俗，形成一省跨江（长江）跨河（淮河）而治。原因是，如果分成南北二省，则贫富过于悬殊，所以就分为东西二省，东为江苏，西为安徽。这样划分下来，便形成了二省都有江南、江北、淮北三个不同经济风俗地域的格局。

安徽省时辖安庆府、庐州府、凤阳府、颍州府、徽州府、宁国府、池州府、太平府及广德州、滁州、六安州、和州、泗州直隶州等。安徽省虽然成立了，但省会一直赖在江宁（南京）。一直到乾隆二十五年（1760年），“江苏布政使司”由苏州迁至江宁，江宁正式成为江苏省会；“安徽布政使司”由江宁迁至安庆，安庆正式成为安徽省会。

安徽建省以后，在全国的地位仍举足轻重。据台湾学者谢国兴先生《安徽省》等书分析，雍正到同治年间，安徽经济排名居全国9～12位，文化教育7～8位，“粮米之丰，人才云集，虽小，则湖广而不及也”。直到抗日战争爆发前，安徽每年所上缴的赋税额一直可排在全国前十位。当时，安徽经济发展的支柱一是沿江的商贸重镇芜湖和安庆，芜湖号称“中国四大米市”之首；二是中国商业劲旅的徽商。

顺治年间，安徽地区设有滁和凤泗道、庐州马政屯田水利道、颍州道、凤宿道、安庐道、徽宁道（先驻宣城，后驻旌德）、池太道、江安十府粮储道等。顺治七年（1650年），裁滁和凤泗道和庐州马政屯田水利道。康熙元年（1662年），裁颍州道；改凤宿道为凤阳道，专辖凤阳一府；以滁、和二州及安庆一府归池太道管辖，改池太道为安池太道。六年（1667年），除安池太道和江安十府粮储道外，其余各道包括徽宁道被裁。

九年（1670年）五月，复置徽宁道，驻徽州府（治今安徽歙县），领徽州府、宁国府、广德州。上面已经说过，道不是行政区，为监察区性质。二十一年（1682年）十月，又裁安池太、徽宁二道，原领各府州一并属江安十府粮储道（原专掌漕粮的监察兑收和督押运艘的专业道，驻江宁，后驻徽州府）。

雍正十一年（1733年）十二月，置安徽宁池太广道，领安庆、徽州、池州、太平（治当涂县）、宁国5府和广德直隶州，治安庆府。十二年（1734年）十月，移道治于芜湖县。

乾隆二十五年（1760年），安徽布政使司移驻安庆。安庆就正式成了安徽省的省会。安庆当时和武昌、江宁一样是长江重要的港口城市。

清自顺治至道光，历康、雍、乾、嘉先后六朝近200年，东南不见兵革，政在休养生息，民众安居乐业，经济得到发展，人口滋生自繁。据资料，当时徽州人口高达180多万。

寄命运河

清朝乾隆年代前后，徽商进入了鼎盛时期。称雄中国商界数百年的徽商，之所以由小到大，由弱到强，走向全国，其中一个奥秘就是，徽商和大运河有割不断的关系，可以说是休戚与共的命运共同体。

中国大运河是由隋唐大运河、京杭大运河、浙东运河三部分组成。2014 年 6 月 22 日，包括这三大部分的十段河道被列入世界文化遗产，成为中国第 46 个世界遗产项目。

隋唐大运河是在地方性运河的基础上形成的，如汉代的漕渠等。这条运河以洛阳为中心，北至古涿郡（今北京部分区域属之），南至古余杭（今杭州）。后代通过浙东运河延伸至会稽（今绍兴）、宁波。

京杭大运河始建于春秋时期，是世界上里程最长、工程最大的古代运河。它南起古余杭（今杭州），北到涿郡，途经今浙江、江苏、山东、河北四省及天津、北京两市，贯通海河、黄河、淮河、长江、钱塘江五大水系，全长约 1794 公里。

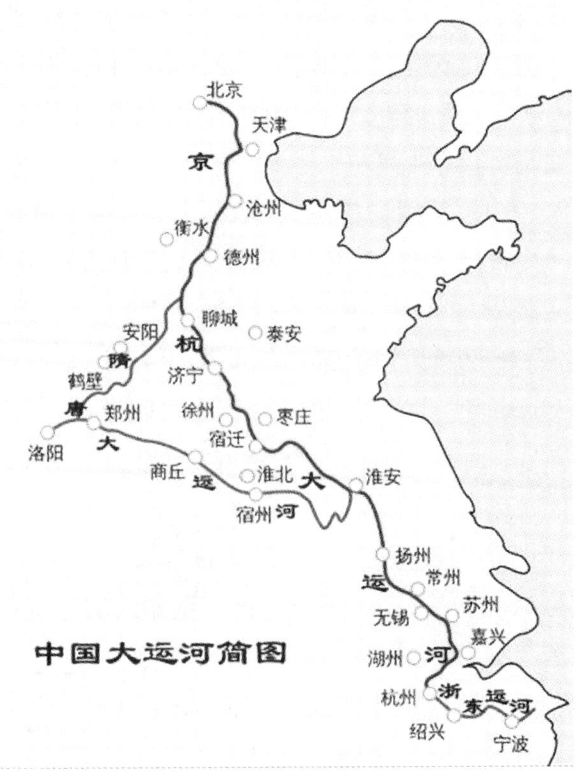

中国大运河简图

浙东运河又名杭甬运河，始建于春秋时期，是浙江省境内的一条运河，西起今杭州市滨江区，跨曹娥江，经过绍兴市，东至宁波市甬江入海口，全长239公里。

京杭大运河的起点杭州，是徽人外出经商为生，走徽杭、闯天下的第一站。这是因为，自隋炀帝开凿江南运河起，钱塘江就形成接运河、通大海、纳百川的宏大格局，而杭州作为大运河起点，地处钱塘江入海处，又与徽州一山（天目山）相连、一水（新安江）相通，且有着深厚的历史渊源，加之物产丰富，“商贾货财之聚，为列郡雄”，很自然成为“天下之民寄命于农，徽民寄命于商”的初始地。而寄命于商的徽州人，很大程度上是寄命于大运河这几条黄金水道。

通览徽商发展史，水运始终是主要运输方式。究其原因，一是成本低廉，可装载大宗货物；二是内河航运风险较少，大运河当然成为纵贯南北的首选商路。

徽州山峦重叠，险阻天成，和外界交通十分不便，这是历朝皇帝不能来黄山朝拜、游玩的主要原因。但有幸的是，徽州通向外界水路交通较为发达，而其中新安江（富春江、钱塘江是新安江下游）航线无疑是徽商走出封闭落后山区，走向百舸争流、生机勃发大运河，驻足于运河沿线城市的一条最主要交通线路。正是新安江、大运河承载着徽商的财富和梦想流向了远方，助力他们从明清众多商帮中脱颖而出，成为时代的弄潮儿，铸就了“徽商”这块享誉中外的金字招牌。

浙东运河、江南运河和苏北运河所在地——长三角，成为徽人求利四方、闯荡商海的主战场。

大量记载表明，长三角是不甘于清贫、勇敢地“走出去”的徽商经营最早、资本投入最大、经商人员最集中、生意做得最为红火的区域。主要包括淮安、苏州、扬州、杭州、常州、湖州、南京、上海等大中城市，以及邻近的吴江、仁和、仪征、嘉定、桐乡、平湖、邗江、如皋等县乡集镇。可以肯定的是，徽商能够扎根长三角，并以此为中心辐射到四面八方，主要凭借浙东运河、江南运河、苏北运河这条商品流通主干道，双向贸易，把本地出产的食盐、茶叶、木材、丝绸、棉布等源源不断地运到全国各地销售，又从外地源源不断地运来粮食等，大运河无疑成为徽商的利润渊薮所在。

由于有了浙东运河、江南运河、苏北运河这条运输最为繁忙的航道、长三角这个最为稳定的大市场，“徽之富民尽家于仪（真）、扬（州）、苏（州）、松（江）、淮安、芜湖、杭（州）、湖（州）诸郡，以及江西之南昌、湖广之汉口，远如北京，亦复挈其家属而去”，民谚“无徽不成镇”就非常生动地反映了徽商在这一区域的重要影响力。

除了控制长三角和长江沿线外，还沿着山东运河继续往北拓展扩张，黄淮海地区乃至全国各地到处都有徽商活跃的身影，他们经商范围遍布运河沿线的大小城镇。如淮安“布帛盐鹾诸利薮，则晋、徽侨寓者负之而趋矣”，临清“十九皆徽商占籍”，“往来于晋、冀、鲁、豫，尤其是北京，更是徽商辏集之地”。顺着大运河，徽骆驼把生意往北一直做到关外，徽商成了“中国十大商帮之首”，诸如“钻天洞地遍地徽”、“徽商遍天下”、“无徽不成镇”、“无徽不成商”、“无徽不成典”，以及“海内十分宝，徽商藏三分”等等，这些赞誉就足以说明一切了。

有学者在回顾晋商、徽商、楚商的崛起路径与发轫渊源后，指出晋商崛起是有“极临边镇”，楚商兴旺源自“九省通衢”，而“徽商繁荣在于京杭（大）运河”，这是精辟之通论。

徽商是以盐、茶、木、质铺（典当业）四者为大宗，而其中与大运河最密切、最重要的莫过于食盐。向来有着“煮海之利，重于东南，而两淮为最”之说的淮盐，以产量高、质量好在明清时期获得南方消费者的特别喜爱，其产地主要在今苏北沿海地区。

“中国运河第一城”扬州，是徽商的主要经营地。它地处大运河与长江交汇处，淮阴、淮安一带的王家营、清江浦航运便捷，运输量大，正常情况下畅通无阻。徽商就是凭借“从扬州、王家营、清江浦等沿运城镇可以通过发达的内河水运将食盐运往各地”的优势，取得了食盐市场垄断地位并使之成为徽商经营的龙头行业，声势煊赫，不可一世，以至于“近几百年来的食盐贸易差不多都是徽州人垄断了”。毫不夸张地说，康雍乾时期“两淮八总商，邑人恒占其四”，盐业对于徽商手眼通天、四海称雄起到了至关重要的作用。

徽州盐商在扬州拥有惊世财力之后，名震四方的棠樾鲍氏（歙县人）家族、“以布衣上交天子”的盐商江春（歙县人）、著名盐商藏书家马氏兄弟（马曰琯和马曰璐，祁门人）、乐善好施的盐商汪应庚（歙县人）等，都不惜捐斥巨资用于建桥筑路，疏浚水道，修治码头，特别是兴建私家园林、豪华别墅、徽州（新安）会馆以及私塾、书院等，直接促成了扬州园林“以园亭胜”、“扬州园林甲天下”局面的形成，“推动了扬州的城市建设和经济繁盛，带动了城市建筑业、金融业、饮食业、服装业、首饰业等相关产业的发展”。清朝康熙和乾隆皇帝多次“巡幸”，徽州盐商为搞好接待投入了大量精力和巨额财富，当然也换来了丰厚的利益回报，助推扬州进入到一个空前发展的时代，人口多达50万，成了当时中国的八大城市之一。

徽茶也是徽商经营的大宗商品之一。茶业甚至在近代取代了盐业成为第一大行业，它也离不开大运河这条南北交通大动脉的有力支撑。黄山自古好山好水出好茶，量多质高，品种齐全花色多，在国内外享有盛名。徽商贩茶出山重要路线有三条，其中第一条线路就是通过水路运输到达京津地区。他们先将茶叶转运至长江，再沿着大运河一路北上，至通县(今通州)上岸，进入北京城。其实，徽茶在北方以及运河沿岸城镇的行销都与这条水上大通道密切相关。正是凭借这条北运路线，徽商把徽茶生意做得风生水起，业兴财旺，如清乾隆年间歙县商人在北京开设的茶行就有7家，茶商各字号166家，小茶店有数千家。

与徽茶并称为“人民命脉所寄”的木材贸易，是徽商发展最早、衰落最迟的支柱行业之一，“以其赀寄一线于洪涛巨浪中”，和大运河也休戚相关。不可否认，徽商木材生意主要依靠长江水系进行，其中心首推南京、芜湖；其次则为镇江，主要原因是“沿江东下的木材或由此进入江南运河，销往苏松等府，或由此渡江至瓜州，沿运河北运”。而杭州能成为重要的木材集散地，曾在候潮门外成立“徽商木业公所”，又是因为“徽州及浙江西部山区所产的木材，都通过钱塘江水系运集于此，除供当地留用之外，都经由运河、黄浦江等水道运往嘉兴、苏州、松江等处销售”。可见，徽州木商是长三角重要供应商，靠贩运木材发迹起家的徽商很多，如婺源西冲俞氏就是其中代表性家族之一，以致民间流传“盐商木客，财大气粗”的说法。

此外，自明代中期起，徽州布商势力日益雄厚，他们是包括长三角在内的运河沿线城市中“最活跃的棉布贩运商”，当年“运河一线的棉布集散地如淮安、临清等处，都有许多徽州布商从事贩运活动”，如明末清初，家产百万徽商吴逸公就曾“为米布于运漕”。

位于大运河的南北两端、一脉相牵的北京和杭州，是徽商大运河线路的创造者，也是见证者和受益者。浙东运河、江南运河、苏北运河是徽商大运河文化线路最为靓丽的风景线。对于沿线城市而言，大运河即使“不是生母，便是乳娘”，两者之间血脉相连、唇齿相依。如果把大运河比作一串闪闪发光的项链的话，那么沿岸城市便是这串项链上的璀璨明珠，而扬州、淮安、苏州等节点城市无疑是其中最耀眼也是最明亮的,把它们称作徽商大运河线路的制高点或者顶点也未尝不可。

纵贯南北的大运河作为明清时期重要的商运路线之一,它既是一条流金淌银的财富之河,也是一条千年流动的文化之河。

大运河由北到南穿越了京津、燕赵、齐鲁、中原、淮扬、吴越等六大文化高地,不仅吸纳了运河城市各具特色的民俗人情,而且还融汇了园林、戏曲、工艺、饮食文化等。作为“沟通内河各水系的纽带、贯通内陆与海洋桥梁、打开封闭文化走向世界的大门”的大运河,在成为徽商的财富通道的同时,还以它的和谐共生、合作双赢、开放包容、兼收并蓄、融会贯通的主旋律,使徽商能在“故乡在他乡,他乡即故乡”观念支配下,博采众长,为我所用,大量吸收包括运河文化在内的外来文化的精华,加大了徽商精神在中华大地上的辐射力和影响力。

历史上大运河与徽商形影相随、唇齿相依,是一种双向型良性互动关系。一方面,徽商助推了运河沿线市镇的经济繁荣、文化昌盛和社会进步;另一方面,大运河促成了徽商由地区性商人发展为全国性商帮、促进了徽商与外界经贸往来和文化交流、促使了徽商精神由开拓创新转向开放包容。因此,与其说徽商让千年运河奔流不息,不如说是大运河成就了徽商宏图伟业!

京杭大运河

历史上许多运河城市呈现出“运河通则城市兴,运河废则城市衰”这条基本规律,这些运河城市的命运起伏与徽商密切相关也是不争的事实。可以说,没有大运河,就没有徽商的兴盛,就没有徽州的繁荣。从这个意义上看,徽商寄命于运河,是千真万确的历史事实。但从另一角度看,徽商又促进了运河城镇的繁荣与发展。没有徽商的贡献,运河边的小城镇和城市也不会脱颖而出,成为古代中国经济和文化发展的排头兵和受益者。

徽州学子

翻开清嘉庆版《黟县志》,有一幅《考棚图》,从仪门入内,是东文场、西文场、崇雅堂、选士堂等,这是明清时代中国科举试场。

科举是历代封建王朝通过考试选拔官吏的一种制度。由于采用分科取士的办法,所以叫做科举。科举制从隋朝大业元年(605 年)开始实行,到清朝光绪三十一年(1905 年)举行最后一科进士考试为止,经历了 1300 多年。

在这一段时间,全国共选出 800 多名状元、近 11 万名进士、数百万举人以及数以千万计的秀才,一大批治国安邦人才脱颖而出,而且打破了血统世袭制度和政治垄断,对中华民族的发展和振兴起到了重要的作用。

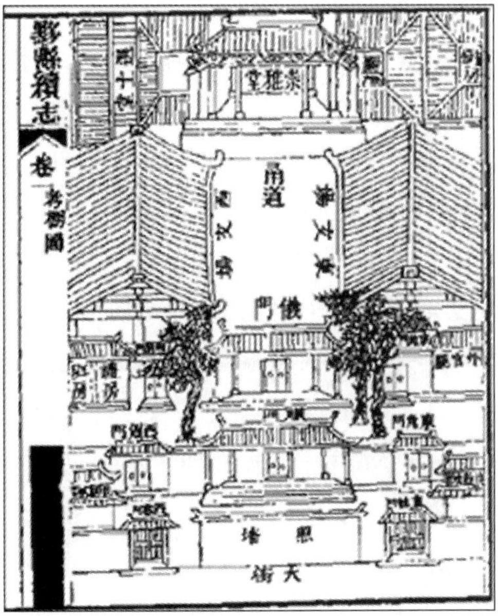

清朝黟县考棚

科举的考试制度严格而完备。考试大体分为三级,第一级是院试(到清朝时更为完备,先是童试,又称小考,由各府、县长官主持,被录取的优秀者才有资格参加院试),每年一次,考试者统称童生,童生并不是小孩子来考,也有七八十岁的童生。在徽州,笑称那些读书不给力、院试年年考不中的人叫老童生。考试的范围是府(州)、县,由省里派学政监考,合格的人叫秀才(诸生或生员),相当于高中生吧(也有人认为秀才相当于现在的初中生,但现在的初中生水平确实不能恭维,还是把秀才比作高中生较合适)。

黟县那个考棚就是当年考秀才的地方。考试的规矩很严,考生每人单人小号房，形同牢房，进去要搜身，还有其他许多防止作弊的措施。

如果当了秀才，就算个有文化的人了。明清两代对秀才还是看重的，成绩优者且家庭生活困难的特困生，给予生活补助，每月领取食米和鱼、肉若干，享有豁免徭役的特权；他们未被剥夺生员资格，不受法律制裁。所以，没文化的老百姓见到秀才也是很恭敬的。

有了秀才资格，就叫录科，可以有资格参加高一级的考试，叫乡试，乡试并非是乡里考试，而是省一级的统考，三年才有一次，考上的叫举人，相当于现在的大学生了。举人有资格做官了，但并不是包你一定当官，就像大学生不包分配一样。只能等有空缺位置，举人才能有机会当上官。在乡试中举的第一名，叫解元。

徽州书院就是培育人才的地方，明清时期随着徽商的鼎盛而更加繁荣。据资料记载，明清时期徽州的书院至少有90余所，著名的有歙县的紫阳书院、黟县的碧阳书院、休宁的海阳书院、祁门的东山书院等。

这些书院，除了官办的以外，还有富商大贾和族产的投入，有私办官助、民办公助等多种办学形式。如清嘉庆十四年（1812年）至十六年间修建碧阳书院（现黟县中学校址），“实用二万九千一百余金。胡君出已资盖万有五千，既以六千六百金为其祖及弟书名：崇教祠。其八千三百余金则自输于公而书院告成”（清吴甸华《修理建造碧阳书院记》）。

为了保证书院日常的开支，还建立了一套颇有远见的教育基金管理办法，据道光《黟县续志》卷15《艺文·碧阳书院复旧章记》载：

> 黟邑碧阳书院，嘉庆十六年（1811年）前令吴君甸华谋于邑中人士，裒费建成，并以余银六万两分发盐典生息，计岁入息金三千六百，以为延请山长修金、生童住院膏火（指夜读的灯火钱），而邑中之应乡、会试者于此中给以资斧（指盘缠），其他诸用亦各条分缕析，预防流弊。

在书院读书的学子，一是童生，二是生员（秀才），都有名额规定。童生和生员的课程是不一样的。对读书及参加乡试和会试的学子，徽州各县均有一些鼓励措施。黟县清嘉庆《公议碧阳书院规条碑》就详细规定了学院的各项制度，其中有许多物质奖励制度：

在院肄业(指修习课业)生童(生员和童生),每人月给膏火银二两,若取入正课而非在院肄业,但于课期到考者,只给一半。

考取前列者宜加奖赏。生员约于十人中取超等二名,特等三名……童生于十人中取上卷二名,次取三名……

课试诗古迹且酌量奖赏,生员于十人中取上卷二名,次取二名,亦照正课给赏,均于下次课期给发。

每月初五、二十两课,凡在院中肄业者,及到课生童并未取入书院之人而有愿逢课期就试者,概行给饭二餐,每次给银八分,交司事者预备早荤晚素。

取入书院生员(秀才),每逢乡试之年,无论在院肄业与到课者,概给七八九三个月膏火,俾充斧资。

取入书院之人,乡试得中举人,赠贺仪十二两,送其出院;副榜赠贺仪六两;仍留院中选拔,照副榜之例送与贺银,惟愿多士奋兴,蒸蒸日盛。

举人会试公车之费,每人赠银五十两,得中进士者赠贺仪五十两。

当时书院山长的收入相当可观,远远超过县太爷的收入,书院学师的待遇也不菲。足见当时徽州对教育和人才的重视。

图为现保存在黟县中学的古碧阳书院碑刻

如果生员中举,就可以有资格参加京城里的会试了,考上了叫贡士,会试考试里的第一名叫会元。会试考上的贡士相当于今天的研究生吧！

贡士们还要经受最后一场考试，叫殿试，由皇帝或皇帝委派的大臣提问，考生回答，也叫“廷试”、“廷对”。皇帝和大臣们根据考生的表现，分为三甲，一甲只有三个人，叫进士及第，分别是状元、榜眼、探花；二甲若干名，叫赐进士出身；三甲若干名，叫赐同进士出身。

状元是三元里的第三元，可以委任官职了，有才相貌好的还有可能招为驸马，这时，你的命运可以说真正改变了。状元三年才有一个，是读书人的最高荣誉。而连中三元（解元、会元、状元）的人，就是全省、全国、皇帝面试都是考第一，这才是最厉害的。

据资料统计，自隋唐开始科举以来，1300 多年共录取状元 800 多位，而获得连中三元这一荣誉的只有 13 人，其中明朝 2 人。明朝洪武二十三年（1390 年），安徽人黄观从秀才到状元，经过六次考试（县考、府考、院考、乡试、会试、殿试），均获第一名，时人赞誉他“三元天下有，六首世间无”。据贵池上清溪《黄氏宗谱》记载：

> 上清溪黄氏自积公为新安守居于官，遂为新安世族，传三十四世孙有讳文衍、文治、庭贤者，始携迁池州圣母桥为池州邑之始祖……父赘许，从许姓。

原来这个黄观的先祖还是新安歙县人，后迁至池州。黄观的父亲因家贫，过继给许家，改姓许，黄观原叫许观。许观升任礼部右侍郎（正二品）后，经朝廷恩准遂复原姓黄，改名黄观。后来，黄观因得罪明成祖朱棣，在登科录上被划去第一名，所以，后人多不知黄观为明朝“三元”第一人，最后还被逼得投江自尽，株连九族。万历二十四年（1596 年），黄观始得昭雪，补谥“文贞”，在故居贵池上清溪建“黄公祠”，在县城复建状元坊。

徽州是个谱写科举神话的地方。据统计，徽州自唐代开始有进士 2297 人，明清两代科举及第者，仅徽州本籍就有举人 996 人；中进士者，仅徽州本籍，明代就有 392 名，清代也达 226 名；中状元者，仅清代，本籍加上寄居外地的合计 17 人，占全国总数的 14.9%，仅次于苏州府，全国名列第二。其中休宁县从宋嘉定到清光绪的 600 余年间，本籍与寄籍状元合计有 19 人，居全国之首。一个山区十几万人口的小县，出这么多状元，实在是了不起的事，称休宁为状元之县并不为过。

唐宋以后，由儒而入仕者日多，至明清达于鼎盛。父子尚书、同胞翰林、兄弟三鼎甲，祖孙两军机，一门十进士，一家五博士，皆传为佳话，不少人成了朝廷的股肱大臣和文坛巨匠。

佣书布衣

歙县和黟县都是秦建古县，但仔细研究两县的历史，就会发现一个发人深思的现象：即歙县是“学而优则仕”的大官多，而黟县则是布衣学者多，平民人才多。

比如，歙籍明朝的少保兼太子太保、礼部尚书、武英殿大学士许国，清朝的太子太傅、武英殿大学士、军机大臣兼上书房总师傅曹振镛等都是当时权倾一时、炙手可热的人物。

而黟县的布衣学者俞正燮、制剪名匠张小泉、一代篆刻宗师黄士陵等无不是家贫落魄，在社会底层奋斗、脱颖而出的人才。

不要以为只有中举人、进三甲、当大官的才是人才，那些因种种原因名落孙山的布衣寒士中也有大量的人才。黟县的佣书布衣俞正燮就是一个一生时运不济、命途多舛的真正人才。

俞正燮(1775—1840 年)，字理初，安徽黟县人，为清嘉庆、道光年间著名思想家、考据学家。他年轻时父亲早逝，除了留下成堆不能当饭吃的书卷，并无其他遗产。身为长子，他自 27 岁起就担负起侍养母亲及抚育五个弟弟的家庭重任。29 岁的俞正燮无奈地写诗自叹：

纷纷债务如尘积，今年明年朝复夕。
心烦口吃无一言，出门泥途深几尺。
艰难此事仗友生，贫交无计又空行。
劳劳都为钱刀贵，几时买地事躬耕？

家无田地，力不能耕，这样的穷知识分子如何生存？俞正燮迫于生活压力，只得背着行李书袋，走遍大半个中国，以替人“佣书”以及授徒讲学所得酬劳养家糊口，勉强度日。

佣者，受人雇用之卖力者，古代有佣工、佣耕、女佣之称，这都是卖体力的。而俞正燮的佣书则是为他人写书编校，卖的是智力。“手成官私巨书”，却是“借刻他人姓氏”，连知识产权也是别人的，这对一个知识分子来说，是一件多么痛苦的事。他的好友许瀚曾感叹说“有晋人风度，而不以书名，亦奇事也”！

俞正燮一生到底为他人编写多少书，已无从知晓。现仅能考见的，据于石《俞正燮编纂与批校书目考》一文介绍，主要有：为大学士彭元瑞、编修刘凤浩撰辑《五代史记补注》；为时任会典馆总纂的户部给事中叶继雯编修《大清会典》；为湖南提督、果勇侯杨芳校正《六壬书》；为黟县知县吴甸华编纂《黟县志》；为户部侍郎程恩泽等校订《钦定春秋左传》；为南河总督张井编纂《续行水金鉴》；为礼部侍郎陈用光校订顾祖禹《读史方舆纪要》；为时任两湖总督的林则徐编纂《两湖通志》，并校订林氏先人的书稿；为时任吏部侍郎的祁寯藻校订《影宋本说文系传》《三古六朝文目》；先后为时任山东督粮道的孙星衍编撰《古天文说》二十卷，并辑校纬书。

此外，还有《宋会要辑本》五卷，《校补海国记闻》二卷，编纂《说文》《部纬》各一卷，以及批校《书集传》《文选》《礼记集说》，等等，总共有近二十种之多。这其中，绝大多数并不注明佣书者的名字，纯是为他人作嫁衣裳。

那么，又应如何看待俞正燮的佣书生涯呢？诸伟奇认为，“这种为人作嫁的佣书生涯，突显了像俞正燮这样出身社会中下层的知识分子，其学术能力、智力付出与现实学术地位的差异”（《俞正燮及〈俞正燮全集〉的整理》）。可以这么说，正是俞正燮一生佣书为业，成就了他清代著名思想家、考据学一代宗师的学术地位。

有人可能要问，俞正燮这样有才华，为何不去博取功名呢？

俞正燮的性格特立独行，不合流俗，对功名利禄比较淡泊，“不乐仕进”（《俞正燮全集》），但“为生计所迫更为科举时代大环境所裹挟”，他人到中年后还是不得不去奔竞科场，一生参加过三次科举考试，这三次考试，喜少悲多，可窥见清朝科举制度的冰山一角。

第一次，道光元年（1821 年），时年 47 岁的俞正燮参加了乡试，由附监生中式第一百十五名举人。但中举并不注定能当官安排工作。因此，要想拿到“铁官碗”，还得参加会试考进士。

第二次，道光二年，俞正燮赴京参加会试，大家以为凭他的才学，一定能考上，谁知命运偏偏和他开了个玩笑，竟榜上无名。什么原因呢？可能出于一个误会。

原来,这个考试的监考官非常器重俞正燮的才学,怕埋没人才,故嘱副主考"细阅此卷"。谁知引起副主考的误会,以为监考官得到"徽商"的好处,竟不阅此卷(戴熙《习苦斋笔记》:"尔卷监临属副主考,宜细阅此卷,副疑且怒,置不阅。")事后,这位副主考才知俞正燮并非什么有钱的徽商,乃是一个人才,感到非常后悔(予曰:"若是黟县俞某,则今之通人[注:指学识渊博,贯通古今的人]也。"副主考皤然曰:"然则中矣。")

最后一次是道光十三年,年已59岁的俞正燮又一次参加会试。史载:

> 三月丁丑。以大学士曹振镛为会试正考官,协办大学士云贵总督阮元、兵部尚书那清安、工部左侍郎恩铭为副考官。(《宣宗实录》)

可怜的俞正燮又一次失败,而原因是出于同乡曹振镛的偏见。

张穆《癸巳存稿序》是这样说的:

> 越年春(道光十三年),仪征太傅主会试,命下,诸巨公辄相与贺曰:"理初入彀矣!"……榜发,竟报罢。已知其卷在通州王寂原礼部房,礼部固力荐之,而新安相国深嫉迂诞之学,捆束置高阁……

姚永朴《旧闻随笔》是这样说的:

> 黟县俞理初先生正燮应礼部试,总裁为曹文正、阮文达两公。文达夙慕先生名,必欲得之,每遇三场五策详赡者,必以为理初也。及榜发不见名,遍搜落卷亦不得,甚讶之。文正徐取一卷出,曰:"此殆君所谓佳士乎?吾平生最恶此琐琐者,已摈之矣!"验之,果然。(于石、马君骅、诸伟奇校点:《俞正燮全集》)

阮元此次会试力荐俞正燮未能如愿,究其原因,是由于他和曹振镛在取士用人标准上大相径庭。曹振镛深恶"迂诞之学","恶此琐琐者",其根本原因是除了不喜欢考据文章之外,还有两个重要原因:

一是俞正燮不与俗谐、特立独行,不受世俗牢笼的束缚,为当时的封建体制所不容。

二是可能和俞正燮的答题内容有关,他的《节妇说》《贞女说》《妒非女子恶德论》等文,分别对传统的"节烈观""七出"的道德戒律以及纳妾、强迫妇女裹足等罪恶的制度和习俗作了激烈的批判,这种反封建的一贯观点,势必在答卷中有所体现,而这种反潮流的观点是封建卫道士所不能容忍的。

俞正燮怀才不遇,是时代的悲剧,令许多公正人士打抱不平。不仅时任房考王藻百感交集,认为"询以皖省知名士,则首举理初"(《癸巳类稿序》);就是十年之后的阮元,与人谈起此事,"犹扼腕太息,有余恨。……所惜者,国家失此宏通淹雅之材耳"(《俞正燮全集》第三册)。甚至《剑桥中国晚清史》作者也认为:"曹振镛的学究气据说曾在会试的程式规格中占统治地位,结果是创造性让位于庸腐,有新义的文章被奚落。"并在注释中进一步指出:"据说,曹振镛应对著名的举子俞正燮在1833年会试中的落选负责。"(《剑桥中国晚清史》)

埋没的金子总会闪光。俞正燮作为一位"很了不起的可以被称之为人杰"的佣书布衣(梁启超:《近代学风之地理的分布》),一位"有名的思想家"(《李敖清华大学演讲》),一位著名的经学家、考据家,是徽州无数未求得科举功名却有功于社会大众的平民学者代表,在中国文化史上留下了光辉的一页。

咸同兵燹

明清以来徽州的好日子终于因太平天国战争而结束。

1851年至1864年,亦即清朝咸丰到同治年间,中国发生了轰轰烈烈的太平天国农民起义。清朝政府进行了残酷镇压,浙江和安徽等地深受战争之害,有数以千万人在战争中丧生,徽州大量珍贵建筑、文物遭到毁灭,经济受到重创,遭受了历史上最大的一场浩劫。

咸丰三年(1853年)三月始,太平军建都天京(今南京),随即开始北伐与西征,攻下安庆。

太平天国实行省、郡、县三级政权。攻占安庆后,仍名省为安徽,简称皖省。对安庆省城,简称"安庆省"或"安省"。在省下面设有安庆郡,有江北的怀宁、潜山、望江、太湖、宿松、桐城六县;南岸临近的贵池、东流、建德属池州郡管辖。当时,潜山县为避南王冯云山名讳,改名潜珊县;贵池县避幼天王洪天贵和西王萧朝贵名讳，改贵池为桂池县（《太平天国文书汇编》）。

2011 年，歙县溪头镇叶岔村清理河沟时，挖出半块墓碑，上刻有“安庆省太湖××××”，朱砂描绘，异常清晰。此墓碑怎么流到歙县，令人费解，估计是墓主的亲戚从安庆带来。太平天国把安庆作为根据地，占据 8 年，太平天国英王陈玉成府邸就在安庆。咸丰十一年（1861 年）曾国荃率湘军攻克安庆，英王府一度为曾国藩占据。

咸丰四年（1854 年）正月，太平天国翼王石达开督师西征途中，派其同宗石达英、韦德珍，军师孙应三、丞相汪得胜等率太平军首次进入徽境。二十三日未刻，攻克祁门县城，杀县令唐治、巡检钟普塘。半月后，太平军主动撤出徽境去宣城。

在清军剿杀太平军与捻军起义的十余年战争中，徽州府、宁国府等也成为太平军与清军搏斗的主要战场，大小战争数百次之多，各县城多次攻陷，死伤无数。曾国藩驻皖南徽州数年，杀戮无常，致使“万山之中，村落为墟”（《安徽通志稿》民国 23 年铅印本）。“咸丰间兵事，歙人受祸，实为奇酷……全县人口十损七八”（民国《歙县志》）。

史书和资料中对这场战争的描述十分惊心动魄，徽州、宁国、池州、太平和广德四府一州，“其民死于兵疫饥饿者十之八九，存者无见”（清胡传《台湾日记与禀启》）。其中徽、宁两府，“孑遗之民，存什一于千百”。“积骸成莽，人类将尽”（沈葆祯《沈文肃公政书》奏折卷 7）。

除了战争中被杀死，百姓饿死亦有不少，或避乱荒山避处，饥饿而死；或处在围城中，没有粮食或无力买粮，活活饿死。战争使人口骤减，田地荒毁，许多地方，无以为食。“皖南食人肉，每斤卖百二十文”，“口粮极缺，则到处皆然……皖南百姓则皆人食人矣”（《曾国藩全集·家书二》）。

据民国《歙县志》载：道光年间歙县人口 617111 人，同治八年歙县人口 309604 人，其间减少 307507 人。歙人许承尧（1874—1946 年）在《歙事闲谭》中道：

（咸同兵燹）吾徽受祸最酷。以歙一县计之，人口损十之七八，庐舍损十之六七。其时焚掠屠戮之惨，殆不下于明末之蜀，清初之嘉定、扬州也。

黟县户口统计,嘉庆十五年(1810年)户32732,口246478;到同治六年(1867年),户19097,口155445(吴克俊等纂《黟县四志》卷9)。其间减少9万多人。

祁门历史上的一次大浩劫是曾国藩与太平天国激战期间。咸丰十年(1860年)六月,两江总督曾国藩率领湘兵由安徽宿松动身,绕道江西浮梁桃墅店和安徽建德(今东至县)去迎击太平军。曾国藩将老营设在祁门东大街敦仁里洪家大屋承恩堂。

从清咸丰十年(1860年)六月至咸丰十一年(1861年)三月,两江总督曾国藩就将行辕设在西花厅"思补斋"之中。他多次在洪家大屋召开军事会议,部署与太平军的作战方案。李鸿章、左宗棠等一批如雷贯耳的名臣都在这里参与军务。据说,当年曾国藩在自己住的房间里,置利剑于帐中,准备兵败即自刎。

曾国藩在家信中自述:

无日不在惊涛骇浪之中,无日不战,无路不梗。

《五石脂》载:

曾国藩驻师祁门,纵兵大掠,而全郡窖藏一空,故至今谈湖湘者,尤为切齿。

据资料,道光五年(1825年),祁门县有人口470279人,到同治十年(1871年),只剩下100249人,减少37万人。清军与太平军在祁门反复进行拉锯战,大小战斗数十次,一个小小的县城,怎能经受如此浩劫?战争的直接受害者当然是无辜的徽州百姓。

据民国《歙县志》载:咸丰十年(1860年),自曾国藩驻师祁门,"敌军(指太平军)亦悉锐来攻徽州,蹂躏不堪。村舍焚烧殆尽"。咸丰十一年(1861年)四月,歙人柯钺给王茂荫信中言:

吾徽避乱者多半在饶,将来钧麾南旋,亦可先到饶郡,公寓家乡已成焦土。旱南一隅,三月初三以后,邑尊查至苏村以外共死三千余人,近又死数千人，则幸者仅矣。

曾国藩在同治三年(1864年)三月十二日的奏折中更言及：

以民困而论，皖南及江宁各属，市人肉以相食，或数十里野无耕种，村无炊烟。(《曾文正公全集·奏稿》)

祁门洪家大屋

劫后余生的徽州人擦干身上的鲜血，掩埋同乡亲友的尸体，开始恢复生产和生活。由于徽商在外资本雄厚，故而徽州逐渐有了生气，但景况和往昔不可同日而语，徽州明清鼎盛时期的辉煌辍然中止，元气再难以恢复。清朝太平天国战争是导致徽商衰败、徽州后期贫困的重要原因之一。

浙江代管

在清朝与太平天国的战争中，有一段徽州由浙江代管的历史。

1854年2月，太平军试探性地攻进祁门撤出后，安徽巡抚福济上奏清廷，要求留前江南河道总督潘锡恩、安徽学政沈祖懋在徽州督办防剿事宜(搞教育的也上阵)。徽州籍兵部右侍郎王茂荫也提议：

徽浙有唇齿相依之势，保徽即以保浙，并因徽郡距庐郡窎远，江路不

通，恐皖省控驭不及，欲请暂归浙省管辖。（《大清实录咸丰朝实录》）

福济和王茂荫的提议，被咸丰帝采纳，于是他下令给浙江巡抚黄宗汉，要他“相机出境进剿”。接着，又改命浙江巡抚黄宗汉督办皖南徽（州）宁（国）两府军务。黄宗汉派遣代理杭州知府兼杭嘉湖道员徐荣带领浙军来徽设防。同时，钦差大臣向荣也从江南大营派遣游击周天受、都司江长贵领兵来徽增防。

但是，浙江的官吏也是很圆滑的，他们在“各人自扫门前雪，休管他人瓦上霜”的思想支配下，认为徽州的事并不是自己分内的事。

黄宗汉上奏报清廷，意思是说，如果徽州地方的事都归浙江管，则一切刑名钱粮、应行奏报的公文等事，必须由浙江的布政使和按察使来转报，但我们浙江这里无案卷册籍可查，很难办这件事。如果由各县造报，辗转报到浙江再上报，不是几个月就能处理的。虽然安徽的巡抚在江北，但文件上报又并非路途不通呀，不过绕道行走，稍费些日子而已。因此，这些公事仍可一律由安徽办理，似不必改归浙江管辖……该二郡（徽、宁）每月防费实在太多（“实属不赀”），我们浙江省已接济十余万银，再这样下去实在没法维持呀（“后实难以为继”）！黄宗汉叫苦叫穷，想把这个烫手山芋扔掉。但恰好这时候（咸丰四年九月，即1854年），黄宗汉补授四川总督（升官了），何桂清出任浙江巡抚。

新官上任三把火，何桂清建功心切，在“浙抚兼辖徽州”一事上表现得比前任积极，他说：

查安省惟徽、宁二府尚称完善，臣力图保全二郡，亦藉以固浙省藩篱。（《清政府镇压太平天国档案史料》第17册）

也就是说，安徽只有徽州和宁国府情况稍好（其他地方情况更糟），我力图保全二地，这样也可以把浙江省的屏障巩固好。表态很不错，但真做起来却不容易。

1855年，太平军的作战任务是转战浙、皖、赣交界之地。在石埭、太平、黟县、休宁、泾县一带展开了拉锯战。3月30日，太平军终于占领徽州府城，歙县知县廉骧元自杀。

何桂清急派金华知府石景芬带浙勇由昌化进扎徽州境内。他对徽州官员很不满意，向上面告状说：

徽郡官绅平日漫无布置，以致有险可扼之地竟尔不守……徽人之意，实系全靠浙江，以为有事则浙江自顾门户，不能不筹兵筹饷。(《何桂清等书札》)

于是，要求让徽州官员靠边站，提出由金华知府石景芬来出任徽州知府。其真正的原因，是浙江的官员指挥起来顺手。但这种代管的临时措施终究不是办法，必须在建制上解决问题。

据《清实录》载，咸丰五年(1855 年)六月，侍郎沈兆霖奏请设立皖南巡抚，原因是安徽宁池太广五府(州)军务繁多，安徽巡抚恐怕管不过来。但这一建议阻碍太多，难以实行。因此，按照军机大臣等合议，将安徽宁池太广道暂改为徽宁池太广道，加按察使衔，并添设皖南镇总兵一员，参照台湾镇、道的模式，批准其在发出的公文上共同具名专册奏事。所有该四府一州地方军务紧要机宜均派人责成专办。到军务结束，道员仍归旧制。因为这里距两江总督、安徽巡抚驻扎处所较远，所有现在协防筹饷事宜，仍由浙江巡抚不分地域暂行督办。其余应办事宜，由安徽督抚，分别妥议，迅速具奏(参见《清实录》42 卷)。

有个名正言顺的行政机构(没有安徽的徽宁池太广道)，有了两省对徽州事务的分工(即徽州的防务和筹饷事宜，由浙江管；其余行政事务，仍由安徽管)，事情就好办多了。

咸丰五年(1855 年)十月，改原安徽宁池太广道为“徽宁池太广道”，并迁道治于宁国府(安庆府归庐凤道)，带兵备衔，加按察使衔，可专摺奏事，暂归浙江巡抚兼辖。并添设皖南镇总兵一员，“准其会衔专折奏事”，专办皖南地方军务，浙江巡抚必须协防筹饷。十年(1860 年)，迁道治于徽州府祁门县。同治四年(1865 年)，迁道治于太平府芜湖县。这段历史，就是浙江巡抚兼辖徽州的来龙去脉。

同治四年(1865 年)，徽宁池太广道领 4 府 1 直隶州，共 22 县。徽州府辖歙县、休宁县、祁门县、黟县、绩溪县、婺源县(今属江西省)；宁国府辖宣城县、宁国县、泾县、太平县、旌德县、南陵县；池州府辖贵池县、青阳县、铜陵县、石埭县、建德县、东流县；太平府辖当涂县、芜湖县、繁昌县；广德直隶州辖建平县。

这四府一州，均是这场战争的重灾区。

太平天国战事结束后，徽宁池太广道复归安徽省，徽州府仍隶属安徽省徽宁池太广道。光绪三十四年(1908 年)五月,裁安庐滁和道,其原领之安庆府来属,徽宁池太广道改道名为皖南道,领安庆、徽州、宁国、池州、太平 5 府和广德 1 直隶州,治太平府芜湖县。带兵备衔,兼关务,加提法使衔(清末改按察使为提法使,为一省最高的司法行政长官),直至清朝结束。

红商之殇

在明代,我们介绍了一个悲剧式的徽商——汪直。那么,到了清朝,我们再介绍另一个悲剧式的徽商——胡雪岩。他是个亦官亦商的商业巨子,就是通常所说的红顶商人。

关于胡雪岩,正史少见他的资料,尽管民国学者刘体智曾说"清史而立货殖传,则莫胡光墉若"(《异辞录》)。但 50 多册的《清史稿》,并没有留下胡雪岩的名字,野史倒有不少,晚清一些有名的笔记、日记、尺牍如左宗棠《书牍》《王文昭日记》等都有关于胡雪岩的记载。

胡光墉(1823—1885 年),字雪岩,徽州绩溪人,但其发迹地是在杭州。他处在的年代历经晚清道光、咸丰、同治、光绪四朝,是中国封建社会摇摇欲坠的岁月,也是徽商最后的盛宴。

有两个词可以形容这位商界奇才:一是富可敌国,二是红顶商人。

他富到什么程度?有资料记载:

> 岩财源滚滚,利润丰厚,数年即白银千万计。至同治十一年(1872 年),其阜康支店达二十处,布及大江南北。白银二千余万两,田万亩。

据资料,晚清自咸丰以来,灾害频繁,连年战争,国库空虚,年存银不足七千万两,清朝的家底越来越少,不得不依靠富商来维持局面。

他红到什么位置?

> 并授江西候补道,赐黄马褂,实乃业大家隆官商皆通之辈也。

这候补道是个什么玩意?据资料载:

候补道:清制,已有道员官衔,等候实缺的称为候补道。从咸丰、同治时起，捐官之例大开，但最高仅能捐到道员，缺份有定额而捐的人很多，因此并无补缺的可能。此种官员以直隶及两江总督所属为最多（《中国历代官制、兵制、科举制常识》）。

道是省的派出机构，为监察区性质，不算正式行政区。一道管几个府州，道员应当属正四品的官员，相当于现在比省低、比地市略高的副省级干部。

但胡与一般道员不同，他是穿黄马褂的道员。这黄马褂分几种，胡雪岩是御赐，是因特殊功勋而得到奖赏，是清朝一种很高的荣誉，他赐黄马褂官至二品。清朝规定二品以上，官帽才能用红珊瑚顶子。

胡雪岩戴起了红顶官帽，成了威风一时的红顶商人。他的母亲也被封为一品诰封夫人，能获这种荣光，是全国清朝商人的唯一！

胡雪岩从一个放牛娃、小学徒成为一代巨商，先是得益于患难之交、浙江官员王有龄的帮助，经营从老板手上继承下来的阜康钱庄，挖到第一桶金。后来依靠浙江巡抚左宗棠办起洋务实业，还当起左军的"后勤部长"，"军需之事，一以任之"（刘体仁《异辞录》），他的成功与官员的帮助是分不开的。亦官亦商，如鱼得水，成就了他的辉煌。

作为一个徽商，他的功绩不应抹杀：

其一，他做了许多为百姓服务的善举。如热心负责管理赈抚局事务，设立粥厂、善堂、义渡，收殓了数十万具暴骸；他为富且仁，乐善好施，资助穷困，赢得胡大善人的美名，除了捐运给西征军的药材外，他向各地捐赠的赈灾款估计达二十万两白银。

其二，他创办了杭州胡庆余堂药号，研制了许多中成药，救死扶伤，瘟疫时免费施药，惠及百姓，为中国的中医药业作出了贡献。

其三，在左宗棠督办新疆期间，胡雪岩不辞劳苦，担负起筹借洋款的重任，协助左宗棠西征稳定新疆局面，遏制了外国势力和分裂主义分子企图染指新疆、分裂中国的阴谋，凭这个功劳，在历史上就可以大书特书。

胡雪岩的下场是很悲惨的。起因是为与洋商竞争，高价收购蚕丝，引起外商反对，联拒购丝，结果蚕丝卖不出去，造成巨额亏损。

而更重要的原因是李鸿章对左宗棠这个政敌的打击使胡受牵连。李鸿章为了扳掉左宗棠，运用"倒左先倒胡"的策略，不仅指示汇丰银行不归还到期的四百万两银子还款，还将胡雪岩代政府向外国银行贷款时多加利息、从中渔利的事揭露出来，致使老佛爷慈禧太后大怒，对其革职抄家，并要胡雪岩加倍赔偿。李鸿章的人则借机煽动储户对胡雪岩在全国各地的钱庄同时进行挤兑。这个清朝最大的商业帝国,终于一败涂地,走向灭亡。

胡雪岩的悲剧是徽商悲剧的典型代表,至少给我们提供几点启示:

一是由于封建王朝的软弱和腐败,“但有困商之虐政,并无护商之良法”,民族工商业是斗不过洋商的;

二是红顶商人最后都会成为政治的牺牲品,官商勾结的商业是不会有好下场的;

三是创业者在发展初期一般较谨慎,而在成功后往往头脑不够冷静,盲目扩张,出现经营决策上的严重失误,从而导致失败的后果;

四是私心膨胀,中饱私囊,就会授人以柄,为自己挖掘了坟墓。

五是胡雪岩致富后生活奢侈张扬,在上海、杭州“各营大宅,在杭州大宅尤为富丽,皆规其制”,“中蓄妻妾辈十余人”(《异辞录》)。如此不低调处世,终会遭人嫉妒。

胡雪岩是个褒贬不一的商人,但毕竟他是中国商业史上的一个奇迹,他的经商之道、爱国之情、慈善之举、成功之路,可以给中国商界提供有益的启迪。他的失败垮台的教训,也给今日官商勾结、经济犯罪者敲响了警钟。利用权力发财致富,终究是要自食其果的。

胡雪岩死后20多年,气数已尽的大清帝国也垮台了,徽州名称一度消失。请看第十二章:废府留县徽魂在。

第十二章　废府留县徽魂在

1911年，中国发生了震惊世界的辛亥革命，推翻了统治中国2000多年的封建君主专制制度。

1912年元旦，孙中山宣誓就职临时大总统，黎元洪为临时副总统。定国号为中华民国，改用阳历，以1912年为民国元年。

中华民国元年2月12日，清室的隆裕太后宣布宣统皇帝逊位，结束了顺治元年以来清朝268年的统治。

但辛亥革命的成果被袁世凯所篡夺，他当上民国大总统还不过瘾，又演出了一场复辟帝制的闹剧，但逆历史潮流而动，终告失败。

民国时期的行政管理体制尤其是地方行政管理混乱而多变。其所采用的制度，有保留封建王朝的，也有引入西方资本主义国家的。

废府留县

推翻了帝制，封建王朝的行政管理机构也基本废除。民国元年（1912年），裁撤清朝各道，原来带有封建王朝烙印的府建制均撤销，只保留县建制。

徽州府撤销后，原辖六县直属安徽省。实行省直管县的体制。省的名称是沿用元代制度而来。元在全国设11个"行中书省"，作为中央政府（"中书省"）的派出机构。明、清均沿用元制。"行中书省"简称"行省"，成为地方最高一级行政单位。

民国初年，地方行政区域的划分基本与清末相同，设立22个行省和若干特别行政区。南京国民政府成立后，大部分特别行政区先后改为省。当时不叫省长，叫省主席。在抗日战争及第三次国内战争期间，这个省主席大部分由军人担任。

民国二年(1913年)7月22日,依据《划一现行各道地方行政官厅组织令》设皖北道观察使,所辖区域未定。三年(1914年)5月裁撤。同月,根据《道官制》,全省置安庆、芜湖、淮泗3道。

芜湖道驻芜湖县(今芜湖市区),辖芜湖、繁昌、当涂、广德、郎溪、歙县、黟县、休宁、婺源、祁门、绩溪、宣城、南陵、泾县、太平、旌德、宁国、贵池、铜陵、石埭、东流、秋浦、青阳23县。

十六年(1927年)废道,原徽州各县又直属安徽省。

二十一年(1932年)4月,全省分为10个区,每区辖5~8个县,试行首席县长制,每区设置首席县长1人,由区内首县县长兼任(徽州的首县是歙县)。首席县长对区内各县只有协调的责任而无指挥监督的权力。也就是相当于一个平级的牵头单位。

1932年8月,以蒋介石为总司令的军政权为了加强鄂豫皖"剿匪"领导,总司令部颁行了《"剿匪区"内各省行政督察专员公署组织条例》,首先在鄂豫皖三省实行。与此同时,内政部制订了《行政督察专员公署暂行条例》,在"剿匪"区以外的一些省份中实行。根据《行政督察专员暂行条例》,安徽省划分为10个区,实行行政督察专员制度,首席县长即被取消。第十行政督察区辖歙县、黟县、祁门、休宁、绩溪、婺源6县,行政督察专员驻休宁县。

这个所谓的行政督察专员公署,它的性质规定为"省政府之辅助机关",并非在省与县之间增设一级政府,这是为了与孙中山的建国大纲相吻合。这和新中国成立后的专区、地区体制有点类似,即是省政府的派出机构,而非一级政府。但在实行过程中,由于省府鞭长莫及,专员由联系、监督的虚职逐渐演变为权力实体。国民政府的地方制度虽然在名义上仍为省、县两级制,实际上已成为省——行政督察区——县三级制。尤其在规定了行政督察专员当然兼任本行政区的保安司令,得以管辖指挥区内的保安队、警备队及水陆公安警察以后,更加强了专员的声势和地位。

在县一级,南京国民政府已于1927年6月9日下令各县一律改行县长制。县政府设有若干局或科。局为县政府的外部行政组织。1928年国民政府颁布的《县组织法》规定,县设公安、财政、建设、教育4局,必要时可设卫生局与土地局。局的地位是受省主管厅和所在县县长的双重指挥与监督。科是县政府内部行政组织。科的地位是秉承县长意志办理日常行政。

为了体现民国政府的“民主”，从1932年开始，逐步成立县参议会，县参议会为全县人民代表机关。每乡（镇）可选举1名参议员。由职业团体选出的参议员不能超过全县参议员总数的十分之三。参议员任期2年，连选得连任。县参议会有议决权（县自治、预算、单行规章、县税、县公债、县有财产的经营及处分、县长交议事项等），建议权（县政兴革事项），听取施政报告及向县政府询问权等。县议会的议决事项交县政府有关部门执行。

为了加强对民众的控制，更好地围剿红军，蒋介石政权在县以下推行保甲制，保甲制的基本形式是10进位制（10户为甲，10甲为保，10保以上为乡镇）。通过联保连坐法将全国变成大囚笼。但无论采取什么办法，都挽救不了蒋家王朝覆灭的命运。

民国时期，徽州各县发生哪些变化呢？

二十三年（1934年）7月，为了“剿匪”的需要，婺源县划归江西省，第十区辖歙县、黟县、祁门、休宁、绩溪5县。

二十七年（1938年），成立皖南行署，治休宁县屯溪镇，休宁县城仍为第十区专员公署驻地。

二十九年（1940年）3月，撤销第十区，保留名义，各县直属皖南行署，8月，第十区改为第七区。旌德县划入第七区，行政专员公署仍驻休宁，隶皖南行署，辖歙县、黟县、祁门、休宁、绩溪、旌德6县。

三十四年（1945年），抗战胜利，撤销皖南行署，第七区专员公署迁驻屯溪。

三十六年（1947年）6月，婺源县又划归安徽省，属第七区，第七区辖歙县、黟县、祁门、休宁、绩溪、旌德、婺源7县。

三十八年（1949年）4月，徽州全境解放，5月成立皖南区人民行政公署和徽州专区，婺源县划归江西省。徽州专区辖歙县、黟县、祁门、休宁、绩溪、旌德6县和屯溪市，专区初治歙县，后迁屯溪市，隶皖南区人民行政公署（7月行署驻地迁芜湖）。

民国时期废府留县，徽州虽然名字不存，但徽魂仍在，古徽州的几个县，仍属一个行政区内，包括后来旌德的加入，这几个县从民国到中华人民共和国建国前，一直是兄弟，同风险，共患难，一起迎来解放的曙光。

老五入徽

民国十八年(1929 年),徽州(当时虽然无其名但有其实)地区出现了一件惊天动地的大事,对此事,至今毁誉参半,褒贬不一,这就是朱富润(又叫朱老五)入徽纵火造反。

朱富润(1895—1929 年),安徽东流(今东至)人,因在结盟兄弟中排行老五,故外号朱老五。

和朱元璋的经历差不多,他雇农成分,15 岁时帮人放牛,16 岁开始打长工,18 岁父母双亡。因触犯族长、士绅利益,被送交官府下狱 5 年,获释后浪迹江湖,继而投军。1926 年,朱老五在军阀孙传芳部队当上营长,但不久该部被北伐军击溃,他只得辗转回村务农。

因他在部队当过营长,有点本事,当时东流县一个姓杨的想拉他入伙为匪,被他拒绝。但杨某却借朱的名义四处打家劫舍,地方官员上报县府,县府未经核实,便认定朱老五为匪首,张榜通缉,他只有逃往他乡。

1926 年农历二月,他拉上 8 位好友,学梁山泊好汉歃血为盟,打起“天下第一军”的口号,发誓铲富济贫,打倒贪官污吏、土豪劣绅,由原来几十个人、七八条枪发展壮大成 100 多人的队伍。当时安徽报纸和全国一些大报都刊登朱老五起义之事,越传越神。

有枪便是草头王,朱老五的队伍在扩大,但枪支不够。1929 年 1 月,他得到信息,说屯溪商团有 40 多条枪。朱老五大喜,于是决定到屯溪来搞枪。

路线是从石埭到祁门历口、小路口、县城,经黟县渔亭,到休宁岩脚、县城,最后进入屯溪,沿途商号听说朱老五来了,如听到瘟神来临,纷纷逃窜。祁门县长、警察局长,休宁县县长、警队,屯溪警察局长和巡警等,要么谈判不成而逃跑,要么一击即溃而败退,民国时期徽州政府和警察的腐败和无能,略见一斑。

朱部在祁门历口放火焚烧 40 多家店铺,在祁门县城焚烧了县府、警察局及王永顺木器厂,没收了洪顺永茶栈的大量现金;在黟县渔亭没收富商大户资产,搜索枪支弹药,有 4 家富户被焚尽,2 家半毁;在休宁打开监狱,释放囚犯 70 余人,随后搜索县府各机关,没收茶号、布庄、衣铺及洋广京货店等富户资产,放火烧毁县府,逮捕了 10 多名豪绅富商作为人质押往屯溪。

朱老五到屯溪,在要枪未达目的的情况下,朱老五感到徽州商人无诚意,非常恼火，下令枪杀了从休宁押至屯溪的5名人质(另5名夜间逃脱)，放火焚烧了商会、商团、警察局、公卖局、厘税局等机关及较大的商铺、商号，不少民房也株连未能幸免。屯溪陷入一片火海之中，东镇、西镇、河街三大商业中心全被焚毁，古建精华毁于一旦。

《屯溪市志》记载了黄秀秋《屯溪浩劫记事诗》，附有小序：

> 一九二九年己巳仲春，池州股匪朱老五等一伙，由屯溪毒品贩子宣二勾引，突自殷家汇结集，奔袭休宁屯溪，目的在劫夺镇上商团枪械。商会长汪，自兼团长，本不知兵，亦悉所部不堪一战，未敢迎敌，全军八十余人，先向西乡老家石田山中撤退。匪未达所求，武器又太少，未敢久留。第三天早，沿南河向婺源流窜。以未饜所欲，临行沿街分头纵火，借以泄愤。一时东镇全部以迄西镇，千余家商肆，悉成火海，比及潜避凶锋匿伏近郊之市民，奔回抢救，已无法进入，造成了徽州历史上之空前浩劫。笔者当时执业镇上，亲历其境。因以诗纪事，作异日屯溪之掌故。

从纪事诗中可以看出，屯溪遭受重大损失是“经营积累一朝空”、“六邑精华付祝融”、“余烬何从认市廛”，一个繁华的屯溪到处断壁残垣、百业萧条。据资料载，朱老五屯溪浩劫之后，“屯溪一年之内已无贸易可言”。

朱老五对无辜的商人和百姓恣意杀害，对商家财产和百姓的房屋随意焚烧，完全是土匪行径。所以一提起朱老五以及后来到处烧杀的一些太平天国军，徽州百姓都毫无好感。

4月25日下午，34岁的朱老五在安庆被官府逮捕枪杀，结束了他传奇的造反人生。

此后三年，一些徽人和浙江商帮，看到屯溪市场的重要性，在断壁颓垣之大街残址，重新建设起原来风格的商铺，屯溪逐渐恢复了昔日之繁荣。1933年2月13日民国一家报纸报道说：

> 连年俱获厚利，各地农户居民以所入见丰，对商货之购买力，较前加强，创后再造之屯埠商业，得茶业景气之推动，渐回复民十八以前状态。(《皖屯溪商业之今昔》)

小练惨案

在第二次国内革命战争期间，徽州人民在中国共产党的领导下，进行了艰苦卓绝的反帝反封建、反对蒋介石反动统治的斗争，谱写了土地革命的壮丽史诗。小练惨案和柯村暴动就是这场斗争的动人一幕。

小练位于歙县西南部（现属徽州区岩寺镇），毗邻屯溪，山高林密，村落分散。1930年8月，共产党员刘伯林受组织委派，来到歙县，秘密发展党员，建立党的组织，开展革命活动。1930年8月建立了歙县第一个党支部——中共小练支部，领导贫苦农民进行减租减息斗争，并秘密建立革命武装。民国二十年（1931年）7月，中共歙县临时县委在小练成立。民国二十一年（1932年）10月，徽州工委将机关驻地迁抵小练村。是年冬，改组徽州工委为中共皖南特委。至此，小练正式成为我党领导皖赣边陲14个县革命活动的中心。

当时，徽州属第十行政督察区，屯溪成了国民党反动势力的大本营，驻扎了国民党六县（即婺、休、歙、绩、祁、黟）保安团。民国二十二年（1933年）5月31日晚，皖南特委书记宁春发召集刘伯林等30余人，在小练一带的瑶里西坑汪金发家里召开秘密会议，部署斗争方案。此事被当地一个名叫程继元的坏蛋知道，他就密告了伪甲长齐双全，又和齐双全一同转报伪保长孙汉仁，再层层呈报伪县长石国柱、伪专员刘秉粹与保安副司令汪汉。

一场血腥镇压偷偷开始了。

1933年6月1日深夜，屯溪伪保安副司令汪汉和歙县伪县长石国柱带领保安队、军警200多人，从篁墩、草市、罗田三路包围了小练村。敌人一到村中，就砸门捣户，搜捕我地下党员和革命群众。被惊醒的人们立即拿起枪、长矛、大刀、棍棒等与全副武装的敌人浴血拼搏。由于敌强我弱、寡不敌众，最后被敌人团团围住。除特委书记宁春发携部分重要文件越出重围，22人被敌人当场杀害，40多名党员、群众被捕。在押往屯溪途中和到达屯溪车站时，先后被枪杀25人。刘伯林等同志在敌人的严刑拷打下，坚强不屈，在就义时，还高呼“共产党万岁！红军万岁！苏维埃政府万岁！”等口号。这就是震惊皖南的“小练惨案”。

小练惨案中，有47名党员和革命群众牺牲，中共皖南特委被破坏。但突围出来的同志，掩埋好战友的尸体，又英勇地投入了战斗。继续在歙县、旌德、绩溪、淳安一带开展游击活动，不断地打击敌人。

柯村苏区

民国二十三年(1934 年)，就在小练惨案发生后的第二年，在党的领导下，又举行了柯村暴动，成立了皖南苏维埃政府，把革命的火种点燃在徽州大地上。

柯村，是当时太平县的一个穷山区(现属黟县)，位于黟、祁门、石埭、太平四县的边陲。这里离县城远，交通不便，贫苦农民多，最易接受革命道理，所以成为共产党活动活跃的地方。

1934 年 1 月，刘毓标同志在闽浙赣省委共产主义学校县委书记训练班接受白区工作的训练，于当年 4 月，由省委派遣到皖南特委工作，任特委委员、太平中心县委书记。中心县委下辖太平县委、黟祁县委、青阳县委、泾县县委。

1934 年黟太一带大旱，秋季无收，地主仍要农民交现钱代租谷。面对地主逼租、逼债，太平、黟祁县委提出要搞暴动，和江西苏区那样，建立苏维埃，斗地主，分田地。7 月底，省委很快批准了暴动计划。由于暴动计划泄露，中心县委根据突变情况，决定把暴动时间提前到 8 月 21 日，指挥部设在拜祭堂，由县委委员韩锦侯任总指挥。

21 日深夜到次日凌晨，从杨家墩到柯村一带，100 多名共产党员带领 3200 多名群众举行暴动。到 8 月底，东起黟县方家岭，西至石埭县城安(今属祁门县)，南到祁门县历口，北达石埭县七都，纵横百余里的范围内掀起暴动高潮。暴动中，农民团和赤卫队，以长矛、大刀、土枪为武器，打土豪、烧田契、分浮财，镇压了土豪劣绅 300 余人，其中有国民党县自卫团团总汪晓堂、民愤极大的豪绅胡炳希、大恶霸刘侠和保长汪炳才、胡昌阳等，缴获地主武装各种枪支 320 余支，推翻了柯村周围地区的国民党的乡、保基层政权。

9 月 2 日，中共闽浙赣省委派宁春生(时任闽浙赣省消费合作总社主任)带了 300 多人的武装和一批干部到达柯村支援武装暴动，并召开中心县委扩大会议，由宁春生传达省委指示，研究成立苏维埃、分配土地、党员和党组织不公开等问题。

9 月初，中心县委举办了土地训练班，开展土地改革，有 600 多户 2300 多人分得土地。这次会议之后，在柯村建立了皖南苏维埃政府，宁春生任主席。苏维埃政府下设交通部、财政部、文教部等。县、区、乡都建立苏维埃，其中县级的有太平县苏维埃、黟祁县苏维埃。

柯村暴动后，太平中心县委由拜祭堂迁到柯村，苏维埃政权建立了武装组织，除宁春生带来的武装，县有大队，区有中队，乡有赤卫队，成为保卫红色政权的武装力量。

1934 年 11 月 24 日，方志敏、粟裕等带领红十军团和红 20 师向皖南前进，在太平县谭家桥与对红军围追堵截的国民党军队相遇，发生激战，此次战役红军失利，被迫转移，国民党军尾追在后。12 月 28 日，为摆脱追兵，红军转移到苏区黟县柯村。近万人的部队在这里进行了为期 3 天的休整。

方志敏审时度势，根据时局变化，建议太平中心县委、皖南特委逐步把苏区转为游击区。一是面对国民党的报复，群众要疏散上山，先避过一阵子。敌人走了，就掩护群众下山回家。二是为保护已公开露面的党员、干部，要把他们带去打游击，吸收参军。三是组织掩护苏区转为游击区的武装力量。决定留下先遣队的侦察营，加上苏区自己的武装，组成皖南红军独立团。

皖南苏维埃政府旧址(柯氏宗祠后厅)

方志敏在柯村期间，在群众大会上发表演讲，给人民群众以极大的鼓舞和教育。先遣队在柯村停留 3 天，敌人追兵将至，方志敏率部转移到歙县、黟县宏村、际村，过西武岭，经祁门县金字牌向化(开化)、婺(婺源)、德(德兴)苏区进军。

敌人疯狂的报复终于开始了。

1934 年 12 月 21 日至 24 日，国民党派遣俞济时率第七师二十一旅（旅长李文彬）、第四十九师（师长伍诚仁）、补充第一旅（旅长王耀武）等围剿柯村苏区。1935 年春季以后，柯村苏区陷入腥风血雨的白色恐怖之中。2 月 25 日，国民党七十八师、八十八师纠集各县保安团、队数千兵力，向柯村苏区合围，200 多名苏区干部、民兵、群众及红军伤病员被残酷杀害，敌人烧毁房屋，抢去牛、骡、马、猪等家畜。柯村苏区和太平中心县委宁春生、宁月生、韩锦侯、储汉仪、方再兴、洪常进等领导人先后牺牲。党的活动中心地点乌头坑、拜祭堂被烧成一片焦土。柯村暴动被残酷地镇压下去。

根据省委指示，在白色恐怖下，游击队独立自主地进行工作，以黄山为中心开展游击战争。刘毓标带着部队转移到鄣公山（今江西婺源县境内），在那里发展党组织，宣传群众，组织群众，开展工作。

1936 年 4 月，皖浙赣省委成立，皖南独立团改编为皖浙赣独立团，转战在以鄣公山为中心的皖浙赣边区，直到三年游击战争胜利结束。

从柯村离开后，方志敏与敌军一直进行周旋，后于 1935 年 1 月 29 日因叛徒出卖被捕。在狱中，面对敌人的百般诱降和严刑逼供，他正气凛然，坚贞不屈，1935 年 8 月 6 日，方志敏在江西南昌英勇就义，时年 36 岁。

婺源惜别

翻开古徽州地图，婺源县位于西南角，直插江西省。清蒋升撰《皇朝直省府厅州县歌括》曰：

> 徽州府在省极南，所辖六县歙为首，休宁祁门婺源角，绩溪府北黟西守。

历史上，凡是与邻省邻县接壤地盘，历来是多事之地。就是乡村毗邻，山林纠纷也时有发生。区划变动，也多在这些地方进行。

在第二次国内革命战争期间，江西是红色根据地。1931 年 9 月，中央革命根据地军民粉碎了国民党军第三次“围剿”后，赣南、闽西两区连成一片，革命根据地扩展到 30 多个县境，在 24 个县建立了县苏维埃政府。11 月，在江西瑞金成立了中华苏维埃共和国临时中央政府。1933—1934 年，蒋介石对中央苏区发动第五次“围剿”,在南昌设立全权处理赣、粤、闽、湘、鄂五省军政事宜的军事委员会委员长南昌行营。

婺源在赣东北边缘,出于“剿匪”需要,蒋介石于1934年9月4日将婺源划归江西第五行政区。蒋的改隶行为引起婺源人的强烈不满,各团体在致蒋的公开信中陈述了几大理由,主要内容:一是从历史渊源看,婺源位于徽州上游,是徽州的门户。二是从文化需求看,朱熹是徽州人的骄傲,徽人潜移默化,徽州蔚为礼教之邦而蜚声远近。在这种背景下,朱熹的祖籍地婺源对于徽州人来说就显得格外重要。三是从经济发展看,婺源的商业与徽州有割不断的关系,一旦将婺源改隶江西,对于徽州的商业文化,无疑是一个严重的打击,将会彻底瓦解曾执中国商界牛耳的徽州商帮。

这第三条是最重要的。据有关资料,婺源由于山地较多,民众多从事商品生产,尤以茶叶与文房用品为大宗。婺源改隶后,原先同属徽州的会馆组织将和婺源切割,婺源商人有失去“组织”的危机;而更严重的是,隶江西后,婺源赋税负担骤然增加。受害最重的是茶商,他们率先起来反对改隶的决策。

这三点理由,在蒋介石眼里,均抵不上“剿匪”这个最大的理由。当时,蒋的“剿匪”政治压倒一切,在“宁可错杀一千,不可放过一人”的蒋介石眼里,这才是最重要的头等大事。

有趣的是,蒋介石还下了个《中华民国国民政府军事委员会委员长令婺源县政府文》,从政治、军事、公路等方面逐条驳斥民众的呼声,坚持婺源必须改隶的意旨。

百姓的请愿当时虽然未成功,但婺源的民众还在等待机会。时隔十二年后的1946年1月,婺源县参议会上下串联,再次发起“回皖运动”,通过胡适(徽州绩溪人)转交请愿书给蒋介石,促使国民政府内政部派员来婺勘察。

《江淮文史》上曾有一篇文章回顾当年婺源归徽的经过:台湾出版的胡适秘书胡颂平所编《胡适之先生晚年谈话录》,记有胡适在1961年4月26日的一段话:

> (胡适)先生又说:“徽州的婺源,朱夫子的出生地(原文如此),……划给江西省;可是全徽州的人都不愿意,一直闹到复员之后国大代表开会时,徽州同乡会作好呈文要向蒋介石请愿。我说,给我吧。我交给国大主席团代表张厉生。那时张厉生是内政部长,他就照办了。”

1947 年 8 月 16 日，婺源总算划回安徽省。

蒋介石是个很固执的人，为什么在时隔十多年后会同意婺源回归安徽，原因有三：

一是婺源人的诉求并没有反对他“剿匪”的大计，当年要求回皖就是打出大儒朱子的旗帜，表明“徽州之视婺源，犹东鲁之于曲阜，南粤之于中山，近年频于匪区，而未沦于匪化亦赖于是”。

“频于匪区，而未沦于匪化”，这点蒋介石是喜欢听的。婺源人抓住蒋的心理，不啻是一个妙招。

二是政治形势发生了变化。抗战结束后，国内反独裁、反内战的气氛高涨，蒋介石为争取民众，不得不作出一种顺从民意的样子。何况，到了解放战争期间，江西也不再是蒋介石的最大威胁，故蒋顺水推舟，落得个顺从民意的好名声。

三是胡适是新文化革命的主将，还任过中国驻美大使，在英、美等国颇有名气，拿了不少博士帽，对这样一个有西方背景的世界级名人，蒋介石不能不买面子。

1949 年 5 月，解放军二野挺进婺源，过境时主持军管，而以屯溪为中心的徽州为另一支部队军管。婺源县就是在两支部队军管会分割的体制下，于同年 5 月再次脱离徽州政区。

但是，婺源人对徽州仍有深深的故园情结。在当今徽文化热兴起的新形势下，徽州文化生态保护需要婺源，婺源也需要徽州的品牌来振兴文化和经济。尽管婺源脱离了徽州，但这种历史文化渊源是割不断的。

不败之商

在古希腊和古埃及的神话中，有一种鸟叫不死鸟，这种鸟的生命周期是五百年，到时它呼出最后一口气后会悄然死去，此时，从它的身体里将飞出一只新的不死鸟，同样拥有五百年的生命。

拥有几百年辉煌的老徽商消逝后，像不死鸟一样，以新的生命延续。其中延续辉煌的是徽商后裔经营的茶业。

三国时的曹冏说过一段话：

夫泉竭则流涸，根朽则叶枯。枝繁者荫根，条落者本孤。(《六代论》)

意思是说，源头的泉水枯竭了，那么溪流也就干涸了；树木的根部腐烂了，那么枝叶也就枯萎了；枝叶繁茂的树木可以庇佑根部，枝条凋落的树木，主干也会失去保护。

徽州的茶叶生产，有着深邃的源头和牢固的根基，故经久不衰，永续利用。这里山场辽阔，气候适宜，有着茶叶生产的得天独厚的自然生态条件。在南朝时就有茶叶生产的记载，唐朝中期以后，茶叶生产更有了较快的发展。

正是由于从歙州到徽州以茶业为主的多种经营的发展，养活了徽州山民("给衣食")，负担了国家的税赋("供赋役")，也发展了地方经济。从歙州起，就屡被世人称为"殷厚处"、"富州"，成了朝廷赋敛的重点对象。

民国时期，老徽商盐业垮了，丝绸和典当也不景气了，唯独茶叶一枝独秀，以其丰富的资源、优越的品质、精制的工艺、驰名的品牌支撑着老徽商的基业，延续着老徽商的辉煌。

上海是徽州茶商的重点经营地区。据资料记载，清末民初，仅绩溪在上海的茶号就 30 多家，民国七年(1918 年)该县在外从事工商业者，仍占男性成人总数的 57%；抗战前夕，歙县在沪的茶叶商号仍有百余家。

据资料记载，上海市档案馆藏有一份以上海茶叶市场为对象，以调查商业信用为目的的《上海商业储蓄银行之茶叶调查报告(1934—1940)》，共收录 33 家店号的信息，其中有徽州茶号 26 家，占 80%。

抗战前上海的茶厂，从数量和资产额度上看，"以徽帮人数和资本为最多。据统计，在 42 家茶厂和全部 217000 元资本中，徽帮就占 20 家，总计资本 98000 元，各占上海茶厂和资本数的 47% 和 45% 强。上海的出口茶叶几乎全被徽州人所把持"(刘芳正：《民国时期上海徽州茶商与上海茶业》)。

据上海档案馆藏资料，至建国初期尚存的徽州人在沪的茶叶茶号、茶行、茶栈、茶庄仍有 45 家，以歙县人居多。

除了上海，徽州人在北京、南通、南京等地都有经营茶叶的商铺。

民国七年(1918 年)，歙县三阳、叶村、苏村等地商人在南通开设的茶叶店 19 家，职工 300 余人。

民国三十四年(1945 年)，歙县宗族商人在北京开设的茶叶店仍有 35 家，店员 544 人。

江西也是徽州人进军的地方,茶叶是徽州人经营的主要商品。“据民国二十六年《江西统计月报》载,旧时景德镇十里长街,鳞次栉比的店铺有 1221 家。其中,70% 以上是徽州人开设的;在商店里从事劳动的店员和工人,徽州人还要大于这个比例”(程振武:《景德镇徽帮》)。

民国时期,有人评说:

> 徽人之商战武器仅有三事:茶商、当铺、菜馆而已,近年典业、酒肆,他处人士亦渐分其利,以统计论,已难据第一位。惟茶业犹能保持固有势力。(张朝胜:《民国时期的旅沪徽州茶商》)

民国时期,徽州的茶叶不仅销往全国各地,而且屯溪成了洋装箱茶的制造销售中心,每年出口茶 10 多万箱,价值千余万元。“屯绿”、“祁红”成了驰名中外的茶叶品牌。祁红、太平猴魁在 1915 年巴拿马万国博览会上获得金奖;之后,祁红还获布鲁塞尔第 26 届世界食品博览会金奖等。清朝到民国时期,中国茶文化的中心就在古徽州。

徽州的茶业像不死鸟一样,自唐朝以来,历经一千多年,成了祖传之业,徽州茶商成了不败之商,这种局面,一直延续至今。

如今,黄山市茶园面积占全省 42%,出口茶叶总值占全省 70% 左右,新一代的徽州茶商已崭露头角。徽州新茶商的代表、新安江源头的休宁县鹤城乡方国强,20 多年来,致力于保护环境,进行有机茶的开发。新安江源头得到有效的保护,方国强的农民合作社惠及数万农户,农民收入提高十几倍,这里也成为国内最大出口欧盟的有机茶基地。

茶务都会

现为黄山市府所在地的屯溪,是一座遐迩闻名的美丽山城。如果仔细研究屯溪的历史,她的经济与城市的发展,竟与茶叶有关,可以说,历史上屯溪是以茶兴市,因茶而名的茶务都会。

历史上赫赫有名的徽州府治所在歙县,并不在屯溪。屯溪长时期只是休宁县下的一个小镇。那么,我们不妨从史料中撷取片段,看屯溪所走过的路:

南宋《新安志》载：

献帝建安十三年(208年)，吴王孙权遣威武中郎将贺齐定黟、歙，分歙为始新、新定、黎阳、休阳，并黟、歙为六县，遂割于丹阳置以为新都郡。

成立初始叫犁阳县，晋朝改为黎阳县，县治在今黎阳镇。这说明，在东汉时，黎阳就已够县的标准了。当然，当时县的标准很低，一个县不过几千口人。

据《屯溪市志》等史料，屯溪地名的来历有几种说法：

一为削平黟、歙等地山越，吴威武中郎将贺齐屯兵水上，后改新安江上游这些水域为屯溪。

二是源于水名，屯字据《广雅》解释为"聚也"，诸溪(率水、横江等)聚合，谓之屯溪。

三是清朱彝尊在《重建屯溪桥记》中说是三国"孙吴时，毛甘屯兵万户于是，故溪以屯名"。当时歙县的山越首领是毛甘、金奇，分别屯兵于乌聊山(今歙县长青山)和安勒山(一说即是今屯溪华山)，华山在新安江屯溪桥畔，不过在此屯兵的不是毛甘而是金奇。

四是有学者按《易经》的"屯"卦来推论，"屯"的卦辞有"利建侯"(利于建立侯国)之义，认为屯溪是隋唐期间，汪华起兵占据新安等6郡时所取名，当时的郡治在休宁万岁山，而屯溪归休宁管辖。这是一种新说法，笔者认为有一定的道理。但《易经》学说较为复杂，一般读者对此难以理解，所以不展开叙述。作为一种学术见解，也应当予以尊重。

明弘治1491年《休宁县志》中，关于屯溪的记载只有短短的一行：

屯溪街，在县东南三十里。

明嘉靖《徽州府志》载，嘉靖四十一年(1562年)：

黎阳东乡十六都，其村：溪东、草市、率口、富上(现为阜上)、沙园、由坑、屯溪、黄石。

当时的屯溪只是黎阳乡下的一个村，当时的街是隶属于村，屯溪街就是屯溪村下的一条小街。

屯溪这个名不见经传的小渔村，但后来居上，成为徽州的一颗靓丽的明珠。她的发展有一个重要的产业带动，这就是茶业。一业兴，百业旺，茶产业对屯溪的发展立下了不朽的功勋。

徽州的茶叶生产从唐朝就有基础，随着徽商的兴起和发达，徽州茶成了文人风雅生活的象征，休宁松萝茶也成了当时的名茶之一（康熙《休宁县志》："松萝之茶甲天下"）。

早在元朝，休宁县治南就设有茶课提举司，明朝改税课局。明清时期，茶叶一度与盐一样，实行专卖制度。茶叶贩运出境，由设于交通要冲的巡检司对茶叶引票验实截角后放行，并征收茶税。

万历五年（1577 年）后，休宁县汰厦巡检司由县城移至屯溪，租民居而设（道光《休宁县志》："汰厦巡检司在屯溪僦民居。案，万历志云，旧在白际岭，衙舍有旧基。万历丁丑年奉交移城内僦民居，后移屯溪今仍之。"）

这个巡检司的设立给屯溪的茶叶交易带来机遇。自始，徽州黟县、休宁、祁门、婺源从新安江水道运出的茶叶"皆归休邑屯溪办理，休宁县派承查验给引，由太（汰）厦司勘合切角放行，其税每引不过分厘"（同治《祁门县志》）。

明天启年间（1621 年），屯溪的城镇有了一定的发展，"屯溪系一邑总市，商牙辏集，米船络绎相继"（天启《休宁赋役官解全书》）。

明嘉靖十四年后，茶叶成了中英贸易的大宗产品，徽州茶叶开始走向海外市场。

据资料记载，清康熙四十一年（1702 年）运英国茶 4500 担，其中徽州松萝茶占三分之二。1822 年英国东印度公司广州贸易中各类茶叶的经销量，屯溪茶占 17% 左右。为了加强控制关税，当时政府规定只准从广州出海外销，因此，徽州的茶叶只有走鄱阳湖经赣江至大庾岭南下广州。这样，就是歙县等东线的出口茶叶也必须经过屯溪。这种情况，一直延续至清咸丰上海口岸开通，徽州茶叶才经新安江水路到上海出口，但屯溪的集散地功能并没有削弱。

由于茶叶贸易及其他土特产品的流通，至清康熙年间，屯溪街已发展到"镇长四里"，已成"皖南巨镇"（清康熙《休宁县志》）。

《县志》有一幅《屯浦归帆》图，只见两岸船行如梭，帆樯林立，一派繁华景象。时吴江学者潘耒从休宁途经屯溪，曾感慨："井里俄繁盛，山川更富营。"

（潘耒《遂初堂诗集》）

屯浦归帆

清乾隆三十九年（1774 年），海阳藏书家吴骞清明回乡省墓，临近屯溪时，“两岸人家益增台榭之胜。是日风色晴明，上厅者船中悉载弦管，翠幕纱窗，笙歌嘹亮，数十里往来不绝。临水之家则有凭栏下瞰飘然欲仙者”。见此繁华盛景，吴骞惊呼：“宋人所作清明上河图，未审视此何如耳。”（吴骞：《愚谷文存》）

这也许是后人誉屯溪老街以清明上河图作比的最早来源。

清道光年间，杭州学者夏之盛在游览徽州后，感叹“屯溪隆阜间，民生素殷沃”（夏之盛《留余堂诗钞二集》）。

太平天国（1850—1872 年）战争后，据时人记载：

> 自发逆乱平，徽属商务聚于屯溪。一冠履之时趋，一袍袴之新样，其自江浙来者，休首承之，次即及歙之西乡。近少妇好效沪妆，年长者犹带鬏（扬州旧制），此今昔习染之大验也（清刘汝骥《陶甓公牍》）。

这说明，清朝后期，原来保持俭朴风尚的屯溪也染上了时尚风气。

光绪年间（1875—1909 年）屯溪“为休邑之冠，各行案既备且多，四方穷民来觅食者踵相接”（《新安屯溪公济局征信录》光绪二十七年刻本）。清光绪戴启文诗云：

皖南巨镇首屯溪，万户居民本富庶。商贾辐辏阛阓盛，茶客年年竞来去。(《新安游草》)

清末宣统年间(1909年)，刘汝骥主政徽州时，访察休宁县内的“职业趋重之点”，“屯溪、率口、黎阳、阳湖一市，茶之区也。朱明节届，男妇壮幼业此者数以万计，茶号藉钱庄以资助之。……工匠缺乏，又召江西人以伐木烧炭矣(注：制茶用炭)”(清刘汝骥《陶甓公牍》)。屯溪成了“茶务都会”。

《清史稿》载：

屯溪，县东南，为茶务都会，盐捕同知驻此。太厦镇巡司。

盐捕是负责稽查缉拿贩卖私盐罪犯的部门或人员，同知是府级副职，正五品。巡检司，又称巡司、巡政厅，或设于州县关津险要之处，或设于市镇发达之区，或设于人口繁多之域，在缉捕盗贼、解送钱粮、监察平粜、查验税赋、督修围基、编查保甲等社会治安及公共事务方面具有极重要的职能，也是最基层的国家行政机构之一。屯溪既有盐捕，又有巡检司，可见其经济繁荣与地位的重要。

茶业的集聚效应带动诸业的发展。茶业特别是出口茶的兴起，带动了诸多产业的配套发展。如包装茶叶用的锡罐业、茶箱业、篾篓业、金融业等，都容纳了大批劳力和资本。茶叶的加工流通还吸引和带动了其他农副产品及百货业的销售。

民国八年(1919年)前后，屯溪的常住人口已增至15000人，户数3000上下，居于徽州各县城镇首位(当时，歙县县城人口9000人，休宁县城人口有3000人，户数500左右；祁门县城人口2000人，户数在400上下；黟县县城有5000人，绩溪县城人口仅1000上下)。明清四大镇之一的江西景德镇，毗邻徽州，同期城市人口也仅20000人左右，户数在3000上下(以上资料数字引自邹怡《徽州茶务都会屯溪发展史》)。

休宁人程僧在1928年向子辈介绍家乡时说：

屯溪……位六邑之中央，商务极盛，商肆林立，人烟稠密，号称皖南第

二巨埠。(程嵩龄:《程氏遗稿四种》)

据《屯溪市志》载:光绪二十二年(1896年),屯溪公济局征信录记载了茶号136户(含婺、歙由屯运销户数)。民国九年(1920年)屯溪茶号109家。民国二十七年(1938年)精制“屯绿”茶号达287家。清末民初“屯绿”最高产销数为32万箱。至抗日战争前,外销“屯绿”年产量仍有25万箱左右。

茶业成为屯溪各业之龙头。民国二十四年(1935年),昭蔚在屯溪市面情况调查研究后说:

> 屯溪为本属一大商埠,四通八达,市廛栉比,以茶业农产品之市价高低,以定本埠商业之盛衰。在昔茶业全盛之时,茶行林立,市面金融活动不少。(《徽州鸟瞰》)

抗日战争前夕,屯溪有正式在册商号417户,从业人员达4000余人。还不包括流动经商和务工的人员。

1934年,郁达夫夜游屯溪,与朋友卧谈起屯溪的街景百态,吟诗一首:“新安江水碧悠悠,两岸人家散若舟。几夜屯溪桥下梦,断肠春色似扬州。”诗人感叹徽州茶商将清朝扬州盐商的春色搬到了徽州的屯溪桥下。

抗战期间,因徽州地处崇山峻岭之中,成为偏安一隅之福地。安徽大部沦陷后,安徽省主席行署、省党部皖南办事处、省保安司令部和国民党第三战区司令部等,都纷纷迁来屯溪,江、浙、沪的达官贵人和富商也纷纷来屯溪躲避战火,屯溪人口猛增至20万左右。

茶叶作为生活必需品,依然销往各地。茶叶出口当时由国家实行统购统销。民国二十七年(1938年),“屯绿”贸易量仍达到248184箱,折合7000多吨(《黄山市志·农业·茶业》)。太平洋战争后,中国茶叶出口全部停顿,徽州茶叶产销也受到影响。

但从总体来看,自清朝以来,因独特的地理优势,屯溪在徽州的经济中处于重要地位,并由经济中心逐渐发展为政治、经济中心。屯溪终于由一个小渔村,因茶兴市,成为皖浙赣三省交界处的重要城镇。

国统屯溪

国民政府皖南行政公署于民国二十七年(1938 年)成立,行署所在地设在屯溪。当时正值日本侵略者大举入侵中国领土的国难时期。皖南地区属第三战区,因此皖南行署又要受三战区司令长官顾祝同的指挥。

第一任皖南行署主任戴戟将军(时任第三战区中将参谋),望高威重,地方拥戴,对恢复皖南公路交通、扩建学校、救济难民等方面做了不少工作。他虽能与三战区配合,但对桂系李品仙则不屑与之共事,终于在 1940 年辞去职务。日本投降后,他目睹国民党腐败,愤然辞职退役,后秘密参加反蒋活动,协助中共进行国民党军策反工作。新中国建立后,戴先后任华东军政委员会委员、安徽省政协副主席、副省长、民革安徽省主委等职。

第二任是黄绍耿,二十九年(1940 年)继任,他是桂系分子,资望不高,不能应付地方复杂局面,更不能取得三战区的支持。桂系和蒋系明争暗斗,互相拆台,黄绍耿终于被排挤调走。

三十一年(1942 年),张宗良继任皖南行署主任。他是个海归,曾得到姚文采、陶行知等平民教育家资助,公费留学英国。姚文采是歙县人,与陶行知同学,曾任南京安徽中学校长。在屯溪期间,曾任黄山建设委员会工赈处副主任、黄山管理局局长、第三战区前敌总司令部战地服务团团长等职,并创办黄山天都文物社,为开发黄山做出了贡献。

张任皖南行署主任期间,沿江各县如宣城、当涂、芜湖、广德、郎溪、青阳、铜陵、东流等县城先后沦于日寇,南陵和繁昌县的部分地段一度为叛军张昌德占据(张昌德原是川军的一个团长,叛变后依附日寇成立所谓独立方面军),皖南行署所能管辖的完整县仅休宁、祁门、太平、黟县、石埭、歙县、至德(今东至)、旌德、泾县、绩溪等县。此外在日寇仅占领县城的县份,国民党也设有县政府,驻境内行使职权。张宗良周旋于桂系和蒋系势力之中,对双方虚与委蛇,勉强维持局面。

据曾与张宗良共事的一位部下回忆,战时屯溪是前线的后方,为前哨重镇,机关林立,五方杂处,有苏南、上海、南京等处撤退来的各种机构,如上海市党部,江苏省党部,三青团、政府机构和特务机构,马志超的"忠义救国军"(总部驻在广德)、设在歙县雄村的"中美合作所",驻皖南的川军(3 个师,1 个军的总部)、三战区交通站、美国空军联络站等均在屯溪设有办事处。沪、宁逃来屯溪的富商大贾、经纪人、银行家等等,则在这里设有公馆。

前方吃紧,后方紧吃,作为抗战时期后方的屯溪,却是一片歌舞升平景象。官僚、富商铺陈阔气,生活豪华,烟赌公开,花天酒地。为这些人服务的酒店、舞厅,如雨后春笋丛生,其"繁荣"景象有"小上海"之称。屯溪为皖南土特产(茶、桐、木、竹、漆、丝绸)集散地。一些不法商人与军特、官僚相互勾结,大肆收购、囤积,秘密贩运,武装走私,为日寇供应物资,从中大发国难财。如此畸形社会所呈现的"繁荣",不仅毒化了徽州向来纯良尚礼的原生态社会风气,而且抬高扰乱了当地物价,使人民深受其害。

屯溪污浊、混乱、复杂的情况,就是战时广大国统区的缩影。

三十四年(1945 年)11 月,抗日战争胜利,抗战中成立的皖南行署也完成了历史使命。

1949 年 4 月,徽州迎来全境解放,她的未来将如何发展?请看第十三章:今非昔比徽再来。

第十三章　今非昔比徽再来

1949年10月1日，中华人民共和国成立，中国人民从此站起来了！

皖南区人民行政公署是1949年5月设立，初驻屯溪市（由休宁县析置），8月迁往芜湖；皖北区人民行政公署于1949年4月成立，驻合肥市。这两个区均是省级建制，但比省略低。当时，徽州专区属于皖南区。

徽州专区是民国三十八年（1949年）4月徽州解放后成立，除了古徽州一府五县外（婺源县5月划入江西），还有历史上分属宁国府和池州府的旌德、宁国、太平、石埭等县先后加盟徽州，成为老徽州的重要成员，与徽州历史有割不断的关系。

宁国、太平、旌德三县历史上长期属宁国府和宣州，石台县历史上长期属池州，却与徽州有割不断的关系。徽、宁、池本是一家，始于丹阳郡，续于唐朝宣歙道、宋朝江南路、清朝徽宁池太广道等，建国后，分分合合，这种缘分不是以人的意志为转移的。

那么，就让我们来了解一下宣州、池州和曾加入过徽州大家庭的几个兄弟县吧！

徽宣同根

宣州与徽州，历史上就有兄弟般的密切联系。

汉武帝元狩二年（前121年），鄣郡改为丹阳郡，统领17个县。从丹阳郡设置来看，基本囊括了明清时徽州府和宁国府（治宣州）的属县，徽宁一家亲，可追溯自汉开始的丹阳郡。

西晋太康二年（281年）析丹阳郡置宣城郡。隋初废郡，改南豫州为宣州，不久又改称宣城郡。唐初置宣州，中间一度改称宣城郡，以后复称宣州。南宋乾道二年(1166年)升为宁国府，明、清袭之。1932年置第九行政督察区，专署驻宣城。后改为第六行政督察区。

先有宣州再有宁国府，诚如先有徽州再有徽州府一样。宁国府商帮，是指宁国府下辖的旌德、泾县、太平、宣城、宁国及南陵6个县商人或商人集团的总称，走过了和徽商近乎相同的创业之路，宁国府治所在宣州，因此，宁国府商帮通常又称为宣州商帮。

宁国府与徽州府是近邻，和徽州有割不断的联系。清代，宁国府商人常常与徽州商人结成集团活动，有分有合，又称徽宁商帮。

宁国府的诸多县尤其是太平、旌德、泾县等地处山区，尽管分属两府，但和徽州有许多共同之处。

从地理特征来看，宣州的山区县与徽州相近。窦遴奇《太平县志・康熙乙巳志序一》载：

> 太平为宛陵(乃宣城古名)属邑，又居六属之末，弹丸黑子地。四面阻山襟岭，舟楫不通，邮传不至，盖僻壤也。

明嘉靖《太平县志》载：

> 邑介黄山，山峻峭少屈伏，土薄石肥，一丘不得谷数斤，耕不以牛以锄。地逼仄或壁立，不能留足，上下如猿狖猱。

清嘉庆进士、泾县人朱珔曾说：

> 我邑率山居，土壤硗确，统计岁收仅给三月粮，非贸迁则衣食何由赡？往往离父母，远妻孥，冀获什一于通都大衢，盖有所不得已也。(《小万卷斋全集・文稿》卷十八)

泾县、太平等山区县这种地理特征和徽州诸县一样，山多地瘠，交通不便。从生活习俗来看，有诸多相似之处。据清嘉庆《宁国府志・舆地志・风俗篇》载，明宪宗朱见深成化(1465—1487年)、孝宗朱佑樘弘治(1488—1505

年）以前，宁国府所辖6县包括太平多以农为重，外出经商的人还不多。“人尚俭朴，……衣不过土布，非达官不用丝”；“男勤于耕，女勤于织”（明成化《泾县志》）；“民怀土无轻去乡”（清康熙《宁国府志》）；“妇女耻出门户”；“力耕织、薄商贾、敦俭朴”（明代工部尚书雷礼《敬亭山赋》）。这种状况和早期黟县也很相似。

太平等县解放前的许多民俗活动和徽州相同。如每年农历正月十八日太平县三口、仙源等地汪姓纪念唐越国公汪华的汪公会，甘棠、仙源等地纪念唐天宝年间镇守濉阳名将张巡、许远等的东公会，每年逢六月十九日（观音圣诞）在黄山轩辕峰下福固寺举办庙会，徽、宁、池三府所属的善男信女均入庙进香。

从经商的时间和缘由来看，宁国府诸县比徽州经商稍迟。嘉靖前，“民业以工商为末，以耕绩为务本，居城列肆俱徽郡之人”（清嘉庆《宁国府志》）。

外出经商的原因是人口的急剧增加，经商成了求生存的唯一出路，同时，徽州人经商致富也使他们深受启发。于是，从明嘉靖（1522—1566）以后，则“商贾亦远出他境”，“操奇赢，走四方者多矣”（清乾隆《泾县志》）。

由此可知，到明嘉靖、万历时期，宁国府人包括太平人结伙外出经商越来越多。明万历《宁国府志》载：一些地方“弘治以前，人心甚古，乡里之老有垂白不识县官者。嘉靖以后渐变渐靡，舍本而务末，于是百工技艺之人，商贩行游之徒，皆衣食于外郡，逐利于绝徼，亦势使然也”。形势所逼，不开放则无出路。

从经营方式来看，宁国商人与徽州商人基本相同。经商多是本地资源，如竹木、茶叶、烟草、中药材及粮食、漆、伞等商品，经商人员多是血缘、亲缘与地域关系而形成商帮。

特别值得一提的是，宁国府商帮与徽商联合以谋求发展的佳话。嘉庆十四年（1809年），旌德商人同徽商一起在苏州府吴江县盛泽镇共建徽宁会馆，“初约万余金，工巨费繁，前后共用一万七千有奇，尚未蒇事（即未完成之意）”。会馆正殿三间，“中为殿以祀关帝，东西供忠烈王（注：汪华）、东平王（注：张巡）……殿东启别院，奉紫阳朱文公（注：朱熹）”。会馆《吴江盛泽镇徽宁会馆缘始碑记》中云：

徽宁两郡，本属同省，今又同邑经营。古云，四海之内，皆为兄弟，何

况毗连邻郡耶？众勤易举，合成徽宁会馆，谁曰不宜！（《明清苏州工商业碑刻记》）

这徽宁联合的佳话，足见两地关系之深厚。

咸丰、同治年间，清军与太平天国军在宁国府境内长达10多年的拉锯战，给徽州府和宁国府都带来一场浩劫，人口大量死亡，经济衰退。宁国府“宣城县因是项原因而移入外籍农民，估计约有百分之七十”（金陵大学农业经济系《豫鄂皖赣四省之租佃制度》）。

从汉初的丹阳郡、唐朝宣歙道、宋朝江南路、明朝南直隶、清朝徽宁池太广道等等，宣州与徽州一同经历了历史的洗礼，有过辉煌，有过挫折，有过发达，有过衰退，特别是深厚的兄弟情谊，互相提携，共结商帮，留下许多佳话。宣徽一家，这种历史上传下的团结史话应当在新形势下发扬光大。

风雅旌德

旌德四顾皆山，与徽州毗邻。“北有石壁山（一名文山），西有正山（一名尖山），南有箬岭与太平、歙二县界，东有徽水自绩溪县流入”（嘉庆《旌德县志》）。

唐宝应二年（763年）2月，析太平县东南麻城等9个乡地置旌德县，隶属宣州。旌德置县时，唐朝经安史之乱，面临分崩离析的境地，农民起义连绵起伏，皇朝派兵平息后析地置县。宋乐史《太平寰宇记》载：

（旌德）本汉泾县地，唐初为太平县地……此土征赋或有不供者因聚而为盗，以其山谷深邃，舟车莫通，不立城邑无以镇抚，遂割太平县九乡以置焉。冀其邑人从此被化，故以旌德为名。

旌德建县后一千多年，疆域变化不大。民国二十九年（1940年）3月，撤销第十行政区（保留名义），原属下各县直属皖南行署，8月，第十区改为第七区，行政专员公署驻休宁，隶皖南行署，旌德县划入第七区，第七区辖歙县、黟县、祁门、休宁、绩溪、旌德6县。

从这个时候起，旌德就与徽州结下不解之缘。1949年徽州解放后即归徽州专区，至大黄山市成立前的1986年，一直和徽州一体（并入芜湖专区时也和徽州专区一并并入），共46年。

源于古徽州绩溪徽岭的徽水河，是旌德的母亲河，也是青弋江上游最大的支流，彰显两地山水相依的密切关系。两条主要古驿道把旌德与古徽州连在一起：一条是旌绩驿道，自唐至清，此道为徽宁两府经济贸易、官员往来的主要通道之一，徽州成为旌德粮食、土特产品的主要销售市场；一条是徽宁驿道，"箬岭为通徽孔道，途人之所必经"，旌德西北乡生产的大米由此道运入徽州。

旌德有深厚的文化积淀，兼有徽宣文化之精粹，民俗"重诗书，勤课诵"，"尚文儒，守节俭"（清嘉庆《旌德县志》）。建筑风格与生活习俗和徽州相若，文风蔚然，人才辈出。无论是曾参与校订《史记》、《前汉书》、《后汉书》的南唐、北宋间文人舒雅（祖籍歙县后举家迁居旌德），还是撰写名作《上海的早晨》的当代作家周而复等名人，都曾实至名归，灼灼其华；无论是不惧得罪上司、斗胆为民奏疏减免养军马负担的明代知县张凤翀，还是清朝服贾在吴江的商人周维德等捐巨资兴建徽宁会馆，都彰显了旌人高尚品德和卓然风姿。历史上，旌德商人与徽商并肩战斗，"合志同方，营道同术"，"徽宁之旅居于镇者，无不敦睦桑梓，声应气求，肫肫然忠厚恻怛之意，出于肺腑，诚善之善者也"（《明清苏州工商业碑刻集》）。

值得一提的是明代版刻插图艺术已十分成熟，不仅在制作地域上空前扩大，而且逐渐形成了建安、金陵、新安三大艺术流派。徽派刻工的主将——歙县虬川黄氏刻工，见于《虬川黄氏重修宗谱》著录的，就有近300人。旌德鲍承勋、郭卓然等皆是一代名工圣手。如旌德鲍承勋父子刻《秦月楼传奇》，插图刻技之精，被称为清初徽派版画代表作品之一。郑振铎先生在《中国版刻史图录》中认为鲍承勋、鲍天锡等，都是旌德刻工高手，其技艺可与徽州版画刻之魁首歙县虬村黄氏相媲美，并称赞"旌邑鲍承勋为清初之镌图名手……徽派版画之殿军"。徽州和旌德的版刻艺术，显示了高度的艺术造诣和独特的时代风格，在中国古代版刻史上留下光辉的一页。

旌德盛产粮食等农业副产品，曾号称徽州地区的"乌克兰"。新中国成立后，旌德是徽州和黄山农副产品的重要供应基地之一。

旌德人大多有深深的徽州情结，对徽文化一直认同、宣传和推介，两地经常开展徽文化交流活动。旌德利用毗邻黄山东大门的优势，融黄山圈，打灵芝牌，做徽文章，努力打造以江村历史文化保护区为龙头，旌阳镇为黄山风景区次级旅游集散中心，使旅游业融入黄山旅游区。

凤鸣宁国

神话传说中凤凰死后还会再生，凤凰每次死后，周身燃起大火，然后其在烈火中获得重生，并获得较之以前更强大的生命力，称之为“凤凰涅槃”。

宁国县就是这样一只历经咸同战火，劫后余生且更加坚强的火凤凰。

宁国县和徽州各县一样，秦属鄣郡地盘。丹阳郡成立后属宛陵县地，但此时，一直还和歙、黟之地同属丹阳郡。东汉建安十三年(208 年)，贺齐平定歙、黟山越，原歙县一分为五，从丹阳郡析出新都郡，与此同时，由控制江东的孙吴政权分宛陵县南部而立宁国县。

宁国之名，取《易经・乾卦》里“首出庶物，万国咸宁”之语，也有寓意“邦宁国泰，物阜民安”之意。

宁国县建县后，拆并多次，到唐天宝三年(740 年)重置宁国县，属宣城郡。南宋乾道二年(1166 年)宣州升宁国府(治宣城，今安徽宣城市宣州区)。南宋设府体制为尊，府名以宁国为名，足见宁国在宣州的分量。从此，宁国府闻名遐迩，到明朝后，宁国商帮与徽州商帮成为安徽两大商帮，共谱商界佳话。

宁国历史上最大的浩劫是从清咸丰六年至同治三年(1856—1864)期间，太平军转战宁国县境 8 年之久，与清军展开拉锯战。“宁自咸丰兵燹后，土民存者不足百分之一”。宁国知县也不得不迁居宣城，在宁国府内暂住。

同治元年(1862 年)五月至八月，宁国县瘟疫流行，“终日不过行人，百里不见炊烟”。当地民众“死于锋镝(战争)者十之三，死于瘟疫者十之七”。“全境死亡枕藉，无人掩埋，十室九空，”许多村庄变成“无人村”。甚至还发生“人相食”、“卖人肉”的现象(民国《宁国县志》)。

在太平军退出后，湖北、河南灾民大批南来，人口才渐多。于 1867 年开始，湖北应山县百姓“一担箩筐下江南”，大批迁至宁国。

截至乱定 5 年后的同治八年(1869 年)，全县男女人丁也仅有 10004 人，是原来人口的三十分之一(金陵大学民国二十五年《豫鄂皖赣四省之租佃》)。

《宁国市志》载：

> 清咸丰年后，受战乱影响，本地生灵涂炭，十室九空，后大批移民相继

迁入，其中以鄂之应山人居多。

根据调查资料显示，今天的宁国市人口构成中，80%是外来移民的后代。

湖北《楚天都市报》2008年曾派记者到宁国采访，了解到“如今，宁国人口已达38万，其中湖北应山籍人接近20万左右。应山人聚集而居，语音、风俗习惯百年不改，完全是今天广水市(原应山县)的‘翻版’”。

在徽宣一带，有个传说：当年日本鬼子打到宁国边境，听说叫宁国，鬼子说我们日本只打中国，不打宁国，遂使宁国躲过一劫，这当然是笑话。实际情况应当是，宁国也属山区，鬼子对交通不便的深山区不敢进入。宁国和徽州免遭鬼子“三光”，实属万幸。

宁国，1952年归徽州专区，至1956年与徽州各县并入芜湖专区，1961年8月复属徽州专区，1980年改属宣城地区，与徽州一体共28年。

经过清朝劫后余生的宁国县，在原住民和移民的共同努力下，逐步恢复了元气。

浴火重生，凤鸣铿锵，宁国终于在改革开放年代实现腾飞，由县升格为市，经济发展令人刮目相看，曾列入全国科学发展百强县市，成了安徽省和宣城市的第一经济强县(市)。

友邻石台

现属池州的石台县，与徽州是近邻，而且一度属徽州管辖。这个山区小县为老徽州和今黄山市都做出了贡献，滴水之恩，当涌泉相报。有必要对石台县和徽州的历史渊源作一介绍。

秦初，石台县的地盘和徽州一样属会稽郡，后会稽郡分拆出鄣郡，九江郡分拆出庐江郡，梁大同二年(536年)置石埭县。

据《元和郡县志》：

石埭在县西北一百三十里，有两横石壅江，有如埭焉，因名。

《太平寰宇记》载：

因贵池原有两小石埭堰溪水，遂以为名。

石埭县建县前地属庐江郡陵阳邑，和鄣郡黟县仍是近邻。

此后，石埭县也曾撤并多次，直到唐"永泰二年(766年，一说永泰元年)，析秋浦(后为贵池县)、青阳、泾县地置石埭县"(治故广阳镇，今已淹入太平湖)，属江南西道池州(乾隆《池州府志》)。

解放后，石埭县仍属皖南人民行政公署池州专区。1952年3月28日，石埭县改属徽州专区。1956年1月，石埭县和徽州各县改属芜湖专区。1959年1月，石埭县与太平县合署办公(改驻仙源镇，今黄山市黄山区仙源镇)。3月22日，撤销石埭县，并入太平、祁门县。1965年7月19日，新设石台县，属池州专区，1970年属池州地区。1980年1月29日，石台县改属徽州地区。1987年成立大黄山市后属安庆地区，1988年8月，石台县改属池州地区，2000年6月池州建市，石台县归属池州市，至今未变。共与徽州一体20年。

石埭县的老县城现在太平湖水下，石台建县时县城改驻七里街(今七里镇，又名城关镇)。1983年成立县级黄山市时，太平湖畔的广阳镇划归县级黄山市，便于太平湖统一管理。广阳镇原是石台县最富的乡镇，石台县为小黄山市的成立做出了贡献。

徽太一家

太平与徽州的关系自古也很密切，山水相连，又有徽宣界山黄山作为纽带，新中国成立后多次划归徽州地区管辖，两地经济文化交往一直频繁。

太平县建于唐天宝四年(745年，一说建于天宝十一年)，析泾县西南14个乡地置，当时治三门山南(今仙源)。永泰中(765—766年)太平县被撤销，大历中(766—779年)分原太平县地及泾县龙门三乡又复置太平县。

太平县名由来，是一种吉祥语：

> 太平，治之至也。(《庄子·天道》)
> 天下太平，万物安宁。(《吕氏春秋·大乐》)

宋乐史《太平寰宇记》记载了太平县设县的由来：

以地居郡东南僻远，游民多结聚为盗，邑人患之，因安抚使奏，非别立郡邑，无以遏此浇竞。时以天下晏然，立为太平县。

这段话揭示一个什么背景呢？原来，唐朝天宝年间，奸臣当道，朝政腐败，世风日下，这一带远离郡治（今宣城），流民结聚为盗，当地人很担忧害怕，因此，到此巡视的安抚使奏明皇上，如果不另立一个县加强管理，就不能遏制这种偷盗逐利的不良现象（浇竞是浮薄争逐的意思，这里指风气不好）。取名太平县，表达了朝廷对天下安宁的期盼。

历史上太平属宣州、宁国府管辖，清康熙九年（1670 年），太平所属的宁国府改属安徽省徽宁道（治徽州府，今歙县徽城镇）；二十一年（1682 年），撤徽宁道，宁国府改属江安十府粮储道（专业道，清初即设，时治徽州府）；民国期间，属第八行政督察区；新中国成立后，太平县属皖南行署池州专区；1952 年 3 月 28 日，撤销池州专区，太平县改属徽州专区（驻屯溪市）；1956 年 1 月 12 日，撤销徽州专区，太平县和徽州专区整体并入芜湖专区；1961 年 4 月 7 日，分芜湖专区原属徽州专区部分复建徽州专区（驻屯溪镇），太平县改属徽州专区；1968 年 5 月 31 日，太平县革命委员会成立，仍属徽州专区；1974 年 2 月 21 日，安徽省革命委员会将太平县改属池州地区；1980 年 1 月 29 日，撤销池州地区，太平县改属徽州地区；1983 年 12 月 1 日，撤销太平县，设立县级省辖黄山市（仍驻甘棠镇）。至此，以太平二字作为县级行政区域的名称就消失了。

太平历史上虽然属宣州，但自康熙九年（1670 年），太平所属的宁国府改属安徽省徽宁道（治徽州府，今歙县徽城镇），就与徽州在一起；新中国成立后只短暂属过池州，却再未和老家宣州发生过任何隶属关系，而是基本属徽州管辖。应当说，新中国成立后太平和徽州的关系比和宣州的关系还要密切。太平不仅与徽州地理特征、文化风俗、建筑等相近，而且在革命年代两地共同奋斗，谱写出光辉历史。

民国二十一年（1932 年），中共徽州工委派员到太平，在甘棠庄里建立中共太平县委，后遭破坏；民国二十三年（1934 年）春，由中共徽州工委改建而成的中共皖南特委派员在境内宏翠乡拜祭堂（现属黟县）再建太平县委，隶属石、青、太中心县委。6 月，中共皖南特委派员到拜祭堂建立太平中心县委，下辖石埭、太平、泾县、青阳、黟祁 5 个县委。8 月 21 日，中共太平县委在柯村

(现属黟县)举行暴动,建立皖南苏维埃政府,国民党派军队配合太(平)、石(埭)、祁(门)、黟县等县保安队共数千兵力围剿柯村革命根据地。在以后漫长的革命岁月里,太平人民与毗邻的黟县、歙县等县人民互相配合,始终战斗在一起。这鲜血凝成的革命友情,是永远磨灭不了的。

新中国成立后,太平于1952年划归徽州专区,1974年到1979年划归池州地区,1980年又划归徽州,1983年成立小黄山市由省直辖,1986年由徽州地区代管,成立大黄山市后至今,一直与徽州在一体。共与徽州一体53年。

太平甘棠镇(黄山区政府所在地)离宣城187公里,离池州133公里,离屯溪87公里(高速),过去太平到屯溪要3个多小时,现在屯太高速只要1个多小时就可到达。屯太高速客运班车的开通,有利于沟通黄山区与屯溪区的联系,对促进两地经济尤其是旅游业的发展有重大意义。

1983年,在体制变革中,黄山与徽州一度分分合合,欲知黄山与徽州的历史关系和区划变化发展,请看第十四章:黄山徽州一脉承。

第十四章　徽州黄山一脉承

黄山与徽州的关系渊源深厚，但黄山何时命名，三天子鄣（都）与黄山有什么关系，两个大鄣山究竟是怎么回事，婺源历史上到底由何县析出，这些古徽州的谜团一直未能清晰解开。我们经过认真分析考证，吸收诸家之说，提出自己的看法。这些答案，只是我们一家之言，我们尊重其他学者的不同说法。

先说黄山命名之谜。

黄山与白岳（休宁齐云山）一直作为徽州的象征，黄山与徽州的关系一直被世所认同。但对黄山如何命名，何时命名，仍有多种说法。

关于黄山命名，笔者曾以黄海、溪源（另一作者）笔名撰文《黟山改名黄山之谜》（载《徽州社会科学》2012 年第六期），现将此文的主要观点简述如下。

山名之谜

黄山与徽州的关系可以追溯到秦建县时代。有关黄山的命名，有多种说法。现在主流媒体上的介绍均是黄山古称黟山，是轩辕黄帝“栖真之地”，唐玄宗信奉道教，特于“天宝六年（747 年）六月十七日敕改黄山”（宋无名氏《黄山图经》方望子抄本）。黄帝与容成子、浮丘公同游、炼丹而敕改黄山一说，流传最广，影响也最大。现在介绍黄山的史料、资料，大多在这一传说的背景下采用“黟山改黄山”之说。

对黄山命名的来历，除了“黟山改黄山”说，还有“黄山改北黟山”说、“山产黄精（黄檗、黄连）得名”说以及《易经》的“方位居中说”等。这些说法都代表一家之言，也应予以尊重。

后两种说法支持者不多，无须赘述。这里，我们来解开到底是“黟山改黄山”还是“黄山改北黟山”这一历史谜团。

“黟山改黄山”论出自北宋《黄山图经》方望子抄本：

> 黄山旧名黟山，当宣歙二郡界，在歙之西北，高一千一百七十丈，东南属歙县、西南属休宁县各一百二十里，即轩辕黄帝栖真之地。唐天宝六年六月十七日敕改为黄山。

自《黄山图经》之后，《新安志》及明清的诸多志书，包括徽州府、县志书和明嘉靖《宁国府志》、清嘉庆《太平县志》等，均采用这一说法。但有学者认为，《黄山图经》所载，仅据《周书异记》、《神仙补阙传》等道教旧籍的荒诞之词，天宝六年改名一说，在新旧《唐书》等正史中都无记载。

明人吴度义曾引汉代刘向所著《列仙传》中有陵阳子明“上黄山”一语，论证早在汉代就有黄山之名，并非由唐玄宗所始改。《列仙传》是这样记载的：

> 陵阳子明好钓鱼，于旋溪钓得白龙。子明惧，解钓拜而放之，后得白鱼腹中有书，教子明服食之法，子明遂上黄山，采五石脂，沸水而服之。三年，龙来迎去，止陵阳山。

《列仙传》描述的是个神话故事，当然不足以作为根据，但里面却提到黄山地名，令人困惑，难道汉朝就有黄山之地名一说？那你唐玄宗到唐朝还敕改什么？问题是，《列仙传》是一本争议相当大的书，其可信度并不靠谱，其在传抄传刻过程中内容不断变化增减。有学者专门考证了《列仙传》的成书过程，并指出《列仙传》直到唐朝以后内容还常有变化，仙人的数字也有多种说法。还有人认为《列仙传》是后人伪托刘向之作，“必非向撰”。退一步说，即使是刘向所作，转抄过程中内容的增删也留下悬疑。何况，文中也没有讲清黄山何时取名，何人取名，何况古代称黄山有多处，正如清代考据家方浚师在《蕉轩随录》所言：

> 人之谭黄山者，歙之外不知仍有五黄山也。

此黄山是否彼黄山，也没有交代清楚。所以，此说无法作为历史依据来考证。

据载，黟山改黄山是出于一个与黄帝有关的传说。宋佚名《黄山图经》载：

> 按《神仙传》云：轩辕黄帝……乃告浮丘公曰："愿抠衣躬侍修炼"，浮丘公曰："……江南黟山，据得其中，云凝碧汉，气冠群山，神仙止焉……山高木茂，可为炭成药……"黄帝遂命驾，与容成子、浮丘公同游此山。

唐玄宗天宝六年，好道家之说、热衷求仙炼丹以求长生不老的唐皇大约是迷信这个神话，出于对黄帝的敬仰，遂将黟山改了一个带道教色彩的名字——黄山，意为黄帝之山，以纪念黄帝在此山采药炼丹，羽化成仙。

《神仙传》出自《周书异记》，而《周书异记》比较通行的说法是成书于南北朝时期，最晚不过唐代。这是有据可查的。因为唐麟德元年（664 年），僧释道宣（596—667 年）所撰《广弘明集》中就提到了《周书异记》这部书，可见至少在麟德元年（664 年）之前，《周书异记》就已存在，而《周书异记・神仙传》中载"江南黟山，据得其中，云凝碧汉，气冠群山，神仙止焉"。可见，至少在唐高宗麟德元年之前，甚至南北朝之前，就有黟山之名，而此时那位敕改黄山的唐玄宗李隆基（685—762 年）还未出生。

除了《周书异记》，最有价值的是北魏郦道元《水经注・浙江水》中关于黟县来历的说法：浙江（注：即今新安江一段）又北历黝（黟）山。县居山之阳，故县氏之。

郦道元是北魏人（约 470—527 年），地理学家。他说北黝（黟）山的时候，唐玄宗又在哪？

这就不难推断：既然唐玄宗之前只有黟山（北黟山）而没有黄山之称，不可能有后来在李隆基当皇帝后再把"黄山"改称"黟山"之事。唯一合理且解释得通的，那就只有"黟山改黄山"了。

那"黄山改北黟山"的说法又从何而来？

"黄山改北黟山"的始作俑者是北宋《太平御览》中引用《歙县图经》的话。《歙县图经》系唐代所撰，已佚。北宋时期涉及黄山的有《祥符（歙）州图经》（北宋李宗夸、王曾撰）、《黄山图经》（宋无名氏撰）、《太平御览》（北宋李昉等编撰）。

《太平御览》是北宋一部著名的类书，书中共引用古书一千多种，记有大量宋以前的文献资料，但其中十之七八已经亡佚，包括《歙县图经》。其所引“黟山”条目云：

《歙县图经》曰：“北黟山，在县西北一百六十八里，高一千一百七十丈，丰乐水出焉。旧名黄山，天宝六年敕改焉。”

这里指出，天宝六年，不是黟山改黄山，而是黄山改北黟山。《太平寰宇记》和《元和郡县志》，也记载有“北黟山”的山名，可能均源于唐朝的《歙县图经》。

对以上观点，南宋罗愿《新安志》在卷三《歙县》中作出如下解读：

黄山旧名黟山，在县西北百二十八里，高千一百八十仞，东南则歙，西南为休宁，西北则蔽于宁国府之太平县……而世复相传以为黄帝尝命驾与容成子、浮丘公同游，合丹于此（山经引《周书异记》及《吴地神仙传》甚详，今不复录）……唐天宝六年六月十七日敕改为黄山【《黄山图经》云改黟山为黄山，而《祥符州图经》乃云改黄山为黟山。今按郦道元注《水经》云：浙江又北历黟山，县居山之阳，故县氏之。然则黟县本以黟山得名，未闻前世谓之黄山也。至天宝中好道家之说，故以黄帝为尝游于此，因名之耳。《寰宇志》又以黟山为北黟山，北盖衍字】。

罗愿修撰《新安志》时，除参考《祥符图经》外，通过《太平御览》、《祥符图经》等，又间接接触了《新安山水记》、《新安记》、《歙县图经》等，可见罗愿当然知道南宋前有过“改黄山为北黟山”一说的。但他认为，北黟山就是黟山，经过考证，“未闻前世谓之黄山也”，仍然认可是黟山改黄山。作为史志范本的《新安志》，这样考证认定应当有一定道理。不宜根据一本早已失传、转抄多次的《歙县图经》就加以否定。

清嘉庆《宁国府志》卷十《舆地志·山》分别引用《元和郡县志》、《太平寰宇记》、《读史方舆纪要》、《大清一统志》等，对黄山的命名介绍两种说法，一是唐天宝六年黄山改北黟山，一是唐天宝六年黟山改黄山。这说明，就是《宁国府志》，也是对黄山命名一笔糊涂账，自己也拿不准，只得把两种说法都统统收纳，不表明态度。而明嘉靖《宁国府志》和清嘉庆《太平县志》则明确支持黟山改黄山之说。

问题是，两种说法的命名年代均是唐天宝六年，都是一个皇帝敕改的，同一皇帝，竟就同一问题下达有两份不同的旨意，这绝无可能。唐代时间上较晚的《元和郡县志》对地名的记载必然不会有悖于同朝先帝下诏敕改之命名，否则有矫先帝旨之嫌。但《元和郡县志》中却把“黄山”和“北黝（黟）山”两个山名都纳入，有一种可能是，《元和郡县志》是把黄山和北黟山作为两个不同地理概念来表述。这是解开黄山命名之谜的关键。

《元和郡县志》对黄山和北黟山都分别有表述：

对黄山的表述是在“太平县”条目中：

黄山，在（太平）县西南四十里。上有泉水，泉侧多黄连。

这一两者距离最近的方位描述与事实比较相符，因为太平县原县治为仙源镇，黄山与仙源镇的距离基本差不多与书中描述相符，但清嘉庆《宁国府志》却曲解《元和郡县志》的说法，说“黄山”因“泉侧多黄连”而得名，纯属牵强附会，唐《元和郡县志》中并无此说。《元和郡县志》所说的黄山，应是指大黄山山脉。当时古代命名的县、山，范围都极广，概念很大。而且现在所说的狭义上的黄山（景区部分）位于歙太两县及宣歙两州交界，而“黄山”条目并未提及这一点，可见《元和郡县志》中所述“黄山”，是一个广义范围之大黄山山脉。

《元和郡县志》卷二十八对北黟山的表述在歙县条目下：

北黝（黟）山，在县西北二百六十八里。宣、歙二州分界处。

这个距离远远超出了其他史料上黄山（景区）在歙县城西北一百二十至一百三十里的论述，就算“二百六十八里”为笔误，实为《太平御览》所述“一百六十八里”，也超过了其他典籍史料中黄山（景区）距歙县城一百二十至一百三十里的记述。

所以有一种可能是：“北黟山”顾名思义，只是黄山北部区域的特定称谓，其涵盖范围包括现在的黄山景区在内从钓桥庵（钓桥庵前至今仍存有“徽州府歙县”石刻）到景区旁的兴岭一线，这样才与书中描述其方位“在县西北一百六十八里”比较相符。而《元和郡县志》亦指出北黝（黟）山在“宣、歙二州分界处”，也明显与位于歙、太两县交界处的现在黄山景区一带的小黄山范围有关联。

大黄山山脉及余脉涵盖从绩溪到婺源一线，“盘踞诸州县”（《读史方舆纪要》），延绵二百多公里，历史上号称“五百里黄山”。除了黄山景区部分外，其余均是大黄山山脉的一部分或余脉。

如果“黄山”只等同于“北黝（黟）山”，是由“黄山”改为“北黝（黟）山”，那又如何会在同一部《元和郡县志》中出现把“黄山”和“北黝（黟）山”作为两个不同的名称分开加以记述呢？那么，唐朝后期为何出现诗人咏黄山的大量诗篇？作为唐代后期的元和朝（806—820 年）的官方志书又怎会不顾天宝朝（742—755 年）先帝下诏敕改这一具有法律效应的命名，而继续使用“黄山”这一名称，这个欺君之罪，恐怕志书的编者是担当不起的。

由此，可初步得出如下推论：

其一、“黄山”是在北宋前志书中就有的，如北宋仁宗年代的《黄山图经》，并非自南宋《新安志》之前的记载均是黄山改北黟山，否则北宋怎么有黄山之称？而更早的唐朝《元和志》就记有黄山之名，并非只有北黝（黟）山之名。

其二，黄山与北黟山当时在志书中并列，应当是范围不同。黄山是广义上的“盘踞诸州县”的大黄山，而北黟山则是指现在的风景区部分及周边。

所谓黄山改北黟山，不仅宋朝史书说不清楚，其他史书也无法对这种颠倒的说法作出合理解释。如果仅根据抄本《歙县图经》认定黄山改北黟山（黟山）之事，那谁能解释清楚：黄山是什么时候命名，谁命名的？唐皇敕改名北黟山后，谁又斗胆包天地把这个山名取消了，而被改了名的黄山却逆皇上旨意而继续叫响，而且南宋以后的史书基本倾向是黟山改黄山的正统说法？

其三，黄山敕改北黟山之说疑是断句之误。

所谓黄山敕改北黟山，最早出自唐朝《歙县图经》的一句话：

> 北黟山，在县西北一百六十八里，高一千一百七十丈，丰乐水出焉。旧名黄山，天宝六年敕改焉。

这句话的原书早已失传，此话只是出自宋朝《太平御览》的引文，而引文是否转抄有误，则值得考虑。问题也极有可能出在断句上，断句不同，解读则截然相反。有学者作出如下断句：

> 北黟山，在县西北一百六十八里，高一千一百七十丈，丰乐水出焉。（系）旧名。黄山，天宝六年敕改焉。

如果这样解读，后来的山名变化就顺理成章了。问题是，这句被错传的话却被北宋某些史书以讹传讹，增加了黄山命名的复杂性。

歙县百岁老人程齐燮系省文史馆馆员，长期搜寻史料，研究黄山山名来历以及黄山与黟、歙的关系达20余年，他从《山海经》等古文献中查得不少珍贵资料，得出了自己的结论。程齐燮先生认为，对于黄山、北黟山、三天子都之类历史名称的破解，对于黄山和黟、歙二县设置的关系，不仅要注意各种权威历史文献的表述，而且尤其要注意回归到当时历史文化的语境中去理解和剖析。

他认为，秦始皇建县前，当时这座山称为“三天子都”，秦始皇建县时，就把这座大山命名“北黝山（北黟山）”，并建立黝（黟）县、歙县。

北魏郦道元《水经注》中说：“浙江又北历黝山。县居山之阳，故县氏之”，此后，清《江南通志》、《清史稿·地理志》、《安徽通志》、《读史方舆纪要》等均认为“黟县以黟山名”。

既然黟县以黟山得名，说明黟山在秦建县前或建县时已有其名（当时叫北黟山）。黟，《汉书·地理志》作黝，秦与西汉均写作黝县，黝与黟通，均指黑色。“北黝”两字是说明现在黄山是坐“正北”方，靠黝（黟）县。

当时徽州地盘只有歙县、黟县两县，黟县当时的范围也很广，古代的地理方位和今天不完全一致，但把这个黟县之北的山称北黟山，地理方位应当说大体相符。

联系到秦始皇命名黟县，一山一县，均与黑色有关。加上方位，名为北黟山，符合秦始皇崇尚黑色的心理。

程齐燮认为唐玄宗天宝六年，将北黟山改为黄山，这座山的知名度才大为提高，文人墨客游山活动也越来越多。到明代开始才有部分庙宇构建，如慈光寺、丞相源等建筑，随着黄山开发，山志、游志、诗文等文字记载也越来越多。

郦道元《水经注》卷四十载：

(渐)江水,出三天子都,《山海经》谓之浙江也。《地理志》云水出丹阳黟县南蛮中。

既然有"三天子都"这样带有浓厚道教色彩的地名,又有《神仙传》黄帝到此修仙的传说,几百年后信奉道教的唐玄宗听到此类传说,取个道教色彩的名字也合乎情理,并不奇怪。至于后人添油加醋地强化道教色彩的传说和峰名,是为了增添黄山的神秘感,作为一种民间文化,不足为奇。

程先生的"北黟山改黄山"这一观点和"黟山改黄山"的主流认识基本一致。只是没有说清北黟山如何演化为黟山的问题。

笔者认为,《新安志》以为"北盖衍字",意思是"北"大约是衍生的字,则北黟山之名实际上就是因黟山而得来,前面加"北"字,只是指明该区域所处方位。《祥符(歙)州图经》也作黟山,《太平御览》也把《歙县图经》中的"北黟山"归在"黟山"条目下。可见这个"北黟山"之名,史书上把它和黟山列在一起。一个是统称,一个是在统称下带方位的特定区域称谓。

综上所述几个观点,笔者赞同"黟山改黄山"之说,并得出如下解读,以试图揭开黄山命名之谜:

一、秦始皇建县时,就命名黟山山名,同时因山名而命名县(黟县),当时文献中黟写为黝。

二、唐玄宗天宝六年,崇信道教、热衷求仙炼丹以求长生不老的唐皇将黟山改了一个带道教色彩的名字——黄山,范围是整个大黄山山脉。

但因道教传说多是和黄山精华部分联系在一起,文人墨客也是多集中在精华部分游山,皇上赐名的黄山名称则逐渐演化成特指现风景区部分。北黟山作为过去大黄山的精华部分的"旧名",这两个名称虽然在《元和郡县志》等史书中一度并存,但皇帝钦赐的黄山名称影响力大,后期少有人再提起北黟山。北黟山渐被遗忘,成为历史。

三、北宋无名氏编《黄山图经》时,认同并采纳了"黟山改黄山"的说法,南宋罗愿编《新安志》时,继续沿用《黄山图经》的说法,从此,"黟山改黄山"正式写入地方史志,被明清以来官方志书所认可,成为一种主流说法,一直沿用至今。

这一点从历代有关黄山的诗词中亦可得到佐证。

黄山之改名,无论哪种观点,但在时间上都很确定,是在唐天宝六年(747年)。而诗仙李白两游黄山的时间分别是天宝十三年(754 年)和天宝十五年

(756年),皆在天宝六年之后。李白游黄山有诗《送温处士归黄山白鹅峰旧居》、《至陵阳山登天柱石酬韩侍御见招隐黄山》、《赠黄山胡公求白鹇》,皆称“黄山”而非“北黟山”。

唐代《元和郡县志》出书的元和年间,歙州刺史京兆万年(现陕西西安)人韦绶有诗《郡治楼望黄山》;其后的唐大中年间歙州刺史李敬方有诗《题小华山·目黄山为小华》;同在大中年间李敬方的后任歙州刺史于德晦有诗《北瞰黄山》……

由此可见,唐天宝六年之后,无论是诗仙李白,还是歙州的地方长官,皆称“黄山”而非“黟山”或“北黟山”。这一点非常重要,因为同在唐代,先朝皇帝下诏敕改的命名有毋庸置疑的法律效应,同朝后期必然要尊崇先帝的权威。所以,黟山改黄山既有法律依据,也有史志、唐天宝六年后的诗词佐证。

而在唐之后的宋代,如跟《太平御览》同为宋太宗时代的歙州军事判官王挺之有诗《题黄山》,身为歙州地方官员应该对辖区内史地方面比较熟悉,亦称“黄山”而非“黟山”或“北黟山”;在其后宋真宗时代任歙州军事判官的鲁宗道亦有诗《登黄山》;再往后的北宋中期福建邵武人吴黯有诗《因公檄按游黄山》;北宋末南宋初休宁人凌唐佐有诗《黄山汤泉》;南宋绍兴年间状元、龙图阁学士、温州乐清人王十朋有诗《送罗生少陆归黄山》……

无论是《元和郡县志》所处的唐代,还是《太平御览》、《太平寰宇记》所处的宋代;无论是包括徽(歙)州地方官在内的各级官员,还是前来游历黄山的文人墨客,有关黄山的诗词无不是称“黄山”而非“黟山”或“北黟山”,这就很能说明问题了。

因此,笔者认为,唐天宝六年改“黟山”为“黄山”的说法较为可信。故自宋后历代史志基本采纳“黟山改黄山”之说,并成为一种主流观点。

黄山命名的说法颇多,见仁见智,不必定于一尊,不必强求人们接受某一说法。既然从古至今,基本公认“唐改黟山为黄山”的主流说法,总有相当的道理,因此,笔者认为,尊重这一说法更为妥切。

都鄣之谜

自从《山海经》载有“三天子都”和“三天子鄣”,后世解释颇多,曾当过清朝徽州府教授的周赟说,“且自来辨此山者,博采旁稽,聚讼不已”(《鄣山辨》),至今仍是一大悬案。有关三天子都考的文章不胜枚举,所以有必要把它破解,至少可以从比较分析中找出较为合理的一种说法。

笔者曾以艾黄海之笔名发表拙作《试解三天子鄣之谜》(载于《徽州社会科学》2013 年第一期),不妨将文章主要观点简述如下:

《山海经》是先秦古籍,不仅具体成书年代及作者不详,而且从口头传说到形成文字有个漫长过程,且后人不断增补,但基本可以认可成书于战国初年至西汉初年之间。

三天子都一般可解为"三天子"之都。按《山海经》的内涵,"三天子"指的应是三皇,"三皇者,何谓也? 谓伏羲、神农、燧人也,或曰伏羲、神农、祝融也"(吕思勉《白话本国史》)。也有将"伏羲、神农、黄帝"列为三皇,如《三字经》云:"自羲农,至黄帝。号三皇,居上世。"晋郭璞《〈山海经图〉赞》里就多次提到炎帝(神农)、黄帝(轩辕)、颛顼、帝喾、帝尧等这些远古神话中的人物。"都者,国君所居","鄣同障",古文是城堡或屏障的意思。三天子都和三天子鄣应当都是古人心目中的神圣之地,两者是同一概念。

三天子都之名是谁取的,无法考证。先秦时期,五行学说很有市场,迷信色彩也很浓,这些都使这个名字带上神秘的色彩。

《山海经》有两处提到三天子都或三天子鄣:

《海内南经》载:

> 三天子鄣山在闽西海北(郭璞注:海字疑衍)。一曰在海中。

这句话说得有点玄乎,说三天子鄣另一种说法是在海中。就是说陆地还未形成,其年代太古远了,没法考证。姑且不论此说。

《海内东经》载:

> 浙江出三天子都,在其(蛮)东,在闽西北,入海,余暨南。(袁柯点校本《山海经》,"其"为"蛮"字)
>
> 庐江出三天子都,入江,彭泽西。一曰天子鄣。

这句话的译文应是:浙江发源于三天子都山,位于蛮人居住地的东边,福建的西北,入海,(江)在余暨县的南边。庐江发源于三天子都山,入长江,在彭泽的西边。一说三天子都即天子鄣。

这就告诉了三天子都(鄣)的大致方位。只有符合这个方位,才能找出合理答案。这个方位承载的水系是:它既是浙(渐)江发源地,也是庐江发源地,一是入海,一是入江。

对三天子都的所在地,历来说法不一。《辞海》中的词条解释是:

> 【三天子都】古山名。或称三天子鄣、天子鄣。始见于《山海经·海内南经、海内东经》,所在地说法不一:三国魏张氏《土地记》说是东阳永康县(今属浙江)南的石城山;晋郭璞注《山海经》说是新安歙县(今属安徽)东的三王山;北魏郦道元《水经注》说是寻阳的庐山(今属江西);《大清一统志》说是今江西婺源西北黟山支脉的率山。近人或谓天子都本有三,各称三天子都,即石城山、三王山、庐山是。

这样的解释只是列出几种不同的说法,没有表明《辞海》倾向于何种说法,显然不能令人满意。此外,上述列出的几个山名是否完全符合《山海经》所指的特定方位,也没有作出回答。

《山海经》这句话中,浙江即今新安江一段;蛮是对古越人的称呼,皖南山区也是"南蛮"居住地之一;闽即今福建;古余暨在今萧山一带,《汉书·地理志》中余暨名下有一条"余暨,萧山,潘水所出,东入海"。大部分学者对此基本没有异议。

而争议较大的是对庐江及彭泽的地理位置,造成这一争议的是《山海经》与《水经》及《水经注》的表述不同,带来不同解读,以致在历史上形成一笔糊涂账,使后代学者争议不断,至今没有统一认识。有关庐江与彭泽考的文章自古至今从未停止。

《水经》和《水经注》认为庐江是从今江西入江之水。《水经注》云:"庐江水出三天子都,北过彭泽县西,北入于江",这和《山海经》所载"庐江,出三天子都,入江,彭泽西"的彭泽下多了一个"县"字,这一指代就把庐江的范围限制在今江西省,位置是彭泽县的西边。《水经》一般认为是三国时桑钦所作。北朝北魏时的郦道元《水经注》为附和此说,把庐山当作三天子都,郦道元注:"庐山之北有石门水,水出岭端……其水下入江。南岭即彭蠡泽西天子鄣也。"把以源出庐山流入长江的石门水当作庐江,把庐山南岭当作天子鄣。

庐江位置应当在哪？根据分析，大多数学者认为，它不是庐山的石门水，也不是安徽的青弋江，而应当是源出休宁、婺源大鄣山的安乐江水系。

《山海经》中的庐江应是秦汉时的庐江，是水出三天子都的庐江，是和浙江同出一源的庐江，这就限定了庐江的大致年代和范围。三天子都又是浙江之源，浙江即今新安江一段，其源并非出于庐山，这就否定了庐山是三天子都，庐山北流入于长江之石门涧亦非古庐江。

庐江也非青弋江。复旦大学魏嵩山教授在《山海经庐江考》一文中认为，《汉书·地理志》中，陵阳县列属丹阳郡，其县下注文又引桑钦语，称“淮水出东南，北入大江”。桑钦著《水经》，更谓“庐江出三天子都，北过彭泽县西北，入于江”。晋郭璞注《山海经》亦谓“彭泽，今彭蠡也，在寻阳彭泽县”。汉、晋彭泽县在江西湖口县东南，此县远较宛陵县所属彭泽聚著名。《山海经》成书于战国、秦汉，依常理推之，所记彭泽应指彭泽县而非宛陵县所属彭泽聚。因此，流经汉陵阳、宛陵县境之今安徽青弋江于古只能是淮水（和今淮河的淮水有别）而非庐江，古庐江自应在汉彭泽县所在之今江西湖口县附近注入长江。

浙大周明初教授校注的《山海经》注云：

> 庐江：即庐源水，发源于江西婺源的庐岭山，是潘江南源乐安江的上游。

黟县南的率山（今休宁地）及其以西浙源岭，浙江出其阴，东南流入于海；庐江出其阳，西流汇入彭蠡；庐江即自率山发源，南下西流，经婺源、德兴、乐平诸县，至鄱阳县西汇入鄱阳湖之今乐安江。这点被古今众多学者所认同。

而彭泽呢？也是争议最为激烈的一个地名。东晋著名学者、文学家和训诂学家郭璞在《山海经》中有注：

> 彭泽，今彭蠡。在寻阳彭泽县。

周明初教授点校本条注中也认为：

> 彭泽，即彭蠡，古代大泽名。地在今湖北黄梅和安徽省宿松、望江间的龙感湖、大官湖、黄湖、泊湖一带。

那彭蠡后来怎么又跑到鄱阳湖了呢？而且彭蠡即今彭泽县西鄱阳湖得到大多数学者的认同。这有个地名迁徙的过程。

彭蠡的地名最早见于战国中期的《尚书·禹贡》：

> 淮、海惟扬州。彭蠡既猪，阳鸟攸居。

这句话可以解释为：淮河与黄海之间是扬州。彭蠡泽已经汇集了深水，南方各岛可以安居（也有把“阳鸟攸居”解释为候鸟可以安居）。

中国科学院《中国自然地理》编委会在该书的“九江潴汇的彭蠡古泽”（复旦大学谭其骧、魏嵩山教授等撰写）部分详解了古彭蠡的形成过程以及与今鄱阳湖的关系。这是迄今为止较为权威的解释。上海师大王育民教授《中国历史地理概论》一书在“彭蠡和硅谷泽的演变”一节也持相同观点。

在更新世晚期，原在江北武穴（今湖北武穴市）至安徽望江之间的长江主泓道南移到今长江河道上，长江遗弃河道逐渐扩展成湖，并与长江水面连接汇合，形成一个空前规模的大湖泊，这就是《禹贡》记载的，最早的彭蠡泽。当时，它的位置在江北。

西汉司马迁在《史记·封禅书》记载汉武帝元封五年（前106年）南巡：

> 浮江，自寻阳出枞阳，过彭蠡。

寻阳，今大江之北的黄梅西南，枞阳，则今安徽枞阳县。武帝所过的彭蠡，无疑是战国时期的江北彭蠡泽。可见，古彭蠡为江水所汇，范围大概是今长江北岸鄂东的源湖、皖西的龙感湖、大官湖及泊湖等滨江诸湖区。

到了东汉时期，班固把江南湖口的断陷水域误指为《禹贡》的彭蠡泽（《汉书·地理志》：“豫章郡……县十八……彭泽，《禹贡》彭蠡泽在西。”）这个名称就从江北搬到江南，并这样沿用下来。班固为何乱点鸳鸯谱呢？其实，这不能怪班固，而是因为长江水系发生了变化，古彭蠡已经面目全非。

在长江发育过程中，受赣江水流的顶托，其所挟带的泥沙和上游带来和泥沙在主泓道北侧的脊线上逐渐沉积下来，最后出露水面形成自然堤，就把彭蠡泽中的九江主泓道和彭蠡泽分离开来。

班固著《汉书·地理志》时，原来东汇彭蠡的九江水系，已“皆东合为大江”，彭蠡泽逐渐完成江湖分离，古彭蠡泽逐步萎缩成江北的几个大湖。而在长江以南，湖口一带断陷严重，逐渐形成鄱阳北湖。以后随着长江干支流流量的增大，江水由湖口倒灌入湖，以及赣江来水的顶托，造成湖水的扩展，大体形成今鄱阳湖的范围和形态，庐江河道也淹没在鄱阳湖之中。

谭其骧等学者认为，在班固著《汉书》时，《禹贡》彭蠡泽已面目全非，无可认指。但班固不敢承认经典所载的彭蠡泽会迅速消失，遂指湖口断陷水域为《禹贡》彭蠡泽。因为彭蠡古泽早已消失，而湖口断陷的鄱阳北湖北连大江，可以勉强看成为大江所潴汇（实际它是赣江潴汇而不是江汉合流所潴汇的），而且又是该区唯一较大水体。因此，江北彭蠡古泽之名就被用于湖口断陷的鄱阳北湖；成为后来人所共知的新的彭蠡泽。

班固彭蠡之说，虽然纯属附会，然而对崇尚经典的封建文人班固来说，自然是深信不疑的。这种附会又在合理范围内，所以易被后人接受。

虽然古彭蠡泽被班固由江北搬到江南，但大体在长江这一带的范围内，绝不可能搬到远离长江的巢湖。尽管清朝有极少数学者有彭蠡泽为巢湖说，但没有得到大多史学家的认可。

从古至今，人们仍然认同班固的命名，尽管是将错就错，但比巢湖说更接近古彭蠡泽的真正地理方位。徽州明清史志均认可这一说法。历史的地名由原始发生迁徙，这种情况并不罕见。

正因为鄱阳湖乃秦汉以来逐步形成，所以唐朝的庐州太守（也曾任歙州刺史）的卢潘只能看到彭蠡泽（鄱阳湖），而看不到古庐江故道了，庐江故道已被新的彭蠡泽（鄱阳湖）所淹没。

由于对庐江及彭泽的解释不同，关系到从什么角度来揭开三天子都之谜。这里，我们不妨逐个分析三天子都的几种说法，运用排除法，从中找出合理的解释。

一种说法是石头山，三国魏张氏《土地记》说，三天子都是东阳永康县（今属浙江）南的石城山。《土地记》云：“东阳永康县东四里有石城山，上有小石城，云黄帝曾游此，即三天子都也。”但此地和三天子都的方位并不相符，石城山也并非浙（渐）江的发源地。只从一个“黄帝曾游”的传说，就认为是三天子都，纯属牵强附会。

第二种说法是三王山，晋郭璞则注云：“浙江出新安歙县东，谓之三王山，浙江出其边也。”三王山（即大鄣山，今绩溪县境内）是浙江源之一，但问题是离庐江甚远，浙江说得过去，但非庐江源出。清王先谦认为，“郭注在(歙)县东者为玉山，今绩溪之大鄣山也。顾祖禹以为即三天子都，非也”。

第三种说法是庐山。《水经注》卷三十九认为庐江水出庐山：

> 王彪之《庐山赋叙》曰：庐山，彭泽之山也。……孙放《庐山赋》曰：寻阳郡南有庐山，九江之镇也。临彭蠡之泽，接平敞之原……庐江之名，山水相依，互举殊称。

指出庐江与庐山、彭蠡之泽的关系。但问题是庐山并非浙江之源，所以庐山不可能是《山海经》中的三天子都。

第四种说法是今属休宁的黟山支脉的率山。这种说法来自唐至清的许多学者，《寰宇志》、《大清一统志》等也从此说。唐庐州太守卢潘的《庐江四辨》、明吴度的《三都考》、清江永的《大鄣山说》等均从水系分析，认为率山则庐江发源地。江永说：

> 今以休宁之水源考之，最远而大者无逾于张公山之源。张公山即古之率山，居婺源、休宁之间，实为鄱阳、浙江二江之大源。《山海经》之所谓三都山，郦道元的称黝南蛮山中，即其地也。

著有《山海经校注》的四川社科院研究员袁珂(1916—2001 年)认为，“其地大约在今安徽境内黟山脉之率山”，浙大周明初教授也认为，“三天子鄣山，即今安徽休宁、江西婺源交界处的率山”。

应当说，从水系来分析，率山说有相当的道理，一直被古今许多学者所推崇。但他们忽视了一个问题，即率山不过是黄山山脉的一个支脉，如果离开黄山这个大山脉，独言率山这个小支脉，就把三天子都局限于一座山，这和秦汉时的大地理概念不相符合。因此，就有了新的说法。

第五种说法是：三天子都是广义的大黄山山脉，这是综合了唐卢潘和现代学者的率山论与罗愿的浙水多源论(还有庐水多源论)而形成的较为合理的论说。也是笔者认同的一种说法。

古代因人口少，行政管辖的地域概念十分宽广，当时秦置县的范围也相当广,后成立为徽州的这块地盘上还只有歙、黟两个大县,歙县包括今绩溪、屯溪、休宁部分等,黟县也包括今祁门及休宁部分等。北宋徽州成立后,歙县和绩溪边界,休宁和婺源县边界,都各有一座大鄣山,都自称是三天子鄣的正宗,而且双方都有史书和学者支持。围绕谁是真正的三天子都,清朝的绩溪县和婺源县学者还展开了激烈的争论。

两种说法都各有出处,罗愿没有倾向某一方。但如果我们换个思路,从某座山的小概念跳出来,放到大黄山的概念下看三天子都(鄣),则柳暗花明又一村,可以得出皆大欢喜的结论。

无论是歙绩大鄣山还是休婺大鄣山,均是黄山山脉的余脉。

宋《黄山图经》云:

(黄山)有摩天戛日之高,则浙东西、宣、歙、池、饶、江、信等郡之山,并是此山余脉。

民国时期曾任黄山建设委员会主任的许世英亦说:

(黄山)绵亘五百余里,支脉蜿蜒。赣之石钟,浙之天目,皆其支蔓。

明朝毕懋康《黄海序》载:

黄山峻极延纾,宣城、池阳、浙江若分以壮鼎之趾。

笔者认为,三天子都不可能只局限于黄山的某座支脉,而是一个大范围的三天子都(鄣),即从绩溪、歙县、休宁、黟县、祁门、婺源这样一个横贯六县全徽州的地域,这些县境的山,均为黄山山脉的支脉。《山海经》成书时,只有黟山之名(黟山系秦时命名),而率山和大鄣山均是后世命名,既然率山当时无名,也就不可能单指这座山为三天子都。

这种认识,其实早被徽州学者所洞察。如歙县著名的方志学家、诗人许承尧的《歙事闲谭》转录歙人黄崇惺(字次荪,同治进士,收藏家、考据家)《郡志辨证 · 三天子鄣》载:

《山海经》之言，苞举宏远，实非专指一山而言，三天子之义，虽不可知，然鄣者，固取鄣扆蔽隐之意……古人言山水，皆举其形势大概而总被以名称，并非沾沾一峰一派之间也。……不能专浙源之名，又安能专三天子鄣之名乎？……夫诚知三天子鄣非一山，庐、渐非一源……若专主率山，而尽摈诸说，乃是误耳。

作为清朝的考据家，他认为，凡歙州之山，"皆古者三天子鄣"之地，"其间峰峦连亘，自其外望之，隆然如屏风之蔽空，是所谓三天子鄣也"。

持相同观点的还有明末清初的著名诗人、文学家钱谦益（字受之，号牧斋，官至礼部侍郎），他认为："自《山海经》、《水经》记三天子鄣，亦曰三天子都，地志家纷纷聚讼，有疏通之者，曰率山为首，黟山（黄山）为脊，大鄣（指绩溪大鄣山）为尻，似矣。"（《歙事闲谭·钱牧斋黄山记》）他把率山比作头部，黄山比作脊背，绩溪大鄣山比作屁股，囊括了整个大黄山山脉。

如果从三天子都是浙江的发源地这个标准来看，黄山山脉有诸山同为新安江之源。嘉靖《徽州府志》载：

郡之大川，歙之丰乐水自黄山，绩溪扬之水自巃嵸山（今丛山），南会于练溪，襟带郡城；又休宁率水自率山，婺源浙源水自浙源山，祁门大共水自大共山（今大洪山），黟横江水自武亭山入于歙浦，同为新安江六山。

这些山均属大黄山山脉之余脉，都有水入浙江，说明三天子都范围很广，不仅仅是一处一山。这些地方都符合三天子都方位关于浙江水源的条件。

那么，还有一个条件呢？庐江也是从三天子都出。

如果庐江是指乐安江水系，符合这个条件的有自祁门大洪山而来的阊江，嘉靖《徽州府志》载，大共（洪）山右东北钟鼓山、佛岩山、榔木岭，"水分东西，东水入于钱塘，西水入于鄱阳"，休宁率山为钱塘江水系和乐安江水系的分水岭，婺源的大鄣山等等，都有水流入鄱阳再到长江。

大黄山山脉之水东边主要是流入新安江再入海，西南主要是流入今鄱阳湖再北入江。一入海，一入江，一是新安江水系，一是长江水系，除了大黄山山脉，中国哪里去找？

秦建县时，往往参照该地最古之名命名。秦建36郡，其中会稽就是秦前的古地名。鄣郡是从会稽郡分出，这个鄣，有可能是借用《山海经》中“三天子鄣”的“鄣”，是有道理的。鄣郡既然是指以徽州为主体的这一大片土地，那么，“三天子鄣”即为三天子都，是同一范围，即是指大黄山山脉。三天子鄣与三天子都是同一概念，不过是另一种说法而已（一曰天子鄣）。《新安志》也认为“三天子鄣山，鄣或作都”。并说，“此山有鄣名而卢潘亦以为丹阳郡旧名鄣郡者由此”。

三天子鄣（都）指广袤的大黄山山脉，鄣郡主要指徽州这块土地，都有同一个“鄣”，说明从古至今，黄山与徽州即为一体，一脉相承，有着深厚的渊源，有着同一个文化内涵。名山与名州（郡）在历史上就不可分割。

大鄣之谜

歙绩界有大鄣山，休婺界也有大鄣山。同属古徽州的几个县，都声称大鄣山是他们的专利，而另一个大鄣山系假冒。这个官司，从明清以来一直打到现在。看来，争地名之风，自古亦然。

这都是三天子鄣（都）惹的祸，争大鄣山的目的在于争三天子鄣的正宗源地。

经过查阅四县明清以来的县志，有必要解开这两个大鄣山之谜。

笔者的观点是，两座大鄣山都有历史根据，都拥有三天子鄣的称号。两山同名，无分彼此。

先看婺源方观点：

清道光《婺源县志·疆域·山川》载：

> 大鄣山，县西北二十里，一名率山，俗名张公山，高一千四百仞，周围近百里，东南界婺北界休，西界浮梁，巅有振衣峰。西行二十里的擂鼓峰……此山为庐浙二水发源之祖。
>
> 大鄣之巅为振衣峰，由清风峰起，擂鼓尖分六支（擂鼓尖者六股尖也）。东南行者结本县，西行者至浮梁、乐平尽彭蠡为支脉，其正脉北行迤东历休宁向祁门榔木岭水分东西至黟东北、歙西北与太平界比脉脊起黄山。

这不仅说清了六股尖的俗名由来，而且说清了这座山是黄山的余脉。

《婺源县志》还说：

大鄣之名第，称率山，而以大鄣载之绩溪，阅者惑之。

大鄣山之名，他邑不能冒，即欲冒之亦是名同实异，而大鄣自有真不止戕。

而《绩溪县志》是如何解释的呢？清乾隆《绩溪县志》载：

绩溪之山莫尊于大鄣，称为诸山祖；

大障山古称三王山、玉山、障峰（清凉峰原名鄣峰），《山海经》、《祥符经》皆云，即三天子障山。《寰宇记》云：古吴越于此分界，故名，秦立鄣郡取此。（黄山书社 1998 年版《绩溪县志》）

《绩溪县志·艺文》和《婺源县志》都有大量咏大鄣山的诗。

态度最暧昧的要算知府大人了。康熙《徽州府志·山川》在休宁、婺源、绩溪县的条目下，均介绍了两处大鄣山，在休婺界的大鄣山引用郦道元《水经注》的话，在绩溪大鄣山引用《祥符经》与郭璞《山海经》注的话，都说两处是三天子鄣山，《府志》并没有明确表态何山是真，何个是冒，这是一种明智态度。

可见，无论是明朝或清朝，对哪座山是三天子鄣的大鄣山，都有不同说法。公说公有理，婆说婆有理。两县都说自己的大鄣山是祖山，镇山，是龙脉，都是三天子鄣的正宗。

争论最激烈的莫过于清朝婺源学者江永的《大鄣山说》和清徽州府教授周赟（绩溪人）的《鄣山辨》。但细观两篇文章，从说理方面来看，尤长于考据之学的经学家江永似乎略胜一筹。

江永是从水系来分析：

试问，今之浙江果出绩溪之东六十里，其上源歙、休、婺二三百里之水可截而去之乎？又岂有庐水而入彭蠡者乎？……山可冒字可讹而水源不可变，故为之说。凡生于新安官于新安者毋惑于绩邑之鄣山而反疑休婺间之真鄣山也。

意思是说，如果说浙江水是出于绩溪，那么其上源歙县、休宁、婺源入浙江之来水，你也能截去吗？你有入彭蠡的庐水吗？

而周赟的说法则有些牵强且迷信：

予观黄山正脉，至绩北丛山关之南为一大收束，形害所谓过峡也（注：形容地势险要，两山相夹而脉从中而过）。向东特起为鄣山，由宁国、昌化之界，蜿蜒北行，如龙楼凤阁，势雄壮，形家所谓干龙也。至宁国东境分一支脉，东折为浙之天目诸山，到海而尽，以开杭州都会，形家所谓结局也。其正脉之北行者，分为左右二支：左支为紫金诸山，到大江而止，开金陵都会；右支为林屋诸山，到太湖而止，开姑苏都会。临安、建业、姑苏，皆可建都，而此山为三都会之祖山，此以名三天子都也。

虽然他知道"在古人名此山及作《山海经》时，岂论夫差、南宋哉"，但他仍然认为"南宋偏安，夫差僭号……不知此特言其形胜，如谶纬之说"。

谶是秦汉间巫师、方士编造的预示吉凶的隐语，纬是汉代附会儒家经义衍生出来的一类书，谶纬之学也就是对未来的一种政治预言。周赟这样的说法确是迷信色彩。

但从史料来看，对大鄣山的最早记载是宋朝，南宋《新安志》只是记载各家的观点：

在绩溪县条目下有：

大鄣山在县东六十里，高五百五十仞，周百五十里，《祥符经》云即三天子鄣山，按郭璞云三天子鄣山在新安歙县东，今谓之王山，浙江出其边。

在休宁县的条目下有：

率山在县东南四十里，高五十七仞，周二十一里，率水出焉。《寰宇志》引《山海经》云：浙江出三天子都，在率东（应为在蛮东），盖此山也。

而在婺源条目下有：

张公山在县西北七十里，高四百余仞，周十五里，昔有张公隐此山采药合丹，数十年后忽不知所之。

奇怪的是，为什么《新安志》在婺源县的条目下，并没有大鄣山的介绍。江永说：

此山界在休婺之间，故休婺皆载之。《府志》名张公山，亦名率山，不正名为大鄣山，此又别有其故。

到底何故，江永并没有说透，可能有难言之隐。

这说明，大鄣山的称谓在宋朝或宋前就有之，看来最先叫响大鄣山的是绩溪县。

绩溪的大鄣山虽属浙江天目山脉之中段，但也是大黄山山脉的余脉，都享有三天子鄣的称号。

从历史上看，山川、河流、城镇、县名、人名等同名的并不鲜见。黄山在历史上有多处，“人之谭黄山者，歙之外不知仍有五黄山也”（《蕉轩随录》）。类似例子，举不胜举。

大鄣山

问题很清楚，由于三天子鄣特有的神秘和神圣（天子之都），两县从明清以来就争这一品牌，但到底是何县最先命名大鄣山，由于史料有限，历史的许多旧账是说不清的。

两山同名，且三天子鄣的内涵为大黄山山脉，大家均享有这一历史品牌，岂不更好？何必争个你高我低，你真我假。

析婺之谜

婺源县，是唐玄宗开元二十一年（740 年）析休宁县回玉乡及乐平县怀金乡置,休宁是徽州诸县中变化最多的一个县,要搞清这个问题,必须先搞清休宁县的历史变迁。

东汉建安十三年(208 年)划歙县以西地(应当还有黟县南一部分地)建休阳县,这是休宁县最早的起始县,同时划歙县西地建县的还有黎阳县,当时属新都郡。

吴永安元年(258 年),休阳改为海阳县;仍属新都郡;

晋武帝太康元年(280 年),海阳改为海宁县,属新安郡;

南朝宋大明八年(464 年),黎阳县并入海宁县;

梁元帝承圣二年(553 年),析海宁、黟县、歙县一部分又置黎阳县,属新宁郡;

陈文帝天嘉三年(562 年),黎阳县又并入海宁县,新宁郡并入新安郡;

隋文帝开皇九年(589 年),歙、黟两个古县竟并入海宁县;

隋开皇十一年,又复置黟、歙两县,海宁县仍存;

隋文帝开皇十八年(598 年),改海宁县为休宁县。

这个复杂的变迁,从休阳——海阳——海宁(其间有黎阳曾并析,黟、歙曾并分)——休宁,使休宁地兼有歙县、黟县两县的地盘,你中有我,我中有你,于是婺源县从休宁析出,其中就包括歙县和黟县的地盘。

从能查阅到的清《婺源县志》及《黟县志》,均支持婺源系从黟县地析出的主张:

> 婺从休析,而休从歙与黟析,婺多得黟之南地……此说之当补者;婺不从歙析,此说之当正者。(清道光《婺源县志》)

《婺源县志》提出婺由黟析的理由是:

其一,是从水源来分析。江永在《大鄣山说》中指出:

> 《汉书·地理志》云:‘浙江出黝县南蛮中,东入海。’黝则黟也。古黟、歙两县甚辽阔,休婺间之鄣,汉时属黝县,故谓浙江在黟县南。其云蛮中者,古时此地未开辟通,为蛮夷之地,故云‘黝县南蛮中’……后来蛮字讹化为率,休宁遂有率山、率水、率口之名,不知皆蛮字之误也。

这是搬出《汉志》和《水经注》来证明鄣山之水出于黟县，认为婺源县古应从黟析。

其二，是从地理位置分析。清道光《婺源县志》载：

又改休宁者，当是析黟县南乡地置，婺源地多在其中。府志乃谓析歙西乡地置，夫歙之西乡地既析为黎阳矣，岂又能析为休阳乎？歙一县析为五，岂黟独无析乎？此处分析不明，则必以婺源为从歙析，不知其由黟析矣。

就是说，歙县与黟县都是秦置大县，歙县地当时已分析出黎阳县，怎么可能又分出休阳县？歙县地曾一分为五，难道黟县地没有析出县吗？

清嘉庆《黟县志·沿革记事表》载：

《婺源县志》按，秦汉时黟县之未析也，兼有休宁、婺源、祁门……地，休之东得歙而西南是黟地，后分西南地置婺源，即昔之黟地。三都山（文中应指休宁率山）在其中，故释《山海经》、《水经》者皆谓三都山在黟县。《汉志》谓浙水出黟县南，可证也。若歙则去之远矣。歙人吴度作三都考，谓休宁、祁门、婺源皆从黟析，此为确论。《府志》于丹阳郡歙县注云，淳安、遂安、休宁、绩溪、婺源皆其地析，恐考之未详，故婺源县志此条最为明确。

清代考据家黄崇惺（字次荪）也认为：

汉丹阳郡黝（黟）县，当得今黟县、祁门及休宁西北与婺之东境……若歙县则当得今歙县、绩溪及休宁东南，与浙江淳安、遂安二县之地。郡志汉丹阳郡图，谓黝得黟、祁二县，而休、婺皆为歙地，误。（《歙事闲谭·黄次荪郡志辨证》）

有意思的是，撰写嘉庆《黟县志》的是俞正燮，同样提出休宁部分系黟县析观点的是清朝江永。而认为婺源系黟县析的还有清考据家黄崇惺等。俞"熟谙典籍"，"博综九流"，长期从事文字训诂、名物解释、典制考索、史实纠谬，以及文献辨证、资料汇纂，故而“长于局部考证”；江永是皖派经学创始人，博通古今，尤长于考据之学，黄崇惺系歙县黄氏考据学派，这几个考据大师的观点，应予充分重视。他们之所以敢于和《府志》挑战，恐怕不是出于乡愿，而是严谨的治学精神。

由江泽民同志题写馆名的婺源县博物馆是全国颇有名气的县级博物馆。馆展的县况简介中载：婺源“秦代属鄣郡古黟县地”。并突出介绍康熙《婺源县志》所载：“……以今地考之，隋开皇十一年以后之休宁，为歙西及黟南之境。婺源析自休宁，正得黟南之地。”博物馆的介绍，也表明这一说法得到当今婺源县有关方面进一步认定。

我们对徽州和黄山在古代的历史作了介绍后，再回到现实之中。1983年，有一段黄山短暂离开徽州的历史，后又复合，这就是大、小黄山市的行政变迁。在我们所著的《一座山和一座城市》里，对这段历史有了较为详细的介绍，这里只作简要回顾。

建市之谜

和徽州几千年的发展史相比，黄山市的建立掀开了徽州沿革史上的重要一页，她不仅是在郡、州、府、地区的历史变更中跨入了现代“市”的行列，更重要的是，她的诞生，历经了艰难的探索和改革的阵痛。

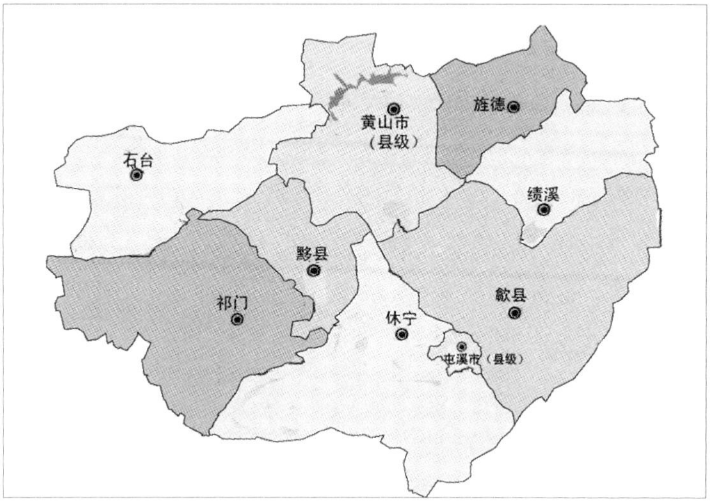

徽州地区（1987 年）政区图

《一座山和一座城市》这本书对黄山市成立经过进行了全过程的追踪。正如这本书的作者之一所说：

对于黄山这座享誉世界的名山，徽州这座有近千年文明的古城，它们的分合聚散、起落盛衰，牵动着家乡人、中国人乃至外国人的心，有一段时间甚至可以说是上下关注，舆论四起，是非莫辨，朝野震惊。不难看出，不仅仅是我，也包括国内外许许多多喜欢黄山、热爱徽州的领导、专家和友人，当然也包括很多粉丝，他们对飘移在黄山顶上的“云层”、迷漫在徽州城下的“烟雾”也是不甚了了的。不过，今天我可以负责任地说，读了《一座山和一座城市》之后，那些长期为大家所争议的热门话题，大多能在书里找寻到它的答案，一些不为人所知的内情和困惑也在书中大白于天下了，在很大程度上解开了藏在人们心头的黄山和徽州之谜。

1983 年 12 月，国务院批准安徽省成立县级黄山市，俗称小黄山市，析歙县黄山公社、石台县广阳公社和原太平县合并而成，由省直辖。

小黄山市是在中国改革开放年代设立的以名山命名的第一个市，是在改革浪潮下催生的新生事物。小黄山市的成立，对推动黄山旅游业的发展，也起过积极的作用。特别是吸引了中央许多部委和大型国企来小黄山市建设培训中心、疗养院等设施，床位由原来不足千张发展到近万张。

但是，旅游是个综合性的产业，必须有综合性的配套措施来抓。黄山旅游要有大的发展，必须解决以下几个问题：一是有一个交通、经济、文化等相对发达的中心城市作依托；二是必须集中优势力量为黄山旅游提供服务，包括解决好物资供应、医疗急救、法律援助、人才流动、退休职工安置、黄山职工子女入学等实际问题；三是必须集中旅游资源，把黄山的自然景观与周边的人文景观结合起来开发利用，以更好地发挥黄山的旅游龙头作用。

随着旅游业的迅猛发展，原来的小黄山市显然不能适应形势，原来考虑的措施，无论从广度和深度，都没有跳出小黄山的圈子，制约了黄山旅游业的更大发展。黄山与徽州有很深的渊源关系。把黄山与徽州分割，显然是割断了黄山文化与徽州文化的联系，割断了黄山的历史渊源，而且放弃了徽州地区所在地屯溪市的飞机、火车、公路等有利的交通条件的依托，造成了黄山周边“三国四方”（黄山管理局、徽州地区、歙县、太平）的许多矛盾，不仅使徽州百姓感情上难以接受,也在实际管理中带来许多困难。

为了解决黄山管理问题,安徽省委于1986年6月决定,小黄山市由徽州地区代管。但这是一种变通折中的措施,显然还不能解决黄山旅游发展中的深层次矛盾。

黄山的多头管理,制约了黄山旅游事业的发展。这种多头管理、矛盾重重、互相掣肘的体制,不能适应黄山旅游事业发展的需要,没有一方是感到满意的。原来考虑的措施,无论从广度和深度上都显得很不够了。改革黄山管理体制,势在必行。

改革黄山管理体制的唯一原则就是怎样做到有利于开发、保护以黄山为中心、以皖南为重点的旅游事业的发展,黄山体制问题不但要适应当前旅游业的需要,而且要适应今后大发展的需要。不仅要考虑黄山本身的发展,还要考虑如何利用黄山这个品牌,带动周边地区发展旅游,形成合力,实现共同致富。

为了彻底解决黄山旅游业发展中的诸多矛盾和问题,1987年5月,国务委员、国家旅游协调小组组长谷牧亲自带领中央有关部委负责人来黄山、徽州地区进行视察,形成了若干方案,最后统一成大黄山市方案。

1987年11月27日,为了构建大黄山、大旅游区,国务院批准:撤销徽州地区、屯溪市和县级黄山市,设立黄山市(地级);原徽州地区所属的歙县、休宁县、黟县、祁门县划归黄山市;石台县划归安庆地区;旌德县、绩溪县划归宣城地区;设立屯溪区,其行政区域包括原屯溪市、歙县篁墩乡和休宁县梅林乡;设立黄山市黄山区,以原县级黄山市为其行政区域;设立徽州区,以原歙县岩寺镇和潜口、呈坎、罗田、西溪南、洽舍、富溪、杨村七个乡和郑村乡的瑶村新立。

地级黄山市的建立,为构建大黄山、大旅游,发展以黄山为中心的皖南旅游业消除了体制上的障碍,把黄山旅游业推向新的发展阶段。

黄山旅游体制改革是一面镜子,反映了中国旅游区体制分割带来的诸多矛盾和问题,为中国旅游体制改革提供了有益的经验和教训。

黄山旅游体制改革总体是成功的,但也存在一些遗留问题,主要是当时为集中力量发展黄山为中心的旅游业,突出旅游这个主业,把绩溪、旌德等县划出了新建的大黄山市。绩溪作为古徽州一府六县的古县,是徽州文化的发源地之一,在徽文化受到国家高度重视,文化发展成了国家战略的今天,绩溪回归徽州就显得更为必要。旌德是黄山的东大门,受徽文化影响很深,纳入黄山旅游圈也很有必要。

绩婺之源

一个地区的文化特色，都有着极其深邃的历史渊源，绩溪和婺源的文化之源，就和徽文化有割不断的关系。

绩溪是古徽州"一府六县"大家庭的重要成员。绩溪和歙县是亲兄弟，唐大历元年(766年)析歙县地置绩溪县，属歙州，治今华阳镇。

自唐建县后，绩溪在宋、元、明、清均属徽州。绩溪的大源河、登源河、扬之河汇入新安江，既是新安江之源，也是徽州文化之源。绩溪的民居、祠堂、村落、徽墨、徽菜、澄心堂纸等等文化元素，无不打上徽州烙印。

绩溪在徽文化中占有举足轻重的地位。绩溪是徽菜的发源地，在外地开的徽菜馆，基本是绩溪人经营。绩溪的茶、丝绸业也很发达，就是到了清末民初，仅绩溪在上海的茶号就有30多家。解放初据中共皖南区党委调查，绩溪县在外经商的人仍有不少，如余川村200户中，在家人口为631人，出外经商的为210人。清朝时的徽商巨子胡雪岩就是绩溪人，他被誉为当时的中国首富，主导江浙商业，经营项目有丝、茶、医药、钱庄等，操纵市场、垄断金融，谱写了徽商传奇事迹。

国务院2007年3月在同意将绩溪县列为国家历史文化名城的批复中指出：

> 绩溪县城市发展历史悠久，文化底蕴十分厚重，历史遗存丰富，古城格局完整，历史文化街区保存完好，徽文化特色突出。

从徽州命名到建立大黄山市前，绩溪一直和徽州为一体，二千年的徽州血统，稳固的历史文化概念，创造过徽商奇迹、列为徽文化生态保护实验区的绩溪县，这种徽州情结，深深植在绩溪百姓的心上，代代血脉相传。

在休婺边界的大鄣山的另一边，今属江西的婺源县，其历史渊源也在徽州。流向新安江之水，有一支就来自浙源山。

婺源县是唐开元二十八年(740年)洪真起义失败后，析休宁县回玉乡及江西乐平县怀金乡所置。虽然现属江西管辖，但仍然跨省列入国家级徽文化生态保护实验区。

作为古徽州一府六县的一员和文公阙里，婺源的徽文化底蕴和其他兄弟县一样深厚，更具特色。“婺于新安称名邑。千岩万壑，孕秀争奇，最擅山川之胜。而又有紫阳夫子笃生其间，故其人往往纯朴温萃，蹈礼仪而被诗书”（康熙《婺源县志·序》）。

婺源的历史遗迹、明清古建遍布乡野，每个古村，骨子里渗透出浓浓的徽味。县内徽剧、傩舞、徽州三雕（石雕、砖雕、木雕）、歙砚制作技艺列为国家非物质文化遗产，理坑、汪口、延村评为国家历史文化名村，清华彩虹桥、婺源宗祠、沱川理坑村三处13个点列入国家重点文物保护单位。

婺源誉为中国最美的乡村，被国家旅游局授予首个国家乡村旅游度假实验区。乡村旅游业蓬勃发展，得益于徽州文化的基因和特色，也使婺源因崇文之风而声名鹊起。

地级黄山市融自然与人文于一体，打好两张名牌，请看第十五章：两张名牌创辉煌。

第十五章　两张名牌创辉煌

大黄山市的建立标志着黄山旅游进入一个新阶段。

实事求是地说，大黄山市的成立极大地促进了以黄山为中心的旅游业的发展，同时进一步带动徽文化的发展和创新。

徽州一路走来，精彩纷呈，群星灿烂，历史造就了太多的名人，书写了不朽的篇章，留下了太多的故事。中国喜欢用“十”来形容完美，叫十全十美。但徽州历史太厚重太深邃，如果把徽州文化比作大海，那么，本文所涉及的仅仅是大海中的几片浪花。

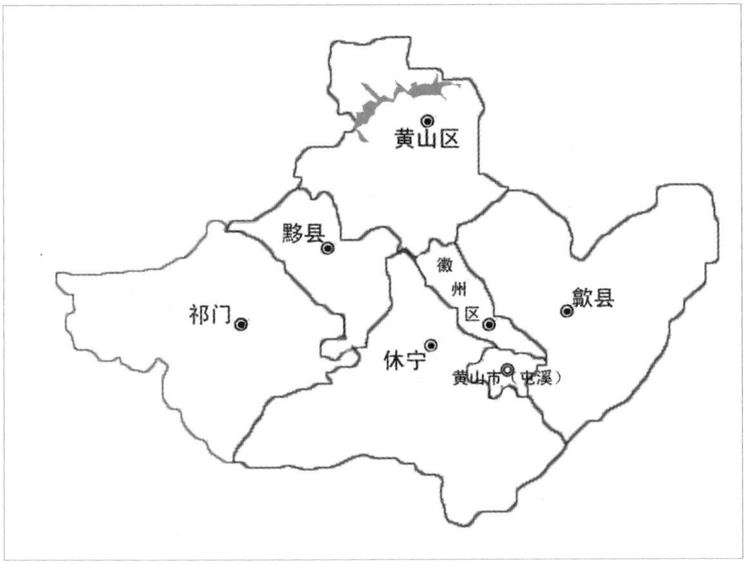

黄山市(2013 年)政区图

徽州“十大”

为了使读者对徽州文化有个多视角的了解，现列出徽州历史上的几个代表性的“十大”，为兼顾各县，没有列入的不表示不优秀、不精彩，而是限于篇幅。因为徽州历史上的名人、名村、文化流派等，各种学术刊物和媒体介绍很多，为了避免重复，本文抛砖引玉，点到即可，只作简明扼要介绍。

十大军政名人

程灵洗（514—568 年）　海宁黄墩（今屯溪篁墩）人，南北朝时抗侯景之乱有功，后屡建功勋，曾任新安太守，封重安县公、安西将军。

汪华（586—649 年）　歙县登源（今属绩溪县）人，唐朝授以方牧，总管六州诸军事，任歙州刺史，封上柱越国公，累封左卫白渠府统军、忠武将军、右卫积福府折冲都尉等。

罗愿（1136—1184 年）　歙县呈坎（今属徽州区）人，南宋时历任饶州鄱阳知县、鄂州知州，人称罗鄂州，撰就《新安志》10 卷，被朱熹誉为呈坎“双贤”之一。

方岳（1199—1262 年）　祁门人，曾任南宋礼兵部架阁，大学正，宗学博士，秘书郎，南康军、绍武军知军及袁州知州等职。

朱升（1299—1370 年）　休宁县迴溪人，因向朱元璋献“高筑墙、广积粮、缓称王”三策而名，授“中书咨议”衔，明朝翰林学士兼东阁学士。

胡宗宪（1512—1565 年）　绩溪龙川人，抗倭名臣。历任太子太保、都察院左都御史兼兵部右侍郎、兵部尚书兼都察院右都御史、少保；明嘉靖四十年（1561 年），胡宗宪与其幕僚、地理学家郑若曾编纂《筹海图编》一书，明确将钓鱼岛等岛屿编入“沿海山沙图”，纳入明朝的海防范围内。

许国（1527—1596 年）　歙县人，明朝历任少保兼太子太保、礼部尚书、武英殿大学士少傅兼太子太傅、吏部尚书，迁建极殿大学士。

金声（1598—1645 年）　休宁县瓯山（现徽光乡）人，明末抗清英雄，曾任明末翰林院庶吉士，后升任御史、监军，被福州隆武帝授为右都御史、兵部右侍郎。

曹振镛（1755—1835 年）　歙县雄村人，清朝历任翰林院编修、侍讲官、侍读学士、经筵讲官、文渊阁直阁事、工部尚书、太子少保转掌吏部事、体仁阁大学士、英武殿大学士、军机大臣，兼上书房总师傅，又因平喀什噶尔，进升太傅。

王茂荫（1798—1865 年） 歙县杞梓里人，清朝历任陕西道监察御史、户部右侍郎兼管钱法堂事务、兵部左侍郎、左副都御史，补工部右侍郎、吏部右侍郎，马克思《资本论》中唯一提到的中国经济高官。

十大文化名人

朱熹（1130—1200 年） 祖籍徽州婺源（现属江西省）人，南宋时历任同安县主簿、知南康军、提举浙东茶盐公事、知漳州、知潭州、焕章阁待制兼侍讲等职，著名理学家、思想家、哲学家、教育家、诗人、儒学大师。

汪机（1463—1539 年） 祁门城内人，出身世代名医之家，明朝著名医学家，新安医学奠基人之一，著有《石山医案》等医学著作数十卷。

程大位（1533—1606 年） 休宁率口（今屯溪前园）人，明代著名数学家、珠算大师，著有《算法纂要》等数学著作。

汪道昆（1525—1593 年） 歙县人，明代著名戏曲家、文学家、抗倭名将，历任义乌县令、襄阳知府、福建按察司按察使、兵部左侍郎等职，著有《太函集》120 卷（收散文 106 卷，诗歌 1520 首），创作出多部杂剧。

江永（1681—1762 年） 徽州婺源县（今属江西省）人，清代著名经学家、音韵学家、天文学家和数学家，皖派经学创始人，《四库全书》曾收其所著书 10 余部。

戴震（1724—1777 年） 休宁县隆阜（今屯溪区）人，清代著名哲学家、思想家，徽派朴学的创建者，《四库全书》纂修官，翰林院庶吉士，乾嘉学派的代表人物。

俞正燮（1775—1840 年） 黟县人，清代布衣学者，著名经学家、考据学家，著有《癸巳类稿》、《癸巳存稿》等代表作。

黄宾虹（1865—1955 年） 歙县潭渡村人，近代杰出的画家、篆刻家、书法家、诗词家、绘画理论家，与齐白石并称为“北齐南黄”的新安画派的后起之秀。

陶行知（1891—1946 年） 歙县黄潭源村人，伟大的人民教育家、民主革命家、中国民主同盟主要领导人之一，曾任南京高等师范学校教务主任、北京中华教育改进社主任干事、南京安徽公学校长，先后创办晓庄学校、山海工学团、育才学校和社会大学等，被宋庆龄尊为“万世师表”。

胡适（1891—1962 年） 绩溪县上庄人，现代著名学者、教育家、社会活动家、诗人、历史学家、文学家、哲学家，新文化运动的领袖之一，曾任北京大学校长。

十大工艺名人

李廷珪（？—967 年） 南北朝制墨名家，原姓奚，其父超唐末从河北易水避难到歙县，将易水法制墨工艺带来并加以改进。生产的“廷珪墨”受到南唐后主李煜的赏识，封为墨务官，赐姓李。李廷珪成为古今墨家的宗师。

何震（1535—1604 年） 休宁县人（一说 1530—1606 年，婺源县人），明代著名篆刻艺术家，徽派篆刻创始人之一。篆刻作品，独成一帜，从大将军到士兵，都以得到一方他刻的印为荣。至今，其作品魅力不减。

黄德懋（1571—1641 年） 歙县虬村人，徽派版画黄氏刻工的代表。明万历十七年（1589），与兄黄德时合刻吴怀保本《书言故事大全》。诸多徽派版画的精品出于其手。父黄鋟、兄黄德奇，亦为徽派版画名刻工。

胡正言（约 1584—1674） 休宁县人，明末著名刻书制版家。他创造了对拱花凸凹术印刷法的试验和推广应用，主持雕版印刷的《十竹斋书画谱》和《十竹斋笺谱》，成为印刷史上乘作品。直到今天，压凸印刷还广泛地应用于各种装潢印刷。

曹素功（1615—1689 年） 歙县岩镇（今属徽州区）人。清顺治年间秀才，授布政使虚衔。与歙县信行（今属徽州区）汪宣礼、绩溪县尚田汪近圣、上庄胡开文并称“清代制墨四大家”。有“天下之墨推歙州，歙州之墨推曹氏”之称。子孙 13 代世守其业。

张小泉（1626—？） 黟县人，明末清初著名制剪名匠。明崇祯年间，率子从黟县到杭州生产祖传剪刀。清康熙二年，正式命名“张小泉”剪刀。张小泉去世后，其子张近高继承父业，为保护本身利益，在“张小泉”名字下加上“近记”两字，视为正宗。乾隆年间，张小泉近记剪刀已列为贡品，宣统二年（1910 年）获南洋劝业会银质奖，民国四年（1915 年）获美国巴拿马万国博览会二等奖。

吴鲁衡（1702—1760 年） 休宁万安镇人，于清雍正年间在万安镇创办吴鲁衡罗经店，所制罗盘、日晷既秉承古法，又刻意创新，工艺精湛缜密。其后人承袭其工艺所制罗盘,1915 年曾获巴拿马万国博览会金奖。现已被列为国家非物质文化遗产名录,其第七代传人吴水森被评为国家非物质文化遗产罗盘制作技艺代表性传承人。

胡天注(1742—1808 年)　绩溪县上庄人,“胡开文”墨业创始人,清代乾隆时制墨名家,被誉为清朝徽州墨业四大名家之一。1910 年胡开文墨获南洋劝业会金牌奖章,1915 年所制之地球墨在巴拿马国际博览会展出并获金质奖章。

郑复光(1780—约 1862)　安徽歙县人,清代著名科学家。精通数学、物理与机械制造,在光学研究上成就最大。1846 年写成光学著作《镜镜诊痴》5 卷。在完成此书的基础上,制造了中国最早的一台测天望远镜。

黄士陵(1849—1908 年)　黟县黄村人,八九岁即操刀习印,其篆刻技艺从浙派入手,以徽派为宗,历经数十年钻研,创立了独具一格的“黟山派”,把徽派篆刻推向新的高度,被后人誉为“近代印坛的托塔天王晁盖”,“印人中特绝者也。”

十大徽商名人

程承津(生卒年不详)　北宋初祁门人,“程十万”是程承津、程承海兄弟合称,为早期徽商代表。因经商致富,乡人称为“程十万”,每称津为“十万大公”,海为“十万二公”,言其家资以万计也。程氏兄弟是徽州早期拥有巨资的商人。

马曰琯(1688—1755 年)　祁门人,清代著名儒商、藏书家。马从小客居扬州,经营盐业,热心公益,为清代前期扬州盐商的代表人物之一。扬州小玲珑山馆是马氏藏书楼,藏书多达 10 余万卷。1772 年四库全书馆设立,马曰琯的儿子献藏书 776 种,为全国私人献书之冠,受乾隆皇帝褒奖,赐《古今图书集成》一部。《清史稿·文苑传》有马曰琯传。

江春(1721—1789 年)　祖籍歙县江村人,清朝著名徽商、儒商。年轻时协助其父扬州经营盐业,深受盐运使倚重,被推举为两淮盐业总商历 40 余年。所经销盐引约占两淮盐引十分之一,积累巨额财富。每遇灾赈、河工、军需等,热心捐款,历年捐银在千万两以上。乾隆执政 50 年庆典时,与兄江进恭赴千叟会。乾隆六次南巡、两次东巡,江春均接驾供奉宸游,得赐内务府奉宸苑卿衔,乾隆赞其尽心国事,特宣温旨加授布政使衔,荐至一品,并赏戴孔雀翎。

胡贯三(1733—1794年)　黟县西递村人，是清朝长江中下游一带从事典当和钱庄的大富商。胡贯三经商数十年，资金雄厚，拥有“七条半街”、“三十六典”，成为“江南六大首富之一”。他“贾而好儒”，“仁恤可风”，曾捐重资修造黟、歙、休、祁四县大路九处160余里，重建歙县河西桥、休宁齐云山登封桥和黟县渔亭永济桥；捐银15000两兴建碧阳书院。

鲍漱芳(？—1807年)　清代盐商，歙县富堨乡棠樾村人。棠樾鲍氏家族世代经商，在两淮官商中具有较大影响。鲍漱芳从小跟随父亲在扬州经营盐业，是当时扬州著名的富商之一。清嘉庆八年(1803)，因平川楚陕三省乱中，集众商输饷有功，被任为盐运使，成为握有两淮盐业大权的显要人物。歙县棠樾牌坊群之一的“乐善好施”牌坊，就是嘉庆皇帝为旌表鲍氏父子而立。

胡光墉(1823—1885年)　字雪岩，清代著名徽商，绩溪县人。早年在杭州经营钱庄，后协助左宗棠创办福州船政局，依靠湘军势力在全国广设当铺和银号，并涉足中药、丝茶业务，操纵江浙商业，资金最高达二千万两以上，成为富甲江南的特大官商，红极一时的“红顶商人”。创办“胡庆余堂国药号”，为发掘中国药学遗产作出了重大贡献。

江扬言(生卒年不详)　婺源人，清大木商。咸丰同治年间，江扬言与其子江来喜在浙江杭州钱塘江边上自闸口下至秋涛宫，购置3690余亩沙地，用来置放木材，使杭州成为徽木的主要集散地。由于江父子努力，婺源及徽州木业蹶而复振，后人“敬立扬言、来喜贤乔梓(贤乔梓即父子)及后起诸君神位，以报其功”。

胡元龙(1835—1924年)　祁门县贵溪村人，祁门红茶工艺创始人。光绪元年(1875年)，胡元龙筹建日顺茶厂，试制红茶。经过不断改进提高，到光绪八年(1883年)，终于制成色、香、味、形俱佳的上等红茶。胡云龙焙制红茶得法，因此成为祁红创始人之一，后人尊其为“祁红鼻祖”。

汪宽也(1866—1924年)　休宁县城北街人，布业经营家。他出身于商贾之家，幼入私塾，后去上海当学徒，被本县富商汪厚庄聘为“祥泰布庄”管事。其研制的“祥泰”毛蓝布以其质优价廉行销全国，远销东南亚及法国。祥泰布庄跃居上海棉布业之首，全国同业之冠，数年后盈利甚巨，汪厚庄亦因此成为休宁首富。病逝后，上海布业公所为他铸塑铜像，立于豫园湖心亭东侧，并撰文刻碑，以资纪念。

吴荣寿(1873—1934年)　歙县岔口乡人，徽商后裔，现代著名茶商。

1901 年后，大胆拓展业务，在屯溪阳湖开办吴怡和等茶号，专门制作外销高档茶。每年制销高档“屯绿”数千担至万担以上，占“屯绿”外销半数以上。其创新名牌茶叶“抽芯珍眉”和“特贡”等茶，曾在上海一举夺得绿茶评比魁首。

十大徽州女人

方婆（生卒年不详） 五代歙州婺源人，经常在在婺源和休宁交界的浙岭“吴楚分源”处山道上烧茶供水，义务为南来北往行人解渴消乏，长年坚持不断。老人去世后，过往之人感怀老人的恩德，于茶亭处垒石堆冢，日积月累，堆出了一个高六米、占地 60 平方米的“堆婆冢”。此后，徽州山岭古驿之中皆有茶亭路亭，亦有人设茶供水，并高悬“方婆遗风”之茶幌。

朱淑真（生卒年不详） 宋代休宁人，寓居浙江钱塘，系朱熹的侄女。朱淑真丽质聪慧，博通经史，精诗文，善书画，通音律，“文章幽绝，才色清丽，实闺阁所罕见者”。所著诗词作品大多已佚，其《断肠集》二卷，世人将其和大词人李清照《漱玉词》并称为“双绝”。

休宁吴氏（生卒年不详） 明朝休宁由溪商人程悦之妻。正德戊寅年（1518 年），程悦在外病逝，吴氏命儿程锁去外地料理丧事及处理遗留问题，凡是别人欠他家钱的，把欠据全部焚烧；而欠别人债的，吴氏倾其所有的积蓄归还。她勤劳做针线活，夜以继日，省吃俭用，深受乡里人称赞。她还鼓励儿子程锁继承父志，放弃追求功名，外出经商，终于发家致富。

毕著（1623—卒年不详） 歙县人。曾在明廷做过宫女，能文能武，擅长诗词、绘画。明崇祯十五年（1642 年），其父时在蓟丘为官，清将阿巴泰率兵进犯，其父迎战身亡，尸体被掠走。毕著当夜率壮士勇闯敌营。亲手砍下敌将首级，并将父亲尸体驮上马背运回。明亡后流落至苏州，后与昆山布衣王圣开结为伉俪，先定居苏州，后迁居嘉定县南翔镇以开设私塾为生。著有《织楚集》、《韬文诗稿》传世。

蒋氏（生卒年不详） 休宁人，明末新安名医程邦贤之妻。《中医词典》程邦贤条目下云“妻蒋氏、子相皆精医术”，特别擅长儿科，曾成功实施我国首例肛门手术。

吴淑娟（1853—1930 年） 清末著名女画家，歙县昌溪人。自幼随父学画，毕生致力于中国山水画的研究和创作。清宣统二年（1910 年），吴淑娟的作品参加了在罗马举办的意大利博览会，意大利王后以重金全部买下收藏于皇宫。民国4年(1915年),又集生平杰作百条幅,印成画册,发行国内外,中外报界争相发表专评文章。许多国家的博物院称之为“近世空前之作”。

歙县吴氏(生卒年不详) 鲍文渊继妻,嘉定人,22岁嫁入歙县棠樾,29岁时丈夫去世,她立节守志,对前室的孤子元标视如亲生,尽心抚养,直至其成家立业,成为清朝著名的书法家。年老之后,吴氏又倾其家产,为亡夫修了九世以下的祖墓,安葬好丈夫和族属中没有钱安葬的人。吴氏还尽心侍奉患病的婆婆到寿终。吴氏在60岁辞世,其品行感动了当地的官员,遂打破继妻不准立坊的常规,破例为她建造了一座规模与其他相等的牌坊,上书“节劲三冬”、“脉存一线”,颂扬她的贞节不二、尽心养育继子。

赛金花(约1864—1936年) 黟县二都上轴村人,是一个具有传奇色彩的中国女子。曾作为公使夫人出使欧洲四国,后丈夫去世,因生活所迫,沦为妓女。在八国联军入侵北京后,起到了劝说联军统帅,保护北京市民和文物的作用。赛金花晚期处境维艰,贫困潦倒,死后社会给予公正评价。今黟县城至宏村路旁有其故居景点。

苏雪林(1897—1999年) 太平县(今黄山市黄山区)岭下村人。她一生从事教育,先后在沪江大学、安徽大学、武汉大学、台湾师范大学、成功大学任教。苏雪林是现代文学史上享年最长的作家,一生执教五十年,笔耕八十载,著述65部,创作2000余万字。她的作品涵盖小说、散文、戏剧、文艺批评,在中国古代文学和现当代文学研究中成绩卓著。在百岁高龄时,苏雪林曾回到故乡,死后骨灰埋在岭下苏家村的凤形山,墓在其母亲墓的下方。2008年,苏雪林列入《辞海》徽州名人录。

舒绣文(1915—1969年) 原籍黟县屏山舒村人,中国杰出的话剧、电影表演艺术家。20世纪30年代初,参与演出许多进步戏剧和电影。抗战期间,参加中共组织的中华剧艺社,先后演出《棠棣之花》、《虎符》、《天国春秋》等几十部进步话剧,与白杨、张瑞芳、秦怡一起列为重庆话剧“四大名旦”之一。抗日战争胜利后,参加拍摄《一江春水向东流》,在影片中成功地塑造了王丽珍的艺术形象。1957年调北京人民艺术剧院任演员。曾成功地塑造了《骆驼祥子》中的虎妞、《关汉卿》中的朱帘秀、《伊索》中的克莉亚等艺术形象。生前是国家一级演员,北京人艺艺术委员会副主任;曾先后被选为第一届全国政协委员,第二、三届全国人大代表,第三届全国妇联执行委员会委员,全国文联委员,中国剧协和中国影协常务理事。

十大徽派文化

新安理学　是中国思想史上曾起过重大影响的学派，也是徽州正统的学术思想，培养了徽州文化深厚的理性主义传统，世称“新安理学”。其奠基人程颢、程颐及集大成者朱熹，祖籍均在徽州篁墩（今黄山市屯溪区），故篁墩被誉为“程朱阙里”。

徽州朴学　朴学又称考据学，以汉儒经说为宗，从语言文字训诂入手，主要从事审订文献、辨别真伪、校勘谬误、注疏和诠释文字、典章制度以及考证地理沿革等，徽派朴学被称为皖派、皖学，创始于江永而成于戴震。

新安画派　是指明末清初之际，在徽州区域的画家群和当时寓居外地的主要徽籍画家，因地缘关系、人生信念与画风都具有同一性质，所以时人称他们为“新安画派”。代表人物：江韬（渐江）、查士标、孙逸、汪之瑞、黄宾虹等。

徽州篆刻　是兴起于明代嘉靖、万历年间，以何震等篆刻名家为中心形成了一个徽州印人群体，人称“徽派”。代表人物有何震、汪关、程邃、黄士陵等。

徽派版画　是起于南宋、盛于明中叶、兴起于徽州的一个版画流派，明代歙县虬村黄姓刻工人才辈出。从明正统至清道光间，黄姓刻工插图刻画的图书达240余部。代表人物有黄德时、黄德懋、胡正言（雕版印刷）等。

徽剧　原名徽调，其声腔包括徽州腔等多种，是流行于安徽省境内和婺源县一带的重要地方戏曲，新中国成立后正式定名徽剧。清乾隆年间，“三庆”、“春台”、“四喜”、“和春”四大徽班先后进京演出，名声大振。清道光、咸丰年间，徽班戏在北京同湖北汉剧等多剧种结合，逐渐演变成京剧。

新安医学　是初兴于唐，盛于明清的祖籍徽州的名中医群体所创造的中医学问，据不完全统计，自宋代至清末，徽州共有名医466人，其中197人撰写了355部医学著作，为发展祖国医学事业做出了巨大贡献。代表人物有张杲、汪机、吴谦等。

徽州刻书　是籍属徽州的刻工、刻坊、刻铺所刻图书，明清时期发展到极盛，据不完全统计，明清两代徽州府出版万部以上的图书中的家刻、坊刻，就超过1300多家，刻书品种近万种，占全省刻书总数的四分之三以上。代表人物有鲍宁耕、汪启淑等。

徽派建筑　是以民居、祠堂和牌坊为代表的产生于徽州的建筑流派，它在总体布局上，讲究与自然的和谐相处，在平面布局上规模灵活，变幻无穷；在空间结构和利用上，造型丰富，讲究韵律美，以马头墙、小青瓦最有特色；在建筑雕刻艺术的综合运用上，融石雕、木雕、砖雕为一体，显得富丽堂皇。

徽菜　是全国八大菜系之一，发端于南宋年间，选料精良，制作考究，风味独特，品种繁多。传统名菜有：火腿炖甲鱼、红烧果子狸、清蒸石鸡、虎皮毛豆腐等数十种。新中国成立前，徽菜之乡绩溪县，到外地开的徽菜馆有二三百家。

十大历史文化名村（镇）

西递、宏村　西递是黟县的一个古村，有“桃花源里人家”之称，始建于北宋皇佑年间，发展于明朝景泰中叶，鼎盛于清朝初期，至今已近千年历史。如今尚较完好保存古朴典雅的明清民居137幢。宏村有“中国画里乡村”之称，始建于南宋绍兴年间，整个村落呈牛形结构，距今有近900年的历史，尚完好保存明清民居171幢。2000年11月，两村被联合国教科文组织齐名列入了世界文化遗产名录。两村系中国历史文化名村，建筑群被列为国家重点文物保护单位。

南屏村　位于黟县西南，是一座有千年历史、规模宏大的古村落，全村有近300多座明清古建筑、36眼井、72条巷、8个大小祠堂，《菊豆》、《卧虎藏龙》等多部著名影片在此拍摄。南屏村系国家历史文化名村，南屏古建筑群被列为国家重点文物保护单位。

屏山村　位于黟县县城东北8里，是唐朝始建，有千年历史的古村，聚居多为舒姓。全村沿溪而建，带状展开，十余座各具特色的石桥横跨溪上，构成江南水乡“小桥流水人家”特有的风韵。屏山村被列为中国历史文化名村，屏山古建筑群被列为省级重点保护文物单位。

关麓村　位于黟县西武岭脚，因西武岭有“西武雄关”之称，该村居雄关之东麓而得名，建村已有千年历史。关麓的特色建筑汪氏“八大家”住宅群，系汪家八个兄弟共建，其建筑自清顺治始，前后经历了200多年的时间，共建有楼房16幢、四合屋2幢、学堂厅和书斋各1幢，占地约6000平方米。“八大家”整套布局合理，设计灵巧，建筑精美，每幢民居自成一体，又有门户相通，浑成一个联幢民居群。关麓村被列为中国历史文化名村。

渔梁村　位于安徽省歙县徽城镇新安江畔，始建于唐。渔梁是古徽州的重要水路码头之一，渔梁坝和水运码头是新安江黄金水道，是古代徽商走向全国的重要一站，渔梁村也因此成为古徽州最繁华的水运商埠和商业街区。“渔梁坝”号称徽州的“都江堰”，是设计独特的古代水利工程，现在为全国重点文物保护单位,渔梁村也被列为中国历史文化名村。

棠樾村　位于歙县城西,始建于南宋,聚居鲍姓为多。以牌坊群而闻名于世,牌坊群由7座牌坊组成,以忠、孝、节、义的顺序相向排列,分别建于明代和清代。在牌坊群旁,还有男女二祠,建筑规模宏大,砖木石雕特别精致,近年已修复如旧。棠樾村是鲍氏村落,历代以经商为生。棠樾牌坊为全国重点文物保护单位,棠樾村为中国历史文化名村。

许村镇　位于歙县西北,源于东汉,因纪念南朝文学家任昉(曾任新安太守)曾闲居垂钓于此,故有任溪、任公村之称。现保存较为完好的元明清时期古建筑有200余处。许村古建筑群列为全国文物保护单位,许村镇被列为中国历史文化名镇。

唐模村　原为歙县所辖,现属黄山市徽州区,由唐朝越国公汪华后裔逐渐在先祖创建的基础上建成。檀干溪穿村而过,村民沿岸而居,村内有千年古樟之茂,中街流水之美,“十桥九貌”之胜及“一村三翰林”之誉,特别是徽派园林檀干园(孝子湖)保存有宋、元、明、清“苏、黄、米、蔡”等十八位名家真迹碑刻等古迹,被列为中国历史文化名村。

万安镇　位于休宁县东部,至今已有1700多年的历史。自三国东吴永安元年(258年)至隋开皇九年(589年),万安曾为休宁县县治所在地。隋末战乱时,吴王汪华曾将郡治迁至万安镇被东侧的万安山(后又称古城岩、万岁山、寿山),使万安成为统辖六州的一方重地。万安是明清时的商业重镇,镇区现存明清古塔、古桥、古水埠码头及清末和民国期间传统民居建筑(含店铺)130余处;长度为1000余米的基本保持明清时期历史风貌的传统商业街。万安罗盘列入全国首批“非物质文化遗产”名录,万安镇被列为中国历史文化名镇。

黄村　位于休宁县商山镇,距今有1200余年历史。村中最具特色的“黄村进士第”,建于明嘉靖十一年(1532年),距今近500年历史,被列入省重点文物保护单位。还有御中丞相建的“中宪第”以及12幢体现明、清、民国三朝的众多古民居。黄村被列为中国历史文化名村。

十大古建

许国石坊　位于歙县城关,是全国罕见的典型明代石坊建筑。万历十二年(1584年),许国因云南“平夷”有功,赐建此坊。坊上镌有“恩荣”“先学后臣”“上台元老”“大学士”“少保兼太子太保礼部尚书武英殿大学士许国”字样。字为明书法家董其昌书。系全国重点文物保护单位。

老屋阁及绿绕亭　老屋阁位于徽州区西溪南村,又名吴息之宅,是建于明代中期的徽州民居,为砖木结构的二层楼房,下矮上高,占地面积342平方米。建筑风格厚重朴实,不事雕琢。绿绕亭,位于西溪南村老屋阁东南墙脚下池塘畔。建于1328年,明代宗六年(1456年)重修。一阁一亭均列为全国重点文物保护单位。

潜口民宅　位于徽州区潜口,1984年起,将原散建于歙县潜口、许村等地11座濒临倒塌的较典型又不便就地保护的明代建筑,原拆原建于此,组成明代村落,定名"潜口民宅",民宅集徽州明代民居于大成,被誉为明代民宅建筑博物馆,是全国重点文物保护单位。

罗东舒祠　位于黄山市徽州区(原属歙县)呈坎镇呈坎村内,是黄山罗氏其中一支的宗族祠堂,纪念宋末元初的著名学者、罗氏第十三世祖罗东舒。罗东舒祠规模宏大,营造精细,其建筑融"古、雅、美、伟"于一体,是徽州古建筑的经典代表之作,被誉"江南第一名祠",被列为全国重点文物保护单位。

棠樾牌坊群　位于歙县郑村镇棠樾村,共七座,明建三座,清建四座,彰显"忠、孝、节、义"的宗旨,每一座牌坊都有一个情感交织的动人故事。牌坊用材坚实、高大挺拔、恢宏华丽、气宇轩昂,对研究徽州封建社会和徽派建筑有重要价值。被列为全国重点文物保护单位。

渔梁坝　位于歙县渔梁村,是新安江上游最古老、规模最大的古代拦河坝,是徽州古代最知名的水利工程,被称为徽州的都江堰。据考证,始建于唐,现在的古坝为明代重建,有明万历三十三年修坝记事碑可考。国家著名古建专家郑孝燮先生说:"渔梁坝的设计、建设和功能,均可与横卧岷江的都江堰相媲美!"被列为全国重点文物保护单位。

黟县明清民居建筑群　宏村、西递村、南屏村、屏山村均有千年以上历史,各村均有几十至百多幢明清古建筑。风格各异,对研究中国古村落和古建筑有极高的价值。四村均列为国家历史文化名村,其建筑群分别列为全国或全省重点文物保护单位。

许村古建筑群　位于歙县许村镇,至今仍保存有元、明、清和民国时期的古建筑100余座。著名的有高阳廊桥、五马坊等15处古建筑,风格各异,被列为国家重点文物保护单位。

祁门古戏台　位于祁门县坑口村等地,比较完好的有11座明清时期的古戏台。戏台一般建在徽州宗族祠堂的前进,与享堂相呼应。戏台以木质材料为主,与祠堂大门紧密相连五开间或三开间,分为前台和后台,两侧廊庑设有观戏楼。为研究徽州戏曲文化提供了一个重要的历史实物。被列为国家重点文物保护单位。

竹山书院　位于歙县雄村,在清乾隆二十年(1756 年)前后建成,为户部尚书曹文埴的长辈所建。书院于乾隆初着手筹建,历十余年乃成。曹文埴所撰写正壁悬蓝底金字板联一副,上联是"竹解心虚,学然后知不足",下联是"山由篑进,为则必要其成"。竹山书院是徽州文风昌盛的见证,被列为国家重点文物保护单位。

两千多年来的历史脚印,深深留在徽州这块土地上。留下了大量珍贵的物质和非物质文化遗产,徽州成了中国封建社会农村博物馆,具有标本价值的意义。

时代发展到今天,徽州历史的辉煌已经成为过去,我们面对着一个崭新的时代,崭新的世界。

哲人说,人不可能两次踏进同一条河流,历史也不可能简单地重演。"一切皆流,无物常住",过去只能代表过去,今天的历史要靠我们后人通过一代代的努力来重新创造。我们必须有崭新的思路和与时俱进的举措,把徽州的辉煌在新形势下延续下去,发扬光大。

两张名牌

新中国成立以后,早已失去古徽商优势的徽州,只是一个以林茶为主、吃粮靠返销的山区。党的十一届三中全会召开半年之后的 1979 年 7 月,在中国起步进入新的历史时期之际,黄山迎来了一代伟人——邓小平。7 月 15 日下午 3 时,小平离开黄山之前,在观瀑楼会客厅召开座谈会,就开发黄山旅游资源、发展黄山旅游业和徽州山区经济等问题作了重要指示,发表了被后人称之为"开启了中国现代旅游业发展之路"的著名"黄山讲话"。邓小平指出:"黄山是发展旅游的好地方,是你们发财的地方……要有点雄心壮志,把黄山的牌子打出去。"

邓小平的讲话发聋振聩,打开了人们的思路,吹响了黄山旅游业进军的号角。

1987 年,地级黄山市成立,以黄山为中心的旅游业得到迅猛发展,徽州这块古老的土地重新焕发生机。尽管现在有些人对黄山市名持有异议,但是,如果你仔细了解黄山体制改革的来龙去脉,就会理解在当时的情况下采用这个市名,为维护黄山地区稳定政治经济大局、推动以黄山为中心的旅游业的发展,确实起到了积极的作用。

打黄山牌,就是树立黄山的龙头效应和品牌效应。一个企业必须有个好品牌才能立足和发展,同样一个地区的发展也必须有个叫得响的牌子。当时,徽州的知名度不高,国外绝大多数旅游客甚至认为黄山是浙江的。徽州农村普遍处于吃返销粮、许多人连饭也吃不饱的状态,当务之急是让老百姓尽快摆脱贫困,让一部分地区、一部分人先富起来,这是小平同志作为政治家的务实高明之处。衣食足而知荣辱,当老百姓连饭也吃不饱的情况下,你侈谈文化,是不现实的。

当时,徽州地区在国内外叫得响的牌子非黄山莫属,品牌叫响了,地区的知名度才能提高,旅游这个龙头才能舞起来。打黄山牌,就是要充分利用黄山旅游资源致富,用这根杠杆,来撬动整个地区的经济发展。

打黄山牌,徽州实现了由林茶为主向"旅工农"协调发展的重大发展战略转变。长期以来,徽州地区先是"以粮为纲",后提出"林茶为主"的经济发展战略,邓小平在黄山的谈话开拓了人们的思路,徽州地委此后把"林茶为主"的发展战略改变为立足于自然资源和旅游资源的开发利用,走"旅工农"的道路,逐渐把徽州建成山清水秀、经济繁荣、文化发达、交通便利、人民富裕的旅游经济区。

打黄山牌,开启了发展旅游经济的思想解放之门,黄山景区由接待型向旅游经济型转变。当时黄山管理处的任务主要是按照上级审批的项目维修道路、房屋,保护山林资源与文物古迹,同时完成上级交办的接待任务,接待对象以省部级以上领导、科学家、艺术家和劳动模范为主。一项统计显示,1956 年至 1978 年 22 年间,黄山风景区平均每天仅接待 30 余人参观。从 1962 年至 1978 年,除 1976 年盈余 22401 元外,其它年份均是亏损。这种情况就是守着金饭碗讨饭过穷日子。所以,尽快利用黄山致富,是邓小平在徽州讲话的重要思想。

1979 年 6 月,黄山开始了收取门票的历史,最初的门票为每人 0.5 元。当年,黄山营业收入达到 75 万元,盈利 20 万元。黄山市建市以来,黄山的世界遗产保护得到联合国的重点推介和褒奖,并作为向全世界推荐的典范。黄山的旅游也发生翻天覆地的变化,成为黄山市的主导产业和主导经济,这就是黄山品牌的力量和魅力。到建市30年前的2016年,黄山市全市接待游客5187万人次(含入境游客215.2万人次),增长12倍;旅游收入450亿元,增长605倍;创汇6.72亿美元,增长312倍;全市第三产业占生产总值比重51.2%。2019年游客接待量超7400万人次,旅游总收入近660亿元,又迈上了新台阶。

任何改革举措,都不能脱离当时的历史背景和政治背景,必须兼顾各方的利益,当时决策机关考虑的思路,应当是实事求是的。用黄山作市名,目的就是为了把黄山的牌子打出去,以黄山为中心,皖南为重点,徽州为主体,建设一个多层次、多功能、综合性的大旅游区,使这一地区的旅游经济成为当地乃至全省的经济支柱之一。为此,必须首先解决大交通、大形象,实现统一协调发展,解决山上山下、黄山所在的乡、镇、区、县,以至整个地区的体制,从而从根本上解决制约黄山旅游发展的瓶颈问题。

在打黄山牌、发展以黄山为中心的旅游业的同时,徽文章也做得有声有色。自西递、宏村列为世界遗产以后,徽州文化的影响越来越大,徽学研究方兴未艾。由于旅游经济的发展,为徽文化的保护积累了一定的经济实力,“百村千幢”古民居的保护,大批非遗项目的传承和弘扬,都取得了明显成效。据2019年统计,在黄山市过夜登记游客超过1000万人次,全市乡村民宿占全省的70%以上。打黄山牌并没有影响打徽州牌,反而使两者相得益彰,互为补充,徽州的古文化品牌不仅没有丢失,比建市前更加灿烂夺目。

如今,形势发生了很大的变化:黄山的牌子已经打得卓有成效,黄山旅游业有了很大的发展,当初建市定下的以黄山为中心、振兴皖南旅游经济的目标已经基本实现。随着时代的发展,人们对文化的需求越来越强烈,尤其是十七届六中全会提出文化发展战略和涵盖古徽州“一府六县”和太平的徽州文化生态保护区的建立,对徽州文化的弘扬和创新提出了更高的要求。现在,全市文化旅游的人数和效益都已大大超过黄山景区,打徽州牌是顺应新形势提出的新课题。

打徽州牌,是尊重历史的需要。作为历史上的名州,徽州留下了太多的历史光环,她是中国封建社会农村的标本,是中国优秀传统文化的代表,她不仅是一个地名,而是代表了一个时代,一种文化现象,历史文明是需要传承的,优秀传统是需要尊重的,重视和尊重徽州文化这个历史品牌,可以激发我们的民族自豪感,为建设社会主义强国竭尽全力,再铸辉煌。

打徽州牌,是传承文化的需要。党的十七届六中全会指出:“中国共产党从成立之日起,就既是中华优秀传统文化的忠实传承者和弘扬者,又是中国先进文化的积极倡导者和发展者。”十八大以来,习近平同志对中国传统文化有许多重要论述。他指出:“中国传统文化博大精深,学习和掌握其中的各种思想精华,对树立正确的世界观、人生观、价值观很有益处。学史可以看成败、鉴得失、知兴替;学诗可以情飞扬、志高昂、人灵秀;学伦理可以知廉耻、懂荣辱、辨是非。”他强调:“一个国家、一个民族的强盛,总是以文化兴盛为支撑的,中华民族伟大复兴需要以中华文化发展繁荣为条件。对历史文化特别是先人传承下来的道德规范,要坚持古为今用、推陈出新,有鉴别地加以对待,有扬弃地予以继承。”我们党历来高度重视运用文化引领前进方向、凝聚奋斗力量,团结带领全国各族人民不断以思想文化新觉醒、理论创造新成果、文化建设新成就推动党和人民事业向前发展。徽州文化作为中华优秀文化代表,有其独特的作用。打好徽州牌,可以更好地推动徽文化的研究、传承和发展创新,可以进一步促进徽州文化生态保护区的建设,挖掘和保护徽州文化的精粹,把这个中华优秀文化的代表更好地保护好利用好,在建设社会主义精神文明中发挥应有的作用。

打徽州牌,是顺乎民意的需要。党的十八大报告中指出:“文化是民族的血脉,是人民的精神家园。”习近平同志曾经在一次人大会议上说:“中华民族具有5000多年连绵不断的文明历史,创造了博大精深的中华文化,为人类文明进步作出了不可磨灭的贡献。经过几千年的沧桑岁月,把我国56个民族、13亿多人紧紧凝聚在一起的,是我们共同经历的非凡奋斗,是我们共同创造的美好家园,是我们共同培育的民族精神,而贯穿其中的、最重要的是我们共同坚守的理想信念。”近些年来,不少全国人大代表和政协委员、各界人士出于对徽州文化的热爱,对精神家园的热爱,对黄山市如何发展,徽文化如何传承,提出了很好的建议。打好徽州牌,可以顺乎民意,凝聚海内外关心、热爱徽州和徽文化的各界人士的人心,形成强大的精神力量,同心同德地建设美好家园。

打徽州牌,是推动发展的需要。当今世界,旅游休闲业已成为一种朝阳产业,以文化景观著称的徽州在旅游中备受青睐。目前,黄山市文化旅游无论是人数和收入都大大超过黄山景区。打好徽州牌,可以让徽州文化品牌更加叫响,使黄山自然景观与徽州人文景观进一步融合一体,相得益彰,从而进一步促进黄山—徽州旅游区的发展。同时,可以解决黄山体制改革中的遗留问题,进一步理顺区划,把徽文化生态保护区与行政区划逐步趋于统一,优化徽文化的生态发展环境,有利于方便游客,从而从软环境上促进黄山旅游的发展。

两张名牌，相得益彰，尤其是徽州文化这个名牌，分量更加沉甸甸。打好这两张名牌，可以进一步推动当地各项事业的发展，使徽州这个地域文化的载体，特定文化的象征彰显光大，使这座名山和这座名城发出更加耀眼的光芒。

徽州楹联

谈及徽州文化，从感观角度看，我们为遗存于当地的古民居和祠堂、牌坊等古建筑感到自豪和庆幸。但见诸文字的，大多是程朱理学、徽州朴学和徽商、宗族文化，或名物训诂考据和名人史迹等。诚然，对专业人士来说，对上述内容从学术上作系统研究，十分必要。然而这些毕竟是阳春白雪，参与者不多，阅者有限，特别是不少年轻人，还缺乏应有的兴趣，更遑论去学习钻研、汲古润今了。

全国人大常委会原副委员长许嘉璐曾指出："优秀传统文化不是摆设，不是只供学者研究的对象，而是养成民族灵魂的最好营养。如果一种文化产品只存在于博物馆中，一种文艺形式只存在于舞台上，那么我们就可以说，它们已经死亡了。同样的道理，如果传统文化只存在于学者的书斋里或研讨会上，那么我们也可以说，它已经死亡了。"此话振聋发聩，发人深省。

泱泱两千年华夏文明，在徽州这片广袤的土地上，开源流淌，聚沙成金，积淀为徽文化厚土，其中，楹联文化是最具时代感、最接地气、最实用、最为老百姓喜闻乐见的文学形式之一。徽州楹联文化有着悠久的历史传统，正如有的学者所说："徽州是我省楹联聚集的富矿"。除了春节家家贴红联以外，几乎每个古民居，每个店堂，每个药铺，每个宗祠、寺庙……都曾留有颇具特色的楹联，既是装饰，又是文化，熠熠生辉，美不胜收，形成了独特的徽文化亮点。到了一个家庭，从楹联就可以看出这户人家的文化底蕴了。

古徽州楹联，除了涉及风景名胜以外，以劝学勤业、家风家教和伦理观念居多，彰显了徽州人的处世哲理和人生追求，许多楹联文化品位高，道德风尚淳，制作装饰美，今天读来，仍有现实的教育和启示意义。

楹联为黄山胜景增色。如元朝歙县学者郑玉、明朝徐霞客、清朝曹振镛，当代刘海粟、许士骐、黄炎培、郭化若等名人都为黄山撰过楹联。地理学家徐霞客饱览黄山秀色后，曾撰一联：

旧闻赤县江山丽；
始信黄山天下奇。

黄山的每个著名景点，几乎都有古今名人撰联。如元代歙人、曾任翰林待制、奉仪大夫的郑玉的“云海翻腾荡大壑，松涛澎湃卷层峦”“百千万涧流苍玉，三十六峰生白云”；清人程雪门的“地近丹泉，岩涌飞流千峰雪；院依紫石，云开曲径一茅蓬”等。青鸾峰上石刻抗日名将唐式遵联“立马空东海，登高望太平”，高入云表，神采飞皇。还有咏梦笔生花联“妙笔生花，写尽松岩神韵；新诗入梦，吟成云海奇观”；咏清凉台联“宝座凌空，清凉台畔松飞翼；生公说法，微妙言中石点头”；咏云谷山庄联“临窗邀石听溪雨；凭槛对月浴松风”；咏黄山秋景联“翠壑丹崖千丈画；白云红叶一溪诗”等。当代联家李忠云咏黄山联“集名山之大成，揽岱宗雄、华峰峭、峨嵋幽、匡庐瀑、雁荡石、衡岭烟，天遗五绝开仙境；招俊彦之佳赏，引霞客叹、太白吟、梅清画、朱子书、海粟皴、魏源咏，帝炼千丹铸岳魂”；吕可夫咏飞来石联“山颠垫底石无赖；天外悬空谁敢峰?”等等，都从整体或不同角度描绘黄山的美、险、奇，令人浮想联翩，心旷神怡。

楹联为徽州文化添彩。遍布徽州各地的古民居里，至今仍留有大量楹联，有的喻物明理，有的扬善教仁，有的激励后昆，有的修身养性，体现了徽州人的家国情怀和价值取向，至今仍有现实的教育意义。如清末民国间朝徽州婺源人江峰青题东山学社神龛联：

先大夫以英才乐育为怀，入室听弦歌，长想燕谋贻式谷；
后君子有家国兴亡之责，同堂相讲席，各勤蛾术佐维新。

燕谋，谓善为子孙后代谋划；式谷，出自《诗·小雅·小宛》：“教诲尔子，式谷似之。”朱熹集传：“式，用；谷，善也……戒之以不惟独善其身，又当教其子使为善也。”蛾术，出自《礼记·学记》：“蛾子时术之。”郑玄注：“蛾，蚍蜉也。蚍蜉之子，微虫耳，时术蚍蜉之所为，其功乃复成大垤。”后因以“蛾术”比喻勤学。这副楹联上联的意思是，先贤以培良英才为抱负，使入室的弟子经常听到礼乐教化，使子孙后代积善。下联的意思是，后辈有家国兴亡之责，同堂受教导，应各自施展才干，志立创新，为国家兴旺出力。

世界文化遗产地的西递、宏村古民居，楹联更是熠熠生辉，蔚为大观。给人们留下印象深的，多是那些充满人生哲理，教人崇善敬业的对联。如下面这副联：

读书好，营商好，效好便好；
创业难，守成难，知难不难。

效，这里作摹仿、师法之义，意思是说无论是读书还是经商，向好的学习就是好的，把读书与经商相提并论，彰显徽州人重儒重商的理念；而下联教育后昆创业与守成要不畏艰难。还有类似这样教化的对联，如“二字箴言惟勤惟俭；两条正路曰耕曰读”，“几百年人家，无非积善；第一等好事，只是读书”，“世事让三分天宽地阔；心田存一点子种孙耕”，“静以修身，俭以养德；交不遗旧，言不崇华”等等，体现了了徽州人推崇的美德和处世哲学。如清朝婺源冲田一副封山禁河联：

三山四坞尽栽培，任他武吉买臣，皆不准操斤运斧；
片箨只鳞都禁取，虽是慈孙孝子，也无容哭竹卧冰。

武吉、买臣分别是周朝和西汉时代的官吏，曾是以卖柴为生的樵夫；三国时吴国孟宗和晋代王祥都是有名的孝子，一个因母亲好笋，入竹林恸哭，笋为之出；一个冬天为继母卧冰捕鱼。即使是这样的情况，也不能开绿灯让他们砍柴捕鱼，可见封山禁渔执法之严。以联喻理宣教，彰显徽州人道德风尚。

黟县西递村履福堂

祖籍徽州的南宋理学大师、思想家朱夫子说过："新安山峭厉而水清洁，其人务为高行奇节。"历史上徽州人外出为官者，许多是御史、谏官，不乏刚正不阿、清正廉洁之士。如唐人左台御史吴少微、宋人御史金安节、汪勃、吕午（字伯可），明朝四川道御史舒荣都等。如本书介绍的在新安、徽州为官的程元谭、程灵洗、汪华、任昉、孙遇等，都是百姓拥戴的好官。因此，徽州的廉政楹联也别具风格，异彩纷呈。如徽州府衙大堂联：

患寡患贫，告闾阎疾苦未平，莫向讼庭甘对簿；
以养以教，课殿最拊循乏术，重新官阁愧峨冠。

这副联是清朝歙县知县谭献为新落成的县衙大堂而作，上联意思是说，作为县官，我担忧百姓中存在不公平现象，又担心百姓贫困无依。如实告诉你们，如果百姓生活还处于困苦之中，如果有什么不平的事，尽量自行调解，不要轻易到大堂打官司，言外之意是，随便一点小事打官司，一是荒废农事，二是要交诉讼费用，岂不浪费钱财？下联意思是，作为地方官员，要对百姓养育教化，朝廷要对官员定期考核（下等为殿，上等为最），如果安抚百姓缺乏有效的方法，端坐在修葺一新的官衙门里，岂不有愧头上的官帽吗？这副联既是对百姓有事无事滥打官司的规劝，又是对官员的谆谆教导，可谓用心良苦。

歙人许伯升曾任福建汀州知府，他的自勉联至今悬挂在徽州府衙：

少造一冤一枉乃为官正道；
多索一分一厘是祸国殃民。

还有"三十六莲峰，此邦大好山水；五十石俸米，吾民多少脂膏""两袖清风飘白地；一肩明月映青天""一举一言，当有神明乃察；片忠片恶，须知报应无差""槛外青莲污不染；堨前条柳节无亏""傲不可长，欲不可纵，志不可满，乐不可极；动莫若敬，居莫若俭，德莫若让，事莫若咨""勿与贪官为伍；应同高士论文""头上有天须自畏；眼前无事更须防""泪酸血咸，悔不该手辣口甜，休道世间无苦海；金黄银白，但见了眼红心黑，哪知头上有青天"，诸如此类廉政楹联，对于我们今天廉政思想教育和文化教育建设，仍有重要的现实意义。

徽州府衙正堂

早在2006年,国务院就将楹联习俗列入非物质文化遗产保护项目。黄山市也有不少执着于优秀传统文化的热心人,积极进行徽州楹联文化的整理、宣传、推广和创作。这里摘录本书作者和黄山市部分作者为徽州和黄山撰写的若干副地域楹联,对了解黄山市的历史和市情些许有些帮助。

源溯于秦,纵横七百里,地拥黄山白岳之灵,率水渐江之秀,梦笔飞花书锦绣;

徽存在本,上下两千年,名擅华夏儒商之誉,东南邹鲁之奇,追潮逐浪续风流。

——舒甘来:题徽州

渐水风光旖旎,嗟绿岸泊舟,廊桥听雨,最留连屯浦归帆,花山迷窟;

昱城气象荧煌,看朱楼悬匾,店铺比肩,望不断宋街业盛,徽韵流长。

——张　玲:题屯溪区

坐拥黄山秀色,品猴魁誉太平,玄石美茶缘造化;

凝听六角铃声,惊野鹭撩湖水,蓬莱仙景幻神奇。

——章有荫:题黄山区

丰乐湖畔观梦幻风情,唐模水口,呈坎迷宫,宝阁金祠媲美,仁义布衣留故事;

文峰塔前展雄浑气象,工旅生辉,农商焕彩,名茶优米同芳,神奇徽字续新吟。

——舒甘来:题徽州区

天地阳和,看两千年歙邑,一座粉墙黛瓦古城,嵌入青山绿水画廊里;

东南邹鲁,涌三万丈文光,四时砚玉墨香纸润,融于雅院雕楼神韵中。

——吴晖华:题歙县

洪岭涵源,阊门激浪,几处渔歌惊白鹭;

御医传代,古戏明心,三杯淡酒让红茶。

——余根长:题祁门

千年古县雄,看漳河荡碧,墨岭流金,引陶公追梦,李白赋诗,桃源美景惊天下;

一脉徽风秀,嗟正燮著书,士陵篆印,更西递绽辉,宏村照玉,黑色奇珍香世间。

——舒甘来:题黟县

古城岩旗扬王气,看白岳碑巍,横江浪涌,春风拂月潭,六股弘源奔浩海;

状元县儒耀文光,正雄才辈出,胜业民兴,化雨滋芳茗,百年追梦振新猷。

——舒甘来:题休宁县

婺源共脉新安,最美乡村堪入画,看菜花织锦江湾,绿柳垂弦溪口,飘然去踏雪梅林,晒秋篁岭;

徽韵同辉故里,多奇风物久生香,惊酿酒制茶绝技,烧瓷雕砚神工,更称誉文公德厚,理学芳流。

——徐木根:题婺源

斯地雄才辈出,有汪华捍土,舜陟斗奸,宗宪抗倭,万古英风徽岭脊;

故园远计代传,看烟墨绽芳,巨商弘业,佳肴扬谱,千秋壮志绩溪牛。

——陈金明:题绩溪

明汤显祖《牡丹亭》云:“不到园林,怎知春色如许。”徽州楹联与山水同在,与胜迹辉映,这座富矿里可以挖掘到不少宝藏。我们相信,在弘扬和传承中华优秀文化和徽州文化中,徽州楹联这朵文化大观园中的奇葩,一定会灿然开放,散发出浓郁的香气,结出丰硕的果实。

遗产扬辉

三国时的文学家曹植有篇名为《七启》的赋，里面有句“符采照烂，流景扬辉”，形容美玉的花纹明亮灿烂，发出夺目的光辉。如果借用曹植之言，用在徽州遗存的物质和非物质文化遗产上，是最合适不过了。

根据联合国教科文组织和国家有关规定，所谓文化遗产，分物质文化遗产和非物质文化遗产。物质文化遗产又称“有形文化遗产”，包括历史文物、历史建筑、人类文化遗址等。非物质文化遗产是指各族人民世代相传并视为其文化遗产组成部分的各种传统文化表现形式，以及与传统文化表现形式相关的实物和场所。

最早获得世界自然与文化遗产桂冠的是黄山。有王者风范的徽州，王冠上有颗璀璨的明珠，这颗明珠就是黄山。

有人说，黄山只是一座山，是自然风光，缺少文化品位。如果你真的深入了解黄山，就会发现，说黄山没有文化品位是一个误解。

1990 年 5 月联合国教科文组织委派的高级考察专员吉姆·桑塞尔博士在考察报告中写道：“黄山居中国艺术、文化、环境遗产的中心，优美的自然景区，以中国古代艺术、文字、建筑及历史上 64 座庙宇所装饰润色，显得格外高崇。”“黄山的自然美和自然文化世上罕见，应增列为世界遗产之内。”

据报道，原来黄山申报世界遗产时，只申报自然遗产，但这个外国专家慧眼识珠，主动要求黄山补报文化遗产的资料，最终被联合国教科文组织认可，使黄山成为双遗产。

黄山的文化遗产和宗教不无关系。据《黄山图经》记载,佛教早在南朝刘宋间就传入黄山,历代先后修建寺庙近百座。祥符寺、慈光寺、翠微寺和掷钵禅院,号称黄山“四大丛林”。黄山朱砂峰下的慈光阁,明嘉靖年间,玄阳道士居此,明万历年间曾盛极一时,原址尚存部分楼房,中华人民共和国建立后改建为宾馆,1965 年董必武笔书“慈光阁”。海拔 1340 米的半山寺在老人峰与朱砂峰间,原寺已圮,1957 年重修,有刘伯承所题匾额。另外还有玉屏楼、云谷寺、松谷庵、翠微寺等。丰富的道教、佛教文化无疑为黄山增添了文化内涵。

黄山的摩崖石刻和名人碑刻也是黄山文化遗产的重要组成部分。据《黄山志》记载,黄山的题刻和碑刻有近 200 处。如题刻在温泉石壁的“天下名泉”,字径 17 厘米,楷书,笔力遒劲;还有“大好江山”“东南邹鲁”“一览众山小”“岱宗逊色”等;碑刻有“曾大椿诗碑”“刘伯承诗碑”等。

黄山的神话传说和黄山画派是黄山文化的精华。如《猴子观海》《梦笔生花》《仙人晒靴》《黄帝炼丹》《李白醉酒》《仙人指路》《仙女绣花》等神话广为传颂,构成了黄山神奇的民间文化。尤其以体现黄山俊美恬静的黄山画派,更是成为黄山文化的一颗璀璨明珠。黄山历代释徒中,能诗善画者多,著名的有唐代岛云,明代海能、弘智、音可、元则、王寅,清代大均、大涵、檗庵、渐江、雪庄等,都有作品传世。黄山哺育了各个时代的许多艺术家,艺术家们又赋予黄山以艺术的生命。

黄山的旅游诗词历史久远,许多文人前来游历并留下名诗吟诵。从盛唐到晚清的 1200 年间,赞美黄山的诗词,现在可查的就有 20000 多首。这些都给黄山留下宝贵的文化财富。李白、贾岛、范成大、石涛、龚自珍、黄炎培、董必武、郭沫若、老舍等都有不少佳作流传于世。散文中,徐霞客的《游黄山日记》,袁牧的《游黄山记》,叶圣陶的《黄山三天》,丰子恺的《上天都》等都体现了黄山的绝美秀丽的风姿。

黄山的开发活动和徽文化的传播紧密相连,是徽文化的重要组成部分。自古名山僧占多,黄山的开发元勋当属僧侣。自南朝“东国僧”入居黄山后,拉开了黄山的开发序幕。元代歙县僧人吴万竹、明代歙县道士玄阳、婺源僧汪行泽、无易居,休宁僧人果然、歙县僧人文奇、蘖庵、吴山、清代歙县僧人渐江等等,或建庵,或居院,或参禅,或绘画……成为黄山文化的先行者。

徽州各界人士对黄山的开发,使黄山文化成为徽文化的重要组成部分。他们或设立庐舍,设立浴池,供人沐浴疗病,是为利用黄山温泉之始;或著书作文，宣扬黄山；或绘图编志，丰富史料。明代歙县岩镇人潘之恒，居黄山40多年，他对黄山的地形特点、历史沿革、掌故史迹，颇有研究，用了近十年时间，专心编修《黄海》一书，这是明代唯一存世的黄山志书，也是一份重要的徽州文献。明大画家休宁人丁云鹏，绘有《黄山总图》，晚年栖居禅院，帮助普门和尚创建慈光寺；清岩镇人闵麟嗣，于康熙八年（1679年）编撰《黄山志定本》七卷、另首一卷，这是存世的黄山志中最为完备的名山志，它已成为重要的黄山文献；清歙县潜口人汪士鋐，于康熙二十五年（1686年）和吴嵩等撰修《黄山志续集》八卷，大学者黄宗羲等为之作序，它详录清初黄山诗文，成为研究渐江新安画派的徽州文化重要文献；清歙县人黄身先于康熙三十年（1691年）编辑《黄山志略》；歙县茆田人程弘志则从顺治到康熙积20余年辑成《黄山志》五十卷，详载黄山山水人文情况。

这些历代徽州先贤，为开发宣传黄山，为黄山的诸多文献诞生，作出了伟大的贡献。黄山文化遗产是徽州文化不可分割的一部分，都是国家的瑰宝。如果没有徽州文化的基础和背景，黄山不可能列入世界文化遗产。

继黄山列入世界自然和文化双遗产之后，2000年11月30日，西递、宏村又成功申报世界文化遗产。联合国教科文组织评价："中国皖南古村落西递、宏村，是人类古老文化的见证，是传统特色建筑的典型作品，是人与自然结合的光辉典范。"

官方评价的权威性不容置疑，到了诗人和游客的笔下，更加文采斐然。宏村誉为"中国画里乡村"，西递是"桃花源里人家"，有的游客曾用"惊鸿一瞥的惊艳将我俘虏"来形容这两个古村，可谓心悦诚服。

其实，值得惊艳的何止宏村、西递。自2012年国家开展中国传统村落和省级传统村落申报工作以来，安徽省共有400个村落列入中国传统村落名录，其中黄山市有271个村落，占68%，数量名列全国地级市第二，若以每万人口拥有传统村落来计算，黄山市应当在全国地级市中列为首位。歙县则以148个古村落数量上榜，名列全国区县第一。据全国第三次文物普查统计，仅黄山市行政区辖内就拥有1820年前建造的徽派建筑13438幢，其中具历史、艺术、科学价值的古民居有近2000幢。

除了古民居，散落在徽州大地上的祠堂、牌坊、古道、桥梁、水利设施……至今还在为后人造福，并给中国和世界留下了宝贵的文化遗产。据统计，黄山市拥有国家级重点文物保护单位31处（注：西递、宏村、许村等古建筑群，均按一处计算,下同),省级重点文物保护单位 93 处,黄山市级重点文物保护单位 165 处,县级重点文物保护单位 296 处。

如果说徽州物质文化遗产令人惊叹,那么,非物质文化遗产同样令人赞不绝口,叹为观止。

黟县宏村

根据联合国教科文组织《保护非物质文化遗产公约》和《中华人民共和国非物质文化遗产法》的定义,黄山市的非物质文化遗产包括传统口头文学以及作为其载体的语言;传统美术、书法、音乐、舞蹈、戏剧、曲艺和杂技;传统技艺、医药和历法;传统礼仪、节庆等民俗;传统体育和游艺;其他非物质文化遗产。

据黄山市有关部门介绍,黄山市在 2006 年就开展非物质文化遗产普查工作,普查结果表明,全市共有非遗项目涉及民间文学、民间美术、民间音乐、民间舞蹈、戏曲、民间杂技、民间手工技艺、生产商贸习俗、消费习俗、人生礼俗、岁时节令、民间信仰、民间知识、游艺传统体育与竞技等 14 大类(除民间语言、曲艺外),共 1325 个项目(全省 10016 个),种类和数量在全省地市中均位列第一。全市目前拥有联合国教科文组织人类非遗代表作名录 2 项(徽州传统木结构营造技艺作为中国传统木结构营造技艺子项目;程大位珠算作为珠算子项目)。国家级非遗代表性项目 21 项,省级 63 项,市级 127 项;国家级非遗代表性传承人 33 人,省级 154 人,市级 658 人。

那么,徽州到底有哪些有代表性的非物质文化遗产值得骄傲和重视呢?

一类是造型(技术)文化类非遗,包括传统美术、传统技艺和传统医药三大类。

从文房四宝类看，有歙砚、徽墨、竹雕、徽笔、漆砂砚、徽州篆刻、徽派版画、太平曹氏纸、新安画派、徽州手工纸、徽式装裱、墨模雕刻等；从与茶叶制作有关的技艺看，有祁门红茶、黄山毛峰、太平猴魁、松萝茶、安茶、珠兰花茶等。

徽州楹联制作

从与建筑有关的技艺看，有徽派传统民居营造技艺、徽州三雕、徽州古建砖瓦制作技艺、黟县彩绘壁画、皖南油灰三合土技艺、徽州楹联匾额传统制作技艺、徽派盆景技艺、徽作家具制作技艺、打土墙技艺等。

从与饮食有关的技艺看，有徽菜、五城豆腐干、观音豆腐、五城米酒、火腿、如意鸡、臭鳜鱼、中和汤、烧饼、毛豆腐、腊八豆腐、顶市酥、嵌字豆糖、寸金糖、渔亭糕、蜜枣、月饼、灵山酒酿、泗溪贡榧、木榨油技艺、挞馃等。

其中最重要的徽菜技艺，并非是安徽菜的简称，而是起源于徽州的地方菜系，它的形成与徽州独特的地理环境、人文环境、饮食习俗密切相关，因对原料的选用和烹调方法上独树一帜，使其列入全国八大菜系之一。

除上述以外，还有徽州漆器髹饰技艺、万安罗盘制作技艺、徽州竹编、根雕、手工瓷、日晷等。万安罗盘制作技艺，是休宁县的地方传统手工技艺，设计独特、选材考究、制作精良、品种齐全，被奉为罗盘正宗，享有“徽罗”、“徽盘”的美誉。2006 年 5 月 20 日，列入第一批国家级非物质文化遗产。

另一类是表演（讲述）文化类非遗。这类文化形态的非遗类别包括民间文学、传统音乐、传统舞蹈、传统戏剧、曲艺、传统体育、游艺与杂技等，如徽剧、目连戏、傩舞、民歌、叶村叠罗汉等。

这里不能不重点提到徽剧。徽剧原名“徽调”、“二黄调”，是安徽省地方戏曲剧种之一,也是一种重要的汉族地方戏曲。不仅京剧是在它的基础上演变形成,中国南方的许多地方戏曲剧种,也都与它有着历史渊源关系,其影响几乎遍及全国。2006 年 5 月 20 日,徽剧经国务院批准,列入第一批国家级非物质文化遗产名录。

还有一类是活动(民俗)文化类非遗。徽州作为礼仪之乡,在节日、庙会礼俗等方面,有许多通过仪式或活动,把热烈、神圣、娱乐、休闲、集体合作和共享等目的融入其中。如与祖先崇拜有关的徽州祠祭、王璧墓祭;与汪华有关的民俗抬汪公;还有黎阳仗鼓,与张巡、许远有关的民俗如车会、上九庙会、许村大刀灯、保安会、太子会等。休宁得胜鼓也是颇具特色的迎神赛事活动。武士们刚健统一的步伐、动作,加上击鼓、拍板声,撼人心魄。近年来先后参加了上海世博会、中国农民歌会、安徽省旅游节、黄山国际旅游节、首届中国非遗大展等大型活动表演。

其他相关民俗,还有出地方、婺溪河灯、郭村周王会、临溪庙会、二八庙会、程大位珠算法等。程大位是明代商人、也是著名的珠算发明家。在程大位《算法统宗》以前,没有任何关于近代珠算算盘的完整叙述,是中国数学史上涉及珠算内容最完整、最丰富的集大成作品,堪称我国古代最完善的珠算经典之作。2008 年,程大位珠算法入选第二批国家级非遗代表性项目名录,2009 年作为中国珠算的子项目列入联合国教科文组织人类非遗代表作名录。

如数家珍的徽州物质和非物质文化遗产,是不可再生的宝贵文化财富,是历史馈赠给徽州的珍贵遗产,是徽州古代劳动人民千年奋斗创造的成果,是徽州文化享誉华夏的历史见证。

有一位学者曾说:“徽州归来不看州”。一位专家赞道:“你来徽州走一走,中华神韵全到手”。

有不少学者深入徽州山城、村庄、民居等仔细考察,得出结论:试看今日之中国,再也难找中华文化积淀如此深厚的地区,以至有人把徽州当成了整个中国封建社会文化的缩影。

从徽派建筑到民风民俗,从宗族礼教到文化教育,从程朱理学到徽州方言,从物质文化到非物质文化,徽州就是一个封建社会的博物馆,是了解明清社会文化的最好体验地。据说,有个外国学者曾四十次来黄山和徽州,而且每次都流连忘返,就因为他发现这里的文化永远挖不完,而且读懂这里就读懂了中国历史文化。

徽州，是民族迁徙和演化的图腾和符号，她浓缩了中华文化的精华，在这里，你可以找到中华文化的精、气、神所在。

人们追求的休闲地，对一个城市所津津乐道的，刻骨铭心而难以忘怀的，往往不是它的GDP，不是它的高楼大厦，而是它浑身所散发出来的独特的意境、气质与文化。

名府风采

2012年1月25日，复建的徽州府衙对外试开放，再现了明朝弘治年间古徽州府的盛况。这不是一个冒牌的假古董，而是历史的复原再现，有着极高的文化和艺术价值。

徽州府衙始建于唐代歙州州治即汪华所筑子城，罗愿《新安志》谓"隋义宁中始有城"。历经数次扩建，到明代中期徽州古城及徽州府"规模宏敞、气势雄正、聿成伟观"，规制益见整肃，达到格局最完整、规划最恢宏的历史时期，在建筑界、史学界素有"徽州故宫"之称。

最后一次是清同治末年重修。新中国成立后，歙县人民政府在旧府衙办公，后建成办公大楼。

徽州府衙

作为国家级历史文化名城，歙县是隋义宁元年(617年)后的新安郡，唐武德四年(621年)后的歙州，宋宣和三年(1121年)后的徽州府，元至元十四年(1277年)后的徽州路、兴安府、徽州府的治所，作为历代郡、州、路、府的治所，时间长达1000余年。特别是明清徽商鼎盛时期，万民趋集，冠盖塞道，是古徽州政治、经济、文化中心，成为文风昌盛、才俊星驰的徽商之源和徽文化渊薮之地。徽州府作为中国名府，在历史上享有重要地位。

歙县与徽州府千年以来就是府、县同城，它与四川阆中、云南丽江、山西平遥被史学界并称作当今中国保存最完好的四大古城。1986年12月，歙县被国务院认定为国家历史文化名城。

作为历史上有名的徽州府，府衙的修复无疑给历史文化名城增加了分量。

徽州府衙复建工程从2009年4月11日开始，按明弘治十五年（1502年）《徽州府志》所载《府治公廨图》进行。项目建设范围约为2.4公顷，建筑面积9800平方米，总投资1.62亿元。工程内容包括，拆除周边不协调建筑，修复仪门、正堂、知府廨组群等建筑，修缮南谯楼、东谯楼和二堂组群，并对环境协调区域进行全面整治。

本着尊重历史、恢复原貌的原则，复建工程邀请同济大学、清华大学的古建专家主持评审，徽派古建专家负责施工图设计，由有古建建设经验的徽州古建公司负责施工，同时邀请古建专家、工程院士现场指导，运用地道的传统工艺和材料进行修缮复原。徽州建筑已申报了国家级非物质文化遗产，这一文化遗产的艺术精髓全面应用于徽州府衙，新建的徽州府衙全面展示徽派建筑技艺，成为徽派建筑的巅峰之作。

徽州府衙的复建，与歙县古城浑然一体，成为封建社会最宏伟的古衙门代表，成为学术研究、文化交流、旅游观光、休闲娱乐的重要基地，成为传统徽派建筑技艺的传承典范。

复建徽州府衙，不仅仅是再现徽州名府风采，追忆历史辉煌，增加徽州和歙县旅游的分量，而且是对徽州文化的传承和发展的具体举措，是弘扬徽文化系统工程中的重要一环。

游黄山景，圆徽州梦，是许多人的一大乐事。请看十六章：人生有梦圆徽州。

第十六章　人生有梦圆徽州

“天地之美，美在黄山；人生有梦，梦圆徽州。”这是昔日的徽州、今天的黄山市的形象宣传口号。到黄山来赏景，到徽州来圆梦，成了许多人的愿望。

古今以来，有多少名人学者对徽州发出赞美之声：山水称峭丽之雄，川谷维屏翰之固，贤哲擅东南之美，物产纪职方之奇，不少文人雅士“慕徽国文公儒风，未尝登阙里之堂，心窃向往之”（清洪玉图《歙问》）。

南朝梁武帝盛赞、南宋大儒朱熹手书“新安大好山水”，唐朝太常卿、刑部尚书权德舆誉“新安有佳山水”，南宋诗人范成大、元末理学家江克宽题“东南邹鲁”，明地理学家徐霞客赞“徽之黄山”、明学者赵滂撰“程朱阙里”，明末抗清义士金声、近代名人胡适喻“徽骆驼”，伟大的人民教育家陶行知称“东方瑞士”……历史上，居科名之先、立相业之隆、阐理道之微、大经济之业、树节操之望、擅文章之誉的各种人才比比皆是，可谓川岳钟灵，奇英荟萃，人才辈出，代不乏人。

前世今生

自秦朝建歙县、黟县起，徽州这块土地从鄣郡、丹阳郡、新都郡、新安郡、歙州一路走来，到了唐代宗大历五年（770 年），歙州领歙县、黟县、休宁县、绩溪县、婺源县、祁门县 6 县，始形成延续至清末一千多年的“一府（州）六县”格局。

新中国成立以来，尽管区划时有变动，但徽州的主体稳定。1987 年，徽州地区改为黄山市，正式迈入了现代市的建制。

本书以徽州历史沿革为主线，追踪了徽州历史发展的全过程，追踪了那些值得回顾的人和事。为了加深读者的印象，这里有必要再简要地对徽州的前世今生进行一个总结和归纳。

黄山市的前身是徽州地区，地处安徽省南部、皖浙赣三省交界处，是个七山半水半分田、二分道路和庄园的山区市，总面积9807平方公里，现辖屯溪区、黄山区、徽州区、歙县、休宁、祁门、黟县和黄山风景区。2019年末，全市户籍人口148.92万人，户籍人口城镇化率35.76%，常住人口142.1万人。在全省地级市中，黄山市是人口最少的市。秦建黟县原来为大县，几经历史变迁，现成为全省最小的县，2019年户籍人口9.32万人，常住人口仅8.3万人。但浓缩的都是精华，尤其是旅游资源十分丰富，2019年人均存款全省县域中位居第一。

由于地理位置和历史形成的城市布局不合理，地级黄山市成立时，在徽州周围九万平方公里的广大地域内，还没有一个中等城市。徽州行署所在地屯溪北距芜湖266公里，东距杭州215公里，西距景德镇167公里，南距衢州188公里。

徽州正式命名是宋宣和三年(1121年)，改歙州为徽州，辖歙县、休宁、黟县、绩溪、婺源、祁门县，州治歙县。

从此，中国历史上有了一个辉煌的名字：徽州！

徽州山水掩映，清嵘峻茂，风光旖旎，景色宜人。一千四百多年前，梁武帝萧衍曾对徐摛说："新安大好山水，你到那里去当太守吧"！

徽州歙县籍的人民教育家陶行知曾在《徽州人的新使命》一文中说："我们徽州，山水灵秀，气候温和，人民向来安居乐业，真可谓之世外桃源。察看他的背景，世界上只有一个地方和他相类，这个地方就是瑞士。"

徽州的成名，与徽商分不开。特别是明清时期，徽商足迹遍天下，财力显赫，称雄中国商界300余年，并带来徽州文化的繁荣昌盛。徽商部分资本输入故里，兴学助教，大兴土木，留下了丰富而珍贵的教育史话和徽派建筑、工艺等大批物质和非物质文化遗产，形成了灿烂的徽州文化。

古今以来，有多少名人学者对徽州发出赞美之声，有多少徽籍先贤对徽州深情眷恋，有多少媒体对徽州热情追慕，有多少中外游客陶醉这块神奇土地。

徽州，不只是一个地名，更是一段辉煌的历史，一个古代的奇迹，一个美丽的神话，一个世人追逐的梦。

提起徽州的历史，有三个概念需要弄清：

一是古徽州地区。自宋宣和三年(1121年)徽州命名直到清宣统三年

(1911年)的790年间,作为州府名,徽州这一名称一直没有变更。明清以来稳定的古徽州的"一府六县"(歙县、休宁、祁门、黟县、绩溪、婺源),可称为古徽州六子,是一个相对完整、长期稳定的地域,是中国徽文化的发源地和历史厚重、最具特色的地域。

二是老徽州地区。则是从民国元年裁府留县后直至大黄山市建市前隶属过徽州地区的县市,包含屯溪市(今屯溪区)、小黄山市(今黄山区)、歙县、黟县、休宁、祁门、绩溪、旌德、石台、婺源、宁国县(今为宁国市)。其间石台、旌德、太平、宁国等县隶属关系曾多次变动;而婺源县解放初划至江西。故至大黄山市成立前老徽州下属九个县级单位(歙县、黟县、休宁、祁门、绩溪、旌德、石台和屯溪及太平),可称老徽州九子。

三是泛徽州地区。指的是秦朝设县后、徽州命名前这段历史范围内,曾和徽州有过关联的县,如江西浮梁县(唐朝划出部分地置祁门县)和浙江淳安(东汉年间从歙县析出建始新县即淳安县的前身)、建德县(南朝梁时曾与歙县、黟县同属新安郡)等。这些县含有徽州一些基本特色,和徽州本部关系密切,但是和古徽州没有隶属关系。浙江省淳安县(原名始新县,含遂安县和淳安县),方言为徽语严州片;江西省浮梁县,方言为徽语祁婺片,古寿昌(今浙江建德市)曾属新安郡,这几个县和徽州存在较深厚的历史渊源。

除了搞清古徽州、老徽州、泛徽州地区这些概念外,还要弄清与徽州有关的两个重要历史概念:山越和新安。

先说山越。

徽州历史文化源远流长,文明的源头可以追溯到距今5000多年前。从歙县、祁门、屯溪等地出土的文物表明,今黄山市一带早在旧石器时期就已有先民生活。而在新石器时代,这里的先民们已创造原始土著文化。几千年来,先民们就已在这片土地上繁衍,他们渔猎、耕种和生殖,创造了灿烂的文化。在3000多年前,生活在这里的是古越族,这一带古越文化已日趋发达。

秦汉以前居住在长江下游及其以南广大地区的古越族,在我国南方是一个有重要影响的民族,同时又是一个内部社会发展很不平衡的支系繁多的民族共同体,故历史上有"百越"之称。正如《汉书·地理志》臣瓒曰:"自交趾至会稽七八千里,百粤杂处,各有种姓。"它们在中华民族形成中有重要的历史地位。春秋战国时期,尽管地域上归属多变,但种种迹象表明,在今天黄山市及其周边地区,当时仍属于相对独立的古越土著的势力范围。

山越即是汉末三国时期分布于今江苏、浙江、安徽、江西、福建等省部分山区民众的通称，是以古越族等土著后裔为核心，逐步融入汉族移民而形成的族群混合体，其汉化程度不一，社会生产力的水平也不尽相同。山越是百越的一支，依其字面意思，最初是指居于山区的古越族。

秦王嬴政二十六年（公元前221年）统一中国，秦始皇推行郡县制，设立黝（东汉后改称黟）、歙二县，属鄣郡。这是黄山市地域最早的行政区划建置，距今已有2242年。

当时的黝、歙两县辖地很广。歙县的地域范围大致包括现在的歙县、徽州区、屯溪区、绩溪县和浙江省淳安县全境及黄山区、休宁县的一部分以及婺源县的部分地区；黝县的范围大致包括祁门县的大部分地区、休宁县和婺源县的部分地区和黟县（不含太平划入的几个乡）。虽然诸多史志的表述有稍许差别，但大致范围应当如此。

东汉末年，三国鼎立。黟、歙二县属东吴领地。当时，这里的越人土著和一些避入山林的汉人，“依山阻险，不纳王租”，被称为“山越”，势力日益强大，对东吴的统治构成严重威胁。汉建安十三年（公元208年），吴主孙权派遣威武中郎将贺齐征服歙县金奇、毛甘，黟县陈仆、祖山等山越部落后，分歙县东乡地置始新县，南乡地置新定县，西乡地置黎阳、休阳县，加黟、歙共六县建新都郡，治所始新（故城在今浙江淳安县西）。这是黄山市地域州郡一级行政设置的开始，从此这里成为相对独立的行政区划。

山越的征服，标志着徽州前身历史上的封闭之门被打开，纳入朝廷行政管理序列。应该说，这是一个历史的进步，是徽州文明的发端。

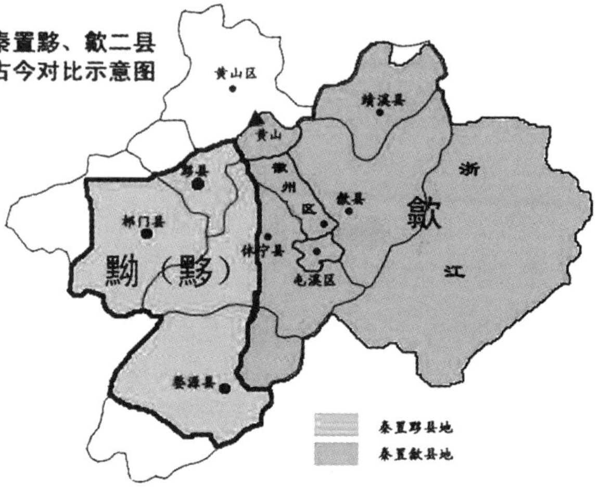

再说新安。

西晋武帝太康元年(280年),改新都郡为新安郡,所属新定县改为遂安县,海阳县为海宁县。新安郡辖始新、黟、歙、遂安、黎阳、海宁县,郡治在始新县。郡名新安,一说以现祁门县新安山为名,一说取其安定之意。

新安就是徽州的前身,故后人把徽州人也称为新安人士,并有新安文化的提法。

隋开皇九年(589年),黟、歙并入海宁县,划归婺州。开皇十一年(591年),复置歙、黟两县,并置歙州辖黟、歙、海宁县,治黟县。开皇十八年(598年)改海宁县为休宁县。大业三年(607年),复改歙州为新安郡,辖休宁、黟、歙县,郡治先在黟县,后先后迁至休宁县、歙县。

唐武德四年(621年),复改新安郡为歙州,州治歙县。开元二十八年(740年),划休宁回玉乡及乐平怀金乡置婺源县。天宝元年(742年)改歙州为新安郡,乾元元年(758年)复改歙州。大历元年(766年),析黟县赤山镇和饶州浮梁地置祁门县,划歙县华阳镇置绩溪县。

宋宣和三年(1121年),改歙州为徽州,辖歙县、休宁、黟县、绩溪、婺源、祁门县,州治歙县。

徽州名称的由来,一说因绩溪有徽岭、徽溪,一说“徽”为美义,一说“徽”字本意为“绳索”、“捆绑”。《说文》云:“徽,三股绳也”。以其命名,表达了宋王朝在经过平定方腊的“动荡”之后,企望对这片土地加强约束和统治。弘治《徽州府志》卷11载:“宣和三年,睦寇方腊既平,改歙回徽,为上州。”从此,直到清宣统三年(1911年)的790年间,作为州府名,徽州这一名称一直没有变更。

清顺治二年(1645年),徽州府隶属江南省。康熙六年(1667年)7月,康熙帝批准建立安徽省(省名取“安庆”、“徽州”两府首字),徽州府改属安徽省,后属安徽省徽宁道、徽宁池太道。乾隆二十六年(1761年)隶安徽布政使。咸丰四年(1854年),改属徽宁池太广道及皖南镇,因清军与太平军在这一带战争激烈,徽州府由浙江巡抚兼辖。同治四年(1865年),复归安徽省管辖。

中华民国元年(1912年)裁府留县,徽州所属各县直属安徽省。民国二十一年(1932)4月实行“首席县长”制,原属徽州各县首席县长驻歙县。从1932年8月至1949年4月,原徽州的各县先后同属第十和第七行政督察区,旌德县自民国二十九年(1940)8月与徽州各县同属第七行政督察区。1949年4

月，徽州全境解放，5 月成立徽州专区，隶属皖南区人民行政公署。专区治所初置歙县，后迁屯溪。全区领屯溪市和绩溪、旌德、歙、休宁、黟、祁门 6 县，婺源县划属江西省。

1949 年 10 月 1 日中华人民共和国成立后，徽州专区仍属皖南区。除 1956 年并入芜湖专区至 1961 年重设徽州专区（1971 年改为徽州地区），歙县、黟县、休宁、祁门、绩溪一直在徽州专区（地区），屯溪市 1953 年 12 月属省直辖，1955 年改属徽州地区。

旌德，1949 年 5 月归徽州专区，至大黄山市成立前的 1986 年，一直和徽州一体（并入芜湖专区时也和徽州专区一并并入），共 37 年；

太平，1952 年划归徽州专区，1974 年划归池州地区，1980 年又划归徽州，1983 年成立小黄山市由省直辖，1986 年由徽州地区代管，成立大黄山市后至今，改为黄山市辖黄山区，共与徽州一体 60 年；

宁国，1952 年归徽州专区，至 1956 年与徽州各县并入芜湖专区，1961 年 8 月复属徽州专区，1980 年改属宣城地区，共与徽州一体共 27 年；

石台，原名石埭，1952 年属徽州专区，1956 年并属芜湖专区；1959 年撤销并入太平、祁门两县；1965 年复置，更名为石台县，属池州地区；1980 年属徽州地区；1987 年成立大黄山市后属安庆地区，1988 年复属池州地区，共与徽州一体 20 年；

1983 年 12 月，撤销太平县，所辖区域与歙县黄山公社、石台县广阳公社合并成立黄山市（县级），由省直辖。1986 年 6 月，黄山市（县级）改由徽州地区代管，徽州地区辖屯溪、黄山（县级）2 市和歙、休宁、黟、祁门、石台、绩溪、旌德 7 县。

1987 年 11 月，国务院发出《关于安徽省调整徽州地区行政区划的批复》，撤销徽州地区、屯溪市和县级黄山市，设立地级黄山市。原属徽州地区的石台县划属安庆地区，绩溪、旌德 2 县划属宣城地区。1988 年 4 月，地级黄山市正式成立，辖屯溪、黄山、徽州 3 区和歙、黟、休宁、祁门 4 县。

从这些历史沿革的史志资料，可得出几个结论：

一是徽州历史文化可以向前追溯自徽州设立之前的歙州、新安、山越等时代，向后可以延续至民国时期。作为地域的主流文化，徽州历史文化主要还是指宋元明清时期。

二是徽州地域虽然历史上归属多次变动，但自宋宣和三年徽州得名以来到清朝末代皇帝宣统三年,徽州“一府六县”格局长期稳定。

三是新中国成立后,除婺源划归江西外,旌德、石台、太平、宁国曾先后属徽州管辖,成为老徽州的组成部分,与徽州有割不断的渊源关系。

徽州不仅是一个地名,而且是一个区域文化的象征,是相对独立的地理历史文化单元,是中国封建社会的大观园。1990 年,徽州的黄山被列入世界文化与自然遗产名录;2000 年,皖南古村落——黟县西递和宏村作为古徽州文化代表,被列为世界文化遗产名录;2008 年 1 月,徽州历史文化生态保护实验区经中华人民共和国文化部批准,成为继闽南之后我国大陆建立的第二个文化生态保护实验区。

古徽州六县的政治沿革、自然环境、风俗习惯、语言、宗族、人物、制度等等,构成了一部中国封建社会的百科全书,在徽州大观园里,你可以领略她的无穷魅力。徽州历史文化与徽学正引起世人的关注,徽州文化正走向全国和走向世界。

徽州图腾

“黟县蛤蟆歙县狗,祁门猴狲翻跟斗,休宁蛇、婺源龙,一犁到磅绩溪牛。”凡徽州人大多知道这句俗话,并以此互相戏谑和调侃,但许多人并不知道其中的内涵。

蛤蟆、狗、猴狲、蛇、龙、牛都是动物,可以比喻成徽州各县的图腾。

“图腾”是舶来词,来源于印第安语“totem”,意思有二:

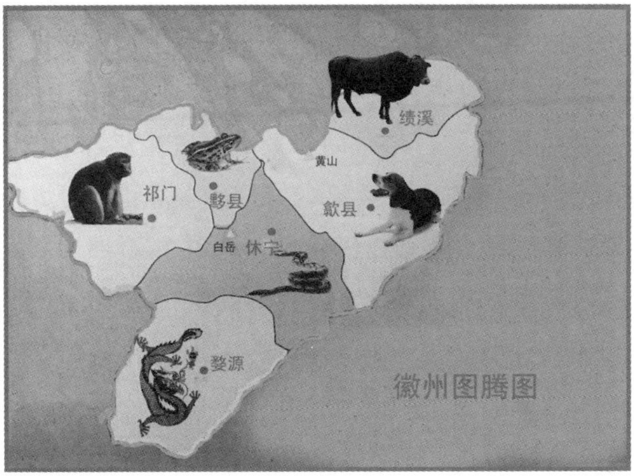

一是“它的亲族”。认为本氏族人与某种动物或植物具有亲缘关系,于是

这种动、植物便成了这个民族最古老的祖先,这是一种最原始的信仰和崇拜。

二是"它的标记"。图腾标志在原始社会中起着重要的作用,它是最早的社会组织标志和象征,以此用于区别某个地域或群体。

虽然"图腾"一词最早见于1791年在伦敦出版的英国商人人类学家龙格所著的《一个印第安译员兼商人的航海探险》一书中,但图腾现象早从原始时代就已开始,而且广泛存在于世界各地,包括埃及、希腊、阿拉伯地区、以色列、日本及中国等文明古国,原因都是对大自然以及对动、植物的崇拜,可见图腾文化在全世界都是相通的。

从世界来说,许多国家都有自己的图腾,如中国是龙,俄罗斯是熊,印度尼西亚是迦楼罗神鸟,美国是白头鹰,韩国和朝鲜是木槿,蒙古是苍狼白鹿,新加坡是狮子,马来西亚是马来虎……至今,北极熊和白头鹰仍分别是俄罗斯和美国的诨号。

中国历史上对龙的崇拜种绵延了数千年,郭沫若在《关于晚周帛画的考察》中说:"龙是夏民族的图腾",闻一多先生也说"龙是原始夏人的图腾"。《周易》是中国最早的哲学著作,书中的卦文均以龙为象征,如"潜龙,勿用""飞龙在天,利见大人"等,几千年来,龙成了中华民族的象征,皇帝是龙的化身,因此把皇帝称为真龙天子,中国各族人民成了"龙的传人"。

本书作者舒甘来曾写了一副关于龙的对联:

峥嵘骨相源远古图腾,聚九物①之形,威能裹电挟雷,静则潜渊蟠势;
磅礴精神化中华记号,集四灵②之瑞,情洒人间雨露,血凝海外子孙。

徽州各县的图腾始于何时,现有的史料中没有记载。从图腾崇拜的起源看,应当是源于山越或更早的古越时期。徽州历史文化源远流长,文明的源头可以追溯到距今5000多年前。从歙县、祁门、屯溪等地出土的文物表明,今黄山市一带早在旧石器时期就已有先民生活。而在新石器时代,这里的先民们已创造出原始土著文化。几千年来,先民们就已在这片土地上繁衍,他们渔猎、耕种、养殖,创造了灿烂的文化。3000多年前,生活在这里的是古越族,这

---

① 九物,《本草纲目·翼》云:"龙者,鳞虫之长。王符言其形有九似:头似驼,角似鹿,眼似兔,耳似牛,项似蛇,腹似蜃,鳞似鲤,爪似鹰,掌似虎,是也。"

② 四灵,《礼记·礼运第九》中将龙与凤、龟、麟一起并称"四灵"。

一带古越文化已日趋发达。

百越杂处，各有种姓，互不统属，各族群都有自己的图腾。随着时间的流逝，自秦始皇至唐代宗时期，黟、歙、休宁、婺源、祁门、绩溪六县先后独立成县，这种族群或部落的图腾遂逐渐演化为县的图腾，成为这一族群隶县的属号。

根据徽州各县图腾构成的原因，大约分两种情况：

一是图腾对象与自然形态极为相似。一种说法是，徽州人信风水，属号多以县治地形、山形或县域形状而得名。休宁县治形如长蛇，歙县县治附近有山如犬，黟县县治附近有山如蛤蟆，绩溪县域形状如牛，祁门县域形态如猴，婺源县域形状如龙，故以蛇、狗、蛤蟆、牛、猴、龙喻称之。但是，具体是哪座山形，恐怕没人说得清楚。

二是动物的拟人化，把图腾对象赋予了人的精神象征和部分特征。

黟县的图腾是蛤蟆，也叫蟾蜍。

别看蛤蟆长相不佳，但在远古时代，人们却将它视为神物。在中国古代，许多氏族部落将蟾蜍或者蛙视为自己部落或者氏族的图腾。在出土的仰韶文化初期的陶器中，有一件陶器上绘有一只圆腹四足蟾蜍，说明了早在半坡期，人们已经通过绘制蟾蜍图案来表达对生活的期望。蛤蟆冬眠时间长，古代人对蟾蜍这种“死而复生”的神力十分崇拜，把其视为吉祥之物。此外，蟾蜍和蛙类一样，有着极强的繁殖能力，以蟾蜍作图腾，也体现了对多子多福的生殖崇拜。“蟾宫折桂”等民间传说中把蟾宫指月宫，比喻应考得中，蟾蜍又成了求仕途好运人们的吉祥之物。将蟾蜍作为图腾，显示了对它的崇拜。就性格而言，蟾蜍性静，不喜活动，恋家，是个“宅男”，以此喻黟县人长于守土守业。历史上，黟县人外出经商的时间较歙县等县为迟。康熙《黟县志》载：“旧志云：山限壤隔，民尚朴实，读书力田，不事商贾，勤于山伐。”蛤蟆和黟县人的性格有些相似，恋土守家，性格随和，本分敬业，勤俭朴实。

歙县的图腾是狗。

狗是人类的朋友，是世界上许多国家和民族的图腾。歙县有句俗语：“歙县狗，打死不离锅囱口”。史籍记载：“歙俗之美，在不肯轻去其乡，有之则为族戚所鄙，所谓‘千年归故土也’”尽管他们闯荡天下，流寓四方，但他们终究还是把外边当做过路的驿站，“根”必须留在故乡，牌坊、祠堂、宅院则建在原籍的土地上。

狗，精忠尽义，护家守主，不喜独处，灵敏聪慧，用狗来喻歙人意志坚定，忠实可靠，聪明敏捷，合群团结。

祁门的图腾是猴狲。

猴是汉族的十二生肖之一，猕猴是藏族等民族的图腾崇拜。用猴狲作为祁门的图腾，不仅古代有“人是由猴子转化而来”的传说，而且祁门地处深山区，猴子是常见动物，它机智灵活，适者生存，“猴”又与“侯”同音，暗喻“封相拜侯”，喻祁门人勇于进取，善于应变，多才多艺，机智灵敏的性格。

休宁的图腾是蛇。

休宁原名休阳，东汉时建县，山越文化较为悠久。中华民族公认的图腾“龙”与蛇有着一定的渊源关系，认为中国“龙图腾”是“蛇图腾”崇拜的发展和演化。“龙为蛇象，蛇乃龙之原生”，上古时期蛇被认为是人类的始祖而倍受崇拜。《山海经·海内经》还把五帝之首的黄帝轩辕氏认为是象征云气的“四蛇相绕”图腾。蛇的进一步神秘化便升华为龙，发展变化了的蛇图腾像就是龙的形象。蛇四处游走，而休宁人外出经商较多，俗语“蛇出洞”，用蛇图腾喻休宁人心灵手巧，思路敏捷，经营四方，精明能干。

婺源县的图腾是龙。

婺源是唐玄宗开元二十八年(740 年)从休宁析出，比休阳建县迟了 500 多年，用龙来喻婺源，这不仅体现了婺源从休宁析出是从“蛇图腾”向“龙图腾”的转化的历史变迁，而且用龙喻婺源圣人潜渊，名人辈出，开拓进取，勇往直前。

绩溪的图腾是牛。

牛在印度教里视为神圣之物，印度人对牛敬之如神。中国对牛的崇拜，可追溯到 4000 年前大禹治水时期。古人认为，埋头耕田犁地的牛，是盗取天仓谷种下凡拯救黎民百姓的社稷神，而天帝为了惩罚牛，让牛世代受劳作之苦，为人类所驱役。牛是人类最早驯养、最勤劳的一种家畜，成为农耕社会最主要的劳动工具。人们对牛的崇拜，更多体现在精神面上，把牛视为勤劳奉献的象征，“吃的是草，挤出来的牛奶和血”。绩溪用牛作图腾，喻绩溪人有吃苦耐劳、踏实肯干、毅力坚韧、奋力拼搏的精神。

徽州各县的图腾，有一个从古代社会的图腾崇拜在现代的延续过程。动物崇拜是图腾崇拜的一种，而随着人类的进步和发展，这种动物崇拜逐渐失去了原有的宗教或神灵崇拜的含义，而留下了有积极意义的精神范畴。

如果从精神范畴来说，用“骆驼”作为整个徽州人图腾是最合适的了。据考证，最早提出“徽骆驼”的是明末抗清将领金声，被俘时遗命部下“要做徽骆驼，不降异族”，“徽骆驼”称呼随之传播开来。徽州一些明清建筑中，就有骆驼的图案；徽州并无骆驼这种动物，何以有“徽骆驼”之称？民间有种说法是：徽州当铺里的账房先生俗称“徽老大”，用徽州方言念出来，发音近似“徽骆驼”，“徽骆驼”由此传开。当然，就也是一种说法。

耸立在新安江畔的徽骆驼塑像

把“徽骆驼”叫出名的是胡适先生，1945 年抗日战争胜利后，胡适曾为江苏溧阳新安同乡会题写过“我是徽骆驼”，1953 年，他在台湾又为绩溪旅台同乡会题写了“努力做徽骆驼”的条幅。徽州休宁籍的国务院农村发展研究中心原副主任吴象说，小时候多次听到“徽骆驼”这个说法。吴象先生从李敖的《胡适评传》中发现：胡适经常给身边的人说，要做徽骆驼。胡适力赞“骆驼”，当然不是古人神化的动物崇拜，而是提倡骆驼那种不畏艰难、刻苦耐劳、负重致远、努力拼搏的精神。这应当成为现代徽州人的精神“图腾”。

汤诗新解

在诸多赞颂徽州的诗文中，有一首诗争议最大，他就是明朝戏曲家、诗人汤显祖的短短四句诗：

欲识金银气，多从黄白游。
一生痴绝处，无梦到徽州。

这首诗，经常被许多国家级报刊和书籍作者采用，作为对徽州的赞誉之词。荣膺国家文化旅游重点项目名录(旅游演出类)，列入安徽省精神文明建设“五个一工程”的黄山市标志性旅游演出——大型多媒体现代歌舞《徽韵》，也把这首诗作为剧中字幕，向观众展示。

持赞誉观点的人是这样解读的：金银气是指富庶，黄白(指黄山与白岳即齐云山)是风景，徽州又富庶风景又好，这样的好地方让汤显祖一生痴迷着，没有一个梦不是做到徽州去的梦。

但是，另一些人却从中读出不同的诗意，认为金银气是指铜臭，黄白喻讽黄金白银，痴绝是不合流俗，“无梦到徽州”没有做过到徽州的梦。

一首诗，可以读出两种截然相反的意境，究竟谁的更为合理合情呢？究竟汤显祖当年未到徽州隐藏着什么内情？下面，我们不妨从汤的经历入手进行分析，力求解开汤诗之谜。

汤显祖(1550—1616 年)，字义仍，号若士，历经明嘉靖、隆庆、万历三朝。汤出生于江西临川的一个书香人家，他 14 岁进学，21 岁中举，到 31 岁才中进士，走上仕途，在南京历任太常博士、詹事府主簿、礼部祠祭司主事等职。万历十九年(1591 年)，他因上书抨击朝政而受处分，被贬官到广东徐闻，挂一个典史的空衔。两年后，到浙江遂昌当知县。在这个偏僻的县城做了五年县官后，于万历二十六年不辞而别，弃官回家。吏部考察官员给他一个“浮躁”的罪名，正式被免职。弃官后他家居玉茗堂，万历四十四年(1616 年)去世。(见徐朔方《论汤显祖及其他》)

从汤的经历中可以看出，汤是个清高自守、不畏权贵的人，他在仕途中失去了许多与权贵结好和升迁的机会。

万历十九年(1591 年)，时任南京礼部祠祭司主事的汤显祖草拟了一道《论辅臣科臣疏》，上奏北京，抨击现当权官僚，说：

> 前十年之政，张居正刚而有欲，以群私人嚣然坏之；后十年之政，时行柔而有欲，又以群私人靡然坏之。

张居正、申时行均是当过首辅的高官，汤的奏章措词激烈，震惊朝廷，因此被贬官到岭南徐闻县做典史。

汤显祖的这首诗原载于韩敬(明朝学者,万历三十八年状元)在汤显祖逝世后五年编印的《玉茗堂集》,题作《吴序怜予乏绝,劝为黄山、白岳之游,不果》。吴序史料无载,情况不详,应该是汤显祖的一个熟人和朋友。

在韩敬编印《玉茗堂集》后不久,沈际飞(明代戏曲理论家)又辑印了《玉茗堂选集》,对这首题为《吴序怜予乏绝,劝为黄山、白岳之游,不果》的诗,他做了几句背景介绍:

> 序亦是妙人(指聪明多智的人),闻说金休宁谒选者百计营之,而抽丰者往往于此取道。临川诗,一帖清凉剂也。

休宁县当时在徽州是个富县,誉为"金休宁"。万历《休宁县志·风俗》中有这样一段话:

> 彼客游之士,雍容雅都,好修任侠,务奢声华集高会以炫耀外郡,外郡遂以休为富厚。

《休宁碎事》卷7引《赵氏日记》记述了"万历二十七年,休宁迎春共台戏一百零九座,台戏用童子扮……饰以金珠缯彩,竞斗靡丽美观也"。

这样一个外界引为富厚之邦,当然成了许多想当官的人钻营之地。

当时,吴序听说县令离任,欲找关系想谋这个职位的人很多。此时的汤显祖被免职"闲住"已经多年,且生活拮据,"门庭罗雀……绳床粝饭,拥万卷自乐,近欲向道吴会,而贫不能具三月粮"(徐朔方笺校《汤显祖全集》)。因此,吴序"怜予乏绝",劝汤显祖到徽州找找关系,谋休宁县令这个肥缺。这是一种说法,而且是"闻说"。但按汤的性格,深谙官场之黑暗,对谋求当官并不感兴趣,否则就不会弃官不当,专心于搞戏曲创作。但是,有一种可能是,为了事业而去求人。因为搞戏曲,搞表演,出版书,都是要钱的,因此,吴序劝他找徽州的富商朋友帮忙,以解决经济困难。"打抽丰",也叫"打秋风",意思是找个由头向人索取财物,或依仗与权势有某种关系,取得好处。汤显祖的《牡丹亭·诀谒》就有"打秋风"的戏词。当然,自视清高的汤显祖显然不会听从吴序的好心劝告,"不果",就是汤没有同意这样做。

乏绝、痴绝是什么意思呢?

乏有多解，一是物质财富短缺，如“务蓄积，以备乏绝”（《盐铁论》）；二是疲乏、无力，如“因其劳乏而乘之”（《新五代史·周德威传》）。

痴有多解，一是傻，无知，如痴呆，“痴，不慧也”（《说文》）；“此人素有痴名”（《明史·海瑞传》）；二是入迷，如痴迷，痴情。

绝，也有多解，一是断，“绝，断也”（《广雅》）；二是形容特异，独一无二，极、最的意思，如“绝妙好辞”（《蔡邕题曹娥碑》）；“黄山绝胜处”（《徐霞客游记·游黄山记》）等。

痴绝，按字面解释，是痴傻到极点，或痴迷、痴情已极。

古代文献中有痴绝一词，“初，恺之在桓温府，常云：‘恺之体中痴黠各半，合而论之，正得平耳。’故俗传恺之有三绝：才绝，画绝，痴绝”（《晋书·列传第六十二·文苑·顾恺之》）。我的理解是，这里的痴指傻、呆，黠指聪明而狡猾，说顾恺之这人是痴傻和聪明各占一半，所以合起来，优缺点就拉平了。

顾恺之（348—409 年）字长康，晋陵无锡（今江苏无锡）人，他博学有才气，工诗赋、书法，尤善绘画。他的性格率真、单纯、乐观，充满真性情，就曾经被形容为“痴”。《晋书》举了几个例子来证明其“痴”：

> （顾恺之）尤信小术，以为求之必得。桓玄尝以一柳叶绐之曰：此蝉所翳叶也，取以自蔽，人不见己。恺之喜，引叶自蔽，信其不见己也，甚以珍之。

什么意思呢？就是说，顾恺之特别相信小法术，认为往求便一定能得到。桓玄（东晋权臣桓温之子）曾经用一片柳叶欺骗他说：“这是蝉用来遮蔽自身的，拿来遮蔽自己，别人便瞅不见您。”顾恺之用柳叶把自己遮蔽起来，相信桓玄没瞅见自己，非常珍爱那片叶子（类似《皇帝的新衣》里的故事）。像这样的事，还有不少。

你看这个大画家傻不傻？“故俗传恺之有三绝：才绝、画绝、痴绝”。

这里的痴显然是指个人性格上有傻乎乎的“痴”。“三绝”是说他的才华、画艺和率真式的傻痴都到了极点。

由此可见，痴绝就是傻到极点，如果联系吴序劝他到徽州这个背景，那么，这首诗可以这样解释：你想见识财富多的地方，就到黄山白岳去看看吧！我这人一生中很傻（和传统价值观不合）的事，就是做梦也没有想到徽州这个地方来求人！

这里面，不涉及对徽州本身的褒贬，字里行间，对徽州的山水美、财富多还是认可和羡慕的。从汤一向不讨好权贵、清白廉洁的经历可以看出，他确实不想到徽州去捞什么好处，要他放下身段去徽州找朋友打秋风，这事他绝对不会干。诗人不过是借此抒发自己的一种情感和处世的原则。

事情解释到此，似乎没有疑义。但由于这首诗有“黄山”、“白岳”、“徽州”这些元素，简明扼要，而且加之有梦境，故这首诗一直被一些徽州人所偏爱，也为文学艺术界人士所喜欢。在央视《美在黄山》大片中，也引用此诗以作为对徽州的赞美。

历史典故、文学作品等，都允许有多解，只要不违背原意。正如徽州一样，古代“徽”字既可以解为“美”、“善”的意思，也可解为“绳索”之意。在平定方腊造反之后，将歙州改名徽州，我想宋皇的本意并非用美来歌颂这片多事的土地，而是想用绳索把这块土地牢牢捆住，不再生事。但我们今天，确将徽州赋予新的含义：“徽，美善也”！

汤显祖真的没有做过到徽州的梦吗？在仔细了解汤的经历和时代背景后，笔者认为，这个结论难以站住脚。

汤显祖当年之所以未听吴序劝告到徽州，并非清高到厌恶徽州金银气太重，真实的原因是：一则年老多病，难以长途跋涉，二则是不愿落下“谒选者”、“抽丰者”的名声，毁了他一生的清誉。

但他内心是想来徽州的，一直为没能圆他的徽州梦而遗憾。

其一，汤显祖是个爱写梦的作家。他的四部剧目《紫钗记》、《牡丹亭》（又名《还魂记》）、《南柯记》、《邯郸记》，“四剧”皆有梦境，才有“临川四梦”之说，或许“四剧”本身就是寄托其人生之梦。在《与丁长儒》的信中，汤显祖曾说，“弟传奇多梦语”。汤显祖的“四梦”以虚幻的纪梦方式，表明深邃的内容、作者鲜明的价值取向和梦文化的美妙情境。

汤显祖的梦究竟是什么呢？在《南柯记》的槐安国，汤显祖给我们描写了这样一个理想境界：“青山浓翠，绿水渊环。草树光辉，鸟兽肥润”的桃花源意境，“园池整洁、檐宇森齐”、“街衢平直”的乡镇建筑风貌，“兴仁兴让……田野相逢，老少交头一揖”的文雅礼貌之风，“行乡约，制雅歌。家尊五伦人四科”的宗族礼教之规以及“商人离家来安乐窝”等经商之风，这些“梦境”在徽州的真实生活中都有不同程度的存在，汤显祖作为写梦的剧作家，即使是为体验生活,也应该对徽州充满期待,说他不做徽州的梦似乎说不通。

其二,汤显祖虽不经商,但对经商致富也不歧视。处在明朝后期的汤显祖,对过去重农抑商、贵士贱商的社会观念并不认同。明代后期国内外商贾对汤显祖有着较为深刻的影响,其心态中也融入商贾之风。他写了不少关于商贾的作品,其诗、文、赋与戏曲中时有“商贾”出现。尤其是用多种文体塑造了一些亦儒亦侠的商贾艺术形象。

汤显祖对徽州潘之恒的文名早有耳闻,而在南京为官期间,与潘之恒定交结友。汤应潘之求,为其父母做志铭。潘的祖父潘侃是个亦商亦儒的人物,曾任过光泽县令。潘的父亲潘召南一生未仕,以经商为业,家里财资雄厚。汤对潘父评价极高,他在《有明处士潘仲公暨配吴孺人合葬志铭》中引潘之恒的话说:

> 少伟敏,涉略书传。大父(潘之恒的祖父,潘召南的父亲)方困于诸生间,不欲更以苦仲子(指潘召南),令受贾于吴。大父归,而弃贾以养……。余独喜其不就督府幕下告身官一事。

汤显祖曾说“不佞极不喜为人作诗古文序”(徐朔方笺校《汤显祖全集》),他的文集里很少有墓志铭之类的文章,而对商人出身的潘家却十分赞誉,为之作铭,可见,汤显祖对商人是尊重的,没有偏见的。

类似上述汤显祖重商的例子很多,在给即将就任徽州休宁县令的祝世禄(字无功)的一封信中写道:“休(宁)有商贾而少士,长其地者,亦如其地之气而后可……夫性能融世而接之,此礼乐文章之根也。”(《汤显祖诗文集·答祝无功》)将包括是否能融合商贾之风在内的地域之气,视为“礼乐文章之根”。他在万历三十六年(1608)《豫章揽秀楼赋(有序)》中写道:“精奇乎万里,舶鱼鳞于重镇……敞物力之膏华,识山渊之美蕴……市无扰以无虞,贾亦廉而亦信。”(《汤显祖诗文集·卷27》)诸多诗文表明,汤显祖对抚州、豫章、徽州、杭州等地的商贾之风,是一种赞同态度。汤显祖并不故作清高轻视金银气,也重视商业给社会带来的巨大变化。

其三,汤显祖对人杰地灵的徽州,应当是向往和痴迷的。作于万历五年(1577年)的《下关江雨四首寄太平龙郡丞》:“黄山咫尺地,不至遥心托。”万历十九年(1591年)贬官徐闻自南京江行过皖南时,诗中写道“魂来多白岳,人去独沧浪。别驾诚高调，同官雅和章”。还有《送詹东图，詹工书画，署中有碎茶轩作》：“新安山水峻沦漪，白岳如君亦自奇”等（《汤显祖全集》）。“不至遥心托”“魂来多白岳”，说明他对黄山、白岳（休宁齐云山）充满向往之情。

作为文学家和黄山通潘之恒的朋友，他应当从潘撰写的《黄海》（当时尚无刻本但有抄本）中了解到黄山的美景，他当然是希望一睹名山风采的；徽州作为文化之邦，除了版刻精美，戏曲和民俗也极其丰富多彩，他也是想亲临现场欣赏的；徽州还有他的戏曲界朋友，休宁县有一位富商兼戏曲家的汪廷讷，也是他想会见切磋的；作为同是山区、“仁政惠民”的浙江遂昌老县令，他也想知道徽州这块土地为什么富庶，比他们有名气？所以说，认为汤显祖鄙视徽州的金银气太重是没有根据的，说他没做过徽州的梦也是不符合实际的。但是，由于当时他经济拮据，加之年老身体有病，交通不便，他无法在晚年再能到交通阻塞的徽州山区来圆梦，这也成了他终身的遗憾。

如果我们将“痴绝处”的“痴绝”理解为痴迷，且痴迷之“处”，直指徽州，那么，我们可以这样来解读这首诗：

要想见识富庶的地方，许多人都是到黄山白岳（徽州）去游玩。我一生虽然痴迷着这里，但没有机会来圆这个梦呀！

没有机会圆梦徽州，也许是汤显祖一生最大的遗憾！

寻梦徽州

说了汤显祖的梦，想起有一首歌，叫《圆梦》，其中有几句充满深情的歌词：

是你让我的梦飞过彩虹，给我圆满的感动；
而你已是我的灵魂所有，就在我梦中！

徽州头顶众多桂冠，她的神奇和美丽誉满中华，传播海外。这美丽的画卷重新舒展开来，引起人们对徽州文化的追忆和思慕。

大多数华人所追逐的梦，对故土刻骨铭心而难以忘怀的，往往不是鳞次栉比的高楼大厦，不是繁华闹市的灯红酒绿，而是中华热土浑身所散发出来的那种独特的意境、气质与文化。我们要圆的梦，就是要在徽州这个历史博物馆里，寻找和体验到中华优秀文化的精、气、神。在徽州圆梦，就要了解徽州，读懂徽州，触摸徽文化的根和魂之所在。

在新安大好山水中，可以寻找徽州文化之本。

徽州的山水是人和自然、文化和谐相处和发展的最佳标本。新安大好山水，也繁衍了博大精深的徽州文化。只有这样大美的环境，才能诞生天人合一的大美的和谐文化。

游览那风光如画的山水画廊新安江，观赏那古徽的水路码头渔梁坝，翻越那崎岖难行的徽旅古道，参观那徽商建造的经典院宅，可以从中体验到徽商创业的艰难和鼎盛；驻足李白当年赞誉过的黟县桃花源，观赏西递、宏村世界文化遗产，可以从中感受到历史的深邃和民风的古朴，宛如踏入《桃花源记》中最真实的意境；攀登休宁最高峰六股尖，陶醉在三江汇合的渐江水景，在新安江的源头，仿佛感受到母亲河的洁白乳汁，滋养着故园徽州的子孙……

在纯朴民风民俗中，可以体验徽州文化之魂。

徽州历史上民风民俗淳朴良善，重教育，讲义理，懂礼仪，弘孝敬，许多健康为善的民间习尚构成了徽州特殊的地域文化氛围。历史上徽州人那种坚韧不屈、艰苦创业的“徽骆驼”精神，“十户之村不废诵读”的重教氛围，勤劳俭朴的持家风尚，济贫扶困的慈善义举，“退一步海阔天空”的和谐理念，那种“无五味以戕其寿，无声色以贼其性”，“邦无游民，民无尤行。刑罚设而不犯，风俗美而不流”的淳朴民风，是徽州文化的魂，不也是今天要提倡的中华优秀文化的传统吗？

在典雅精美建筑中，可以欣赏到徽州文化精粹。

那星列棋布的明清古村，那规模宏伟的徽州府衙、徽商大院，那风景如画的水口园林，那高大巍峨的祠堂，那刻着忠孝节义的牌坊，那粉墙黛瓦马头墙、砖木石雕以及层楼叠院、高脊飞檐等的和谐组合，这凝固的艺术、无声的音乐、物化的遗产，构成徽州城乡特有的文化韵味。

在活化的民俗工艺中，可以找到了徽文化的植根土壤。

那徽州三雕、歙砚徽墨、万安罗盘等120多项国家级和省、市、县级非遗文化项目，那目连戏、舞草龙、游鱼灯、跳钟馗等“不嬉不行”的民间戏曲、民俗民乐，以及盆景、茶艺等民间文化精华，彰显了徽文化的生命源泉，这种文化植根于民间，为民众所创，为民众所乐，为社会所用，这正是徽文化代代相传的根基所在。

徽州，是她的子孙和热爱徽州文化的人们根之所存、魂之所系、梦之所圆的精神家园！在这里，许多人可以圆到想圆的梦！

融杭接沪

近几年来，一个新鲜的词汇在黄山市广为流传，那就是融杭接沪。

融杭，就是融入杭州都市圈；接沪，就是主动接轨上海，对接长三角。在交通规划、公共服务、人才流动、产业发展等方面深度融合接轨，借力经济发达地区，把"地利"变成"红利"。

2021年新年伊始，黄山市召开第七届人民代表大会第五次会议，审议通过了《黄山市国民经济和社会发展第十四个五年规划和二〇三五年远景目标纲要》，提出"突出融杭接沪，全面融入长三角高质量一体化发展"，这是黄山市着力打造新时代内陆开放新高地的重大举措。

长江三角洲（以下简称长三角）地区是我国经济发展最活跃、开放程度最高、创新能力最强的区域之一，在国家现代化建设大局和全方位开放格局中具有举足轻重的战略地位。它的规划范围包括上海市、江苏省、浙江省、安徽省全域。

在长三角这个大圈里，有"一核五圈"，上海大都市圈是当然的核心，长三角还拥有杭州、南京、苏锡常、合肥、宁波五大都市圈。而黄山市，即是杭州都市圈的一员。

杭州都市经济圈以杭州市区为中心，湖州、嘉兴、绍兴、衢州、黄山为副中心，杭州市域5县市及德清、安吉、海宁、桐乡、歙县等杭州相邻7县市为紧密层，规划的区域总面积53239平方公里，面积约占长三角区域的三分之一。到2020年为止，黄山市是唯一跻身杭州都市圈的浙江省外城市。其在杭州都市圈的地位和发展机遇，可见一斑。

属安徽管辖的黄山市没有加入合肥都市圈，却成为杭州都市圈的一员，这是打破行政区域限制，实现资源的统筹规划、优化配置和整合利用的改革举措。这也是由两者的地理、经济、文化和历史渊源等因素决定的。

这里，有必要简单回顾一下古徽州（即今黄山市）和杭州都市圈其它成员源远流长的关系。

本书的第一章《会稽析鄣辖歙黟》就介绍过，相传在夏禹时，就有会稽山之名，在今绍兴市东南部，上古治水英雄大禹在这里封禅、娶亲、计功、归葬。春秋战国时期，会稽山一直是越国军事上的腹地堡垒。秦始皇统一中国后不久就“上会稽，祭大禹”，并以会稽为名，设会稽郡和歙县、黟县等县。当时属于会稽郡管辖的还有余杭、钱唐（今属杭州市）、山阴（今绍兴）、诸暨（今由绍兴市代管）等。

因为会稽郡的地盘太大，治理也不方便，为了加强对越人的控制，后从会稽郡分立鄣郡，歙、黟两县也划归新分立的鄣郡管辖。当时鄣郡的郡治设在故鄣县（今浙江安吉县）。安吉县隶属今湖州市，湖州也是杭州都市圈的五个节点之一。而安吉和歙县现同属杭州都市圈的紧密层。

这说明，早在两千多年前，徽州这块地盘就和杭州都市圈的城市在一个大家庭里，毗连的青山绿水和相似的风土人情，彰显着兄弟般的关系。

到了汉武帝时期，鄣郡改为丹阳郡，於潜县（今属杭州市临安区）和故鄣县仍属丹阳郡。丹阳郡的政治中心也移到宛陵（今安徽省宣城市宣州区）。三国吴平定歙、黟两县山越后，将歙县一分为五，分别是歙县、休阳（今休宁县）、犁阳（今屯溪区）、新定、始新，加上黟县，以上六县从丹阳郡分出，成立新都郡，郡治设在始新县，始新县和新定县即今淳安县，是浙江省杭州市的市辖县。

晋灭吴后，新都郡更名为新安郡，新定县改为遂安县，和始新县仍属新安郡，和歙、黟同在一郡。一直到隋开皇时代，新安郡改为歙州，始新县改为新安县，并遂安县，改隶婺州（今浙江金华市）。而歙县和黟县属歙州。从此，浙江的兄弟县和徽州分家，但仍然是好邻居，好伙伴。

但徽浙的缘分并没有结束。到了清朝咸丰年间，在与太平天国的战争中，因“徽郡距庐郡窎远，江路不通，恐皖省控驭不及，欲请暂归浙省管辖”。提出这一建议的是徽州籍兵部右侍郎王茂荫。于是，就有这段“浙抚兼辖徽州”的历史。

从秦始皇建歙黟两县始，一直到隋开皇年代，徽州这块地盘和浙江一些地域始终属于同一行政管辖近 900 年，其经济文化联系不可谓不深不广。历史发展到今天，古徽州今黄山市再度跻身于杭州都市圈，既是历史的延续，也是新时期经济文化发展的需要。

黄山市作为安徽省的省辖市，却受杭州都市圈青睐，被吸收为成员，到底有哪些优势呢？

其一,徽杭两地山水相连,交通便利。黄山市离杭州陆路距离仅200公里左右,有徽杭高速公路相连,行车不过两个多小时;还有一条黄杭高铁,穿越浙江、安徽两省,是长三角城际铁路网延伸,沿途将名城(杭州)、名江(富春江、新安江)、名湖(千岛湖)、名山(黄山)串联起来,从杭州到黄山市,一个半小时就能到达。这条世界级黄金旅游通道,不仅有利于整合旅游资源、加强长三角经济辐射,而且,大大方便了黄山和杭州的交通,加强了两地联系。在黄山市综合交通体系建成后,与杭州都市圈的时空距离将缩短在一小时内。

其二,徽杭两地历史上经济互补,人文相亲。历史上,杭、嘉、湖、绍地区是徽商的重要经营区域,受徽文化影响较大。作为"江南十大名镇"之首的塘栖古镇(今浙江省杭州市余杭区),大运河穿镇而过,"官舫运艘、商旅之舶日夜联络不绝,砣然巨镇也",以至于"财货聚集,徽杭大贾视为利之渊薮,开典、囤米、贸丝、开车者,骈臻辐辏,望之莫不称财富之地,即上官亦以名镇目之";且"同人之商于斯者,不下千数,休(宁)、歙(县)、绩(溪)为盛,婺(源)、祁(门)次之"。

其实,徽州与杭州都市圈城镇的关系,还可以远溯至南宋时期。当时,随着政治中心南移,以临安(杭州)为中心的运河网络和漕运体系,已然成为"南宋都城临安的生命线";徽州作为畿辅之郡,近水楼台先得月,不仅徽州母亲河——新安江在杭州与大运河汇合,把徽州与外界紧紧连在一起,且营建新皇宫甚至新都城要大兴土木,广造楼宇,而徽(州)、睦(州)"民物繁庶,有漆楮林木之饶,富商巨贾,多往来江、浙",特别是"南渡以来,杭为行都二百余年,户口蕃盛,商贾买卖者十倍于昔,往来辐辏,非他郡比也",更是蕴藏着巨大商机。如祁门程承津、程承海兄弟通过经商发家致富,乡人号为"程十万"就是典型例子。可见,正是新安江、大运河承载着徽商的财富和梦想流向了远方,助力他们从明清众多商帮中脱颖而出,成为时代的弄潮儿,铸就了"徽商"这块享誉中外的金字招牌。

如果说宋室南迁到大运河起点——杭州,为徽商崛起创造了有利条件的话,那么就是至今,杭州仍然是黄山市招商引资的首选地和市民外出经商就业的热门地区。不可否认,徽商自清末衰败后,荣光不再。而现代浙江经济发达,浙商在新时代崛起,杭州对黄山的经济辐射和吸引力非其他地方可比。

黄山融入杭州,接受杭州和上海辐射,是历史的又一次选择和必然。这种天然的联系和纽带,不是人为能割断的。随着长三角一体化的推进、杭州都市圈的建设加快，黄山承接辐射带动、获取发展动能的条件千载难逢，正成为投资兴业的一方热土。

其三，黄山市良好的生态环境和水资源，为杭州都市圈经济可持续发展奠定了坚实的基础。黄山市虽然经济发展比不上浙江，但空气、水、森林覆盖率等主要生态指标位居全国前列，是长三角地区重要的生态屏障和战略水源地。发源于黄山市的新安江位于千岛湖、富春江、钱塘江的上游，是徽州和浙江的生命之水，是徽杭沿岸人民的母亲河。保住这一江绿水，不仅会促进两地经济可持续发展，也使两地的经济文化联系更加紧密和不可分割。而杭州市要想在经济发达的同时，拥有良好的水资源，亦离不开黄山市的配合和努力。

新安江流域生态补偿改革试点是习近平总书记亲自倡导、亲自指导并对试点成果给予充分肯定的全国首个跨省流域生态补偿改革，具有重要的示范性、引领性、先导性。

2012 年，安徽携手浙江共同启动了新安江跨流域生态补偿机制试点。此举开创了国内跨省域水环境生态补偿机制建设的先河，并形成了“新安江模式”，之后在全国多地推广。如今，在长三角一体化背景之下，这一模式不断“升级”。

发达地区要环保，急待发展的地区缺资金保护生态，两者一拍就合，皆大欢喜。为了保护新安江，富裕且受益的浙江省每年拿出一定资金，补偿上游的黄山市治理生态。当然，这钱不是随便能拿到的，每年要对新安江水质进行检测，达到一定的标准，交出满意的答卷。否则，不仅拿不到补贴，还要被罚。

这种有奖有罚的跨省域水环境生态补偿机制，是一种新型的模式，从 2012 年试点以来，不断创新发展。根据皖浙两省签署的协议，两省共同设立新安江流域上下游横向生态补偿资金，其中 2018 年至 2020 年，两省每年各出资 2 亿元，在延续流域生态补偿机制的基础上，积极采取工程、经济、科技等措施，加快形成绿色生产方式和生活方式，共同推进全流域生态环境保护与经济社会协调可持续发展。

“新安江模式”把皖浙两省、杭黄两市紧密联系在一起，共同为造福人民，造福生态作出努力和贡献。经过几年的努力，新安江的水更绿了，千岛湖更美了，农夫山泉更甜了。

黄山市是生态保护补偿机制的受益方，也是主要责任方，为了保护新安江水源，黄山市在排污权管理、开发区发展、城市污水治理、化肥农药替代、绿色特色农业发展、农村环境整治、畜禽规模养殖提升、船舶污水上岸、河(湖)长制林长制提升、全民参与保护环境等方面,作出了牺牲和贡献。仅新安江干支流退养网箱涉及渔民3万多人。从“十大工程”实施以来,新安江水质总体保持稳定,新安江流域生态保护和高质量发展不断迈上新台阶。

共护一江水,共富一方民,共兴一方业,徽杭这种新形势下的新模式,谁也离不开谁,为全国带了个好头,得到了各方的重视,并逐步在全国推广。

其四,黄山市和杭州市共同打造一条享誉世界的国际黄金旅游线。新安江水运已经完成了历史使命,而徽杭高速和杭黄高铁却担当了新时代的新使命。特别是黄杭高铁,连接杭州市和黄山市两个世界著名的风景旅游城市,沿线分布着4个世界遗产、7个5A级景区和50多个4A级景区,是一条风景优美的黄金旅游线。

杭黄高铁全长286.8公里,速度为250公里/小时,穿越浙江、安徽两省。线路起点为杭州萧山区,途径富阳、千岛湖、三阳、歙县等城市,约2小时便可抵达黄山北站。这条高铁拉近了两个旅游名城的距离,进一步增强了黄山与杭州的城市影响力和美誉度。

“上有天堂,下有苏杭”,杭州作为浙江省省会、副省级市、杭州都市圈核心城市,自古就被人称作“人间天堂”,五代十国时期吴越和南宋王朝都曾定都于此。杭州人文古迹众多,西湖及其周边有大量的自然及人文景观遗迹,具代表性的有西湖文化、良渚文化、丝绸文化、茶文化等,整个城市就是一个大花园。

“一生痴绝处，无梦到徽州”，古徽州新黄山是安徽乃至中国最有名的旅游城市，既是徽商故里，又是徽文化的重要发祥地。黄山市境内的黄山为世界自然与文化双遗产，西递、宏村是闻名中外的世界文化遗产，齐云山是全国四大道教名山，黄山市还拥有大量的国家级历史文化名城、地质公园、森林公园、风景旅游区、国家级文物保护单位和非物质文化遗产，星罗棋布的古民居是人类文化瑰宝。在黄山市，几乎每个区县都是值得观赏的旅游区。

杭黄高铁还串联起浙江省的富阳、桐庐、建德、淳安，为杭州西部的跨越发展，赢得全新机遇。这些美丽的景区像璀璨的明珠，镶嵌在黄杭高铁经过的地方，成为一道风景最美的黄金旅游线。

杭州都市圈因黄山而增添色彩，黄山因杭州都市圈而获得发展机遇。杭州与黄山的美好明天，正期待两地人民共同去创造。

文脉永传

当历史进入第十四个五年计划之际，黄山市七届人大五次会议批准的《黄山市国民经济和社会发展第十四个五年规划和二〇三五年远景目标纲要》，为黄山市人民描绘了新的灿烂的蓝图，目标是建成“山清水秀、宜游宜居的美丽黄山”，“经济发达、全民共享的富裕黄山”，“开放包容、崇德向善的文明黄山”。

《目标纲要》提出：“实施徽州文脉传承工程和徽州文化生态保护区建设规划，全面整理并系统保护徽州各类文化遗存，完善非遗保护体系”，“甄选珍贵徽州文书申报世界记忆中国国家名录。”这是黄山市首次提出“徽州文脉”的概念，提升了徽州文化层级，丰富了中华文脉和江南文脉的内涵。

文脉是一个在特定的空间发展起来的历史范畴，其上延下伸包含着极其广泛的内容。从狭义上解释即“一种文化的脉络”。

徽州文化的形成和发展有个长期历史积累的过程，从两千多年前的西汉广德王国文化到晋朝的新安文化，从隋唐的歙州文化到宋明清的徽州文化，徽州文化精神具体地存在于徽州地区各个历史时期的特征中，并通过各个历史时期中那些普遍、恒久因素的积累、凝聚，而不断充实表现出来。如徽州土地制度、徽商、徽州宗族、徽州历史名人、徽州教育、徽州科技、新安理学、新安医学、徽派朴学、徽州戏曲、新安画派、徽派篆刻、徽派版画、徽州工艺、徽州文献、徽派建筑、徽州村落、徽州民俗、徽州方言、徽菜、徽墨、徽州宗教、徽州地理、徽州楹联、徽州动植物资源等。涉及徽州经济、社会、教育、学术、文学、艺术、工艺、建筑、医学等诸学科，凡与徽州社会历史发展有关的内容，都属徽州文化范畴，可以用“物质文明和精神文明的总和”来加以概括。

对徽州文化精神的内涵、价值，其论述也百花齐放，众说纷纭，各有千秋，不断深化。有学者总结为“以义统利的义利观、公私兼顾的公私观、民富国强的家国观、遵守契约的诚信观、贾而好儒的人才观、冲突融合的和合观”等；安徽省人民政府发展研究中心“重振徽商雄风”课题组将徽商精神的本质内涵概括为“开放、诚信、进取、创新、和谐”五方面，具体表述为：“眼光向外、经营在外的开放精神；以德治商、讲求信誉的诚信精神；不畏艰难、百折不挠的进取精神；勇于探索、敢为人先的创新精神；同舟共济、相互扶植的和谐精神”。对徽商和徽文化精神的各种概括，表述尽管不同，但内核却是一致的，即吃苦耐劳的“徽骆驼”精神和“贾而好儒”的儒商精神。这是徽州当时各项事业兴旺发达的精神支柱。

提到徽文化精神内涵，我们认为还应和黄山松精神联系起来。1995 年 10 月，中央一位领导考察黄山。在玉屏峰上，他希望黄山人像黄山松一样坚韧不拔、奋发向上，并希望这种黄山松精神成为安徽精神，以促进黄山乃至安徽更快更好发展。不久，安徽省委六届二次全会召开，会议提出以“黄山松精神”作为安徽精神的象征，经过不断完善，黄山松精神概括为“顶峰傲雪的自强精神，坚韧不拔的拼搏精神，百折不挠的进取精神，众木成林的团结精神，广迎四海的开放精神，全心全意的奉献精神。”

徽文化精神和黄山松精神是不同历史时期的精神动力，互为补充，相得益彰。黄山松扎根在徽州，徽文化发源于徽州，这两种精神都是徽州精神的象征，其文化脉络一脉相承。

作为徽州人和徽州的拥趸们，内心还有一个更大的梦，就是保持徽州文化生态保护区的完整，实现徽州的优秀文化复兴。

2006 年，为了加强传统文化整体性保护，全国先后设立了 11 个国家级文化生态保护实验区。

徽州文化生态保护实验区是在时任国务院总理温家宝的亲自批示下，继闽南文化生态保护实验区之后的全国第二个文化生态保护实验区。一经批复，就受到世人瞩目。

2008年元月,文化部在批复"同意在安徽省黄山市、绩溪县和江西省婺源县设立'徽州文化生态保护实验区'"文件中要求:"要认真按照《徽州文化生态保护实验区规划纲要》的有关要求,认真做好徽州文化生态保护实验区规划和实施方案,将文化生态保护各项工作任务落到实处,并积极探索经验,为各地文化生态保护工作起到示范作用,待条件成熟后,再命名为徽州文化生态保护区"。

2019年,徽州文化生态保护实验区正式公布为徽州文化生态保护区,成为七个国家级文化生态保护区之一。

自此以后,徽州本土人和热爱徽州的人圆梦的心情更加迫切。

鉴于古徽州六县现分布在安徽省黄山市、宣城市绩溪县和江西省婺源县,要在新形势下研究和弘扬徽文化,把徽州文化保护好、传承好、利用好,使中华文明的这一瑰宝发挥更大的作用,必须凝聚工作合力,建立健全跨行政区域的联动协调机制。一方面,要树立大局意识,加强两省(安徽省、江西省)三市(黄山市、宣城市和上饶市)沟通协调,密切协作配合,增强徽州文化保护传承利用的系统性与整体性,形成徽州文化保护传承利用的强大合力;另一方面,在条件成熟时,努力推进徽州文化保护区和行政区的统一。

在长三角一体化发展过程中,大力加强徽商文化研究,将徽商文化作为推动长三角一体化的重要推动力量,很有必要,也很重要。

目前长三角以全国1/26的国土面积,集中了全国1/4的经济总量和1/4以上的工业增加值,成为中国区域协同创新、更高质量一体化发展最重要的"试验田"之一;经济文化一体化是现代经济社会发展的重要趋势,在现代化进程中,经济发展为文化发展提供必要的物质基础,文化发展为经济发展提供强大的推动力量。

在国家战略的指引下,黄山市作为长三角的一员,坚定不移地全方位融杭接沪,高质量融入长三角一体化发展。

历史上明清徽商与长三角相互依存、相互作用,特别是"徽州与江南山水相连,相互影响,徽州文化丰富了江南城市文化,徽商更助推了长三角的社会转型",这就为新时代徽商崛起提供了历史智慧和借鉴。徽商在早期长三角经济、文化、社会转型等一体化发展过程中扮演了极为重要的角色。当然,反过来,也正是长三角为明清徽商崛起提供了最佳的市场空间,它是徽商得以崛起最为重要的因素。因此,可以说长三角与徽商是互相成就,没有长三角,就没有徽商的崛起，没有徽商，长三角的辉煌就要失色不少。

努力做好“徽文章”，必须抓住并用好长三角一体化重大机遇。2020 年 8 月 20 日，习近平总书记在合肥市主持召开扎实推进长三角一体化发展座谈会，标志着安徽在长三角一体化发展中从“全面参与”迈向“深度融合”。在当前全面贯彻落实长三角一体化发展国家战略，学习贯彻习近平总书记在安徽考察时的重要讲话精神的历史背景下，要大力继承和弘扬徽商文化，为新时代徽商崛起提供历史智慧，同时要打响徽州文化品牌，推动徽州文化“创造性转化、创新性发展”，使徽州文化与当代文化相适应、与现代社会相协调，并不断赋予新的时代内涵和现代表达形式。

宋代诗人王令有首《送春》：

三月残花落更开，小檐日日燕飞来。
子规夜半犹啼血，不信东风唤不回。

暮春三月，春天将离，但花落了还会重开，燕子离去了还会回来，然而那眷恋春光的杜鹃，半夜里啼叫直至嘴角流血，它不相信春天唤不回来！诗人以此来表达珍惜春光的心情，又显示了自信和努力的态度。

不信东风唤不回。我们相信，只要坚持不懈地努力，徽州这个历史悠久的地方，一定会文脉永存；灿烂的徽州文化，一定会发出更加耀眼的光芒。

我们相信，徽州，你会给我们圆梦的感动！

自秦实行郡县制以后，两千多年，徽州一路走来，闪烁出令人夺目的光彩，也留下了令人遗憾的伤痕。她经历了从原始到文明的发展历程，也经历了贫困—起步—辉煌—没落的历程，并向着复兴—再辉煌的目标奋进。

习近平总书记在参观《复兴之路》展览时指出，“实现中华民族伟大复兴，就是中华民族近代以来最伟大的梦想。”

每个徽州人也都有一个徽州梦，徽州梦是中国梦的一个重要组成部分。中华民族的复兴，徽州文化的复兴，一直是我们心中的梦。

两千多年的徽州历史，是中华民族奋斗史、文明史、发展史的一个缩影。当历史进入新的时代，徽州一定会在新形势下，复兴优秀文化，重铸历史辉煌，成为一颗靓丽璀璨的美丽中国的明珠！

一、徽州历史沿革大事记

秦(前221—前206年)

秦王政二十四年(前223年),秦灭楚。

秦王政二十五年(前222年),置会稽郡,郡治吴(今苏州)。

秦王政二十六年(前221年),建歙县(治今徽城镇)、黟县(治今黟县宏村镇古城村),属会稽郡。

约秦始皇三十七年(前210年),鄣郡从会稽郡分出,治所在故鄣县(今浙江安吉县)。歙县为都尉治。歙县、黟县属鄣郡。

汉(前206—220年)

汉高帝元年(前206年),歙县属项羽西楚国(都治彭城,今徐州市区)鄣郡;项羽封梅销为侯,黟县(现祁门部分)为梅销封侯地。

汉高帝五年(前202年),刘邦即位,歙县属韩信楚国(都下邳,今江苏睢宁县古邳镇)鄣郡;黟县(现祁门部分)仍为梅销封侯地。

汉高帝六年(前201年)至十二年(前195年),鄣郡属荆国(西汉刘贾封地),都吴(今苏州)。

汉高帝十二年(前195年)至汉景帝三年(前154年),鄣郡属吴国(西汉刘濞封地),都广陵(今扬州)。

汉景帝三年(前154年)至汉武帝元狩二年(前121年),鄣郡属江都国(西汉刘非、刘建封地),都广陵(今扬州)。

汉武帝元狩二年(前121年),鄣郡改为丹阳郡,黟县、歙县属之,郡治宛陵(今安徽宣城市区),歙县为都尉治。

汉武帝元封五年(前106年),丹阳郡属扬州刺史部。

汉成帝鸿嘉二年(前19年),立中山宪王弟、利乡侯刘安之孙刘云客为广德王,并将黟县改为广德王国(都今宏村镇古城村)。歙县属丹阳郡。

汉成帝鸿嘉五年(前16年)刘云客死,因无子嗣继位,广德王国废除,复为黟县。

汉哀帝建平三年(前4年),立中山靖王刘胜第七世嫡系孙、第一任广德王刘云客的弟弟刘广汉为广德王,黟县二改为广德王国。

汉哀帝建平六年(前1年),刘广汉死,无子嗣继位,广德王国再次废除,复为黟县。

汉平帝元始二年(2年)七月,立广川惠王刘越的曾孙刘伦为广德王,黟县三改为广德王国。元始四年(4年),刘伦去世,其子刘赤继承广德王之位,为第四任广德王。

公元9年,王莽篡国,即皇帝位,定国号为“新”,西汉灭亡。广德王国降为广德公国,刘赤被贬为广德公。公元10年,王莽废广德公国,改为愬虏县。歙、愬虏两县仍属扬州刺史部丹阳郡。

东汉光武帝建武六年(30年),改愬虏县为黟县。

东汉汉献帝建安十三年(208年),吴威武中郎将贺齐征讨歙、黟山越后,划歙以西、黟以南之地新立休阳县(治今休宁凤凰山公园);划歙以西另一地等新立犁阳县(后改为黎阳县,治今屯溪区黎阳镇);划歙以南之地新立新定县(今浙江淳安);划歙以东之地新立始新县(今浙江淳安);加上歙县、黟县,以上共6县一并从丹阳郡分出,建立新都郡,治始新(今浙江淳安)。隶属扬州。

三国(220—280年)

吴黄武元年(222年),孙吴建国,新都郡仍属吴国扬州(治建业,今南京)。

吴永安元年(258年)休阳县因避讳吴主孙休改为海阳县(治今休宁县万安镇古城岩)。新都郡领始新、黟、歙、新定、黎阳、海阳6县。隶属吴国扬州(治建业)。

晋(265—420年)

晋武帝太康元年(280年),晋灭吴后,新都郡更名为新安郡,郡治仍在始新县。新定县改为遂安县,海阳县改为海宁县,加上原始新、黎阳、歙、黟,仍领6县。新安郡仍隶属扬州(治建业,后改建康,今南京)。

南朝(420—589 年)

宋孝武帝大明八年(464 年),黎阳县并入海宁县,新安郡辖歙、黟、海宁、遂安、治新 5 县,治所始新县,隶扬州。

梁武帝普通三年(522 年),吴郡寿昌县(今浙江建德市)划入新安郡,新安郡辖歙、黟、海宁、遂安、始新、寿昌 6 县,治所始新县,仍隶属扬州。

梁武帝大同元年(535 年)析歙县华阳镇置良安县(治今安徽绩溪县城华阳镇东),仍属新安郡。隶扬州。一说大宝元年(550 年),侯景叛乱,良安县废入歙县。

梁元帝承圣二年(553 年)析海宁、黟、歙各一部分,又置黎阳县,与歙县、黟县、海宁 4 县置新宁郡,治所海宁(今休宁县古城岩);遂安、始新、寿昌 3 县属新安郡(一说良安县亦属之,陈永定二年即 558 年废并入歙县),治所始新县;两郡同属东扬州(治山阴,今绍兴市)。

陈文帝天嘉三年(562 年)新宁郡又并入新安郡,并黎阳县入海宁县。新安郡领歙县、黟县、海宁、遂安、始新、寿昌 6 县。隶属东扬州(治山阴)。

隋朝(581—618 年)

隋文帝开皇九年(589 年),始新县改为新安县,遂安、寿昌县并入,隶婺州(今浙江金华);黟县、歙县并入海宁县(治今休宁县万安镇古城岩),同隶婺州(治金华,今浙江金华市)。

隋文帝开皇十一年(591 年),又复置黟、歙两县,并置歙州,黟县、歙县、海宁隶属歙州,州治设在黟县(今宏村镇古城村)。属海宁县的篁墩划属歙县。

隋文帝开皇十八年(598 年),改海宁县为休宁县,取休阳(东汉时建县,后改海阳)、海宁各一字命名。

隋炀帝大业三年(607 年),歙州又改为新安郡,领歙、黟、休宁 3 县。治黟县。

隋炀帝大业十二年(616 年)汪华起兵,占郡地及宣城、余杭、遂安、东阳、鄱阳共 6 郡,号称吴王,郡治由黟县迁至休宁万岁山(今休宁万安);义宁元年(617 年)郡治迁歙县乌聊山,筑郡城。

唐(618—907 年)

唐高祖武德四年(621 年),汪华附唐,封越国公。复改新安郡为歙州,在歙县置总管府，领歙、黟、休宁、良安（一说隋末复置良安县，治今绩溪县华阳镇东），隶歙县总管府。汪华为总管府使持节总管歙、宣、杭、睦、婺、饶六州诸军事。

唐高祖武德七年（624 年），改歙州总管府为歙州都督府（一说废良安县入歙县）。

唐太宗贞观元年（627 年），歙州领歙县、黟县、休宁县，隶江南道。

唐高宗永徽五年（654 年），平睦州陈硕真起义，析歙县东竦口地等建北野县，歙州领歙、黟、休宁、北野 4 县。

唐玄宗开元二十一年（733 年），江南道分为江南东道和江南西道，歙州辖歙、黟、休宁、北野 4 县，隶江南东道（治今苏州）采访处置使。

唐玄宗开元二十八年（740 年），歙人洪贞起义被镇压，析休宁县回玉乡及乐平县怀金乡置婺源县，歙州辖歙县、黟县、休宁、婺源、北野 5 县。

唐玄宗天宝元年（742 年），又改歙州为新安郡（治歙县），仍属江南东道。

唐玄宗天宝四年（745 年），析泾县西南地，置太平县，属宣城郡（一说天宝十一年置）。

唐玄宗天宝六年（747 年），敕改黟山改为黄山。

唐肃宗乾元元年（758 年），改新安郡为歙州。析江南东道为浙江东道、浙江西道，歙州隶属浙江西道节度使，未几设置宣歙饶道，歙州隶宣歙饶观察使。

唐肃宗上元二年（761 年），因浙西道治所迁至宣州，宣歙道废入浙江西道，歙州改属浙西观察使。

唐代宗宝应二年（763 年），析太平县东北 9 乡置旌德县，属宣州。

唐代宗永泰元年（765 年），方清起义军攻陷歙州，占据黟县赤山镇（今祁门祁山镇），建阊门县。

唐代宗永泰二年（766 年），方清起义遭镇压，析歙西、休宁东地置归德县；废阊门县，又析黟县赤山镇和饶州浮梁地置祁门县；划歙县华阳镇置绩溪县，歙州领歙、黟、休宁、绩溪、婺源、祁门、北野、归德等 8 县。复置宣歙道，歙州隶宣歙池观察使（治宣州，今宣州市区）。

唐代宗永泰二年（766 年）划秋浦、青阳一部分置石埭县（今石台县），属池州。

唐代宗大历五年（770 年），废北野县，其地属歙县；废归德县，其地属休宁。歙州领歙、黟、休宁、绩溪、婺源、祁门 6 县，形成了以后徽州的“一府六县”

格局。

唐代宗大历十四年(779 年),合浙江东、西道,宣歙道三道,歙州属浙江东西道观察使。

唐德宗建中元年(780 年),复分浙江东、西为二道。歙州隶浙江西道观察使。

唐德宗建中二年(781 年)复合浙江东西二道观察使,设节度使,赐号“镇海军节度使”。歙州属镇海军节度使。

唐德宗贞元三年(787 年),撤节分道,分镇海军节度使为浙西、浙东、宣歙3 道,现安徽江南地区全在宣歙道(治宣州),统领宣州、歙州、池州。

唐德宗贞元十二年(796 年),宣歙道改名宣歙池都团练观察处置使(仍驻宣州)。

唐宪宗元和六年(811 年),升歙州为上州,婺源县为上县。

唐昭宗龙纪元年(889 年),淮南留守杨行密陷宣州,自称宣歙观察使。

唐昭宗大顺元年(890 年),升宣歙观察使为宁国军,歙州改属宁国军节度使(仍治宣州),杨行密为节度使。

唐昭宗景福元年(892 年),杨行密任淮南节度使(治扬州),领 8 州。

唐昭宗景福二年(893 年)杨行密遣将进攻歙州,立池州将陶雅为歙州刺史。

唐昭宗天复二年(902 年),杨行密被赐爵吴王。

唐昭宗天复三年(903 年),废宁国军节度使,更名宣歙池都团练观察处置使(仍驻宣州)。唐哀帝天祐二年(905 年),置歙、婺、衢、睦四州都团练观察处置使,治歙州。刺史陶雅为观察使。

五代十国(907—960 年)

唐哀帝天祐二年(905 年),吴王杨行密死,其长子杨渥袭位,仍沿用唐哀帝年号。杨渥死后,其弟杨隆演继位。顺义七年(927 年),杨行密四子杨溥登南吴帝位。歙州属吴国。

南唐李昪升元元年(937 年),徐知诰(后复李姓,改名昪)篡夺吴国政权,建立南唐。歙州属南唐。

宋(960—1279年)

宋太祖开宝八年(975年),灭南唐,歙州改属江南道。宋太宗太平兴国四年(979年),歙州六县属江南西道。

宋太宗至道三年(997年)改道为路,歙州属江南路。

宋真宗天禧四年(1020年)分江南路为江南东路和江南西路,歙州隶江南东路转运使。

宋徽宗宣和三年(1121年),平息方腊起义,改歙州为徽州。徽州隶歙、黟、休宁、绩溪、婺源、祁门6县。治歙县,隶江南东路转运使。

南宋宋高宗建炎四年(1130年),合江南东、西路为江南路,又改江宁府为建康府,作为陪都,置建康府路统建康府(今南京)、池、饶、宣、徽、太平州、广德军,徽州隶江南路转运使建康府路安抚使。

宋高宗绍兴元年(1131年),江南路复分江南东、西路。徽州隶江南东路转运使。

元(1206—1368年)

元世祖至元十三年(1276年),元朝在南宋的核心地区置江淮等路行中书省,省治于原淮南东路首府扬州。徽州隶江淮行省。

元世祖至元十四年(1277年),徽州升徽州路,辖县不变。隶江淮行省。

元世祖至元二十一年(1284年),为管理方便,迁省治于杭州。徽州路属江淮行省(治杭州路)。

至元二十二年(1285年),割江北扬州等地隶河南江北行中书省,剩余部分改为江浙行省。徽州路属江浙行省。

元世祖至元二十三年(1286年),从江西等处行中书省划福建地入江浙行省。江浙行省辖境包括今江苏南部、安徽南部,浙江、福建二省全境及江西部分地区。

元世祖至元二十八年(1291年),徽州路属江浙行省江东建康道肃政廉访使司。

元成宗元贞元年(1295年),婺源县升为州,属江浙行省徽州路,徽州路辖1州5县(婺源州、歙、黟、休宁、绩溪、祁门县)。婺源州下面不再设县。

元顺帝至正十六年(1356年),韩林儿设江南行中书省,任朱元璋为江南等处行中书省平章(地方高级长官)。

元顺帝至正十七年(1357 年),朱元璋将徽州路改为兴安府(治歙县),领歙、黟、休宁、绩溪、祁门县和婺源州,属江南行省(治应天府,今南京)。

元顺帝至正二十四年(1364 年),朱元璋称吴王。

元顺帝至正二十七年(1367 年)朱元璋将兴安府改为徽州府。领地未变。隶江南行省。

明(1368—1644 年)

明太祖洪武元年(1368 年)正月,明朝建立,都应天府(今南京)。徽州府属江南行省。八月罢江南行省,徽州府直属中书省。

明太祖洪武二年(1369 年),改婺源州为婺源县,徽州府领歙、黟、休宁、祁门、绩溪、婺源 6 县。

明太祖洪武九年(1376 年),把行省改为承宣布政使司,初共设十二布政司和一个直隶区,直隶区(后称南直隶)以应天府、苏州府、徽州府等 14 个府级单位为直隶,徽州府属直隶中书省。

明太祖洪武十三年(1380 年),颁发《废丞相、大夫,罢中书诏》,撤销中书省,不置丞相,升六部尚书秩正二品,归皇帝直接领导。徽州府直隶中央六部。

明太祖洪武二十九年(1396 年)徽州府的司法、监察事宜由浙江按察使黟婺分司佥事(官名)管辖。

明成祖永乐元年(1403 年),改隶南直隶(南京)。

明世宗嘉靖三十四年(1555 年),徽州府的司法监察及兵备之事,隶属于浙江按察司徽宁池太道兵备副使管辖;

明穆宗隆庆六年(1572 年),隶浙江按察司分司徽宁道兵备副使。

清(1616—1911 年)

清世祖顺治二年(1645 年),改南直隶为江南省,省府驻地江宁(即今南京)。徽州府属江南省。

清世祖顺治十八年(1661 年),江南省分为:“江南右布政使司”(治所苏州)和“江南左布政使司”(治所江宁)。徽州府属江南左布政使司徽宁道。

清圣祖康熙六年(1667 年),取“江宁”和“苏州”二府首字的合成,改“江南右布政使司”为“江苏布政使司”,建“江苏省”;取“安庆”和“徽州”二府首字的合成,改“江南左布政使司”为“安徽布政使司”,建“安徽省”,并裁徽宁道，隶安徽省。

清圣祖康熙九年（1670 年）五月，复置徽宁道，驻徽州府（治今安徽歙县），领徽州府、宁国府、广德州。

清圣祖康熙二十一年（1682 年）十月，裁安池太、徽宁 2 道，原领各府州一并属江安十府粮储道（原专掌漕粮的监察兑收和督押运艘的专业道，驻江宁），驻徽州府。

清世宗雍正十一年十二月（1734 年 1 月），置安徽宁池太广道，领安庆、徽州、池州、太平、宁国 5 府，广德 1 直隶州，治安庆府。雍正十二年十月（1734 年 11 月），移道治于芜湖县。

清高宗乾隆二十五年（1760 年），安徽布政使司移驻安庆。安庆就正式成了安徽省的省会。

清文宗咸丰五年十月（1855 年），改原安徽宁池太广道为“徽宁池太广道”，添设皖南镇总兵一员。并迁道治于宁国府（安庆府归庐凤道），带兵备衔，加按察使衔，可专摺奏事，暂归浙江巡抚兼辖。咸丰十年（1860 年），迁道治于徽州府祁门县。同治四年（1865 年），迁道治于太平府芜湖县。

清穆宗同治四年（1865 年）徽宁池太广道复归安徽省，徽州府仍隶属安徽省徽宁池太广道。清德宗光绪三十四年（1908 年）裁安庐滁和道，其原领之安庆府来属。改安徽省徽宁池太广道为皖南道，领安庆、徽州、宁国、池州、太平 5 府及直隶州广德。治太平府芜湖县。

中华民国（1912—1949 年 9 月）

民国元年（1912 年），裁撤清代各道，并裁府留县，徽州府撤销，原辖六县直属安徽省。

民国三年（1914 年），根据《道官制》，全省置安庆、芜湖、淮泗 3 道。原徽州各县属芜湖道。

民国十六年（1927 年）废道，原徽州各县又直属安徽省。

民国二十一年（1932 年）4 月，全省分为 10 个区，每区辖 5 ~ 8 个县，试行首席县长制，每区设置首席县长 1 人，原徽州各县属十区，首席县长由歙县县长兼任。

同年 10 月，根据《行政督察专员暂行条例》将全省划分为 10 区，实行行政督察专员制度，首席县长即被取消。第十行政督察区辖歙县、黟县、祁门、休宁、绩溪、婺源6县，行政督察专员驻休宁县。

民国二十三年(1934年)7月，婺源县划归江西省，第十区辖歙县、黟县、祁门、休宁、绩溪5县。民国二十七年(1938年)，成立皖南行署，治休宁县屯溪镇，休宁县城仍为第十区专员公署驻地。

民国二十九年(1940年)3月，撤销第十区，保留名义，各县直属皖南行署；8月，第十区改为第七区。旌德县划入第七区，行政专员公署仍驻休宁，隶皖南行署，辖歙县、黟县、祁门、休宁、绩溪、旌德6县。

民国三十四年(1945年)，抗战胜利，撤销皖南行署，第七区专员公署迁驻屯溪。民国三十六年(1947年)6月，婺源县又划归安徽省，属第七区，第七区辖歙县、黟县、祁门、休宁、绩溪、旌德、婺源7县。

民国三十七年(1948年)12月，省政府重设皖南行署，第七区属之。不久，皖南行署迁至屯溪镇。三十八年(1949年)3月，省政府迁往屯溪镇。

民国三十八年(1949年)4月，徽州全境解放，5月成立皖南区人民行政公署和徽州专区，婺源县划归江西省。徽州专区辖歙县、黟县、祁门、休宁、绩溪、旌德6县和屯溪市，专区初治歙县，后迁屯溪市，隶皖南区人民行政公署(7月行署驻地迁芜湖)。

中华人民共和国(1949年10月建国始)

1952年2月，太平、石埭、宁国三县划入徽州专区；8月，撤销皖南、皖北两区，恢复安徽省建制。徽州专区辖1市9县(屯溪市、歙县、黟县、休宁、祁门、绩溪、旌德、宁国、太平、石埭)。专署驻屯溪。

1953年12月，屯溪市直隶安徽省；1955年4月复属徽州专区。

1956年1月，撤销徽州专区，原属的9县并属芜湖专署，屯溪市直隶安徽省。

1958年8月，屯溪市改由芜湖专区和休宁县双重领导。

1959年3月，旌德县并入绩溪县，黟县并入祁门县，石埭县并入太平县。屯溪市和歙县、休宁、绩溪、太平、祁门、宁国县属芜湖专区。5月，屯溪市交休宁县领导。

1961年1月，屯溪市改为休宁县辖屯溪镇。4月，重设徽州专区，驻屯溪镇，黟县、旌德重新恢复。8月，恢复县级屯溪市，宁国县又划入徽州专区。徽州专区辖1市8县(屯溪市、歙、黟、休宁、祁门、绩溪、旌德、太平、宁国)。专署设屯溪。

1963年5月，屯溪市降为休宁县的县辖镇。但专区所在地驻休宁县屯溪镇。

1965年7月，分贵池县南部及原石埭县部分地设石台县，属池州专区。

1971年3月，徽州专区改称徽州地区，徽州地区辖县未变。

1974年3月，太平县划属池州地区，徽州地区辖歙、黟、休宁、祁门、绩溪、旌德、宁国7县。

1975年12月，屯溪市复设，徽州地区辖1市（屯溪市）7县（歙、黟、休宁、祁门、绩溪、旌德、宁国）。

1979年4月，改徽州地区革命委员为徽州行政公署，1980年5月改称徽州地区行政公署（简称徽州行署）。

1980年1月，宁国县改属宣城地区，太平、石台县又从池州划入徽州，徽州行署辖1市8县（屯溪市和歙、黟、休宁、祁门、绩溪、旌德、太平、石台）。

1983年月12月，撤销太平县，划歙县黄山人民公社、石台县广阳人民公社和原太平县辖地建立县级黄山市，直属安徽省。徽州地区辖1市7县（屯溪市和歙、黟、休宁、祁门、绩溪、旌德、石台）。

1986年6月，县级黄山市划归徽州行署代管，黄山风景区由省和地区双重领导。徽州地区辖2市7县（屯溪市、县级黄山市和歙、黟、休宁、祁门、绩溪、旌德、石台）。

1987年11月，国务院下达《关于安徽省调整徽州地区行政区划的批复》，设立地级黄山市，下辖三区（屯溪、徽州、黄山）四县（歙县、休宁、黟县、祁门）。屯溪区行政区域包括原屯溪市、歙县篁墩乡和休宁县梅林乡；黄山区以原县级黄山市为其行政区域；徽州区以原歙县岩寺镇和潜口、呈坎、罗田、西溪南、洽舍、富溪、杨村七个乡及郑村乡的瑶村新立。绩溪、旌德划归宣城行署，石台划归安庆行署（1988年后归池州）。

黄山风景区由地级黄山市成立黄山风景区管理委员会管理。

二、徽州历史年代歌

春秋战国漫悠悠,百越盘踞大扬州。[①]
吴亡属越后属楚,秦并天下定郡县。
鄣郡析自大会稽,歙黟建县属鄣郡。[②]
汉朝元狩二年中 ,鄣郡改为丹阳郡。
三国贺齐打山越,孙权划地建新都。
歙黟析分为六县,新都郡治设始新。[③]
太康元年晋灭吴,新都改名为新安。[④]
梁改新宁隶四县,郡治设在海宁县。[⑤]
陈并新宁入新安,郡治始新领六县。[⑥]
隋朝开皇九年中,歙黟并入大海宁。[⑦]
海宁隶属婺州辖,治所新设在金华。
开皇十一复歙黟,新置歙州辖三县。[⑧]
大业三年州改郡,歙州又改新安郡。
开皇十八换县名,海宁改为休宁县。
大业十二汪华起,吴王统领六郡地。[⑨]
汪华归唐封国公,新安郡名改歙州。
永徽五年平女皇,歙县划地建北野。[⑩]
开元廾八建婺源,歙州辖有五县地。[⑪]
天宝四年设太平,六年黟山改黄山。[⑫]
永泰元年义军起,黟县赤山建闾门。[⑬]
永泰二年方清败,新建祁绩和归德。[⑭]
大历五年疆域定,一州六县终成形。[⑮]
五代十国变换主,歙州地盘归南唐。

大宋建国灭南唐，宣和三年改徽州。
元朝改为徽州路，管辖五县婺源州。[16]
朱王入徽称吴王，徽州路改兴安府。[17]
洪武元年建明朝，徽州直属中书省。[18]
洪武二年领六县，婺源州改婺源县。
永乐元年又调整，徽州直属南直隶。
清朝建立废直隶，徽州府属江南省。
康熙六年建新省，安庆徽州合安徽。
民国元年立新政，废府留县直属省。
民国廿一划分区，徽州各县归十区。[19]
民国廿三七月份，婺源划归江西省。[20]
民国廿九改七区，旌德划入共六县。[21]
民国三六婺源归，七区管辖有七县。[22]

民国三八境解放，婺源重又划江西。[23]
徽州专区七兄弟，屯溪成市仍县级。[24]
五二年有新变化，太石宁县归徽州。[25]
专署驻在屯溪市，一市九县大家庭。
五六年初大调整，徽州撤销并芜湖。
五九年初大并县，古黟并入祁门县。[26]
六一年初重设徽，一市八县兄弟归。[27]
石太宁县反复变，数次划出又划进。[28]
八三年底太平撤，成立县级黄山市。
八六徽州来代管，二市七县属徽州。[29]
八七成立大黄山，三区四县加景区。[30]
绩溪旌德划宣城，石台划到安庆管。
从此徽州地名易，山市共名新版图。
煌煌徽州悠悠长，永载史册美名扬。

注释：

①扬州，古九州之一。《周礼·夏官司马篇第四·职方氏》："东南曰扬州"。

②秦王政二十五年（前222年）置会稽郡。秦始皇三十七年（前210年），鄣郡从会稽郡分出，歙、黟属鄣郡。

③贺齐讨伐歙、黟山越后，划歙以西、黟之南地新立休阳县（后改为海阳），划歙以西等地新立犁阳县（后改为黎阳），划歙以南地设新定县（今浙江淳安），划歙以东地设始新县（今淳安），加上歙、黟两县，共领6县。

④晋武帝太康元年（280年），灭吴后，新都郡改为新安郡。

⑤梁武帝承圣二年（553年），析海宁、歙、黟各一部分，又置黎阳县（宋时黎阳县曾并入海宁县），与上述3县置新宁郡。

⑥陈文帝天嘉三年（562年），新宁郡又并入新安郡，并黎阳县入海宁县。新安郡领歙、黟、海宁、遂安（今浙江淳安）、始新（今浙江淳安）、寿昌（今浙江建德市）6县。

⑦隋开皇九年（589年），歙、黟并入海宁县，隶婺州。

⑧隋开皇十一年（591年），复置歙县、黟县，并置歙州，领歙、黟、海宁三县。州治黟县。

⑨隋大业十二年（616年），汪华起兵，占新安、宣城、余杭、遂安、东阳、鄱阳，号称吴王。

⑩唐高宗永徽五年（654年），平睦州陈硕真起义，析歙县东竦口地建北野县。

⑪唐开元二十八年（740年），析休宁县回玉乡和乐平县怀金乡置婺源县，歙州领歙、黟、休宁、婺源、北野5县。

⑫唐天宝四年（一说天宝十一年），析泾县西南地置太平县，属宣城郡。六年（747年），敕改黟山为黄山。

⑬唐永泰元年（765年），方清起义占黟县赤山镇（今祁门祁山镇）建阊门县。

⑭唐永泰二年（766年），方清起义失败，析歙西、休宁东地置归德县；废阊门县，又析黟县赤山镇和饶州浮梁地置祁门县；划歙县华阳镇置绩溪县，歙州领歙、黟、祁门、休宁、绩溪、婺源、北野、归德共8县。

⑮唐大历五年（770年），废北野、归德县，其地分属歙、休，歙州领歙、黟、

祁门、休宁、绩溪、婺源 6 县，形成以后徽州一府六县的格局。

⑯元世祖至元十四年（1277 年），徽州升为徽州路；元贞元年（1291 年），婺源县升为婺源州，徽州路领 1 州 5 县（婺源州及歙、黟、祁门、休宁、绩溪 5 县）。

⑰元顺帝至正十七年（1357 年），朱元璋起义军入徽后，将徽州路改为兴安府。三年后（1367 年），改为徽州府。

⑱明太祖洪武元年（1368 年），徽州府直属中书省。翌年，婺源州又复改为婺源县。

⑲民国二十一年（1932 年）10 月，全省划分十个区，实行行政督察专员制度，第十区辖原徽州六县。

⑳民国二十三年（1934 年）7 月，婺源划归江西省，第十区辖 5 县。

㉑民国二十九年（1940 年），第十区改为第七区，旌德县划入。第七区辖歙、黟、祁门、休宁、绩溪、旌德 6 县。

㉒民国三十六年（1947 年），婺源县又划归安徽省，属第七区。

㉓民国三十八年（1949 年）4 月，徽州全境解放，5 月，婺源又划至江西省。

㉔5 月成立徽州专区，徽州专区领歙、黟、祁门、休宁、绩溪、旌德 6 县和屯溪市。

㉕1952 年 2 月，太平、石埭、宁国三县划入徽州专区。专区辖 1 市 9 县。

㉖1959 年 3 月，黟县并入祁门县，旌德县并入绩溪县，石埭县并入太平县。屯溪市和歙县、休宁、绩溪、太平、祁门、宁国县属芜湖专区。5 月，屯溪市交休宁县领导。

㉗1961 年 4 月，重设徽州专区，辖 1 市 8 县（屯溪市和歙、黟、祁门、休宁、绩溪、旌德、宁国、太平县）。

㉘1965 年 7 月，新设石台县，属池州地区。1974 年 3 月，太平划入池州，1980 年 1 月，宁国划入宣城地区，太平、石台县又划归徽州。徽州领 1 市 8 县（屯溪市和歙、黟、祁门、休宁、绩溪、旌德、石台、太平县）

㉙1986 年 6 月，县级黄山市划归徽州地区代管，徽州辖 2 市 7 县（县级屯溪市、黄山市和歙、黟、祁门、休宁、绩溪、旌德、石台县）

㉚1987 年 11 月，成立地级黄山市，辖三区（屯溪、徽州、黄山）四县（歙县、黟县、休宁、祁门）和黄山风景区。

三、以史为鉴读徽州

——我们的徽州观

作为地道的徽州人，当徽州时至运集、声名鹊起之时，有人问我们："你们对历史上的徽州和今天的黄山市，怎么看？"

这个涉及徽州观的问题太大，不是我等之辈所能准确回答得了的。但作为徽州人，又不能回避不说。我们始终认为：对徽州要冷思考、热作为，要有准确的定位，要有科学的评价，要大力继承其优秀的精粹，要敢于批判其历史的缺陷。

徽州，是中国历史上享有盛名的地区，她经历了从"蛮夷"山越土族向汉族文明的历史进程，承载了明清以来徽商文化的辉煌，留下了珍贵的物质和非物质文化遗产，铸就了超越地域的文化品牌。徽州是安徽的，也是全国的，她是中国封建社会后期宗法社会的代表，也是中华灿烂文化的优秀代表。但作为封建文化，她不可避免地有其历史的局限性和消极性。基于水平所限，我们也只能是泛泛而论，恐怕还难以触及问题的核心。

一、徽州历史上因何出名？

纵观历史，一个地方有些名气，有多种因素。大致可归纳为以下几种：

一是因人物而名。如曹操，东汉沛国谯人，即今安徽亳州人。和曹操同时代的神医华佗也是今亳州人，且华佗被这位老乡所杀。亳州因曹操与华佗而名，不仅是国家历史文化名城，还是"中华药都之乡"，很大程度上是沾了"华佗故里"的光。"南黄山，北亳州"，使亳州成为有点名气的旅游城市。

二是因帝都而名。西安，古称长安、京兆，是举世闻名的世界四大文明古都之一，居中国四大古都之首。"秦州自古帝王都"，公元前 12 世纪，周文王就在这里建立丰京、镐京两京，之后，又先后有 10 多个王朝和政权如秦、汉、隋、唐等均建都西安，西安每一块秦砖汉瓦的碎片，都有一段沧桑历史。北京作为元朝大都、明清皇城，更享有历史上世界最大都市的殊荣。

三是因战事而名。合肥因三国时逍遥津大战而名，大意失荆州成就了三国时的战略重镇——荆州。山西平型关因抗日战争平型关大捷而名，临潼骊山因西安事变而名。

四是因风景而名。无论是徽之黄山还是桂林山水，无论是佛教圣地还是道教名山，都因为有山水风光或寺庙道观而名。天下名山僧占多，天下秀水遍江南，均成为人们向往的去处。

除上述几方面，使一个地方名闻名遐迩的原因还很多。著名诗人的一首诗、一句话、一个突发事件等等，都可以使一个地方成名，尽管有的是好评，有的是差评。

徽州为什么出名，清朝婺源县学者江蕃说："新安古以大好山水名，迩代以文献名。"这话有一定道理，但似乎没有说到根本原因。

徽州山水很美，但中国山水胜地何其多也；黄山开发较迟，因交通不便，也无皇帝来祭山封神；徽州古代的名人很多，但都无法和朱元璋、曹操、刘邦等帝王相比；徽州文献很多，但以民间文献、乡土文献居多，也无法和数百年古都的帝王文献、官方文献相比。实事求是地说，徽州在明清出名，并非因山水，并非因官宦，并非因名人，并非因女人，而是因为徽商。

没有称雄明清数百载的徽商，徽州可能还是个穷乡僻壤、名不见经传的山区；没有"富甲天下"的徽商，就不会有那么多的祠堂、民居、牌坊和村落；没有"贾而好儒"的徽商，就没有书院遍乡、文风昌盛的徽州，就出不了那么多的举人、进士、状元和名宦，也不可能留下那么多的文献。

徽州的历史文化遗存，包括非物质形态（戏剧、风俗、工艺、品牌等文化现象）和物质形态（建筑、典籍、文书、器具等文物实体），大多都渗透了徽商文化的元素。

这就说明一个道理：经济是基础，它决定文化的发展和繁荣程度。经济基础是支撑一个社会、一个地方发展和进步的前提；文化是灵魂，是一个社会、一个地方发展过程中内涵的积淀。文化的发达与否是由经济基础决定的，经济为文化提供发挥效能的物质平台。当然，经济又离不开文化的支撑，文化赋予经济以深厚的人文价值以及引导社会、教育人民、推动发展的功能，增强民族凝聚力和创造力，赋予经济发展以更强的竞争力。那种把文化孤立甚至悬空在经济之上的观点，那种脱离经济与现实的文化研究方向都是不可取的。

历史上的徽商，不仅改变了徽州百姓的命运，也改变了徽州的命运。"无徽不成镇"、"富哉商乎"、"盛哉歙乎"、"歙为富州"、"东南邹鲁"等溢美之词不绝于耳。以至清朝成立安徽省时，将徽州的"徽"字作为省名中的一个，可见徽州的历史地位。

二、徽州历史上发展的几个拐点

拐点,原是高等数学的一个概念,是指改变曲线向上或向下方向的点,用在这里,借指事物的发展趋势开始改变的地方或时间节点。

中国的山区很多,为什么徽州能在山区中独树一帜,屹立于中国众多州府之林?它的发展轨迹中有哪几个拐点?我们认为,可以用三句话来大致概括:

文野之分移民始,人才辈出离土始,贫富两极徽商始。

先说第一句,文野之分移民始。

徽州这块地盘从前秦到秦汉,都是越人控制的地盘。山越并不是一个民族,"是秦汉时期南方越人的后裔……与汉人发生了融合。住在山区的越人,叫山越"。[①]这个多民族的混合族群,一部分是土著的越民,就是历史上说的于越和东越族,一部分是汉族中一些为避租税、避战乱或犯了王法逃匿到山区的华夏族人(汉前尚不能称汉人)。他们有几个共同特点:

一是在装束语言上,"剪发文身"[②],"锥髻鸟语"[③],椎髻,就是将头发结成锥形的髻。所谓鸟语,是当时山越人的特殊语言,似鸟鸣音,后来逐渐发展成"六邑之语不能相通,而一邑中四乡又复差别"[④]的多种徽州方音。

二是在生产方式上,保留火耕水耨、开山烧荒、广种薄收的农业落后方式。

三是在社会交往上,山越人一般不与外界来往,藏匿山林,终身不入城郭。

四是性格上,勇悍尚武,自制兵甲武器,用格斗来征服对手。

五是对政府态度上,不遵王制,不纳王租,不服从管理。甚至时不时袭击官军和政府人员。

文明与野蛮,文雅与俚俗,构成文野之分。山越人这种生活与生产方式显然与时代发展不相容。

从秦、汉一直到三国时代,历代皇朝都对山越人实行追捕和围剿,用镇抚并举的措施把他们改造成服从王朝管理的"文明人"。诚如中国近代著名学者梁启超在《十种德性相反相成义 · 自由与制裁》中所说,"是故文明人最自由,野蛮人亦最自由,自由等也,而文野之别,全在其有制裁力与否"。通过这样的方式,皇朝终于剿灭了无政府主义的"自由"的山越,把他们纳入到朝廷的管理与约束之下。

镇抚山越的大计基本是在三国孙吴政权下完成的。吴国控制的会稽、吴郡、丹阳、豫章、庐陵等诸郡均是山越人活动频繁的地区，面对当时“天下鼎沸，群盗满山”的状况，年轻的孙权政权只有采取讨伐的措施平定山越，才能稳定政权，在江东站稳脚跟。对降附的山越，“强者补兵，羸者补户”[⑤]，补兵就是补充到军队之中，补户就是将山民徙居平畈与汉人杂居，转化为郡县的编民。据有关资料统计，补兵的约在13万人，补户的约在20万户左右。这不仅大大增强了孙权的军事实力，而且利用屯田，强制山越人从事农业生产，提高了经济实力。

山越从深山老林中迁移到平畈区，也是一次大移民活动，脱离封闭环境的山越人和汉人融为一体，并肩携手开发江南，加速了山越人向汉文明转化的进程。从此，“元恶既枭，种党归义，荡涤山薮，献戎十万。野无遗寇，邑罔残奸。”[⑥]江南的经济也出现繁荣的局面。

应当说，把山越纳入体制管辖之下，是历史的必然。任何无政府主义都与历史潮流不相符合。但是，这种用山越人的鲜血换来的文明进程毕竟太残酷。

而徽州真正进入文明行列，是中国的三次人口大迁徙。中原百姓包括望族大户为避北方战乱，在晋永嘉、唐安史、黄巢之乱及南宋建炎年间，先后三次向南方大移民，当时的徽州地盘则是容纳大移民的地区之一。这给徽州的发展和文明进程带来了历史的机遇。

中国的开发和发展，当时北方比南方快，经济和文化都是南方所无法比拟的。当时的长江以南长期是百越之土、蛮荒之地，生产力十分低下。三次大移民，不仅带来了族群的交融，而且带来了人才和先进的文化、技术和生产生活方式。正如《新安志》所载：“其（新安）人自昔特多以材力保捍乡土为称，其后寖有文士，黄巢之乱，中原衣冠，避地保于此，后或去或留，俗益向文雅。”[⑦]

中原文士吹来文明之风，潜移默化地改造着带野性的山越族群，影响了一代又一代的徽州人。正如末代翰林、歙籍著名学者许承尧先生所总结的：徽州“武劲之风，盛于梁陈隋间，如程忠壮、汪越国，皆以捍卫乡里显。若文艺则振兴于唐宋，如吴少徵、舒雅诸前哲，悉著望一时，而元明以来，英贤辈出，则彬彬然称东南邹鲁矣”。[⑧]

我们今天一些南方人包括徽州人对河南等中原之地，应持敬畏之心，因为，我们的祖先很可能就是中原移民的后裔。

第二句话是人才辈出离土始。

徽州介万山之中，地狭人稠，耕获三不赡一，且不易耕作，每年农民种粮，仅供数月，其他时间只得从外地买粮，以至于“一日米船不至，民有饥色；三日不至有饿莩（莩同殍）；五日不至有昼夺”。[9]民以食为天，吃饭问题，成了徽州百姓的头等大事。但买粮要钱，而靠这点薄地茶山根本养不活当地百姓。唯一的出路是离土又离乡，到外地谋生路。

徽州的对外开放经历了漫长的历程。在明初，徽州包括现在整个皖南地区，还是“以耕绩为务本，以工商为末”，加之明初实行抑商政策，徽州十分封闭，百姓生活困苦。这既有“父母在，不远游”的旧观念束缚，也有国家政策的限制。要开创新生活，首先必须在观念上突破。

康熙《徽州府志》曾引用清代学者赵吉士的话，记载了徽州人走出大山的过程：

吾闻之先大父曰：嘉隆之世，人有终其身未入城郭者……有少有外事者，父兄羞之，乡党不耻焉。今则武断者比比矣。而闭户不出者，即群而笑之……[10]

这段话的意思是，明朝嘉靖（1522—1566 年）、隆庆（1567—1572 年）期间，徽州人有一生没到过城镇的，如果有离开乡土经商谋生的，父兄感到羞愧，同乡也认为是不体面的事。而今（指明末）打破旧规，特立独行者到处都是。如果有闭户不出、守在家中的，大家反而嘲笑他。黟县百姓当时也是“一闻挟薄赀（即路费），游都会，相戒摇手。”[11]

从认为到外面经商谋生是耻辱、羞愧的事，到窝在家中受人嘲笑，徽州人的观念发生了翻天覆地的变化。只有走出山门，不恋旧土，才能开启新生活的航程。徽州人终于革了自己的命，纷纷走出大山，开创新的天地，聪明才智得到充分发挥，创造了中国历史上的徽商神话。

你如果仔细了解徽州的历史，就会发现一种现象，历史上徽州人才济济，但他们的奋斗、成功，绝大多数在外地，而很少在本土。就是古代像朱熹这样的大儒，许国、胡宗宪这样的大官，江春、胡雪岩这样的大商，近代的陶行知、胡适，无不是在外地起家并扬名于外，但他们念念不忘自己的祖籍和家乡。

尤其是徽商，无徽不成镇，徽州人走到哪里，哪里就商贾兴起，经济活跃，“居城列肆俱徽郡之人”。“天高任鸟飞，海阔凭鱼跃”，交通相对闭塞的徽州本土确实提供不了这样大的舞台来给他们表演。

一方面是徽州人在外开放开拓，理念超前，另一方面，徽州本土却生活在理学的桎梏之中，相对保守而封闭，工商业的活跃和集市的繁荣，都逊于徽商奋斗在外的一些城镇。

第三句话是贫富两极徽商始。

史书和资料中不少文章都把徽商说成是富可敌国的炙手可热的人物，徽州充斥着金银气息。但深入了解徽州的经济史，就可以发现，徽州并不是人人皆富，反而两极分化、贫富悬殊比任何地方都严重。

其一，徽州富裕的群体只占小部分。无论是府志还是县志的记载，我们看到的并不都是富庶的徽州，而是贫穷、饥饿，“刀耕火种，妇子苦营”，[12]“冬月多掘蕨根以充食……妇子忍饥以待”。[13]“越舟不至，六邑无衣；荒旱偶乘，死亡立至”。[14]地瘠产薄、兵燹匪患、徭役赋税，像三座大山，压在徽州百姓头上。

徽商时代，徽州男人有十分之七在外经商，十分之三留在本地务农。明万历《歙县志》给我们描述了徽州贫富悬殊、两极分化的情景，令人触目惊心：

明弘治时期（1488—1505 年），徽州“家给人足，居则有室，佃则有田，薪则有山，艺则有圃。催科不扰，盗贼不生，婚嫁依时，闾阎安堵。妇人纺织，男子桑蓬，臧获服劳，比邻敦睦”。[15]这是一种封闭的和谐的自然经济模式，可见当时徽州社会基本还是公平的。

但随着越来越多的徽人经商，情况发生了变化：“寻至正德末、嘉靖初（1522 年前后），则稍异矣：出贾既多，土田不重。操资交接，起落不常。能者方成，拙者乃毁。东家已富，西家自贫。高下失均，锱铢共竞。互相凌夺，各自张皇。于是诈伪萌矣，讦争起矣，芬华染矣，靡汰臻矣。”[16]这时，徽州已出现重商轻农，激烈竞争，诈伪讦争，兼并弱小的现象，金银气污染了这块原本纯洁的土地。

再往后，“迨至嘉靖末隆庆间（1567 年以后），则尤异矣：末富（靠经商）居多，本富（靠土地）尽少。富者愈富，贫者愈贫。志者独雄，落者辟易。资爰有属，产自无恒。贸易纷纭，诛求刻核。奸豪变乱，巨猾侵牟。于是诈伪有鬼域矣，讦争有戈矛矣，芬华有波流矣，靡汰有丘壑矣”。[17]这种情况说明，当时徽州两极分化现象十分严重，发财的发财，破产的破产，大鱼吃小鱼，小鱼吃虾米。

历史又过了几十年，大约在万历年间，情况更严重：“迄今三十余年则迥异矣：富者百人而一，贫者十人而九。贫者既不能敌富，少者反可以制多……金令司天，钱神卓地。贪婪罔极，骨肉相残。”[18]贫富悬殊、两极分化已到了十分严重的地步，资本主义的萌芽已经在徽州大地出现。

这种两极分化表现在：

一是在外徽商富，在籍贫民苦。“徽民有资产者，多商于外。其在籍之人，强半贫无卓锥，往往有揭其敝衣残襦，暂质升合之米，以为晨炊计者，最为可怜。然巨典高门，锱铢弗屑，于是有短押小铺，专收此等穷人微物，或以银押或以酒米押，随质随赎”。[19]

二是家有大贾者富，务工务农者苦。随着两极分化的加剧，土地、山林被少数人兼并，“深山穷民，仰给杂粮。早出皆耕于山，耦樵于林，以警狼虎；暮则相与荷锄负薪以归。精馐华服，毕生不一遘焉”。[20]光绪《婺源县志》这样描述农民生活：“子妇拮据，场仅告涤，瓶已云空，冬月多掘蕨根以充食，至夏麦登粮……戴星负薪走市觅米，妇子忍饥以待，不幸为负租家夺则数腹皆枵。农之苦孰有如婺者。”[21]这大体反映了整个徽州农村务农者的状况。

三是大贾奢，小贾俭。“其雄者要以射赢牟息，美服食舆马仆妾，营良田华构，侈燕遨，广结纳以明得意”。[22]“连屋列肆，乘坚策肥，被绮毂，拥赵女，鸣琴砧屣，多新安人也”。[23]富户过着奢侈生活，而一般的小贾之家，“或负贩四方，于其家贾之利亦微矣”，[24]小户人家生活十分俭朴：“然其家居也，为俭啬而务畜积。贫者日再食，富者三食……其啬日日以甚，不及姑苏之间诸郡”；“女人犹称能俭，居乡者数月，不占鱼肉，日挫针治缝纫绽，黟祁之俗织木棉，同巷夜从相纺织，女工一月得四十五日”。[25]

其二、徽州物价高，负担重，大多百姓受虚名之累。

一是米价贵。《歙事闲谭》在《明季县中运米情形》中载：“余郡处万山中，所出粮不足一月，十九需外给，远自江广数千里，近自苏松常镇数百里而至，纳钞输牙，舟负费重，与所挟赀准。以故江南米价，徽独高。”[26]加之运输途中“衙蠹地棍，擅起私税，鱼肉米商，公行罔忌”[27]，“势必米贵病民”[28]，长途运输、重重盘剥的高价米，成了徽州百姓的最大负担。

二是赋税高。《新安志》载：“由徽岭以南，壤瘠赋重而民贫。”“自唐末，赋不属天子，骤增之，民则益贫”。[29]弘治《徽州府志》载：“唐以前，贡赋率轻。下至唐末吴杨氏及南唐偏据一隅，征敛无节，甚至取砚亦有专务。宋兴未能尽革。南渡后，仰给江南诸郡，至于酒醋之榷，亦有专官专库。元赋虽不增，而额外又有金铁诸课，民不聊生。”[30]甚至打铁造炭也得交税费，“故一炉之起厥费亦重”，“或炉既起，而风路不通，不可熔冶。或风路虽通，而熔冶不成，未免重起，亦或有一再而成者，凡此皆得不补费”。[31]只要你起炉，官方就要收费，至于你有没有熔冶成功，交的费是不会退补给你的。

康熙《徽州府志·风俗》一针见血地指出这种现象:“徽人居于维扬、苏松者未尝贫,但其生平不一,至故乡而居徽地者反受富名之累,不惟贫民,并官于此土者,亦且累于地方之虚名。”“汪京兆循曰:‘徽之贾售虚名而受实祸’。其信然哉。”[32]

徽商发迹后,相当一批人举家迁居外地,“有先贫而后裕者,因彼地发祥,故挈家而迁焉”。[33]这种外迁现象固然与徽州交通不便、徽商回乡费时有关,但也不能否定一个重要原因,即有些徽商受不了家乡这种苛捐杂税,纷纷逃离本土,外出定居,实属无奈之举。清洪玉图在《歙问》中说:“人亦安有轻去其乡者哉?大抵今之流寓者,实有以驱之也。昔之商或身处于外者,今并挈其妻子而去矣;昔之商或几岁一归者,今并弃其邱墓而往矣;向使无有驱之者,亦何为而甘播迁乎?”就是说,出去的人都是被人为驱走的,否则谁愿意背井离乡而甘心播迁?

其三,官吏不廉致使百姓负担加重。洪玉图在《歙问》中控诉说:徽州人“受弊亦多端,即如歙之地山陵居什七,田地居什二,川泽塘券居什一,总计丁粮杂赋共七万五千有奇,民甚奉公,未有不输纳者也。然问今日果能按籍征收乎?果不因公科敛乎?果能遵令革耗乎?借曰有之,额以无定而横征,胥以朋奸而中饱,农以苛猛而骚苦,人以借支而波累,奈之何而民不穷且逋也”。这种质问掷地有声:官方是“按籍”、“因公”、“遵令”、“额定”征收的吗?作者感叹:“安能遇廉惠宽简之吏?”

一些清醒的徽州人看到了光鲜外表下的真实。程读山(乾隆时人)在《为黄山寄远方游客书》中说:“……尚有诗云(指汤显祖诗):‘欲识金银气,须为黄白游。’不知吾乡山水甲天下……且硗确少田,治生维艰,实最窭地。所谓素封(注:指无官爵封邑而富比封君的人),皆乡人之业鹾于淮南北者,本州如洗,实不足当此虚名也。”[34]

这句话的意思是:有首诗说“欲识金银气,须从黄白游。”殊不知我的家乡山水甲天下,但土地坚硬田少,生活很艰辛,实际上是贫穷的地方。所谓无官爵封邑而富比封君的人,都是在淮南北做盐业生意的人,本州贫穷如洗,实际上担不起这个虚名。言下之意是,官吏们饶了我们本土的人吧,富人都在外地做生意,我们担不起这个虚名呀!

由于徽商名声在外,甚至给徽州本土带来一些副作用,即徽州这一带的税赋远高于其他地区,导致农民起义不断,盗贼横行抢掠。

三、全面科学地解读徽州

当徽州的文化价值今天被人们认识，成为一个品牌时，作为徽州人，切不可盲目头脑发热，而应冷静分析徽州的昨天和今天，总结徽州发展中正反两方面经验，特别是敢于找出徽州发展的不足和制约因素，以史为鉴，准确找到徽州在新形势下的发展思路和举措。

其一，徽州文化不是孤立存在于世，而是和中华其他优秀文化互相补充，相得益彰。中华的优秀文化举不胜举，就长江以南的地域文化来说，就有楚文化、荆楚文化、湖湘文化、吴文化、越文化、赣文化、江淮文化、巴蜀文化、岭南文化、闽文化、潮州文化、客家文化等等；国家批准的文化生态保护实验区就有闽南文化、晋中文化、客家文化、陕北文化、晋中文化等十多家，各具特色，精彩纷呈；安徽就有皖江文化、淮河文化、徽文化三大文化圈。它们既有各自的特色，又有兼容性、过渡性和互补性。因此，我们对各种优秀的中华文化，都应尊重和共融，努力吸收其精华，各自发挥独特的作用。切不可唯我独尊，排斥其他优秀文化。

其二，要看到徽州文化的不足和历史缺陷。中华传统文化，既有精华，也有糟粕。如果不认真鉴别，囫囵吞枣，对今日的精神文明建设和社会发展并无好处。这一点，恰恰是许多徽人所忽略的。我们认为，采取历史批判的精神去总结认知徽州历史和徽文化，才能更加有效地促进她的繁荣。

分析徽州文化的不足，我认为可以从“五个方面”来归纳。

（一）徽州过分重视宗族和血缘关系的小生态圈，不重视公共空间的大生态圈。

徽俗重宗法，聚族而居，姓各有祠，“绝无一杂姓搀入者”。这种过分宗族化具有强烈的排他性。为了家族宗族利益，为了争风水，争龙脉，“一人争之，一族争之”；“风水之说，徽人尤重之，其平时构争结讼，强半为此”。[35]这种大族侵小族，大户压小户现象，成为一种农村恶俗。“俗多负气，讼起微杪，而蔓延不休。然单户下民，畏权忍气，亦复不少。顾其讼也，非若武断者流，大都坟墓之争十居其七，比年此风亦稍息矣”。[36]“因之坟地迷信受病亦深，祖坟荫木之争，辄成大狱，亦其一蔽矣”。[37]

徽州历史上是多讼之地，大多有宗族介入的影子。这些民事诉讼大都是山林、田地、坟地、屋宅、风水、水利等纠纷。牵涉到家族利益，一些在外地的富商大贾和强宗巨族倾全力介入,务必争胜。民好争讼,族好争讼,使徽州讼师成为吃香的职业。这种宗族势力的强权很大程度上恶化了徽州农村的社会生态环境。

(二)过分重视门第名分观念,不重视人文关怀和公平竞争。

徽州古代是个讲门第讲名分的地区,儒家的封建门第观念根深蒂固,“主仆之分素严”;[38]“婚配论门第,辨别上中下等”[39],如果稍有违背主仆之分,则全族一起出来相争。“主仆之严,数十世不改,而宵小不敢肆焉”。[40]如果有抱养异性之子,“不能入谱”,如果据理力争,则全族共讨之,“如有恃强逞凶之事,大家(指全族人)俱要入局,不得退缩”。[41]

这种不公平的封建族规在徽州一直延续,“主仆之分甚严,役以世,即其家殷厚有赀,终不得列于大姓,或有冒与试者,攻之务去。”就是说一旦一人为仆,“终身听役,即生子女,一任主为婚配”。[42]甚至规定养子不得用大姓去应试,否则就“攻之务去”,所以“考试时代,为此争讼最多”[43]。这种封建门第名分观念,固然对维护家族统治权威有利,但有失公平,而且遏制了人才的发展,限制了年轻人婚姻自由,没有人文关怀。尤其对妇女的精神控制和道德控制更为严厉,非常不公平。

(三)过分重视消费,不重视扩大再生产的投入。

徽商在外发财后,积累的大量财富主要有两方面投入:一是在家乡建祠堂、住宅、书院、庄园及修桥补路等:二是在外消费,甚至是奢侈性消费。而用于扩大再生产的投入显然不足。

购置土地庄园的费用十分惊人。明天顺嘉靖间歙县人王友榄“买田千余亩,构屋数十楹”。[44]明休宁商人程维宗“增置休歙田产四千余亩,佃仆三百七十余家。有庄五所……又于屯溪造店房四所,共屋四十七间,居商贾之货,故税粮冠于一县”。[45]像这样“广营宅,置田园,以贻后裔”的情况比比皆是。以致出现“江南之田,唯徽州极贵,一亩价值二三十两”[46]的情况。明清时期徽州商人用于家乡置田地、盖房屋的钱到底有多少,史料没有记载,但是你到徽州的乡村转一转,估计是个天文数字。

修建祠堂书院的花费也很惊人。仅歙县紫阳书院、黟县碧阳书院的修扩建,外地徽商都大力资助,一户就有数千两银。如黟县碧阳书院,当时由黟县商人捐赠建成,“以余银六万两分发盐典生息,计岁入息金三千六百,以为延请山长脩金、生童住院膏火,而邑中之应乡会试者于此中给以资斧,其他诸用亦各条分缕析，预防流弊”。[47]这种将息钱用于日常开支和资助考生盘缠的办法，确是教育投入的长远眼光。

如果说这些开支及助饷赈灾的费用属正常合理费用，对兴农兴教和公益事业大有裨益，那么，一些徽商在外的奢侈性消费则是太过分，“沉迷酒色，妄肆费用”，[48]闹腾得太不像话。如在扬州的一些有钱徽商“无不盛宫室、美衣服、侈饮食、饰舆马仆从及诸摊钱之戏”。[49]“（新安盐商）连屋列肆，乘坚策肥，被绮縠，拥赵女，鸣琴砧屣”。[50]“扬州清明……是日四方流寓及徽商西贾、曲中名妓、一切好事之徒，无不咸集”。[51]这些富裕的商人，或“后房丽姝甚众，疲于奔命”[52]，或“家畜优伶，尝演剧自遣”[53]。扬州盐商汪石公的遗属汪太太当清高宗幸扬时，“与淮之盐商，先数月，在北城外择荒地数百亩，仿杭之西湖风景建筑亭台园榭，以供御览。惟中少一池，太太独出数万金，夜集工匠，赶造三仙池一方，池夜成而翌日驾至，高宗大赞赏”。[54]

过度的消费，使徽商投入再生产的资金受到影响。尤其是清朝，资本主义工商业已大肆进入中国，但一些徽商却毫无紧迫感，“惟娶妾、宿妓、争讼，则挥金如土”[55]，仍然过着花天酒地的生活，把大量的金钱花在生产之外的消费上，致使在激烈的竞争中屡屡败北。

少数徽州豪商的奢侈性消费，很大程度上影响了徽商的整体形象，以致明清一些小说，把徽商当作反面典型予以讽刺和鞭挞。这对广大勤奋敬业、善举积德、兴农助教、赈灾扶弱的徽商，带来了不公正的负面评价，也对徽商的一些后裔产生了不良影响。

（四）过分重视家族亲友的商帮作用，不重视建立抗风险的新型管理模式。

徽商在外，多以亲缘、地缘为纽带，结成商帮。徽商虽然也有合伙制等，也有股东的投入，但这种管理模式都是大老板独自承担无限责任，抗风险能力极弱，一旦经营出了问题，股东纷纷退股，导致企业破产。而一旦业主破产，其他人也不能幸免。史书中这样描述这种现象：“歙休两邑民皆无田，而业贾遍于天下。自寇乱，破家荡产者大半。夫两邑人以业贾故，挈其亲戚知交而与共事，以故一家得业，不独一家食焉而已。其大者能活千家百家，下亦至数十家数家，且其人亦皆终岁客居于外，而家居者亦无几焉。今不幸而一家破则遂连及多家与俱破。……故合计两邑之民，其有业者大都什不二三，而其失业者什七八焉。计天下郡邑失业之民未有如此两邑之多者。”[56]一荣俱荣，一损俱损，这种管理体制根本无法和西方资本主义的有限责任公司承担有限责任的新型管理体制抗衡，充分表现了封建商业的落后和短视。

（五）过分重视程朱理学，不重视创新和挑战不合理的规范。

徽州作为程朱阙里，对理学特别是朱子的崇拜到了登峰造极的地步。

一是徽州的书院，只教经朱子论定的学说，"凡六经传注、诸子百氏之书，非经朱子论定者，父兄不以为教，子弟不以为学也"[57]，独尊朱说，罢黜百家，将其他视为异端。

二是从元至明、清，历代封建王朝规定科举考试以朱熹亲订的《四书集注》为标准答案，凡不符合的，均视为错误。致使像俞正燮这样有真才实学的学者因观点不合常规而被拒之会试门外。

三是徽州的宗族礼仪以朱子亲订的《仪礼经传通解》和《家礼》为版本，成为徽州宗族的"小宪法"。于是，读朱子的书，听朱子的话，做朱子的好学生，成了徽州学子的祖训。雍正时期，休宁茗州吴氏家典这样说："我新安为朱子桑梓之邦，则宜读朱子之书，取朱子之教，秉朱子之礼，以邹鲁之风自恃，而以邹鲁之风传之子若孙也！"[58]"朱子之学行天下，而讲之熟，说之详，守之固，则惟新安之士为然"。[59]徽州对朱熹的崇拜比其他任何地方都厉害，"胜于他郡"，确有一批朱子的粉丝和"卫道士"，对徽州人的人生观、道德观和社会观的形成确实起了很大的作用。

朱熹作为伟大的思想家、教育家、哲学家，对我国的思想文化领域贡献是很大的。但作为一个唯心主义的理学家，他的思想体系无疑与时代发展不合拍，禁锢了人们的思想，扼杀了人们的创造性。正因为如此，以同为徽州人的戴震为代表的革新学派，大胆对朱熹的理论体系提出挑战，打开了徽州的思想解放之门。

任何学说和学派，都有历史的局限性和片面性。我们充分肯定朱熹理学思想在历史上的积极作用，但不能一谈重视传统文化，就不加分析一切照搬。批判性地继承朱子学说中的合理部分，充分认识程朱理学对徽州造成的封闭守旧、安于现状、不思进取、不敢创新的影响，对我们在新形势下重振徽州雄风，发展徽州经济，十分必要。

四、把徽文化研究与解决现实问题结合起来

徽州的辉煌已成为历史，我们不能躺在祖宗的功劳簿上过日子。今天振

兴徽州的重任无疑落在新一代徽州人身上。

其一，必须探索新形势下的徽州经济复兴之路。

如果说过去徽州靠走出山门经商致富，那么，今天振兴徽州经济靠走老路显然行不通，而必须顺势而为，重点发展以旅游休闲业为主体的第三产业。

当世界经济摆脱传统工业化模式，进入以新能源和低碳经济为特征的绿色经济时代，当中国经历了温饱时代正向小康时代迈进转型，一个新兴的产业向我们走来，这就是休闲产业的发展，她将给我们的经济和社会带来新的活力。

英国著名未来学家格雷厄姆·莫利托曾指出：休闲是新千年全球经济发展的五大推动力中的第一引擎。休闲产业将成为社会的主导经济并逐步发展为支柱产业，并将提供最大规模的就业市场，从而进入“休闲时代”，休闲将成为人类生活的重要组成部分。

所谓休闲业，是指以旅游业、娱乐业、服务业和文化业为骨干而形成的满足人们休闲需求的经济形态和产业系统。它还包括养生养老等产业。

休闲业是适应形势发展的需要，推动全球、全国和黄山市经济发展的第一引擎。她是新兴产业，是朝阳产业，也是绿色和低碳产业，有着强大的生命力和发展前景。

如果说古代是徽州人走出山门，经商创业打天下，那么，我们今天的任务是吸引各方游客走进山门，来到黄山和徽州旅游休闲。这不仅因为过去的徽州、今天的黄山市有着得天独厚的自然环境和旅游资源，更有着独具特色的人文环境。

其二，必须提高广大群众对徽文化传承利用的参与度。

徽学浩如烟海，内容深邃，往往使非专业研究者望而却步，视而生畏。过去的徽州文化研究，多在学者的书斋里进行，仿佛立于高处不胜寒的殿堂之中，只是饱读史书的知识分子方能沐浴其恩泽。

其实，徽州文化是徽州先贤和广大百姓共同创造的，徽州的建筑、民俗、戏曲、工艺、技术等大量物质和非物质文化都是劳动人民创造的。广大群众是徽文化的受众，也是传承者、弘扬者、实践者。因此，必须大力提高广大群众对徽文化的传承利用的参与度。

我们认为，徽州文化要得到更好的弘扬和发展，必须处理好以下几个关系：

一是处理好专家介入与百姓参与的关系。徽州文化离不开专家的深入研究与创新。这是徽文化弘扬于全国、全世界的重要骨干力量。专家研究的课题是高层次、高水平、广视野、专业化的精品，没有专家的努力，徽州文化的研究与发展是不可能达到一个更高的阶段的。

但是，专家毕竟是少数，力量是有限的，而民间大量的徽文化爱好者、研究者，他们所做的研究、普及、推广工作，其作用是不可低估的，甚至某些方面可以弥补专家的不足。

任何文化，没有广大群众的热情参与，肯定只能是曲高和寡，多数人被排斥在外无法介入。只有让更多的民众了解徽文化、热爱徽文化、参与徽文化的弘扬和发展，才能开创徽文化保护和发展的新局面。

二是处理好资源保护与开发的关系。对徽州大量的物质和非物质文化遗产，都应把保护放在第一位。在保护的前提下，合理科学开发，把它变成可加以利用的旅游资源、观赏资源，创造经济价值。

有些同志把保护和开发对立起来，一提开发就认为是破坏。他们认为徽州文化遗存，只能封闭圈养保护，不宜开发为旅游资源，否则就有损于古文化遗存的安全和完整。我们认为，这种绝对化看法并不利于徽州文化的保护与弘扬。

笔者就生活在世界文化遗产地的宏村镇，对这些村落的兴衰有较深的感性认识。在温饱尚不能解决的年代，无论是宏村、西递还是其他古村落，由于经济原因，大批房屋无钱修缮而倒塌损毁。有些迁居外地的无主户，房屋处于无人管理的状况。在“文革”中遭到破坏之后，这些古村和古建筑满目疮痍，惨不忍睹。

而恰恰是宏村、西递列入世界文化遗产之后，迎来了四方宾客。旅游的兴起，不仅使当地农户认识了古建筑的价值，更使他们有了保护古建的收入。现在这些村子的古建筑都得到了很好的维修，村容村貌发生了很大的变化。加之政府的重视，凡是搞旅游的村落，其古建保护都比过去好，而那些没有搞旅游的村庄，古建筑的保护仍然处于放任自流的状况。可以说，是文化旅游挽救了古村落的建筑。那些认为只应当政府拿钱搞保护，不能让文化遗产沾上“铜臭”的观点是片面的。

作为整个村落的保护，我们赞成就地进行，不赞成拆除易地保护。因为，拆除易地复建，这不仅破坏了古建筑的原生态环境，而且对古建筑会造成新的损害。但是，对那些单体的、无主的、濒临毁损的、国家一时拿不出钱来专门保护的有价值的建筑，经过严格审批手续，进行抢救性易地拆迁复建，应在允许之列。因为，政府不可能对这些单体无主、濒临倒塌的建筑长期派人投钱进行管理，而适当集中管理，才能更好地保护。

三是处理好传承与创新的关系。对优秀的中华文化，必须大力传承和弘扬，但也要在新形势下进行创新。比如，对徽派建筑，我们必须把它的精粹，把它的魂保留好、传承好，但同时也允许利用新工艺、新技术、新材料进行创新。如果只是简单模仿，不敢越雷池一步，那就不适应形势的发展。如果为了创新，把徽派的精粹丢失放弃，搞出的假古董也会贻笑大方。在传承精粹的基础上进行创新，徽派的非物质文化遗产才能永葆生命力。

四是处理好全面保护与重点培植的关系。徽州文化林林总总，蔚为大观，但必须分类指导，在全面保护的基础上，抓住重点，明确分工，以求得更好的保护与利用效果。

1. 利用典籍史料进行深层次研究的，应以专家学者介入为主。如新安理学、徽州朴学、徽州土地制度、徽州宗族、徽州教育、徽州宗教等，要组织专门人员通过研究历史文献，进行学术理论总结，给历史留下宝贵的研究成果和资料，并给今天的发展提供有益的借鉴。

2. 组织商界、医界、画界、地理、地质等专业人士分别对徽商、新安医学、新安画派、徽州地理等进行研究利用，通过学习、研究、借鉴，吸收精华，古为今用。

3. 对徽州的非物质文化精粹，如徽派盆景、徽州漆器、徽州三雕、文房四宝（徽墨、歙砚、澄心堂纸、汪伯立笔）、万安罗盘、徽派篆刻、徽派版画、徽州刻书、徽菜等徽州工艺技术方法，不仅要挖掘抢救，还要培养出继承创新的专门人才，有的可以申报专利，把遗产化为经济效益。

4. 对适合开发为旅游资源的，如徽派建筑、徽州村落，文化遗址等，要在保护的基础上科学整治，合理利用，为当今经济服务。

5. 对徽州民俗、徽州方言、地方戏曲等，要发动广大群众参与整理利用，尤其是那些濒临失传的戏曲、健康民俗等等，要进行大力抢救。

时代发展到今天，传统文化还解决不了现实中的许多问题和矛盾。我们可以从徽文化中吸取营养，但只靠这点营养，在竞争激烈的现代社会，还远远不够。而是要与时俱进，兼收并蓄，吸收古今中外众多的先进文化，去丰富、提高、创新、发展徽州文化，这才是我们今天面临的重要课题。

其三，加强对黄山文化的研究和保护。

黄山既是世界自然遗产，也是世界文化遗产，但我们过去偏重于黄山的自然风光宣传和推介，而对黄山文化价值研究宣传不够，以至于有人认为黄山只有自然风光美而没有文化品位，这是个很大的误会。

黄山文化的内容很丰富，从黄山山峰、水系的命名，黄山的历史管理以及黄山的轩辕黄帝文化、历史遗存、宗教、书画、文学、传说尤其是名人歌咏黄山的诗词文章等，都是黄山文化的精粹。黄山的山史，就是徽州开发开放史的一部分。没有徽州文化的大背景，联合国也不会将黄山列为世界文化遗产。因此，对黄山自然与文化的双重遗产都要一样重视，一样保护和开发利用。要把黄山文化作为徽州文化一个重要组成部分，不能让黄山文化脱离徽州文化这个母体，使黄山文化成为徽州文化的一颗灿烂的明珠。

其四，必须解决徽州文化保护的法律问题。

要从立法上解决徽州文化保护的一些具体问题，为徽文化的保护与利用提供法律保障。

如对徽州品牌、地名的保护，对徽州非物质文化遗产的品牌、工艺、专利、人才等的保护，对徽州古村落、古遗址、古建筑、古水系等的保护，都要在地方立法上作出具体规定。在经费投入上，地方财政每年应安排一定的财力，用于文化保护和开发，并作为一项法律规定予以执行。

要强化政府有关部门和地方领导责任，把徽州生态环境和文化旅游资源保护目标进行细化，纳入各级政府的考核目标，对保护利用不力的，要追究行政甚至法律责任。

注释：

①翦伯赞《中国史纲要》

②《淮南子·齐俗训》

③《后汉书》卷38《张法滕冯度杨列传第二十八》

④《歙事闲谭》第18册《歙风俗礼教考》

⑤《三国志·吴书·陆逊传》

⑥《三国志·吴书十九》

⑦《新安志》卷1《风俗》

⑧《歙事闲谭》第18册《歙风俗礼教考》
⑨康熙《休宁县志》卷7《汪伟奏疏》
⑩康熙《徽州府志》卷2《风俗》
⑪康熙《黟县志·风俗》
⑫洪玉图《歙问》
⑬光绪《婺源县志》卷3《风俗》
⑭康熙《徽州府志》卷8《蠲赈》
⑮万历《歙志·风土》
⑯万历《歙志·风土》
⑰万历《歙志·风土》
⑱万历《歙志·风土》
⑲《抱奎楼遗稿》卷1《徽州南米改折议》
⑳《歙事闲谭》第18册《歙风俗礼教考》
㉑光绪《婺源县志》卷3《风俗》
㉒《重修古歙东门许氏宗谱》卷10《许氏义田宅记》
㉓《震川先生集》卷13《白庵程翁八十寿序》
㉔康熙《徽州府志》卷8《蠲赈·赵鹤新安徐公惠贯之碑》
㉕康熙《徽州府志·风俗》
㉖《歙事闲谭》第6册《明季县中运米情形》
㉗《歙事闲谭》第6册《明季县中运米情形》
㉘《歙事闲谭》第6册《明季县中运米情形》
㉙淳熙《新安志》卷1《风俗》
㉚弘治《徽州府志》卷2《食货一》
㉛弘治《徽州府志·食货二》
㉜康熙《徽州府志》卷2《风俗》
㉝康熙《徽州府志·风俗》
㉞《歙事闲谭》第6册
㉟《寄园寄所寄》卷11引《稗史》
㊱《歙事闲谭》第18册《歙风俗礼教考》
㊲民国《歙县志·舆地志·风土》
㊳《黟县乡土地理·风俗》

㊴康熙《祁门县志·风俗》
㊵《寄园寄所寄》卷11
㊶安徽师范大学图书馆藏馆《同心合文契》
㊷安徽师范大学图书馆馆藏
㊸《黟县乡土地理·风俗》
㊹《歙县泽富王氏宗谱》
㊺《休宁率东程氏家谱》
㊻《山樵暇语》卷8
㊼道光《黟县续志》卷15《艺文·碧阳书院复旧章记》
㊽《茗洲吴氏家典》卷1
㊾《大泌山房集》卷71《吴雅士家传》
㊿《震川先生集》卷13《白庵程翁八十寿序》
51《陶庵梦忆》卷5《扬州清明》
52《板桥杂记》中卷
53《清稗类钞》第24册《豪侈类·汪太太奢侈》
54《清稗类钞》第24册《豪侈类·汪太太奢侈》
55《五杂俎》卷4
56《金太史集》卷4《与歙令君书》
57《东山存稿》卷4赵汸《商山学院学田记》
58雍正茗州《吴氏家典·序》
59《东山存稿》卷4赵汸《商山学院学田记》

后　记

随着徽州热的兴起,关于徽州的书籍和文章越来越多。在这些介绍徽州的浩如烟海的书籍和文章中,涉及徽州历史沿革的也不少。

自秦始皇建县以来,徽州已走过2000多年历史,在历史的长河中,朝代变革频繁,隶属关系多变。现有的史书与资料,对徽州的历史沿革,也留下许多疑点和困惑,甚至府志与诸县志间,此县志与彼县志间,都有互相矛盾的记载和不同的解读,至今没有明确的说法。因此,很需要有一本书,较为完整翔实地说清徽州的历史变迁,特别是变迁中的政治和经济背景。

于是,我们产生了一个念头,就是通过写这本书,能较完整地介绍徽州两千多年来的历史沿革。其动因有三:

一是释疑解惑。我们接触的大量徽州史料、资料中,有真实的,也有虚假的,有的真假混淆,如果不认真鉴别和考证,随便拿来,就可能违背历史,误导读者。因此,必须把过去一些书籍和资料中没有说清或有疑惑的问题,通过择善、辨疑和考伪,作比较分析,力求找到合理的说法和解释,这样才能更加接近真实的历史。

二是写出新意。写徽州的沿革史,不能就徽州说徽州,不能离开当时的历史大背景和大环境,不能只取现成的老的资料,而要善于从原始史料中挖掘新鲜的内容,丰富内涵,写出新意。徽州的历史很有味,故事很精彩,可以写得很好看,读者读起来也应当很轻松。

因此,本书力求把过去人们不大注意或很少涉及的背景内容予以重点介绍,把徽州放到当时的历史大环境中去演绎,使文章内容有新鲜感、时代感。读完以后,不仅能大体了解历史中的徽州沿革,而且对中国历史变迁有一个粗略的了解。

三是普及知识。本书不搞学术考据式的文体，而是力求写成一本既有故事性又有学术味的历史"科普"读物，增加可读性。如果"学术味"太浓，就会吓跑一大批对古文和学术文体不感兴趣的读者；如果全是大白活，就显得没有史料支撑以至有戏说之嫌。于是，本书对重大历史事件和人物，有的重点引用史料，有的只点明出处，给读者提供史料来源。这样，既可增加历史知识的厚重感，又可避免通俗演义式的戏说之嫌。力求做到既不像正史的艰深枯燥，又不像小说那样随意编造。

既然是普及知识，就力求做到一位历史学家所说："既没有国粹派迂执陈腐的酸气，也没有后来欲断而截流的那股杀气。"学术研究从来没有止境，我们的观点只能代表我们的认知，并不反对其他不同观点的存在，不强求读者接受我们的观点。由于认识的局限，今后肯定还会有新的观点代替老的结论。以平常之心对待学术之争，以执著追求弘扬徽州文化，只有这样，学术才会繁荣。

拙著对徽州历史沿革进行全面、系统的论述，还是一次初步尝试。本书虽然吸收了前人及近人的研究成果，并作出一些新的探索，但内容还不够完备。以我们的水平和力量，肯定存在一些瑕疵和纰漏，不当之处，在所难免，尚祈读者给予指正。

笔者曾合著《一座山和一座城市》一书，着重介绍黄山沿革史特别是黄山建市史。这次我们继续合作，将这本《徽州上下两千年》奉献给大家，着重介绍徽州沿革历史，两书算是姊妹篇。相信通过阅读这两本书，基本能对黄山和徽州发展史留下比较清晰的印象。

本书在初稿成文后，曾发给一些专家、学者征求意见，得到了他们的热情帮助与指教。特别是安徽省社科联副主席、休宁籍洪永平先生，北京师大历史学博士生导师、休宁籍汪高鑫教授，安徽大学历史系副主任、博士生导师、祁门籍徐国利教授，原黟县中学校长、《黟县志》主编、黟县籍舒育玲先生等对本书的历史史料、文字结构、语言表述甚至标题选用等都提出中肯意见，使笔者获益匪浅。根据诸位专家、学者的意见，我们又认真进行修改。原安徽师范大学副校长、安徽省历史学会会长王世华先生热情为本书作序，黟县籍书法家汪钟鸣先生为封面书名题签，在此一并表示感谢。

本书的出版得到了淮北矿业（集团）有限责任公司以及黄山书社总编辑赵国华先生的大力支持。责任编辑向焱女士不厌其烦，对书稿沓冗繁复、错讹疏漏之处予以校正指谬，付出很多心血，在此深表谢意。

文后附《徽州历史沿革大事记》，供读者对照参考。沿革大事中的有些年份，不同版本的史料有不同记载，故本书所采用的史（资）料，个别地方与其他文献和资料记载的年份有些许差异，这种个别差异应当允许存在，供读者在对照中鉴别和参考。

附录二《以史为鉴读徽州》是我们对徽州文化的一点不成熟的思考，系一家之言，旨在抛砖引玉，全面科学地解读徽州。此文删节稿曾分两期刊登于2013年6月《江淮时报》，现在也收录本书，请读者诸君不吝批评指正。

此记。

舒甘来　余敏辉

二〇一三年秋于黄山